TUTELA DE EVIDÊNCIA

ANÁLISE BASEADA EM PRECEDENTES

JOSYANE MANSANO

Prefácio
Elias Marques de Medeiros Neto

TUTELA DE EVIDÊNCIA
ANÁLISE BASEADA EM PRECEDENTES

Belo Horizonte

2023

© 2023 Editora Fórum Ltda.

É proibida a reprodução total ou parcial desta obra, por qualquer meio eletrônico, inclusive por processos xerográficos, sem autorização expressa do Editor.

Conselho Editorial

Adilson Abreu Dallari
Alécia Paolucci Nogueira Bicalho
Alexandre Coutinho Pagliarini
André Ramos Tavares
Carlos Ayres Britto
Carlos Mário da Silva Velloso
Cármen Lúcia Antunes Rocha
Cesar Augusto Guimarães Pereira
Clovis Beznos
Cristiana Fortini
Dinorá Adelaide Musetti Grotti
Diogo de Figueiredo Moreira Neto (*in memoriam*)
Egon Bockmann Moreira
Emerson Gabardo
Fabricio Motta
Fernando Rossi
Flávio Henrique Unes Pereira

Floriano de Azevedo Marques Neto
Gustavo Justino de Oliveira
Inês Virgínia Prado Soares
Jorge Ulisses Jacoby Fernandes
Juarez Freitas
Luciano Ferraz
Lúcio Delfino
Marcia Carla Pereira Ribeiro
Márcio Cammarosano
Marcos Ehrhardt Jr.
Maria Sylvia Zanella Di Pietro
Ney José de Freitas
Oswaldo Othon de Pontes Saraiva Filho
Paulo Modesto
Romeu Felipe Bacellar Filho
Sérgio Guerra
Walber de Moura Agra

FÓRUM
CONHECIMENTO JURÍDICO

Luís Cláudio Rodrigues Ferreira
Presidente e Editor

Coordenação editorial: Leonardo Eustáquio Siqueira Araújo
Aline Sobreira de Oliveira

Rua Paulo Ribeiro Bastos, 211 – Jardim Atlântico – CEP 31710-430
Belo Horizonte – Minas Gerais – Tel.: (31) 99412.0131
www.editoraforum.com.br – editoraforum@editoraforum.com.br

Técnica. Empenho. Zelo. Esses foram alguns dos cuidados aplicados na edição desta obra. No entanto, podem ocorrer erros de impressão, digitação ou mesmo restar alguma dúvida conceitual. Caso se constate algo assim, solicitamos a gentileza de nos comunicar através do *e-mail* editorial@editoraforum.com.br para que possamos esclarecer, no que couber. A sua contribuição é muito importante para mantermos a excelência editorial. A Editora Fórum agradece a sua contribuição.

Dados Internacionais de Catalogação na Publicação (CIP) de acordo com ISBD

M286t	Mansano, Josyane
	Tutela de evidência: análise baseada em precedentes / Josyane Mansano. - Belo Horizonte : Fórum, 2023.
	272 p. ; 14,5cm x 21,5cm.
	ISBN: 978-65-5518-425-9
	1. Direito. 2. Direito Processual Civil. 3. Tutela provisória. 4. Precedentes. 5. Recursos nos Tribunais Superiores. 6. Reclamação constitucional. I. Título.
2022-1764	
	CDD 341.46
	CDU 347.9

Elaborado por Vagner Rodolfo da Silva - CRB-8/9410

Informação bibliográfica deste livro, conforme a NBR 6023:2018 da Associação Brasileira de Normas Técnicas (ABNT):

MANSANO, Josyane. *Tutela de evidência*: análise baseada em precedentes. Belo Horizonte: Fórum, 2023. 272 p. ISBN 978-65-5518-425-9.

Dedico esta obra à minha querida Sophia.

SUMÁRIO

PREFÁCIO
Elias Marques de Medeiros Neto..11

INTRODUÇÃO..13

CAPÍTULO 1
AS GARANTIAS DE ACESSO À JUSTIÇA E O ESTUDO
DA COGNIÇÃO..17
1.1 Garantias constitucionais do processo 17
1.2 Devido processo legal..23
1.2.1 Inafastabilidade do judiciário 25
1.2.2 Do contraditório e da ampla defesa...30
1.3 Princípio da motivação das decisões por parte dos juízes.................34
1.3.1 Princípio do juiz natural 37
1.3.2 Princípio da imparcialidade do juiz 38
1.4 Estudo da cognição do processo brasileiro.................................42
1.4.1 A cognição plena 46
1.4.2 Elementos da cognição plena e exauriente 50
1.4.3 Tipologia da cognição sumária..52
1.4.3.1 Atividade lógica decorrente da cognição sumária 56
1.4.3.2 A cognição sumária no Código de Processo Civil de 2015.................59
1.4.4 O abuso do direito de defesa pelo réu: característica de um
processo de cognição plena 63
1.5 Os efeitos concretos e a tendência a uma conduta mais adequada....66
1.6 Compatilização da medida antecipatória na cognição sumária
responsável pelo devido processo legal 69
1.7 Breves apontamentos sobre o direito comparado 73

CAPÍTULO 2

TUTELA PROVISÓRIA NO BRASIL 79

2.1 As medidas provisionais do CPC/73 e o empréstimo do rito cautelar...........79

2.1.1 Alterações da Lei 8.952/1994 81

2.1.2 Tutela de urgência satisfativa e tutela de urgência cautelar...........82

2.1.3 Transição do CPC de 1973 para o CPC de 2015...........100

2.1.4 O microssistema das tutelas provisórias no CPC de 2015: estudo da tutela de urgência 100

2.2 Formas de requerimento da tutela de urgência 102

2.2.1 Incidental – requerimento incidental e em procedimento antecedente...........102

2.2.2 Antecipada – requerida em caráter antecedente...........103

2.2.2.1 A estabilização da tutela antecipada 107

2.3 Estudo da tutela sem urgência: os denominados direitos evidentes...........114

2.3.1 Contribuição do sistema italiano de antecipação da tutela sem urgência para o CPC de 2015 115

2.3.2 Contribuição do sistema francês de antecipação da tutela sem urgência para o CPC de 2015...........117

2.3.3 O *référé*...........118

2.4 A tutela de evidência e seu enquadramento no art. 311, do CPC de 2015...........121

2.5 O tratamento do art. 332 como pressuposto para uma releitura do art. 311, inciso II, do CPC de 2015...........128

2.5.1 Abuso do direito de defesa ou propósito protelatório do réu...........132

CAPÍTULO 3

A DINÂMICA DO ART. 927 E A IMPORTÂNCIA DOS PRECEDENTES PARA O CPC DE 2015...........133

3.1 A unidade do direito por meio da verticalização das decisões 133

3.1.1 A doutrina dos precedentes no *common law* 134

3.1.2 A aproximação entre o sistema romano-germânico e o *common law* 139

3.2 Estudo dos precedentes na vigência do CPC de 1973...........140

3.3 O precedente no Código de Processo Civil de 2015: do anteprojeto à Lei 13.105/2015 141

3.3.1 Estudo dos precedentes e leitura do art. 927, do CPC de 2015 146

3.3.1.1 *Ratio decidendi*...........146

3.3.1.2 *Obiter dictum* ou *dictum* 151

3.3.1.3 *Distinguishing* 153

3.4 Limites..156

3.4.1 *Express overruling* e *implied overruling* 156

3.4.2 *Retrospective overruling* e *prospective overruling*................157

3.4.3 *Anticipatory overruling*, julgamento-alerta e *signaling* 160

3.5 Precedentes vinculantes e persuasivos................................161

3.5.1 Controle concentrado do efeito vinculante.........................164

3.5.2 Eficácia transcendente dos motivos determinantes: como fica? 168

3.5.3 Precedentes judiciais impeditivos ou obstativos e permissivos no NCPC 171

3.6 Precedentes judiciais reiterados que conduzem à súmula vinculante..172

3.7 Precedentes judiciais em incidente de resolução de demanda repetitiva...177

3.8 Incidente de assunção de competência ou de resolução de demandas repetitivas e julgamento de recursos extraordinários e especiais repetitivos 178

3.9 Precedentes judiciais em controle concentrado de constitucionalidade...182

3.10 Precedentes judiciais em assunção de competência............187

3.11 Precedentes judiciais que fixam a tese jurídica para os recursos extraordinários ou especiais repetitivos 188

3.12 Outros precedentes judiciais do STF, do STJ e do Tribunal de Justiça...190

3.13 Precedentes judiciais em incidente de uniformização de jurisprudência da lei dos juizados especiais federais 190

3.14 Superação de entendimento firmado pelos tribunais 191

3.15 Precedentes à brasileira..193

3.16 Prevenção contra uma explosão de reclamações 202

CAPÍTULO 4

PRECEDENTES: UMA PROPOSTA À PADRONIZAÇÃO DECISÓRIA E NÃO RESTRITIVA DO ART. 311, INCISO II, DO CPC..207

4.1 As hipóteses não taxativas a serem interpretadas no art. 311, inciso II, do CPC...207

4.2 Extensão da modulação à superação de entendimento firmado pelos tribunais 211

4.3   Evidência de que o art. 927 deve ser uniformizado com o inciso II, do art. 311, ambos do CPC de 2015 222

4.4   Livre convencimento motivado, amparado pelo art. 332 com base na totalidade dos precedentes do art. 927, ambos do CPC de 2015 235

4.5   Inexistência do dever de análise pormenorizada para a concessão da tutela de evidência com base na totalidade de precedentes...240

CONCLUSÃO..251

REFERÊNCIAS..255

PREFÁCIO

Tive a enorme honra de ser o orientador da Professora Dra. Josyane Mansano em seu Doutorado na Unimar, que defendeu, com êxito, a tese relativa ao art. 311, II, do CPC/15.

Mais do que o objeto da tese, em si, surpreendeu-me a força de vontade da orientanda, que buscou se aprimorar em seus conhecimentos de processo civil, sendo notório que, do seu esforço, surgiu relevante trabalho para a comunidade jurídica, propondo-se a fazer uma leitura sistemática do instituto da tutela provisória de evidência, em diálogo consistente com o instituto dos precedentes.

A obra aborda institutos nucleares de nosso sistema processual, tais como os referentes ao acesso à Justiça e seus respectivos princípios, bem como aprofunda o exame das normas fundamentais do CPC/15. Após, há a demonstração de domínio quanto à dinâmica da tutela provisória no sistema processual brasileiro, passando-se, na sequência, para o exame dos precedentes e de sua estruturação no CPC/15. Finalmente, o livro introduz uma proposta de interpretação para a tutela provisória de evidência, em especial a disciplinada no artigo 311, II, do CPC/15.

É um prazer ler o resultado final de criteriosa pesquisa desenvolvida pela, agora, Doutora Josyane Mansano.

Boa leitura a todos e todas.

São Paulo, junho de 2022.

Elias Marques de Medeiros Neto

Pós-Doutorado em Direito Processual Civil na Faculdade de Direito da Universidade de Lisboa (2015). Pós-Doutorado em Democracia e Direitos Humanos, com foco em Direito Processual Civil, na Faculdade de Direito da Universidade de Coimbra/Ius Gentium Conimbrigae (2019). Pós-Doutorado em Direitos Sociais, com foco em Direito Processual Civil, na Faculdade de Direito da Universidade de Salamanca (2021/2022). Doutor e mestre em Direito Processual Civil pela PUC/SP (títulos obtidos em 2014 e em 2009). Advogado e Professor de Direito Processual Civil nos programas de Mestrado e Doutorado da Unimar e na graduação da Facamp. orcid.org/0000-0002-1904-6418.

INTRODUÇÃO

Constata-se a inovação à sistemática das tutelas provisórias, pelo Código de Processo Civil (CPC) de 2015, que, em capítulo específico, abordou tutela de urgência (cautelar ou antecipada) e tutela da evidência, esta última disciplinada no art. 311.

Em se tratando da análise para que a tutela de evidência seja deferida, prescinde-se do requisito do perigo da demora, sendo suficiente a demonstração da presença dos requisitos assentados no art. 311, que aumenta significativamente as possibilidades até então previstas, em um paralelo traçado com o art. 273, do CPC de 1973.

Consoante o apregoado pelo art. 311, do CPC, a fim de que a tutela de evidência seja concedida, é mister haver determinados requisitos, como abuso de defesa ou manifesto propósito protelatório da parte; prova documental adequada do contrato de depósito e subsecutiva ordem de entrega do objeto custodiado; petição inicial instruída com prova documental suficiente do direito do autor; e direito pleiteado para deferimento da tutela de evidência lastreado e provado somente de forma documental e fundamentado por tese firmada em julgado de casos repetitivos ou súmula vinculante.

Não obstante, quando a legislação consente o deferimento de tal tutela mediante prova documental e tese firmada em julgados de casos repetitivos ou súmula vinculante, isso significa um avanço, porém não consoante uma leitura sistemática do código. A razão para isso é o não reconhecimento de precedentes previstos no art. 927 e no art. 332, os quais não se emaranham com súmula vinculante e julgamento de casos repetitivos.

A justificativa da pesquisa encontra respaldo no fato de haver necessidade de leitura sistemática dos artigos 332, 927 e 311, II, sendo a garantia da ordem democrática do direito no Brasil e de fruição justa no processo, respeitados a segurança jurídica e os precedentes de nossas Cortes. Tal proposta se encontra fundada vez que o art. 927 preconiza que magistrados e tribunais, por exemplo, levarão em conta os enunciados de súmulas, ou seja, os tribunais estão vinculados, o que configura um dever.

Tal relevo incide até à necessidade de se outorgar, ao art. 927, a mesma autoridade para súmulas do Superior Tribunal de Justiça (STJ) em matéria infraconstitucional, súmulas vinculantes, acórdãos proferidos em resolução de demandas repetitivas e em julgamento de recursos extraordinários e especiais repetitivos.

Arrola-se, também, o art. 332, cujo objetivo é justificar o julgamento dos processos com a aclamação de sentença de improcedência liminar se a petição inicial for contrária a pronunciamentos tipificados em súmulas e precedentes qualificados, prescindindo-se de instrução probatória em razão do reconhecimento de consagração de tese contrária, lastreada nos artigos 332 e 927, do CPC.

Se é possível constatar inovação do art. 311, II, quanto a condensar o procedimento e tornar célere o processo, apontando a necessidade de a aplicação dos precedentes ser lastreada em casos repetitivos ou súmula vinculante, a proposta é a de que essa inovação também esteja presente nas hipóteses dos artigos 927 e 332, sempre evocando o antecedente com o fim de se decidir e listar as decisões que devem ser observadas por juízes e tribunais.

Em breves palavras, a obra traz reflexões a respeito do sistema processual civil no Brasil, de modo a fundamentar a viabilidade de uma proposta de remodelamento do art. 311, do CPC/2015, com o objetivo de releitura do inciso II, do art. 311, para que o direito evidente pleiteado esteja mais próximo da sociedade, quando a tese deste se funda nos precedentes relacionados no art. 927, assim como nas matérias de abreviação procedimental elencadas no art. 332, trazendo, portanto, um fim social positivo em relação ao tempo do processo.

O referencial teórico da presente pesquisa está na teoria econômica do Direito, tendo por objetivo cumprir o escopo de uma jurisdição eficiente e efetiva, nos termos dos artigos 37, da (Constituição da República Federativa do Brasil (CRFB), e 4º e 8º, do CPC de 2015, enaltecendo que as partes têm o direito de obter em prazo razoável à solução do mérito, fluindo desse direito à própria dignidade da pessoa humana, quando o magistrado aplicando o ordenamento jurídico atende aos fins sociais e, ao observar os precedentes na sua decisão, conforme elenca o art. 927, observará também a proporcionalidade, a razoabilidade, a legalidade a publicidade e a eficiência.

É nessa sintonia que o CPC de 2015 deve ser remodelado no art. 311, II, isso porque, quando o art. 927 ao elencar o rol de precedentes e ainda em sua redação dizer que juízes e tribunais os observarão, a leitura do art. 926 não deixa dúvida de que é dever dos tribunais manter sua jurisprudência hígida, firme e coerente. A pesquisa demonstrou que a observação dos precedentes leva a uma uniformização, o que na releitura do art. 311 não se pode deixar de atender a todos os precedentes elencados no art. 927, bem como, na abreviação procedimental constante no art. 332 do CPC.

Como metodologia de pesquisa, será empregado o modelo dedutivo, valendo-se do empírico como método auxiliar, fundamentado em uma pesquisa descritiva, com o intuito de elucidar o teor das premissas que serão apresentadas, por meio de estudos.

Não se constata qualquer plausibilidade na imposição, àquele sujeito processual que tem prova documental suficiente e tese a seu favor adotada em precedente obrigatório, do fardo de suportar o tempo do processo sem gozar da tutela de seu direito, enquanto a parte adversa é tutelada pela manutenção do *statu quo ante*, embora face à imensa possibilidade de encontrar-se em situação de ilicitude. Por esses motivos, a interpretação do art. 311 deve favorecer a compreensão do Novo Código de Processo Civil (NCPC) em sua inteireza.

Com o intuito de transmitir esse conteúdo, a tese está dividida da seguinte forma: proposta de uma releitura para o art. 311, II, dos precedentes elencados no art. 927 e das situações previstas no art. 332; art. 311, definição e diferenciação com as medidas de urgência, hipóteses, com especial destaque para o inciso II; análise do art. 332, com paralelo em relação ao art. 285-a, do CPC de 1973, definição e explicação da hipótese de precedentes com enquadramento do art. 927, pela demonstração da força vinculante dos seus incisos; e demonstração de que, em virtude da clareza dos artigos 927 e 332, não há como o art. 311, II, ser lido restritivamente.

A pesquisa se encerrará trazendo uma proposta de alteração na legislação processual civil brasileira para a seguinte construção textual: "a tutela da evidência será concedida, independentemente da demonstração de perigo da demora da prestação da tutela jurisdicional, quando as alegações de fato puderem ser comprovadas apenas documentalmente e houver tese firmada em precedente obrigatório, nos moldes do art. 927".

CAPÍTULO 1

AS GARANTIAS DE ACESSO À JUSTIÇA E O ESTUDO DA COGNIÇÃO

1.1 Garantias constitucionais do processo

A garantia do devido processo legal tem origem na expressão inglesa *due process of law* e está pressuposta no texto do art. 5º, da CRFB/1988:

> Art. 5º. Todos são iguais perante a lei, sem distinção de qualquer natureza, garantindo-se aos brasileiros e aos estrangeiros residentes no País a inviolabilidade do direito à vida, à liberdade, à igualdade, à segurança e à propriedade, nos termos seguintes:
>
> LIV- ninguém será privado da liberdade ou de seus bens sem o devido processo legal;

O acesso à Justiça é visto como a maior e mais importante garantia constitucional vez que possibilita às pessoas valer-se de um órgão caracterizadamente independente e imparcial em face de ameaça ou lesão a alguns de seus, seja por meio ou omissão de outrem.

O acesso à Justiça deve ser assegurado a todos, sem oneração quanto aos custos e despesas para aqueles que não possuem recursos financeiros, assim, o custo do processo não deve ser fator impeditivo do acesso às vias judiciárias. Ademais, resta claro que o acesso à Justiça também contempla o estabelecimento de técnicas processuais que satisfaçam o direito material alegado pela parte. O direito de acesso à Justiça "não se concretiza apenas na facilitação do próprio acesso, mas na viabilização de uma solução eficiente, com a adoção das técnicas próprias à satisfação do direito material afirmado em juízo".[1]

---

[1] BAPTISTA DA SILVA, Ovídio A. *Processo e ideologia*: o paradigma racionalista. Rio de Janeiro: Forense, 2004, p. 32.

A promoção do acesso da sociedade à Justiça, principalmente das camadas sociais que não contam com recursos financeiros e dos hipossuficientes, é traço marcante da Constituição de 1988, em razão de que, após essa Carta Magna, ocorreu a democratização ou universalização do acesso à Justiça. "Houve a implantação de fundamentais direitos e mecanismos jurídicos e políticas públicas com o propósito de abrigar e aparelhar esses direitos e garantias individuais".[2]

É possível se constatar essa democratização na legislação infraconstitucional – a Lei 7.853/89 (apoio às pessoas portadoras de deficiência e integração social destas e Coordenadoria Nacional para Integração da Pessoa Portadora de Deficiência – Corde); a Lei 8.069, de 1990 (Estatuto da Criança e do Adolescente); a Lei 8.078/90 [proteção do consumidor (CDC)].[3]

No contexto da universalização do acesso à Justiça, podem ser arroladas a Lei 8.952, de 1994 (antecipação dos efeitos da tutela jurisdicional e sobre a conciliação); a Lei 9.099, de 1995 (Juizados Especiais Cíveis e Criminais); a Lei 9.307, de 1996 (arbitragem e jurisdição não estatal); a Lei 9.788, de 1999 (Varas da Justiça Federal); a Lei 10.259, de 2001 (Juizados Especiais Cíveis e Criminais na Justiça Federal); a Lei 10.317, de 2001 (assistência judiciária aos necessitados); a Lei 10.444, de 2002 (tutela antecipada, execução de obrigação específica, procedimento sumário, ação cautelar e processo de execução); e a Lei 10.741, de 2003 (Estatuto do Idoso).[4]

Nesse sentido, é imperioso que o indivíduo tenha garantido o seu direito de acesso à Justiça nos processos judiciais. Consoante Cappelletti e Garth, "o direito de acesso à justiça vem acompanhado dos seguintes objetivos: reivindicação dos direitos dos indivíduos e resolução das demandas destes, devendo conduzir a resultados individuais e justos para cada cidadão".[5]

O acesso à Justiça não se limita apenas ao contato com magistrados, aos processos físicos e a idas aos tribunais, mas se estende ao

---

[2] CAMBI, Eduardo. *Neoconstitucionalismo e neoprocessualismo*. São Paulo: Revista dos Tribunais, 2006, p. 665.

[3] PAROSKI, Mauro Vasni. *Direitos fundamentais e acesso à justiça na Constituição*. São Paulo: LTr, 2008.

[4] PAROSKI, Mauro Vasni. *Direitos fundamentais e acesso à justiça na Constituição*. São Paulo: LTr, 2008.

[5] CAPPELLETTI, Mauro; GARTH, Bryant. *Acesso à Justiça*. Porto Alegre: Sergio Antônio Fabris, 1988, p. 8.

exercício da justiça, tendo em seu bojo leis e valores fundamentais e inerentes ao indivíduo.[6]

Nesse mesmo sentido, o direito de acesso à Justiça, previsto na Constituição Federal, em seu art. 5º, não trata somente do direito à ação, buscando a satisfação de um pedido, mas também da busca por uma decisão justa e legal.

Destarte, leciona Souza que "(...) o conceito de acesso à justiça não pode ser examinado sob o enfoque meramente literal. Em outras palavras, não se pode concebê-lo como se significasse apenas o direito de postulação perante o Estado-juiz, como se fosse a mera 'porta de entrada' dos tribunais".[7]

O direito de acesso à Justiça também implica uma justiça com organização pertinente e ética cujo acesso deve ser respaldado por instrumentos processuais que levem à efetiva realização do direito. Leciona Watanabe que "a problemática do acesso à justiça não pode ser estudada nos acanhados limites do acesso aos órgãos judiciais já existentes. Não se trata apenas de possibilitar o acesso à justiça enquanto instituição estatal, e sim de viabilizar o acesso à ordem jurídica justa".[8]

Miguel Reale defende que "a justiça deve ser completamente subjetiva e objetiva, envolvendo em sua dialeticidade o homem e a ordem justa que ele instaura, porque esta ordem não é senão uma projeção constante da pessoa humana, valor fonte de todos os valores através do tempo".[9]

Outrossim, o acesso à Justiça dá legitimidade ao exercício de poder envolvido na jurisdição, lembrando-se que, em um Estado democrático, todo poder emana do povo; vale menção, aqui, ao "movimento pelo acesso à justiça", liderado por Cappelletti,[10] que visou direcionar a atenção dos juristas aos fatos e não às leis para compreenderem os entraves a esse acesso e encontrar soluções para estes.

A partir desse movimento, chegou-se à universalização da jurisdição que deu ensejo, no direito processual, à garantia de assistência jurídica integral aos necessitados; ao alcance de conflitos supraindividuais; e à otimização técnica quanto aos procedimentos, visando,

---

[6] ROBERT, Cinthia; SÉGUN, Elida. *Direitos humanos e acesso à justiça*: um olhar da defensoria pública. Imprenta. Rio de Janeiro: Forense, 2000.

[7] SOUZA, Wilson Alves de. *Acesso à justiça*. Salvador: Dois de Julho, 2011, p. 25.

[8] WATANABE, Kazuo. Acesso à justiça e sociedade moderna. *In*: GRINOVER, Ada Pellegrini; DINAMARCO, Cândido Rangel; WATANABE, Kazuo (Coords.). *Participação e processo*. São Paulo: Revista dos Tribunais, 1998, p. 135.

[9] REALE, Miguel. *Lições preliminares de Direito*. 25. ed. São Paulo: Saraiva, 2000, p. 378.

[10] CAPPELLETTI, Mauro. *Processo e Ideologie*. Bologna: Il Molino, 1969.

entre outros, "à simplificação destes, ao aumento da participação e da acessibilidade, ao fomento à conciliação".[11]

As denominadas garantias constitucionais configuram princípios limitadores do exercício do poder estatal que não oportunizam o exercício do arbítrio; trata-se de princípios cuja qualificação advém de seu conteúdo específico e que atuam na defesa das disposições constituidoras do direito reconhecido.

A formação do sistema de dá pelo conjunto de garantias, por exemplo, as ações de *habeas corpus* e *habeas data*, a garantia do direito à propriedade, do direito à herança, entre outras.

Destaca-se a supremacia da Constituição acerca das normas processuais, não sendo possível, ao legislador, se distanciar das normas constitucionais e formular um processo que infrinja, de maneira direta, as garantias constitucionais do processo civil.

Na acepção do professor João Batista Lopes, "os princípios e regras do direito processual civil não devem ser ignorados, o que obriga o estudo deste à luz da Constituição para atuação concreta dos valores da ordem jurídica".[12]

Nessa seara, corrobora o Novo Código de Processo Civil, Lei 13.105/15, no art. 1º, determinando que "o processo civil será ordenado, disciplinado e interpretado conforme os valores e as normas fundamentais estabelecidos na Constituição da República Federativa do Brasil, observando-se as disposições deste Código".[13]

Outrossim, é necessária a explicação, pelo texto constitucional, dos princípios decorrentes do devido processo legal para que a Carta Magna se concretize e se efetive, impedindo a extinção de garantias fundamentais em momentos históricos não democráticos vez que resta evidente que, quanto maior o rol de direitos e garantias assegurados pela Constituição, o jurisdicionado se ampara em maior âmbito de tutela constitucional.

Destarte, o direito processual não apresenta caráter exclusivamente técnico, mas configura uma escolha de natureza política relativa às formas e à finalidade da própria administração judicial.

---

[11] CINTRA, Antônio Carlos de Araújo; GRINOVER, Ada Pellegrini; DINAMARCO, Cândido Rangel. *Teoria geral do processo*. 30. ed. São Paulo: Malheiros, 2014, p. 45.

[12] LOPES, João Batista. *Tutela antecipada no processo civil brasileiro*. 2. ed. São Paulo: Saraiva, 2004, p. 30.

[13] BRASIL. Lei nº 13.105, de 16 de março de 2015. *Código de Processo Civil*. Brasília, DF: Diário Oficial da União, 17 mar. 2015. Disponível em: http://www.planalto.gov.br/ccivil_03/_ato2015-2018/2015/lei/l13105.htm. Acesso em: 27 set. 2020.

Um processo lento, conservador e menos eficaz é fomentado por uma sociedade cuja preocupação mira o exaurimento de provas e a segurança jurídica nos processos individuais. Na contramão, visar a uma Justiça civil ágil e de resultados concretos conduz à minoração do formalismo e à aplicação dos institutos processuais de forma criativa e com maior dinamismo.

Nesse sentido, vale a observação de que "uma cultura que se mostra exacerbadamente individualista traz danos à celeridade e efetividade do processo haja vista que as características do povo influenciam na construção dos institutos jurídico-processuais".[14]

É imprescindível a consciência de que a prestação judicial se trata de um serviço público dirigido à eficiência e à oferta de uma solução que se mostre adequada para o conflito entre as partes, ou seja, é mister um processo civil de resultados que tenha clara a consequência do tempo no processo.

Conforme o inciso XXXV, do art. 5º, da Constituição Federal, "a lei não excluirá da apreciação do Poder Judiciário lesão ou ameaça a direito". Assim, deve-se garantir o acesso à Justiça a todos – princípio da inafastabilidade jurisdicional.

Outrossim, tem-se que o inciso LXXIV, do art. 5º, da Constituição Federal, estabelece a obrigação do Estado em prestar assistência jurídica integral e gratuita aos que apresentarem insuficiência de recursos comprovada. Em decorrência do disposto no art. 134, da Constituição Federal, deu-se a criação das Defensorias Públicas, cujas funções são orientação jurídica aos necessitados, defesa dos direitos individuais e coletivos destes, judicial e extrajudicialmente.

A fim de que o acesso à Justiça se concretize, o ordenamento jurídico constitucional e infraconstitucional disponibiliza mecanismos a qualquer indivíduo visando ao agasalho dos direitos destes, por exemplo, "o mandado de segurança individual ou coletivo, previsto no art. 5º, incisos LXIX e LXX; o *habeas data*, asseverado no artigo 5º, LXXII; as ações civis públicas, dispostas no art. 129, inciso III; o mandado de injunção, encontrado no art. 5º, inciso LXXI, presentes na Carta Magna de 1988".[15]

---

[14] MITIDIERO, Daniel. *Colaboração no processo civil*: pressupostos sociais, lógicos e éticos. 3. ed. rev., atual. e ampl. de acordo com o novo código de processo civil. São Paulo: Revista dos Tribunais, 2015b, p. 15.

[15] PAROSKI, Mauro Vasni. *Direitos fundamentais e acesso à justiça na Constituição*. São Paulo: LTr, 2008, p. 144.

Destarte, a prestação judicial se trata de um serviço público cuja preocupação deve se centrar na eficiência e no oferecimento de uma solução congruente para o conflito entre as partes, ou seja, é mister um processo civil de resultados ciente do ônus advindo do tempo no processo.

Nesse contexto, faz-se menção à *shock therapy*: "O sucesso de uma alteração de arquétipo está na dependência da adoção de medidas radicais, ou seja, a denominada *shock therapy*, o que demanda deixar de lado a ideia de que julgar com base em cognição sumária não caracteriza julgar".[16]

Enquanto fenômeno cultural, o processo está sujeito aos efeitos produzidos pelos costumes, valores sociais e decisões políticas e, sob essa perspectiva, a sua própria função pode sofrer variação conforme a época e a mentalidade do contexto. "A partir disso, não é possível se ignorar que a projeção das manifestações políticas ocorre no tecido processual".[17]

Nesse sentido, é mister terem em conta noções de *habitus* e invisibilidade e estabelecê-las como um dos principais problemas do direito processual civil que implica no equilíbrio entre celeridade e certeza.

Conquanto o Código de Processo Civil de 2015 tenha diferenciado jurisdição e ônus do tempo no processo, logo nos primeiros anos em que ele vigeu observou-se extrema resistência a essas mudanças: a possibilidade do julgamento parcial do mérito (CPC, art. 356) e a ampliação significativa da tutela da evidência (CPC, art. 311).[18]

Assim, tem-se que a cultura que jaz sobre a aplicação das regras processuais no Brasil produz como evento consequente o desacolhimento das decisões sumárias que têm por base a simples probabilidade do direito decorrente da noção claudicada de que o dever de julgar ocorre apenas ao término do procedimento, depois de toda a instrução probatória.

Nesse cenário, o que se observa é indiferença no tratamento do decurso do tempo e dos direitos evidentes, sendo, da mesma forma, desatendidos os prejuízos àqueles que já se desobrigaram de seu ônus probatório, mas que, todavia, ainda devem expectar uma prestação jurisdicional que se mostra exageradamente longa e ineficiente.

---

[16] UZELAC, Alan; VAN RHEE, Remco (Eds.). *Public and Private Justice.Dispute Resolution in Modern Societies*. Antwerp: Intersentia, 2007, p. 153-172.

[17] LACERDA, Galeno. *Comentários ao Código de Processo Civil*. São Paulo: Revista dos Tribunais, 1961. v. 8, Tomo 1, p. 75.

[18] Lei 13.105/2015 – Institui o Código de Processo Civil brasileiro.

1.2 Devido processo legal

Assim, é possível trazer à baila o paralelo existente entre a realidade brasileira que se mostra inversa à cognição sumária e uma sociedade que resiste às ideias que buscam modernizar a estrutura já estabelecida.

1.2 Devido processo legal

É consenso, entre boa parte dos doutrinadores, que a promulgação da Constituição Federal de 1988 ocorreu em um contexto histórico em que se presenciou a transição de um regime autoritário para um regime democrático, o que justifica a opção dos constituintes de delimitar os poderes e os deveres do Estado brasileiro no que respeita à proteção dos direitos e garantias fundamentais.

O devido processo legal encontra previsão na Constituição Federal, inciso LIV, do art. 5º: "ninguém será privado da liberdade ou de seus bens sem o devido processo legal" e agrega diversificadas garantias fundamentais: a) necessária fundamentação das decisões judicias; b) contraditório e ampla defesa; c) tempo razoável do processo; d) efetividade processual; e) isonomia; f) publicidade dos atos processuais; g) juiz natural; h) inafastabilidade jurisdicional, entre outras.[19]

O princípio do devido processo legal encontra sua origem na Inglaterra, especificamente na Magna Carta Libertatum, de 1215, cuja outorga ocorreu por meio do rei inglês João Sem Terra, limitando os poderes monárquicos e estendendo, aos senhores feudais, significativo rol de direitos.

Esse princípio se caracteriza por ser amplo e por abarcar o sentido material-substancial e o processual.

Conforme Cintra, Grinover e Dinamarco, o devido processo legal é o "processo devidamente estruturado". E, ainda, "dá origem à garantia de que todo e qualquer processo se permeia em fatos ocorridos posteriormente às leis regulamentadoras destes e implica na obrigatoriedade do Poder Judiciário de apreciar tudo o que lesa ou ameaça a liberdade e os bens dos indivíduos".[20]

---

[19] SILVA, Eduardo Bello Leal Lopes da. Princípios implícitos e explícitos do direito penal na Constituição Federal. *Jus.com.br*, fev. 2017. Disponível em: https://jus.com.br/artigos/55700/principios-implicitos-e-explicito s-do-direito-penal-na-constituicao-federal. Acesso em: 22 abr. 2021.

[20] CINTRA, Antônio Carlos de Araújo; GRINOVER, Ada Pellegrini; DINAMARCO, Cândido Rangel. *Teoria geral do processo*. 30. ed. São Paulo: Malheiros, 2014, p. 61.

Consoante Alvim, um dos exemplos do princípio do devido processo legal está imbricado ao princípio de que *nula poena sine iudicio* (não existe pena sem processo) "significando que nenhuma sanção penal pode ser imposta sem a intervenção do juiz, através do competente processo. Nem com a concordância do próprio infrator da norma penal, pode ele sujeitar-se à sanção, *extrajudicialmente*".[21, 22]

O devido processo legal divide-se em substancial e processual. O primeiro leva em conta o direito material e demanda uma produção legislativa com *razoabilidade*, pela qual são configurados os limites imprescindíveis ao poder legiferante do Estado, obstruindo o abuso de poder do governo e assegurando, ao cidadão, que sejam produzidas leis razoáveis, ou seja, as que atendem aos clamores da sociedade.[23]

Destarte, a garantia constitucional do devido processo legal afiança a tutela justa e efetiva a todo direito subjetivo que tenha sido lesado ou ameaçado. O processo de acesso a essa tutela compreende o contraditório e a ampla defesa, e torna-se mister que o julgador, em qualquer seguimento do Poder Público, atenha-se à apuração da verdade, assegurando uma solução justa para o conflito.[24]

Consoante Nelson Nery Júnior, a concepção do devido processo legal ocorre nos sentidos genérico, material e processual: o primeiro é caracterizado pelo trinômio vida-liberdade-propriedade; o segundo, pelo fato de esse princípio se caracterizar bipartidamente; o terceiro, pela concessão ao litigante do direito à comunicação adequada, a um

---

[21] ALVIM, José Eduardo Carreira. *Elementos de teoria geral do processo*. 7. ed. Rio de Janeiro: Forense, 1999, p. 69.

[22] Concernente a esse princípio, assim ensinam Celso Ribeiro Bastos e Ives Gandra Martins: "O direito ao devido processo legal é mais uma garantia do que propriamente um direito. Por ele visa-se a proteger a pessoa contra a ação arbitrária do Estado. Colima-se, portanto, a aplicação da lei. O princípio se caracteriza pela excessiva abrangência e quase se confunde com o Estado de Direito. A partir da instauração deste, todos passaram a se beneficiar da proteção da lei contra o arbítrio do Estado" (BASTOS, Celso Ribeiro; MARTINS, Ives Gandra. *Comentários à Constituição do Brasil*. São Paulo: Saraiva, 1989. v. 2, p. 261).

[23] CINTRA, Antônio Carlos de Araújo; GRINOVER, Ada Pellegrini; DINAMARCO, Cândido Rangel. *Teoria geral do processo*. 30. ed. São Paulo: Malheiros, 2014, p. 61.

[24] A imperiosidade do devido processo legal se justifica, pois, na visão de Slabi Filho, "Assegura que as relações estabelecidas pelo Estado sejam participativas e igualitárias; que o processo de tomada de decisão pelo Poder Público não seja um procedimento kafkiano, mas um meio de afirmação da própria legitimidade e de afirmação perante o indivíduo. A atividade estatal, judicial ou administrativa, está vinculada ao sistema controversial que se implanta pela adoção constitucional do 'due process of law': qualquer restrição à liberdade e aos bens só pode ser feita atendendo a alguns procedimentos cujo conjunto é que se denomina o devido processo de lei" (SLABI FILHO, Nagib. *Direito Constitucional*. Rio de Janeiro: Forense, 2004, p. 397-398).

CAPÍTULO 1
AS GARANTIAS DE ACESSO À JUSTIÇA E O ESTUDO DA COGNIÇÃO | 25

juiz imparcial, a apresentar provas a este, a reperguntar às testemunhas e se opor a provas contrárias a ele, a dispor de um defensor, durante o processo, e a uma decisão fundamentada nos autos.[25]

Conquanto essas colocações de Nelson Nery Júnior acerca do emprego do sentido processual, existe um consenso, no ordenamento jurídico brasileiro, de que a concepção do princípio do devido processo legal abrange os sentidos processual e substantivo.[26]

Em síntese, discute-se que o devido processo legal, tanto sob o prisma formal como o processual, tem como resultados o juízo natural, a isonomia das partes, o contraditório, a ampla defesa, a garantia da assistência judiciária, a publicidade e a imparcialidade dos julgamentos; sob o ponto de vista material ou substancial, o devido processo legal configura significativo instrumento jurídico no que concerne ao asilo das liberdades públicas.

1.2.1 Inafastabilidade do judiciário

O princípio da inafastabilidade do Judiciário foi inaugurado na Constituição de 1946 (art. 141, parágrafo 4º) em óbvia reação contra os ditames de Getúlio Vargas que vetava o controle dos atos do Estado de exceção e a fiscalização dos atos de perseguição aos opositores a esse governo. Na Constituição de 1964, teve menção simbólica; na Constituição Federal de 1967, constou no art. 150, parágrafo 4º; na emenda constitucional nº 01/69, encontrou previsão no art. 153, parágrafo 4º.; no ato institucional nº 05/68, teve sua garantia restringida, com a vedação da jurisdição em relação aos atos praticados pelo comando da revolução (emenda constitucional nº 01/69, artigos 181 e 182); e se recuperou enquanto princípio importante na Constituição de 1988.

Esse princípio encontra previsão na Constituição Federal de 1988, art. 5º, inciso XXXV – "a lei não excluirá da apreciação do Poder Judiciário lesão ou ameaça a direito" – e está inserido no rol de direitos e garantias fundamentais; esse princípio também é denominado de cláusula do acesso à Justiça ou do direito de ação.[27]

---

[25] NERY JÚNIOR, Nelson. *Princípios do Processo Civil na Constituição Federal*. 8. ed. São Paulo: Revista dos Tribunais, 2004.

[26] No ver de Dinorá Adelaide Museetti Grotti, essa abrangência se dá pelo fato de tal princípio ser inscrito em "espaço próprio e autônomo" no rol dos direitos individuais, por seus objetivos e pelo destaque que é atribuído à "constitucionalidade pelo Poder Judiciário" (GROTTI, Dinorá Adelaide Museetti. *Cadernos de Direito Constitucional e Ciência Política*, n. 22, p. 119-120, 1992).

[27] Constituição da República Federativa do Brasil de 1988.

Tal princípio estende seus efeitos à ordem jurídica contemplando todos e desdobrando-se em outros princípios e garantias que tratam de especificações de seu núcleo haja vista ser inerente ao acesso à Justiça e à efetividade do processo.[28]

Essa ampliação do âmbito de ação do princípio da inafastabilidade significou o atendimento não apenas às pessoas físicas, mas às pessoas jurídicas e aos entes despersonalizados que contam com personalidade jurídica.

Em termos formais, o princípio da inafastabilidade está restrito à possibilidade de acesso aos órgãos jurisdicionais com a dispensa de qualquer imperativo de qualificação da jurisdição relacionado ao conteúdo e qualidade do processo ou da decisão judicial. No entanto, testemunha-se que esse princípio tem alcançado uma dimensão substantiva, o que demanda uma jurisdição cuja qualificação advém do devido processo legal no que respeita ao procedimento além de justiça e validade da decisão judicial que encerra o litígio.[29]

No que concerne ainda à qualidade do processo judicial, vale acrescentar que "essa dimensão corrobora a ideia da oferta de um processo justo e adequado para além do meramente legal. Isso denota maior alcance da proteção oferecida por um processo equitativo, com o controle jurisdicional refletindo, inclusive, nos aspectos material e processual da lide".[30]

Nessa seara, não se pode entender a garantia da inafastabilidade como mera possibilidade de o Poder Judiciário provocar, mas proporcionar ao jurisdicionado um processo célere que se dê em tempo hábil para efetivação da garantia do direito material invocado, de forma segura, por meio de um processo efetivo.

Tal celeridade, no entanto, deve contemplar a extinção das dilações processuais impróprias e não advir sob o ônus da diminuição das garantias processuais ou materiais que promovam uma Justiça pronta.[31, 32]

---

[28] NERY JÚNIOR, Nelson. *Princípios do Processo Civil na Constituição Federal*. 8. ed. São Paulo: Revista dos Tribunais, 2004, p. 177.

[29] TAMER, Maurício Antonio. *O princípio da inafastabilidade da jurisdição no direito processual civil brasileiro*. Rio de Janeiro: GZ, 2017.

[30] CANOTILHO, José Joaquim Gomes. *Direito Constitucional*. Imprenta. Coimbra: Almedina, 1995, p. 494.

[31] CANOTILHO, José Joaquim Gomes. *Direito Constitucional*. Imprenta. Coimbra: Almedina, 1995, p. 499.

[32] "O princípio da inafastabilidade do controle jurisdicional, inscrito no inc. XXXV do art. 5º da CF, não assegura apenas o acesso formal aos órgãos judiciários, mas sim o acesso

CAPÍTULO 1
AS GARANTIAS DE ACESSO À JUSTIÇA E O ESTUDO DA COGNIÇÃO

Ainda referente à estreita ligação entre o acesso à Justiça e o princípio da inafastabilidade, esse princípio proporciona ao Judiciário qualquer tipo de discussão e traz a vertente da indeclinabilidade que obsta a negativa da prestação jurisdicional ou de acesso à Justiça.[33]

Deriva-se do princípio da inafastabilidade o direito a uma tutela jurisdicional adequada que renteia o debate acerca da justiça alternativa e do ativismo judicial, atentando para as medidas liminares e o poder de cautela dos juízes para cessação do ato, fato ou situação ilícita e impedir o prejuízo.

Para ademais dessa previsão constitucional, o princípio da inafastabilidade do controle jurisdicional marca presença no Novo Código e Processo Civil, Lei 13.105, de 16 de março de 2015, na redação do seu art. 3º: "Não se excluirá da apreciação jurisdicional ameaça ou lesão a direito"; essa assertiva ratifica a tese de que a legislação infraconstitucional está sendo direcionada e moldada à luz da Constituição Federal.[34]

Inerente ao surgimento do princípio da inafastabilidade do Poder Judiciário, este adveio da aspiração de se defender o indivíduo contra o Estado, mas deve-se ter atenção para certo exagero em razão da onipresença do Judiciário - "em seus extremos limites, a incompetência do Poder Judiciário se torna às vezes, deletéria; outras vezes, apenas ridícula".[35]

à Justiça que propicie a efetiva e tempestiva proteção contra qualquer forma de denegação da justiça e também o acesso à ordem jurídica justa. Cuida-se de um ideal que, certamente, está ainda muito distante de ser concretizado, e, pela falibilidade do ser humano, seguramente jamais o atingiremos na sua inteireza. Mas a permanente manutenção desse ideal na mente e no coração dos operadores do direito é uma necessidade para que o ordenamento jurídico esteja em contínua evolução" (WATANABE, Kazuo. Tutela antecipada e tutela específica das obrigações de fazer e não fazer. *In*: TEIXEIRA, Sálvio de Figueiredo. *Reforma do Código de Processo Civil*. São Paulo: Saraiva, 1996, p. 20).

[33] "A preocupação com o acesso à justiça no Brasil, que informa o princípio da inafastabilidade, é uma filosofia libertária, aberta para o social e para a realidade que busca, imperativa e ingentemente, métodos idôneos de fazer atuar os direitos sociais e uma justiça mais humana, simples e acessível" (PORTANOVA, Rui. *Princípios do processo civil*. 6. ed. Porto Alegre: Livraria do Advogado, 2005, p. 83).

[34] Consoante Canotilho, trata-se de "um direito fundamental formal que carece de densificação através de outros direitos fundamentais materiais" (CANOTILHO, José Joaquim Gomes. *Direito Constitucional e Teoria da Constituição*. 7. ed. 9. reimp. Coimbra: Almedina, 2003, p. 86). Soares e Dias (2012) lecionam "que o juiz não pode furtar-se a realizar a prestação da atividade jurisdicional, alegando a inexistência de lei" e que "a expressão lei deve ser entendida como ordenamento jurídico, na sua total extensão, ou seja, conjunto de normas jurídicas vigentes, compreendendo regras e princípios constitucionais e infraconstitucionais" (SOARES, Carlos Henrique; DIAS, Ronaldo Brêtas de Carvalho. *Manual elementar de processo civil*. 2. ed. Belo Horizonte: Del Rey, 2012, p. 13).

[35] TESHEINER, José Maria Rosa. *Elementos para uma teoria geral do processo*. São Paulo: Saraiva, 1993, p. 254.

Reitera-se a importância de se levar em conta o aspecto da obrigação da prestação do serviço pelo Estado que deve primar pela eficiência. O princípio da inafastabilidade do controle jurisdicional deve apresentar feição prestacional, isto é, não se configurar como mera garantia, mas como prestação ativa do Estado.[36]

Não é fator limitante da norma constitucional obstaculizar o impedimento, por determinada lei, do acesso à jurisdição, mas essa norma também visa afiançar o direito de se pleitear do Estado a tutela jurisdicional (Em referência "tanto à lesão quanto à ameaça, deixa claro a Constituição que a jurisdição deve realizar o Direito, restaurando a ordem jurídica violada ou evitando que tal violação ocorra, através de procedimento ordenado para esse fim").[37]

O princípio da inafastabilidade do Judiciário, em uma interpretação absoluta, levaria à supressão de resistência extrajudicial anterior na procura da tutela jurisdicional, com exceção para o caso de a Constituição da República preceituar a prévia instituição de instância administrativa, quais sejam as causas de competência da justiça desportiva.[38]

Na seara do princípio da inafastabilidade do controle jurisdicional, é vetado à lei excluir, da apreciação do Poder Judiciário, as próprias leis ou quaisquer outras regras jurídicas ou, ainda, a defesa dos direitos individuais e coletivos fundamentados em disposições constitucionais ou infraconstitucionais.[39]

No que diz respeito, ainda, ao mencionado princípio, insta se observar que "o fato de existirem requisitos de validade para o ajuizamento de uma demanda e para a prática de outros atos processuais não implica incompatibilidade com o princípio da inafastabilidade do

---

[36] SALLES, Carlos Alberto de. Mecanismos alternativos de solução de controvérsias e acesso à justiça: a inafastabilidade da tutela jurisdicional recolocada. *In*: FUX, Luiz; NERY JÚNIOR, Nélson; WAMBIER, Teresa Arruda Alvim (Coords.). *Contraditório e abuso do direito de defesa na execução*. Processo e constituição. Estudos em homenagem ao Professor José Carlos Barbosa Moreira. São Paulo: Revista dos Tribunais, 2006, p. 782.

[37] MEDINA, José Miguel Garcia. *Curso de direito processual civil moderno*. 4. ed. São Paulo: Revista dos Tribunais, 2018, p. 120.

[38] "Inexiste obrigatoriedade de esgotamento da instância administrativa para que a parte possa acessar o Judiciário. A Constituição Federal de 1988, diferentemente da anterior, afastou a necessidade da chamada jurisdição condicionada ou instância administrativa de curso forçado, pois já se decidiu pela inexigibilidade de exaurimento das vias administrativas para obter-se o provimento judicial" (MORAES, Alexandre de. *Direito constitucional*. 24. ed. São Paulo: Atlas, 2009, p. 84).

[39] PICARDI, Nicola. *Jurisdição e processo*. Imprenta. Rio de Janeiro: Forense, 2008.

controle jurisdicional".[40] Ademais, "o princípio da inafastabilidade do controle jurisdicional configura uma das garantias constitucionais mais relevantes, traduzido no monopólio da Jurisdição inerente ao Poder Judiciário".[41]

Ainda, esse princípio é visto como a principal garantia constitucional em relação aos direitos subjetivos e considerado, pelos doutrinadores da temática, a "garantia das garantias constitucionais".[42]

Não obstante, os operadores do Direito manifestam preocupação em relação à morosidade do processo, pois esse cenário descaracteriza um processo justo em que há a violação de um dos valores mais elevados na prestação jurisdicional: a efetividade da jurisdição.[43, 44]

O art. 5º, XXXV, da CRFB, não é claro quanto ao âmbito de alcance de sua proteção assim como às hipóteses em que as exigências legais significam desrespeito à garantia, conferindo ao legislador ampla margem de conformação.[45]

Em consequência, o efetivo exercício do direito é inerente a um processo de conformação legislativa efetuado pela edição de leis que atestem o gozo desse direito. Assim, é papel do legislador facultar o exercício desse direito, estabelecendo procedimentos, ritos, ações, recursos, competências, entre outros, não sendo lícito ao legislador "desnaturar" o instituto pois, assim, acabaria por violá-lo.

---

[40] BAPTISTA DA SILVA, Ovídio A. *Processo e ideologia*: o paradigma racionalista. Imprenta. Rio de Janeiro: Forense, 2004, p. 89.

[41] BARRAL, Weber. A arbitragem e seus mitos (resposta ao juiz Silva Salvador). *Revista da Escola Paulista da Magistratura*, São Paulo, ano 2, n. 5, jul./dez. 1988, p. 149.

[42] SILVA, Ovídio A. Baptista. *Curso de processo civil*. 15. ed. rev. e atual. São Paulo: Revista dos Tribunais, 2013, p. 90.

[43] MIGLIAVACCA, Luciano de Araújo. *O direito fundamental à razoável duração do processo e a sua concretização pela proatividade judicial em busca da efetividade da prestação jurisdicional*. 2012. 212 f. Dissertação (Mestrado em Direito) – Universidade de Santa Cruz do Sul, Santa Cruz do Sul, 2012.

[44] "(…) a morosidade sistemática é aquela que decorre da burocracia, do positivismo e do legalismo. Muitas das medidas processuais adotadas recentemente no Brasil são importantes para o combate à morosidade sistêmica. Será necessário monitorar e ver se essas medidas estão a ter realmente a eficácia. Mas há a morosidade ativa, pois consiste na interposição, por parte de operadores concretos do sistema judicial (magistrados funcionários ou partes), de obstáculos para impedir que a sequência normal dos procedimentos desfeche o caso" (SANTOS, Boaventura de Souza. *Para uma revolução democrática da justiça*. São Paulo: Cortez, 2007, p. 42).

[45] (…) "o âmbito de proteção do princípio da inafastabilidade do controle jurisdicional é normativo" (KOATZ, Rafael Lorenzo-Fernandez. A proibição do *non liquet* e o princípio da inafastabilidade do controle jurisdicional. *Revista de direito administrativo*: RDA, n. 270, 2015, p. 183).

Certos direitos individuais, como o direito de propriedade e o direito à proteção judiciária, são dotados de âmbito de proteção estritamente normativo. Nesses casos, não se limita o legislador ordinário a estabelecer restrições a eventual direito, cabendo-lhe definir, em determinada medida, a amplitude e a conformação desses direitos individuais.[46]

Mauro Cappelletti, em artigo intitulado "O acesso à justiça e a função do jurista em nossa época", publicado, na década de 1990, na *Revista de Processo*, já ressaltava a importância de se garantir efetiva e concretamente o acesso à Justiça. O jurista italiano já dizia, à época, as dificuldades para se concretizar materialmente a inafastabilidade jurisdicional ao enumerar três obstáculos estruturais.[47]

Como entraves à inafastabilidade jurisdicional, podem ser citados o obstáculo econômico diante da pobreza de muitas pessoas ao acesso às Cortes de Justiça; o obstáculo organizador – determinados direitos ou interesses não são tutelados eficazmente; c) o obstáculo processual – alguns tipos tradicionais de procedimentos se mostram inadequados aos seus deveres de tutela.[48]

1.2.2 Do contraditório e da ampla defesa

A Constituição Federal trata dos princípios do contraditório e da ampla defesa, em seu Título II, Capítulo I, no rol dos Direitos e Deveres Individuais e Coletivos:

> Art. 5º. Todos são iguais perante a lei, sem distinção de qualquer natureza, garantindo-se aos brasileiros e aos estrangeiros residentes no País a inviolabilidade do direito à vida, à liberdade, à igualdade, à segurança e à propriedade, nos termos seguintes:
>
> LV- aos litigantes, em processo judicial ou administrativo, e aos acusados em geral são assegurados o contraditório e ampla defesa, com os meios e recursos a ela inerentes.[49]

---

[46] "Acentue-se que o poder de conformar não se confunde com uma faculdade ilimitada de disposição [...] Qualquer que seja a conclusão a propósito do caráter de mera conformação ou limitação, não pode o legislador, a pretexto de conformar ou disciplinar a garantia da proteção judicial efetiva, adotar disciplina que afete, de forma direta ou indireta, o exercício substancial desse direito" (MENDES, Gilmar; COELHO, Inocêncio Mártires; BRANCO, Paulo Gustavo. *Curso de direito constitucional*. 4. ed. São Paulo: Saraiva, 2008, p. 285).

[47] CAPPELLETTI, Mauro. O acesso à justiça e a função do jurista em nossa época. *Revista de Processo*, n. 61, p. 144-160, 1991.

[48] *Idem*.

[49] Constituição da República Federativa do Brasil de 1988.

Infraconstitucionalmente, o contraditório e a ampla defesa encontram disciplina na Lei 9.874/1999, reguladora do processo administrativo federal; na Lei estadual paulista 10.177/98, que estatui o processo administrativo estadual de São Paulo; na Lei de Licitação e Contratos da Administração Pública, Lei 8.666/93; no decreto que aborda o processo administrativo fiscal; na Lei 8.112/93 (Regime Jurídico Único dos Servidores Públicos Federais); no Estatuto dos Funcionários Públicos do Município de São Paulo, Lei 10.261/68; na Lei 8.989/79, Estatuto dos Funcionários Públicos do Município de São Paulo, dentre outros.

Assegurada a ampla defesa, o mesmo ocorre com o contraditório visto que ambos se encontram imbricados.[50] Neste sentido, tem-se que "a ampla defesa configura a garantia de que o réu tenha a possibilidade de apresentar, no processo, os elementos elucidadores da verdade e de se omitir ou calar-se".[51]

A ampla defesa implica o reconhecimento do direito do acusado de estar ciente de que está sendo processado e a razão disso; de receber o processo para engendrar sua defesa; de apontar e produzir as provas para sua defesa; de contar com um advogado em razão de não possuir condições financeiras para tal; de ter conhecimento prévio quanto à realização de diligências e atos instrutórios para realizar o acompanhamento destes e fazer os questionamentos pertinentes; de oferecer a defesa final; de recorrer, a fim de provar sua inocência ou minimizar as consequências da acusação.[52] Outrossim, na mesma

---

[50] "Por ampla defesa deve-se entender o asseguramento que é feito ao réu de condições que lhe possibilitem trazer para o processo todos os elementos tendentes a esclarecer a verdade. É por isso que ela assume múltiplas direções, ora se traduzindo na inquirição de testemunhas, ora na designação de um defensor dativo, não importando, assim, as diversas modalidades, em um primeiro momento" [...] "O contraditório, por sua vez, se insere dentro da ampla defesa. Quase que com ela se confunde integralmente na medida em que uma defesa hoje em dia não pode ser senão contraditória. O contraditório é, pois, a exteriorização da própria defesa. A todo ato produzido caberá, pois, a exteriorização da própria defesa. A todo ato produzido caberá igual direito da outra parte de opor-lhe ou dar-lhe a versão que lhe convenha, ou ainda de fornecer uma interpretação jurídica diversa daquela feita pelo autor" (BASTOS, Celso Ribeiro. *Curso de Direito Constitucional*. São Paulo: Celso Bastos Editor, 2002, p. 387-388).

[51] Quanto ao contraditório, ensina Alexandre de Moraes que se trata da "própria exteriorização da ampla defesa, impondo a condução dialética do processo ('par conditio'), pois a todo ato produzido pela acusação, caberá igual direito da defesa de opor-se lhe a versão que melhor apresente, ou, ainda, de fornecer uma interpretação jurídica diversa daquela feita pelo autor" (MORAES, Alexandre de. *Direito Constitucional*. 13. ed. São Paulo: Atlas, 2003, p. 125).

[52] Na seara do contraditório, assevera Manoel Gonçalves Ferreira Filho, que "A todo ato produzido caberá igual direito da outra parte de opor-se lhe ou de dar-lhe a versão que

temática, infere-se que, "na intenção de se tecer o viés teórico acerca da ampla defesa, observa-se que esse princípio é acolhido no âmbito do direito administrativo, contrapondo-se ao princípio inquisitorial".[53]

O princípio do contraditório visa garantir que todo ato praticado durante o processo resulte da participação ativa das partes, postando-se como uma garantia de justiça para estas. É imperioso que o juiz realize a devida oitiva das partes, previamente ao proferimento de qualquer uma das decisões, oportunizando que essas partes argumentem e contra argumentem de forma igualitária. Também cabe ao juiz, ao proferir sentença, propiciar que elas formem sua convicção por meio de provas.[54]

Nesta linha, a doutrina passou a afirmar a dupla destinação do contraditório, ou seja, ele tem como destinatário tanto as partes e quanto ao juiz. "Em relação às partes, o contraditório trata-se de verdadeiro direito lhes assegurado, ao passo que, ao magistrado, é um dever que lhe é imposto."[55]

O princípio do contraditório é composto de informação e possibilidade de reação, devendo, ainda, ser, conforme a Constituição brasileira, assegurado no processo administrativo, mesmo o de caráter não punitivo, ou seja, sem acusados, mas com litigantes.[56]

Saliente-se que o princípio da inafastabilidade da tutela jurisdicional é complementado por outros tais, como os do contraditório, da ampla defesa, da motivação das decisões por parte dos juízes ou, ainda, do juiz natural. E todos eles convergem para o fim maior que é a efetivação do acesso à Justiça.

André Pagani de Souza, sobre o princípio do contraditório ainda esclarece que:

---

lhe convenha, ou ainda de fornecer uma interpretação jurídica diversa daquela feita pelo autor. Daí o caráter dialético do processo que caminha através de contradições a serem finalmente superadas pela atividade sintetizadora do juiz" (FERREIRA FILHO, Manoel Gonçalves. *O poder constituinte*. 3. ed. rev. e ampl. São Paulo: Saraiva, 1999, p. 164).

[53] No princípio inquisitorial "se refuta o contraditório, vedando, ao acusado, a produção de provas ou de trazer, ao processo, elementos que corroborem a sua inocência" (...) "O princípio natural, agora enunciado, é assim expresso em latim: 'nemo inauditus damnari potest'. A ação administrativa em que é cercada a ampla defesa apresenta nulidade, que pode ser revista pelo Poder Judiciário" (CRETELLA JÚNIOR, José. *Elementos de Direito Constitucional*. 4. ed., São Paulo: Revista dos Tribunais, 2000, p. 355-356. Enciclopédia Saraiva do Direito, v. 6).

[54] BONFIM, Edilson Mougenout. *Curso de Processo Penal*. 4. ed. São Paulo: Saraiva, 2009.

[55] SOUZA, André Pagani de. *Vedação das decisões-surpresa no processo civil*. São Paulo: Saraiva, 2014, p. 78-79.

[56] MANZANO, Luís Fernando de Moraes. *Curso de processo penal*. Imprenta. São Paulo: Atlas, 2012.

Na prática, o respeito do contraditório pelo juiz consiste em convidar as partes a se manifestarem sobre os pontos que ele pretende levar em consideração na sua decisão, provocar suas explicações quando houver debates ou, ainda, converter o julgamento em diligência para reabrir a instrução ou os debates, quando entender necessário. Somente depois dessas providências é que o magistrado poderá decidir e fundamentar sua decisão em matéria que tenha sido objeto dessa atividade verdadeiramente preparatória do seu ato decisório.[57]

O princípio da ampla defesa pressupõe que a defesa necessária seja elaborada pelos meios e elementos totais de alegações e de provas em tempo de processo a ser estabelecido pela lei. Assim, esse princípio supõe um destinatário específico, que é o acusado, e uma defesa constituída de defesa técnica (defesa processual ou específica) por profissional habilitado e autodefesa (defesa material ou genérica) pelo acusado.[58]

A autodefesa pode, conforme desejo do réu, se configurar no silêncio deste e subdivide-se em direito de audiência (por intermédio do interrogatório) e no direito de presença (posicionamento do próprio réu por meio da imediação com o defensor, com o juiz e com as provas).[59, 60]

Comparados os princípios do contraditório e da ampla defesa, denota-se que o primeiro apresenta abrangência mais ampla do que o segundo em razão de atingir tanto o polo defensivo como também o acusatório, ambivalência constatada em diferentes dispositivos do Código de Processo Penal.[61]

---

[57] SOUZA, André Pagani de. *Vedação das decisões-surpresa no processo civil*. São Paulo: Saraiva, 2014, p. 103.

[58] BONFIM, Edilson Mougenout. *Curso de Processo Penal*. 4. ed. São Paulo: Saraiva, 2009.

[59] TÁVORA, Nestor; ALENCAR, Rosmar Rodrigues. *Curso de direito processual penal*. Imprenta. Salvador: JusPodivm, 2015.

[60] Na esteira dos princípios do contraditório e da ampla defesa, vale menção ao posicionamento de Gustavo Henrique Badaró: "Destacar e distinguir a defesa do princípio do contraditório é relevante na medida em que, embora ligados, é possível violar o contraditório, sem que se lesione o direito de defesa. Não se pode esquecer que o princípio do contraditório não diz respeito apenas à defesa ou aos direitos do réu. O princípio deve aplicar-se em relação a ambas as partes, além de ser observado pelo próprio juiz" (BADARÓ, Gustavo Henrique. *Processo Penal*. 4. ed. São Paulo: Thomson Reuters Revista dos Tribunais, 2016, p. 183).

[61] A esse respeito, Rogério Lauria Tucci argumenta que "a concepção moderna da garantia da ampla defesa reclama, para a sua verificação, seja qual for o objeto do processo, a conjugação de três realidades procedimentais, genericamente consideradas, a saber: a) o direito à informação (nemo inauditus damnari potest); b) a bilateralidade da audiência (contraditoriedade); c) o direito à prova legalmente obtida ou produzida (comprovação da inculpabilidade)" (TUCCI, Rogério Lauria. *Direito e garantias individuais no processo penal brasileiro*. São Paulo: Saraiva, 2004, p. 257).

Acrescente-se que a ampla defesa não implica na imunidade permanente do acusado em relação às consequências do processo em razão de ausência não justificada a audiências, não cumprimento de prazos, não observância de formas processuais ou de notificações judiciais, contextos suscetíveis às particularidades do caso concreto e à natureza do dano causado ao réu.[62]

No ver de muitos doutrinadores, tradicionalmente o contraditório apresenta duas vertentes, quais sejam, o direito de informação e o direito de reação, e esse binômio testemunha uma visão limitada do processo estritamente ligada a valores patrimoniais e individuais e é vista como ultrapassada no complexo contexto da vida moderna. Assim, "o princípio do contraditório deve ser empregado pelos sujeitos pertencentes ao processo no intuito de se contemplar os ideais democráticos".[63]

1.3 Princípio da motivação das decisões por parte dos juízes

Este princípio encontra previsão na Constituição Federal, art. 93, IX: "Todos os julgamentos dos órgãos do Poder Judiciário serão públicos, e fundamentadas todas as decisões, sob pena de nulidade (...)".[64] Assim, possibilita, às partes, a identificação precisa das razões para a forma de julgamento eleita pelo juiz.

O Novo Código de Processo Civil, Lei 13.105/15, traz, em seu art. 10: "O juiz não pode decidir, em grau algum de jurisdição, com base em fundamento a respeito do qual não se tenha dado às partes oportunidade de se manifestar, ainda que se trate de matéria sobre a qual deva decidir de ofício".[65]

O princípio da obrigatoriedade da motivação das decisões judiciais simboliza, ao cidadão, a garantia da não arbitrariedade do

---

[62] "Sob a Constituição de 1988, o Supremo Tribunal Federal fixou entendimento de que os princípios do contraditório e da ampla defesa são assegurados nos processos administrativos, tanto em tema de punições disciplinares como de restrição de direitos em geral" (MENDES, Gilmar Ferreira. *Curso de Direito Constitucional*. 4. ed. São Paulo: Saraiva, 2009, p. 592).

[63] THEODORO JÚNIOR, Humberto; NUNES, Dierle José Coelho. Uma dimensão que urge reconhecer ao contraditório no direito brasileiro: sua aplicação como garantia de influência, de não surpresa e de aproveitamento da atividade processual. *Revista de Processo*, São Paulo, n. 168, p. 107-141, fev. 2009, p. 118.

[64] Constituição da República Federativa do Brasil de 1988.

[65] Lei 13.105/2015 – Institui o Código de Processo Civil brasileiro.

julgamento, obrigando o juiz a revelar os motivos de seu convencimento, tendo por base a razão. Dessa forma, a decisão advinda do órgão julgador necessita apresentar fundamentação, apontando a verdade fática e jurídica respaldada em provas obtidas conforme o estabelecido pelo contraditório.[66]

Ao juiz cabe fundamentar sua decisão tanto em fatos do processo como em documentos acrescidos à petição inicial, do contrário, essa decisão pode apresentar nulidade. A não observância a esse preceito pode, ainda, gerar uma "decisão judicial equivocadamente fundamentada",[67] que, "embora não nula, carece ser corrigida em conformidade com os fatos e argumentos jurídicos empregados pelas partes".[68]

São objeto da fundamentação ou motivação da sentença os pontos controvertidos de fato e de direito, não bastando ao juiz a transcrição de lições doutrinárias ou a citação da jurisprudência, sendo mister que a decisão referida se adeque à situação concreta, caso contrário, a sentença será nula por ausência de motivação.[69]

Na seara da motivação e fundamentação, assim se posiciona Greco:

> Todo provimento jurisdicional deve ser motivado, apresentando justificação suficiente do seu conteúdo e evidenciando o respeito ao contraditório participativo através do exame e consideração de todas as alegações e provas pertinentes apresentadas pelas partes, sob pena de nulidade.[70]

---

[66] O doutrinador Nelson Nery Júnior sugere que a análise desse princípio deve observar os seguintes aspectos: "a) necessidade de comunicação visual; b) exercício da lógica e atividade intelectual do juiz; c) submissão, como ato processual, ao estado de direito e as garantias constitucionais; d) exigência de imparcialidade do juiz; e) publicidade das decisões judiciais; f) legalidade das decisões judiciais; g) independência jurídica do magistrado" (NERY JÚNIOR, Nelson. *Princípios do processo civil na Constituição Federal.* 4. ed. São Paulo: Revista dos Tribunais, 1997).

[67] MONTENEGRO FILHO, Misael. *Manual da advocacia cível:* com notas relativas ao novo CPC. Imprenta. São Paulo: Atlas, 2015, p. 48.

[68] Discute Portanova que "São muitas as motivações sentenciais. É verdadeiramente impossível ao juiz indicar, na sentença, os motivos que lhe formaram o convencimento. São tantas as influências que inspiram o juiz que dificilmente a explicação de como se convenceu, será plenamente satisfatória. No julgamento há premissas ocultas imperceptíveis. Podem-se distinguir três planos de motivações: probatórias, pessoais e ideológicas. São motivações que se ligam entre si e se influenciam dialeticamente" (PORTANOVA, Rui. *Motivações ideológicas da sentença.* 5. ed. Porto Alegre: Livraria do Advogado, 2003, p. 45).

[69] MACHADO, Antônio Cláudio da Costa. *Código de Processo Civil Interpretado.* 5. ed. São Paulo: Manole, 2013.

[70] GRECO, Leonardo. O acesso ao Direito e à Justiça. *In*: GRECO, Leonardo. *Estudos de Direito Processual.* Campos dos Goytacazes: Ed. da Faculdade de Direito de Campos, 2005, p. 275.

A fundamentação deve expor os motivos levados em conta no momento da decisão, sob pena, de cenário contrário, de o contraditório se ver transformado em mera "paródia garantista".[71, 72]

O princípio da obrigatoriedade da motivação das decisões judiciais visa à publicidade do processo, haja vista que se alcança maior confiança quando o ato é público e não oculto e, por conseguinte, possibilita-se fiscalização da sociedade em relação às atividades dos juízes.[73]

Diante dessa tessitura, resta clara a relação direta entre o princípio da motivação das decisões judiciais e o princípio da publicidade, pois este corrobora os efeitos e consequências pertinentes ao ato decisório. Assim, a voz do Estado é representada pelo juiz, tornando possível que as partes envolvidas no conflito participem.

Ao julgar, o juiz recorre à norma jurídica e ao fato jurídico e, de posse de ambos, será apto a proferir a decisão, mas fundamentando-a de modo a deixar claras as razões que o nortearam a levar em conta determinadas circunstâncias de fato e de direito.

---

[71] CONTE, Francesco. *Sobre a motivação da sentença no processo civil*: estado constitucional democrático de direito, discurso justificativo e legitimação do exercício da jurisdição. Rio de Janeiro: Gramma, 2016, p. 751.

[72] Nesse sentido, alega Calmon de Passos: "O juiz, em primeiro lugar, é aquele que sabe nada dos fatos, e que, por isso mesmo, devem as partes – e o próprio juiz tem uma parcela de poder para se tornar conhecedor dos fatos – produzir a prova, a instrução probatória. E o juiz, também na sua decisão, tem que dizer que fatos ele considera como atendíveis para embasar sua decisão. […] É que o juiz tem que indicar na sua decisão o fato que ele tem por verdadeiro e fundamentar porque esse fato ele tem por verdadeiro, referindo as provas que estão nos autos e que embasam o seu convencimento. Mas se ele parar aí, é juiz que vai decidir sem legitimidade, porque a bilateralidade do processo, que é a garantia do devido processo legal, impõe ao juiz que ele diga, explicitamente, porque a versão contrária, da parte adversária, é repelida. Sentença que na sua motivação não torna explícito porque determinado fato é aceito pelo juiz, com base em determinadas provas, e porque as provas contrárias a essas provas que ele acolheu foram por ele repelidas, é sentença sem legitimidade. Pode até no final das contas a gente chegar à conclusão de que é justa, que às vezes você vai de canelada em canelada e chega ao centro. Pouco importa, isso é outra coisa, isso é outro problema" (CALMON DE PASSOS, José Joaquim. A formação do convencimento do magistrado e a garantia constitucional da fundamentação das decisões. *In*: CALMON DE PASSOS, José Joaquim. *Ensaios e artigos*. Salvador: Juspodivm, 2016. v. 2, p. 441).

[73] A "publicidade é garantia para o provo de uma justiça 'justa', que nada tem a esconder; e, por outro lado, é também garantia para a própria magistratura diante do mesmo povo, pois agindo publicamente permite a verificação de seus atos" (ALVIM, José Manuel Arruda. *Manual de Direito Processual Civil*. 11. ed. São Paulo: Revista dos Tribunais, 2007, p. 106).

1.3.1 Princípio do juiz natural

O princípio do juiz natural apregoa a existência de uma competência jurisdicional para cada caso, segundo a natureza e circunstâncias deste, não sendo permitida a ocorrência de juízo ou tribunais de exceção, conforme o disposto no art. 5º, inciso XXXVII, da Constituição Federal: "ninguém será processado nem sentenciado senão pela autoridade competente" (Constituição da República Federativa do Brasil, art. 5º, inciso LIII), devendo a jurisdição ser exercida tão somente por juízes e tribunais (art. 16, do novo CPC); os órgãos do Poder Judiciário vêm especificados no art. 92, da Carta Magna.

Trata-se o tribunal de exceção de um juízo excepcional que não apresenta competência em conformidade à lei, ainda, existe a possibilidade de uma forma de justiça especial. Menciona-se, entretanto, a autorização de formação de um juízo especial e de um julgamento por juízo incompetente.

Nessa seara, tem-se que o Direito deve ter claro a quem cabe julgamento e, em havendo dúvida quanto a essa questão, recorre-se à discussão pelo Judiciário. A determinação de um juiz competente leva à garantia do direito ao julgamento do processo.

A incompetência e a suspeição apresentam diferentes causas e efeitos. Ao passo que a incompetência implica em transferência de foro de julgamento, a suspeição denota a obrigatoriedade de que o juiz seja substituído no julgamento em concreto, sem que, com isso, lhe seja obstada a competência para esse julgamento.[74]

O princípio do juiz natural apresenta dupla garantia: 1) vedação de juízos extraordinários, constituídos ex post facto; e 2) coibição de subtração do juiz cuja competência seja determinada pela Constituição.[75]

Desdobram-se desse contexto que são considerados órgãos jurisdicionais aqueles cuja constituição ocorreu por meio da Constituição Federal; não há possibilidade de julgamento de um indivíduo por órgão

---

[74] "O postulado do juiz natural, por encerrar uma expressiva garantia da ordem constitucional, limita, de modo subordinante, os poderes do Estado – que fica, assim, impossibilitado de instituir juízos *ad hoc* ou de criar tribunais de exceção –, ao mesmo tempo em que assegura ao acusado o direito ao processo perante autoridade competente abstratamente designada na forma da lei anterior, vedados em consequência, os juízos *ex post facto*" (BARROSO, Luis Roberto. *Constituição da República Federativa do Brasil Anotada*. São Paulo: Saraiva, 1998, p. 35).

[75] GRINOVER, Ada Pellegrini. O princípio do juiz natural e sua dupla garantia. *Revista de Processo*, São Paulo: Revista dos Tribunais, n. 29, p. 11-33, jan./mar. 1983.

constituído posteriormente ao fato; a discricionariedade é excluída por meio da ordem taxativa de competências dos juízos pré-constituídos.[76]

As garantias do juiz natural têm como finalidade salvaguardar a ordem democrática. Atravancados os tribunais de exceção, é mister que o órgão judiciário responsável pelo julgamento anteceda aos fatos, vedando a arbitrariedade do Estado.[77]

1.3.2 Princípio da imparcialidade do juiz

Esse princípio estabelece uma ação isenta por parte do juiz no processo, devendo o magistrado viabilizar o direito de defesa e um julgamento em que inexista benefício próprio. Para se assegurar a imparcialidade do juiz, há que se observar as regras de suspeição deste. Nesse contexto, também devem ser levadas em conta as regras da competência que se alteram em conformidade com a área do Direito.

Assim, arrolam-se determinados critérios para se definir a competência: a) objetivos – em função do valor da causa ou de sua natureza (matéria); b) funcionais – quando a lei determina a jurisdição a determinado órgão, em virtude de suas funções, podendo haver distribuição da causa em mais de um órgão (como quando há elementos de competência penal e de competência cível a serem debatidos) ou mesmo conexão entre mais de um processo; c) territoriais – definidos pela localidade do objeto e/ou atos; d) pessoais – em razão da pessoa (como ocorre para julgamentos de presidentes, por exemplo).

Em se tratando de competência, esta pode se configurar como absoluta (decorre da matéria, da pessoa e a funcional) ou relativa (inerente ao valor e territoriais) de acordo com a possibilidade de modificação e saneamento da nulidade.

Prevê o CPC/2015, regra geral para o processo civil e subsidiária às demais esferas:

---

[76] Idem.

[77] "A garantia do juiz natural, por sua vez, compõe também importante faceta do formalismo processual, por igualmente circunscrever o exercício arbitrário do poder impedindo a alteração da competência do órgão judicial ou a criação de tribunal especial, após a existência do fato gerador do processo, para colocar em risco os direitos e garantias da parte, tanto no plano processual quanto material. Daí a necessidade de tal matéria ser regulada por um direito processual rigoroso, aplicado de maneira formal, sugestão a que desde muito se mostra sensível o ordenamento jurídico brasileiro, erigindo o princípio à condição de garantia constitucional" (OLIVEIRA, Carlos Alberto Álvaro. Do Formalismo no Processo Civil. São Paulo: Saraiva, 2009, p. 105).

Art. 42. As causas cíveis serão processadas e decididas pelo juiz nos limites de sua competência, ressalvado às partes o direito de instituir juízo arbitral, na forma da lei.[78]

O princípio da jurisdição estabelece que a definição da competência ocorrerá no registro ou na distribuição da petição inicial.

Art. 43. Determina-se a competência no momento do registro ou da distribuição da petição inicial, sendo irrelevantes as modificações do estado de fato ou de direito ocorridas posteriormente, salvo quando suprimirem órgão judiciário ou alterarem a competência absoluta.[79]

Havendo, entretanto, conflito de competência no novo CPC e o princípio do juiz natural, recorre-se ao preconizado pelo art. 66 do novo CPC:

Art. 66. Há conflito de competência quando:

I – 2 (dois) ou mais juízes se declaram competentes;

II – 2 (dois) ou mais juízes se consideram incompetentes, atribuindo um ao outro a competência;

III – entre 2 (dois) ou mais juízes surge controvérsia acerca da reunião ou separação de processos.

Parágrafo único. O juiz que não acolher a competência declinada deverá suscitar o conflito, salvo se a atribuir a outro juízo.[80]

Complementa-se essa seara no art. 45, do novo CPC:

Art. 45. Tramitando o processo perante outro juízo, os autos serão remetidos ao juízo federal competente se nele intervier a União, suas empresas públicas, entidades autárquicas e fundações, ou conselho de fiscalização de atividade profissional, na qualidade de parte ou de terceiro interveniente, exceto as ações:

I – de recuperação judicial, falência, insolvência civil e acidente de trabalho;

II – sujeitas à justiça eleitoral e à justiça do trabalho.[81]

---

[78] Lei 13.105/2015 – Institui o Código de Processo Civil brasileiro.

[79] Lei 13.105/2015 – Institui o Código de Processo Civil brasileiro.

[80] Lei 13.105/2015 – Institui o Código de Processo Civil brasileiro.

[81] Defendendo que a garantia do juiz natural deveria ter especial conotação no Direito brasileiro, leciona Tucci e Tucci: "significando que o membro da comunhão social tem

A imparcialidade implica na equidistância do julgador em relação às partes, condição *sine qua non* para que um julgamento seja justo e seja assegurada a igualdade entre os litigantes do processo.[82] Nessa seara, importa o alerta de Bourdieu:

> Pelo fato de nosso sistema não contemplar varas específicas para a tutela provisória, a aplicação das novas regras processuais só ocorrerá face a uma nova mentalidade, haja vista que o funcionamento de uma instituição é inerente à existência de correspondência entre estruturas objetivas e estruturas subjetivas.[83]

A consciência quanto a essas regras que estão implícitas e à invisibilidade no sistema jurídico possibilita uma evolução para que inovações legislativas e alterações na própria forma da prestação jurisdicional sejam aceitas. Assim, "uma visão crítica sobre o sistema atual tornará possível a obtenção de decisões judiciais mais céleres e efetivas, destituídas da arcaica mentalidade de que julgar não implica decisão com base em cognição sumária".[84, 85]

---

direito a julgamento por juízo ou tribunal pré-constituído, isto é, por um órgão jurisdicional autêntico, legitimamente investido no exercício da jurisdição e com todas as garantias ínsitas ao normal desempenho da função de seu cargo (vitaliciedade, independência jurídica e política, inamovibilidade, irredutibilidade de vencimentos)" (TUCCI, Rogério Lauria; TUCCI, José Rogério Cruz. *Constituição de 1988 e Processo*: Regramentos e garantias constitucionais do processo. São Paulo: Saraiva, 1989, p. 98).

[82] Na temática da imparcialidade do juiz, assim se posiciona Nery Júnior: "Significa que 1) não haverá juízo ou tribunal *ad hoc*, isto é, tribunal de exceção; 2) todos têm o direito de submeter-se a julgamento (civil ou penal) por juiz competente, pré-constituído na forma da lei; 3) o juiz competente tem de ser imparcial" (NERY JÚNIOR, Nelson. *Princípios do Processo Civil na Constituição Federal*. 7. ed. São Paulo: Revista dos Tribunais, 2002, p. 28).

[83] BOURDIEU, Pierre. *Sobre o Estado*. São Paulo: Companhia das Letras, 2014, p. 228.

[84] BAPTISTA DA SILVA, Ovídio A. *Processo e ideologia*: o paradigma racionalista. Imprenta. Rio de Janeiro: Forense, 2004, p. 152.

[85] Guilherme Rizzo Amaral defende a introdução, na legislação processual, da possibilidade de a tutela ser antecipada, independentemente de *periculum in mora*, quando, posterior à defesa do réu, houver demonstrado maior grau de probabilidade do direito do autor. Consoante esse doutrinador, "[...] embora muito se tenha feito em matéria de aprimoramento legislativo em busca de maior efetividade do processo (lei da ação civil pública, código de defesa do consumidor, antecipação da tutela e, mais recentemente, a nova sistemática de cumprimento das sentenças), remanesce ainda hoje um traço cultural muito forte em nosso processo civil, qual seja o de exigir, salvo em situações de urgência (real ou ficta), o esgotamento da atividade instrutória antes de se promover qualquer alteração no status das partes litigantes e, em alguns casos, o esgotamento de todas as instâncias ordinárias para que tal modificação venha a ocorrer" (AMARAL, Guilherme Rizzo. Verdade, justiça e dignidade da legislação: breve ensaio sobre efetividade do processo, inspirado no pensamento de John Rawls e de Jeremy Waldron. *In*: KNIJNIK, Danilo (coord.) *Prova Judiciária*: estudos sobre o novo direito probatório. Porto Alegre: Livraria do Advogado, 2007, p. 130).

Em relação às regras processuais, recorre-se ao postulado por Jobim: "caso persista a ideia de que o *status quo* somente pode ser alterado posterior ao exaurimento da prova, a situação de desequilíbrio do ônus do tempo se manterá".[86]

No que concerne à tutela de evidência, o apontamento de Bedaque é de que "a efetividade prática das novas regras em relação à tutela de evidência está na dependência de uma nova mentalidade em relação à tutela provisória, não sendo suficiente, para tanto, alterações legislativas, mas uma mudança cultural".[87] Em um paralelo entre a tutela de evidência e a tutela provisória, tem-se que, "quanto à sugestão de um juiz solucionador de problemas em detrimento de um simples solucionador de processos, a solução mais ágil e eficiente do conflito encontra-se na tutela de evidência".[88]

Um dos requisitos para a adequada prestação jurisdicional é a antecipação da tutela desassociada do *periculum in mora*. É inconcebível que um direito evidente seja satisfeito com delonga ao longo do tempo motivada por condutas maliciosas, pela cultura de exaurimento da instrução e pela ausência de estrutura do Poder Judiciário. "Necessário se ter em mente que o processo se trata de um meio e que, por conseguinte, o rito não deve constituir-se em fim".[89]

A previsão legislativa do art. 311, do Código de Processo Civil, não resta suficiente, sendo mister uma nova forma de se pensar e conceber a tutela jurisdicional dos direitos. Cabe, assim, ao Poder Judiciário, prestar uma tutela jurisdicional célere e efetiva.

O Poder Judiciário, em razão do princípio da eficiência, tem a possibilidade e a obrigatoriedade de agir em conformidade com o que acontece. Esse é, aliás, o teor do art. 375, do Código de Processo Civil.

> Art. 375. O juiz aplicará as regras da experiência comum subministradas pela observação do que ordinariamente acontece e, ainda, as regras de experiência técnica, ressalvado, quanto a estas, o exame pericial.[90]

---

[86] JOBIM, Nelson. A Constituinte vista por dentro: vicissitudes, superação e efetividade de uma história real. *In*: SAMPAIO, José Adércio (Coord.). *15 anos de Constituição*: história e vicissitudes. Belo Horizonte: Del Rey, 2004, p. 13.

[87] BEDAQUE, José Roberto dos Santos. *Efetividade do processo e técnica processual*. 2. ed. São Paulo: Malheiros, 2007, p. 53.

[88] ONODERA, Marcus Vinicius Kiyoshi. *Gerenciamento do processo e acesso à justiça*. Belo Horizonte: Del Rey, 2017, p. 171.

[89] LACERDA, Galeno. *Comentários ao Código de Processo Civil*. São Paulo: Revista dos Tribunais, 1961. v. 8, Tomo 1. p. 86.

[90] Lei 13.105/2015 – Institui o Código de Processo Civil brasileiro.

Nessa seara, tem-se que a tutela da evidência possibilita melhor distribuição do tempo no processo, com vista à eficiência e manutenção da isonomia e da paridade entre os litigantes.

O legislador deve estabelecer parâmetros tendo por base a noção do *id quod plerumque accidit*, em casos em que a ponderação entre os riscos da concessão ou da não concessão da tutela provisória se mostre complexa, ou seja, "o legislador estabeleceu juízo prévio com o fim de tornar mais fácil a atividade judicial quanto a decidir sobre a concessão ou não da tutela provisória".[91]

Isso significa que, mesmo em face de uma análise do legislador ou do magistrado, a experiência humana pode ser ferramenta importante na conclusão quanto à probabilidade do direito. "Em determinados contextos, a verossimilhança pode ser prestadia para tornar crível a alegação da parte, tornando esta um testemunho ou prova da verdade".[92]

No exame da concessão da tutela provisória, a lógica que deve prevalecer é a relativa à probabilidade e ao que normalmente acontece, ou seja, com base em provas já produzidas e na experiência do juiz. Na hipótese de não convencimento deste acerca da probabilidade, o magistrado não deve negar a antecipação, mas ter seu convencimento baseado na noção do *id quod plerum que accidit*.

Caso assim não proceda o juiz, a aplicação da tutela da evidência será parca, o que acarreta dano ao sistema e às partes e é prejudicial à eficiência processual. Cenário adverso ao constatado na tutela de urgência, em que há um *periculum in mora* influenciando a decisão do juiz; a ação do Poder Judiciário deve ser, pois, imediata.

É imperioso se mencionar a escassez da produção doutrinária sobre a estabilização da tutela antecipada, restrita a artigos, capítulos de livros, poucas dissertações de mestrado, não se contando com obras de peso sobre o tema posterior à promulgação do novo código.

1.4 Estudo da cognição do processo brasileiro

O processo civil tem por fito a prestação da tutela jurisdicional e há movimentação do Poder Judiciário, quando impulsionado, conforme o princípio da inércia. Tendo sido vedada a autotutela, ao interessado cabe buscar o Judiciário para contemplar seu desejo.

---

[91] PISANI, Andrea Proto. Ancora sull'emergenza della giustizia civile. *Foro Italiano*, v. 5, c. 184, 1987a, p. 133.

[92] CALAMANDREI, Piero. Verità e verosimiglianza nel processo civile. *Rivista di Diritto Processuale*, Padova: Cedam, 1955, p. 188.

Analisadas a pretensão do autor, a resposta do requerido e as provas produzidas, o convencimento do julgador será formado. É consenso que, para que o conflito de interesses seja solucionado, é mister a ponderação do juiz acerca de toda a conjuntura.

Nessa seara, deve-se observar que não resta suficiente a análise dos argumentos das partes e das provas pelo juiz, devendo ser levados em conta aspectos processuais que possibilitem a obstaculização da análise da pretensão do autor. Atendidas as questões processuais, estará o juiz abalizado a intervir no referido conflito de interesses.

Essa gama de possibilidades e de aspectos a serem levados em conta pelo juiz, no proferimento de determinada decisão, é o que compõe a cognição. Assim, conceitua-se cognição como uma importante técnica de correlação entre o direito material e o direito processual, a qual, realizada detalhadamente, tem como consequência uma tutela jurisdicional mais adequada referente à aspiração de direito material deduzida em juízo.[93]

Posto que a cognição se trata de uma ação de inteligência do juiz, uma definição que lhe cabe é a de um método por meio do qual o juiz forma juízo de valor acerca dos requisitos autorizadores do julgamento de mérito e das pretensões contidas no processo, visando à decisão destas. O convencimento do magistrado, assim, estará fundamentado na consideração, valoração e análise das provas e alegações trazidas pelas partes.

Na esteira do principal objetivo do julgador reside a resolução dos conflitos de interesses. Dessa forma, cabem o despojamento do julgador de suas preconcepções e a análise da situação de equidistante e imparcialmente, no que corrobora o comportamento das partes, principalmente no que tange ao ônus probatório.

O ápice da cognição judicial coincide com a prolação da sentença. Assim, a materialização da cognição ocorre na motivação da sentença,

---

[93] "Na verdade, a cognição funciona como um ponto de contato, ou uma 'ponte', que permite a ligação entre a realidade do direito material e a de um processo que proponha a realizá-lo o mais plenamente possível. Talvez, melhor do que 'ponte' seja a ideia culinária de 'ingredientes' para identificar a cognição como elemento integrante do *modus faciendi* dos procedimentos judiciais, uma vez que o fenômeno cognitivo, ao se expressar ritualmente desta ou daquela maneira por meio da regulamentação dos atos do juiz, dará este ou aquele colorido ao procedimento como um todo, tornando-o mais ou menos habilitado para a realização satisfatória da vontade do direito material numa ótica sócio jurídica" (MACHADO, Antônio Cláudio da Costa. *Tutela antecipada*. 2. ed. São Paulo: Oliveira Mendes, 1998, p. 74).

conforme os artigos 93,[94] IX, da Constituição Federal, e 131 e 458, II, do Código de Processo Civil.[95]

Ainda sobre o conceito de cognição, esta configura "um ato de inteligência" na consideração, "análise e valoração das provas produzidas pelas partes, ou seja, as questões de fato e as de direito alicerçadas no processo, e cujo resultado fundamenta o judicium".[96]

Destarte, sendo a cognição atividade basilar do processo, mister enfatizar que ela deve ser empreendida de modo mais adequado e específico visando-se à consecução da finalidade última da efetividade dos direitos.[97]

---

[94] Art. 93, IX, Constituição Federal "todos os julgamentos dos órgãos do Poder Judiciário serão públicos, e fundamentadas todas as decisões, sob pena de nulidade [...]" Art. 131 do Código Civil A citação daqueles que devam figurar em litisconsórcio passivo será requerida pelo réu na contestação e deve ser promovida no prazo de 30 (trinta) dias, sob pena de ficar sem efeito o chamamento. Parágrafo único. Se o chamado residir em outra comarca, seção ou subseção judiciárias, ou em lugar incerto, o prazo será de 2 (dois) meses. Art. 458. São requisitos essenciais da sentença: I – o relatório, que conterá os nomes das partes, a suma do pedido e da resposta do réu, bem como o registro das principais ocorrências havidas no andamento do processo; II – os fundamentos, em que o juiz analisará as questões de fato e de direito; III – o dispositivo, em que o juiz resolverá as questões, que as partes lhe submeterem" (BRASIL, 1988).

[95] A respeito da cognição, leciona Watanabe: "Resulta ela (a cognição) muito mais da própria natureza da atividade do juiz, que para conceder a prestação jurisdicional precisa, na condição de terceiro que se interpõe entre as partes, conhecer primeiro das razões (em profundidade, ou apenas superficialmente, ou parcialmente, ou definitivamente, ou em caráter provisório: tudo isso se põe no plano da técnica de utilização da cognição) para depois adotar as providências voltadas à realização prática do direito da parte. E decorre também da intensa utilização que o legislador dela faz para conceber procedimentos diferenciados para a melhor e a efetiva tutela de direitos" (WATANABE, Kazuo. *Cognição no processo civil*. 4. ed. São Paulo: Saraiva, 2012, p. 35-36).

[96] WATANABE, Kazuo. *Cognição no processo civil*. 4. ed. São Paulo: Saraiva, 2012, p. 35-36.

[97] Nessa seara, o entendimento de Watanabe: "No plano horizontal, a cognição tem por limite os elementos objetivos do processo estudados no capítulo precedente (trinômio: questões processuais, condições da ação e mérito, inclusive questões de mérito; para alguns: binômio, com exclusão das condições da ação; Celso Neves: quadrinômio, distinguindo pressupostos processuais dos supostos processuais). Nesse plano, a cognição pode ser plena ou limitada (ou parcial) segundo a extensão permitida. No plano vertical, a cognição pode ser classificada, segundo o grau de sua profundidade, em exauriente (completa) e sumária (incompleta). [...] o critério que procuramos levar em conta é a distinção da cognição em segundo dois planos distintos, o da extensão (horizontal) e o da profundidade (vertical). De sorte que, segundo a nossa visão, se a cognição se estabelece sobre todas as questões, ela é horizontalmente ilimitada, mas se a cognição dessas questões é superficial, ela é sumária quanto à profundidade. Seria, então, cognição ampla em extensão, mas sumária em profundidade. Porém, se a cognição é eliminada "de uma área toda de questões", seria limitada quanto à extensão, mas se quanto ao objeto cognoscível a perquirição do juiz não sofre limitação, ela é exauriente quanto à profundidade. Ter-se-ia, na hipótese, cognição limitada em extensão e exauriente em profundidade. Reservamos somente àquela [...] a expressão cognição sumária" (WATANABE, Kazuo. *Cognição no processo civil*. 4. ed. São Paulo: Saraiva, 2012, p. 84).

A cognição pode ser classificada como cognição plena e exauriente; cognição parcial e exauriente; cognição plena e exauriente "secundum eventum probationis"; cognição eventual, plena ou limitada e exauriente; cognição sumária ou superficial.[98] A cognição pode ser compreendida no sentido horizontal (plena ou parcial) e no sentido vertical (exauriente, sumária e superficial).

No plano horizontal, a cognição é demarcada pelos elementos objetivos do processo que compreendem questões processuais, condições da ação e mérito e classifica-se como plena ou limitada (ou ainda parcial), conforme a extensão outorgada, ou seja, quando todos os elementos do trinômio que compõem o objeto da cognição estiverem sujeitados à atividade cognitiva do juiz.

Esse é o cenário mais frequente no processo de conhecimento, assegurando-se que a sentença solucionará a questão judicial o mais completamente possível.

A cognição será *limitada* na ocorrência de alguma restrição ao indício de sua abrangência, isto é, quando houver eliminação de algum dos elementos do trinômio na atividade cognitiva do juiz, como é o caso de tutela possessória em que a questão da propriedade, a priori, na decisão do mérito, não é examinada. Dessa forma, a cognição, no plano horizontal, circunscreve-se na análise do objeto da cognição (nas "ações possessórias", nas quais não há possibilidade de se examinar a existência do domínio).

No plano vertical, a cognição é intrínseca ao grau de profundidade do exame do mérito, podendo ser exauriente e sumária, em que

---

[98] "(...) o direito processual pode valer-se das seguintes técnicas para reduzir o campo da cognição judicial, de modo a sumarizar a demanda: "a) permitir-se que o juiz decida com base em cognição apenas superficial sobre todas as questões da lide, como acontece com as decisões (sentenças) liminares; b) permite-se que o juiz decida com base em cognição exauriente as questões próprias daquela lide, mas veda-se que ele próprio investigue e decida fundado em determinadas questões previamente excluídas da área litigiosa a ela pertencente. É isto o que ocorre com as ações cambiárias e possessórias, para mencionar apenas os exemplos mais notórios; c) sumariza-se, também, impedindo que o juiz se valha de certa espécie de prova, como acontece nos chamados processos documentais, de que, aliás, o cambiário foi o exemplo mais eminente, mas que encontram na ação de mandado de segurança uma espécie típica do moderno direito brasileiro; finalmente, d) pode dar-se sumarização, ao estilo dos antigos processos sumários, com verdadeira "reserva de exceções", por exemplo, em certas ações de despejo (convalida di sfratto) do direito italiano e nos processos d'inguinzione também existentes no direito peninsular, nos quais a sentença liminar torna-se desde logo executiva se o demandado não oferecer prova escrita contrária, reservando-se para uma fase subsequente da própria ação o exame das questões que exijam prova demorada e complexa" (BAPTISTA DA SILVA, Ovídio A. O contraditório nas ações sumárias. *In*: BAPTISTA DA SILVA, Ovídio A. *Da sentença liminar à nulidade da sentença*. Rio de Janeiro: Forense, 2001, p. 254-255).

existe um verdadeiro juízo de probabilidade igualmente ao que ocorre no exame da antecipação de tutela advindo de verdadeira liminar satisfativa.

1.4.1 A cognição plena

Cognição plena é a que incide irrestritamente sobre o litígio, permitindo, ao juiz, examinar a lide a compor, observados, obviamente, os limites demarcados no pedido.

Em boa parte dos casos, a busca plena da verdade e da declaração final do direito pelo Estado-juiz, em contraditório pleno entre as partes, não era vista como consentânea à prestação da tutela jurisdicional, haja vista a demora advinda do cumprimento de todas as etapas taxativas e pormenorizadas do procedimento acarretar em tutela intempestiva, inútil ou inócua, fazendo perenizar a injustiça.[99]

Em virtude desse cenário, trouxeram-se à baila os modelos de entrega da prestação jurisdicional alastrados em cognição sumária, motivando o movimento da finalidade da prestação jurisdicional da declaração do direito baseada em verdade quase absoluta e com alto grau de estabilidade da decisão para a solução material e efetiva da controvérsia após a rápida entrega de decisão qualificada para se agir de forma verdadeira no bem da vida que configura o objeto do processo, consequentemente impelindo a paz social.

No Brasil, a tentativa de se concretizar metodologias de trabalho ao Estado-juiz aptas a subjugar a crise do Poder Judiciário, a qual se enraizava na lentidão e na inabilidade na prestação jurisdicional aos cidadãos, serviu como impulso para o movimento reformista do Código de Processo Civil cujo início ocorreu em 1994.

É notório que o respeito à garantia da cognição plena não advém apenas na hipótese de desenvolvimento e exercício efetivo, no plano fático, da ampla defesa e do contraditório efetivados pelos sujeitos parciais do processo, "mas também da hipótese de o sistema processual ratificar que o indivíduo contra o qual se proferiu a decisão em cognição sumária opte pela instauração da atividade cognitiva completa".[100]

---

[99] "O procedimento ordinário, como é intuitivo, faz com que o ônus do tempo do processo recaia unicamente sobre o autor, como se este fosse culpado pela demora ínsita à cognição dos direitos" (MARINONI, Luiz Guilherme. *Tutela antecipatória, julgamento antecipado e execução imediata de sentença*. 4. ed. São Paulo: Revista dos Tribunais, 2000, p. 15).

[100] PISANI, Andrea Proto. *Revista da Escola da Magistratura do Rio de Janeiro*, Rio de Janeiro, n. 16, 2001, p. 23.

Tal caminho se encontra amparado e justificado na garantia constitucional à efetividade da jurisdição. Destarte, não resta suficiente assegurar ao cidadão o direito de acesso ao Poder Judiciário, mas também garantir-lhe um método para a solução de conflitos que contemple, de fato, o interesse desse cidadão assegurado pelo direito substancial.[101]

A cognição plena certamente reverbera na realização completa do contraditório e da ampla defesa pelos sujeitos parciais do processo; o jurisdicionado terá ciência de todos os termos e formas dos atos processuais a serem colocados em prática, observada a limitação da discricionariedade do julgador.[102]

A fim de que o jurisdicionado tenha a opção de desistir da cognição plena e exauriente e privilegiar a tutela sumária estável, há que ser estabelecida a prévia compreensão acerca dos efetivos prós e contras da substituição do modelo ordinário, oportunizando-se, assim, a justificabilidade dessa alteração. Importa trazer à cena, nesse aspecto, aquilo que a estabilidade conferida a uma decisão não baseada em cognição plena e exauriente possa acarretar a terceiros que não integram a relação jurídica processual.

Caso a tutela sumária não apresente grau máximo de estabilidade, mas tendo esta efetividade de solucionar definitivamente a controvérsia instaurada entre as partes, o terceiro, de boa-fé, terá direito a tratamento e proteção especial na hipótese de este realizar atividade negocial lastreada em elementos extraídos de processo no qual existe decisão em cognição sumária não acompanhada de congruente instauração do procedimento de cognição ordinária, especialmente em relação às consequências originadas da circulação de bens entre indivíduos.

Não se postula aqui, no entanto, defesa do condensamento do método estatal de entrega da tutela jurisdicional em detrimento do processo ordinário de cognição ampla e exauriente. Em contrapartida, é axiomático que o processo ordinário atual, hoje, em conformidade com as garantias constitucionais do devido processo legal, necessita se manter no centro do sistema processual, alcançando, de forma orgânica, em seu tecido procedimental, a tutela sumária de cognição superficial e parcial.

---

[101] No entendimento de José Roberto dos Santos Bedaque, "a demora excessiva na entrega da tutela jurisdicional representa verdadeira denegação de justiça, o que não se coaduna com o escopo da ciência processual" (BEDAQUE, José Roberto dos Santos. *Tutela cautelar e tutela antecipada*: tutelas sumárias e de urgência. 3. ed. São Paulo: Malheiros, 2003, p. 95).

[102] Nos dizeres de Cândido Rangel Dinamarco, "constitui poderoso fator de paz na sociedade e felicidade pessoal de cada um" (DINAMARCO, Cândido Rangel. *Nova era do processo civil*. 2. ed. São Paulo: Malheiros, 2007, p. 221).

Pode-se testemunhar, pelo contexto estrutural dos tribunais e crescente procura pela resolução jurisdicional de conflitos que se observa na sociedade, a total incapacidade de o processo ordinário entregar a tutela jurisdicional ao interessado em tempo hábil.

A atuação do tempo no processo vai além da deterioração de questões vistas como urgentes e suscetíveis de solução diante da constatação do risco da morosidade da atuação do Estado, que leva à consumição de direitos também em razão do decurso de tempo inaceitável entre o momento em que a demanda é proposta e o instante em que o direito em cumprimento de sentença de mérito é proferida após a atividade cognitiva completa seja satisfeito.

Nessa seara, entende-se que o campo de atuação da tutela sumária está no tecido procedimental do processo ordinário, atuando no elemento volitivo das partes em razão de seu aspecto elegível como fenômeno que desencoraja a resistência infundamentada da parte que se mostra destituída de razão no plano do direito material.[103]

A obrigatoriedade do legislador quanto à criação de normas processuais diferenciadas inerentes ao ordinário processo fundamentado em cognição plena e exauriente reside na procura por um método estatal de entrega da tutela jurisdicional que espelhe, em grau máximo, a simetria e equivalência entre a situação fática originada do direito material e aquela que pode ser afiançada pelo processo.

Encontram-se excelentes exemplos de métodos singularizados de prestação jurisdicional sem danos à cognição integral e prévia ao provimento final efluído do Estado-juiz no direito pátrio nos processos e respectivos procedimentos especiais previstos na Lei de Alimentos (5.478/68) e na Lei de Locação de Imóveis Urbanos (8.245/91).

Ainda que concentrada, a cognição demonstra-se completa em seus planos horizontal e vertical.[104] Ao passo que a distinção do método

---

[103] Edoardo F. Ricci leciona que "é precisamente o fenômeno da resistência injustificada que torna mais difícil a proteção jurídica para os que têm razão; e uma vez que a resistência injustificada é ainda mais encorajada, quanto mais ineficiente é o processo como uma ferramenta de proteção eficaz, nos deparamos com a clássica cobra mordendo o rabo" (tradução nossa). "*È proprio il fenomeno della resistenza ingiustificata a rendere più difficile la tutela giuridica per chi ha ragione; e poiché la resistenza ingiustificata è tanto più incoraggiata, quanto più il processo è inefficiente come strumento di effettiva tutela, si è di fronte al classico serpente che si morda la coda*" (RICCI, Edoardo F. Per una efficace tutela provvisoria ingiunzionale dei diritti di obbligazione nell'ordinario processo civile. *Rivista di Diritto Processuale*, Padova: Cedam, ottobre-dicembre 1990, p. 1033).

[104] WATANABE, Kazuo. *Cognição no processo civil*. 4. ed. São Paulo: Saraiva, 2012, p. 127-129, "o que é justificado pelas particularidades do direito material controvertido e pela natural carência em relação a se outorgar ao Estado-Juiz plena capacitação para que este

de prestação jurisdicional está imbricada somente em aspectos do *iter* procedimental, tendo-se por certa a inalteração dos pilares do devido processo legal assegurados constitucionalmente, observa-se que esses processos estão totalmente capacitados pelo alcance de uma sentença de mérito com propensão à coisa julgada material, concebida a partir do juízo da verdade e da certeza.[105]

Por seu turno, o estudo do fenômeno tutela jurisdicional diferenciada sob a forma da *tutela sumária*, marcadamente centrada na diminuição da atividade cognitiva no processo, é açulador. Igualmente se observa uma inclinação a se conceder força executiva para decisões judiciais lastreadas em juízo de verossimilhança e probabilidade, em conjunto com a atividade cognitiva restrita e superficial por parte do Estado-juiz.[106]

---

entregue, tempestiva e eficazmente, a tutela que o jurisdicionado almejava (Concernente às duas modalidades conceituais de tutela jurisdicional diferenciada, Andrea Proto Pisani assevera que "tutela jurisdicional diferenciada é uma coisa, quando este termo significa a preparação de vários processos com conhecimento pleno e exaustivo, alguns dos quais se baseiam na particularidade de cada situação substantiva controversa" (tradução nossa). *"Una cosa è la tutela giurisdizionale differenziata, ove com tale termine si intenda la predisposizione di più procedimenti a cognizione piena ed esauriente, taluni dei quali modellati sulla particularità della singole situazioni sostanziali controverse"* (PISANI, Andrea Proto. *Le tutele giurisdizionali dei diritti. Studi cit.* Napoli: Jovene Editore, 2000, p. 229).

[105] No entendimento de Andrea Proto Pisani, "a necessidade de pleno conhecimento e julgamento para a proteção de direitos e status é deduzida antes de tudo de uma tradição mais do que milenar e evolução histórica que, por um lado, requer o reconhecimento do resultado na estabilidade e certeza do juízo substantivo natural e ao mesmo tempo imprescindível à tutela jurisdicional de direitos e de estatuto, por outro lado, vinculou esta estabilidade e esta certeza não a uma avaliação de qualquer espécie, mas apenas a avaliações contidas em dispositivos emitidos no final de processos com pleno conhecimento" (tradução nossa). *"la necessità della cognizione piena e del giudicato per la tutela dei diritti e degli status si deduce innanzi tutto da una più che millenaria tradizione ed evoluzione storica la quale, per un verso, impone di riconoscere nella stabilità e nella certezza propria del giudicato sostanziale il risultato naturale e ad un tempo indispensabile della tutela giurisdizionale dei diritti e degli status, per altro verso ha ricollegato questa stabilità e questa certezza non ad un accertamento quale che sia ma solo ad accertamenti contenuti in provvedimenti emanati a termine di processi a cognizione piena"*. PISANI, Andrea Proto. La tutela sommaria in generale e il procedimento per ingiunzione nell'ordinamento italiano. *Revista de Processo*, São Paulo, v. 90, p. 397.

[106] Em relação à distinção referida, José Carlos Barbosa Moreira traz que "não se afigura errôneo usar a palavra 'sumarização' a propósito de ambos esses gêneros de técnicas; para assinalar, no entanto, a diferença entre eles, diz que, no primeiro, se sumariza apenas o procedimento, ao passo que no segundo, se sumariza a cognição. A distinção é relevante: visto que, lá, ficam preservadas todas as garantias fundamentais dos litigantes, notadamente com relação ao contraditório, o resultado do pleito merece receber sem dificuldade o selo da coisa julgada material, enquanto aqui, por força das compressões impostas a tais garantias, é natural que se tenda a conservar aberta, em medida variável, ao interessado, a possibilidade de demandar o reexame da matéria, e ao órgão judicial

Tal constatação advém da indispensabilidade de se conferir, ao ordenamento processual, instrumentos que possam minorar o *scarto* que há entre a garantia conferida pelo direito material e aquela que o processo pode entregar e pela ciência do fato de que o desenvolvimento procedimental baseado em cognição plena, exauriente e prévio à análise do mérito da controvérsia acarreta em natural e fisiológica lentidão no desenvolvimento processo, inconciliável com o bem da vida a ser protegido.

A intenção é a análise de que em que medida é possível a admissão, em nosso ordenamento processual, de tutela sumária, fundamentada na urgência ou na evidência do direito, comparativamente àquela originada do modelo clássico do processo baseado em cognição plena e exauriente.

Além disso, questiona-se a capacitação do agir da vontade concreta da lei na solução definitiva do litígio, sem que a limitação cognitiva que lhe é relativa signifique que as garantias maiores do contraditório e da ampla defesa não sejam cumpridas, afetando a inflexível similaridade de armas e forças necessárias entre os sujeitos parciais do processo.

1.4.2 Elementos da cognição plena e exauriente

Anterior ao julgado e sustentadora deste, a cognição configura-se como o elemento lógico e intelectual que possibilita a entrega da prestação jurisdicional ao lesionado em seu direito material; a função da cognição é instrumentalizar o magistrado ao julgar a veracidade dos fatos carreados pelas partes e se estes aquiescem a vontade abstrata da norma jurídica, para que seja atestado o desejo concreto da lei.[107]

E ainda que o magistrado se coloque entre as partes como sujeito terceiro e imparcial da relação jurídica processual, pode-se dizer que

---

de proceder a ele" (MOREIRA, José Carlos Barbosa. Tutela de urgência e efetividade do direito. *Revista do Tribunal Regional do Trabalho da 15ª Região*, Campinas, n. 23, p. 40, 2003b).

[107] Na concepção de Giuseppe Chiovenda, a verificação da existência de uma vontade concreta da lei tem origem na atividade cognitiva do juiz e está lastreada em dois juízos: "a) um juízo com o qual o juiz considere existente uma norma, isto é, uma vontade abstrata da lei (questão de direito); b) um juízo com o qual o juiz considera como existentes os fatos, em respeito aos quais a norma de lei se converta em vontade concreta (questão de fato)" (CHIOVENDA, Giuseppe. *Instituciones de derecho procesal civil*; traduccion del italiano y notas de derecho espanol por E. Gomez Orbaneja. Imprenta. Madrid: Revista de Derecho Privado, 1940, p. 174).

é certo "recorrer-se à cognição como técnica de adesão do processo à realidade real e jurídica do bem da vida que é objeto da controvérsia".[108]

Existe uma relação entre essas condições legitimadoras do processo e as normas específicas que têm previsão na Constituição Federal ("no ambiente processual, ganha lugar de destaque o devido processo legal (art. 5º da Constituição da República), princípio que exige como corolário a proibição de juízos de exceção e o princípio do juiz natural (art. 5º, XXXVII e LII), a igualdade (art. 5º, *caput*), aí compreendida a paridade de armas, o contraditório e a ampla defesa, com os meios e recursos a ela inerentes (art. 5º, LV), consideradas inadmissíveis as provas obtidas por meios ilícitos (art. 5º, LVI), devendo o litígio ser solucionado por meio de decisão fundamentada (art. 94, inc. IX)".[109]

Destarte, o valor da cognição *plena e exauriente* se encontra, principalmente, na instituição prévia dos atos processuais, tendo-se em vista a dinâmica da circunstância dos valores informativos de uma sociedade no decorrer do tempo.[110]

No cenário da cronologia, é necessário que a realização plena e exauriente do contraditório ocorra previamente ao julgamento do mérito da demanda, assegurando-se, às partes, formular e apresentar argumentos e defesas anteriormente ao provimento final do julgador.

Nessa esteira, os princípios do contraditório e da ampla defesa são cumpridos, a partir do momento em que ocorre uma relação de excelência entre a afirmação fática das partes e as provas geradas a fim de que a verdade seja averiguada.[111]

---

[108] José Rogério Cruz e Tucci defendem que, em razão do devido processo legal, "impõe-se assegurar a todos os membros da coletividade um processo governado pelo amplo acesso à justiça, perante um juiz natural ou pré-constituído, com um igual tratamento dos sujeitos parciais do processo, para que possam defender os seus direitos em contraditório, com todos os meios e recursos a ele inerentes, dando-se publicidade dos atos processuais e motivando-se os respectivos provimentos; tudo dentro de um lapso temporal razoável" (TUCCI, José Rogério Cruz e. *Limites subjetivos da eficácia da sentença e da coisa julgada civil.* São Paulo: Ed. RT, 2006, p. 105).

[109] OLIVEIRA, Carlos Alberto Álvaro de. *Do Formalismo no Processo Civil.* São Paulo: Saraiva, 2009, p. 80.

[110] A participação da parte no processo pode, por exemplo, variar de acordo com o contexto da sociedade (valores sociais, éticos, morais, políticos e econômicos), podendo ser pessoal ou por representação de terceiro, documental e sob forma escrita ou apenas oral e, até mesmo, nos dias atuais, sob a forma eletrônica. Em todos esses casos, a participação da parte não deixa de ser predeterminada pelo ordenamento, garantindo-se, assim, o valor da cognição plena e exauriente.

[111] Essa é a concepção de José Roberto dos Santos Bedaque até a 4ª edição de sua obra "Tutela cautelar e tutela antecipada: tutelas sumárias e de urgência (tentativa de sistematização)". Posterior à quinta edição, Bedaque aliou-se ao entendimento, há tempos manifestado por Luiz Guilherme Marinoni, que considera a cognição exauriente *secundum eventum*

1.4.3 Tipologia da cognição sumária

Consoante o plano vertical de Kazuo Watanabe, o julgador, no momento da decisão, tem a possibilidade de agir com maior grau de discricionariedade e está dispensado de observar regras procedimentais predeterminadas em lei.[112]

Ao não se empregar esse critério para o reconhecimento de uma das facetas da cognição sumária, tendo-se em conta ou não o decorrer do preestabelecimento legal da participação dos sujeitos parciais do processo, a compreensão do conceito de profundidade e exaurimento da cognição e seus limites restaria prejudicada.

Ater-se à afirmação de que a cognição é sumária, no contexto de uma decisão lastreada em juízo de probabilidade ou verossimilhança, significa enrevesar a ordem lógica da questão, não proporcionando, ao instituto, um feedback.[113]

Dessa forma, "a cognição sumária não é intrínseca ao caráter topológico ou cronológico do respectivo provimento jurisdicional no *iter* procedimental, mas à análise dos fatos afirmados e das respectivas provas produzidas no processo".[114]

---

probationis, ou seja, ao terem reconhecimento, a liquidez e a certeza do direito pelo juiz, a decisão decorrente de sua atividade jurisdicional terá por escopo a atividade cognitiva completa. Em outras palavras, a cognição exauriente seria defluência da prova documental apresentada pelo demandante (MARINONI, Luiz Guilherme. *Efetividade do processo e tutela de urgência*. Porto Alegre: Sérgio Antonio Fabris Editor, 1994a, p. 40).

[112] Quanto a essa modalidade cognitiva, Andrea Proto Pisani aponta que "desta forma, são eliminadas as garantias típicas do processo com pleno conhecimento: os poderes processuais das partes, não decorrentes da lei, mas da discricionariedade do juiz, acabam por deixar de ser 'poderes'" (tradução nossa). "*in tal modo risultano soppresse le garanzie tipiche del processo a cognizione piena: i poteri processuali delle parti, non derivando dalla legge, ma dal potere discrezionale del giudice, finiscono per non essere più 'poteri'*". Nessa seara, dando ênfase ao caráter publicístico da tutela cautelar – eis que "atende ao interesse da própria atividade jurisdicional", adverte José Roberto dos Santos Bedaque que "essa premissa mostra-se importante, visto que autoriza algumas ilações, como, por exemplo, a ampliação dos poderes do juiz em sede cautelar, em razão da necessidade de preservar a eficácia do resultado de sua função" (BEDAQUE, José Roberto dos Santos. *Tutela cautelar e tutela antecipada*: tutelas sumárias e de urgência. 3. ed. São Paulo: Malheiros, 2003, p. 239-240).

[113] A afirmação de que a "cognição sumária é uma cognição superficial, menos aprofundada no sentido vertical" (WATANABE, Kazuo. Tutela antecipada e tutela específica das obrigações de fazer e não fazer. *In*: TEIXEIRA, Sálvio de Figueiredo. *Reforma do Código de Processo Civil*. São Paulo: Saraiva, 1996, p. 145), é insuficiente para se identificar o instituto. Quais seriam os parâmetros e limites dessa profundidade? A partir de qual momento se teria uma cognição "profunda"? Seria identificada pela decisão proferida *in limine litis*? Todas as respostas caminham para impressões pessoais de cada indivíduo, o que não é desejável na construção jurídica e sistemática de um ordenamento.

[114] MARINONI, Luiz Guilherme. *Efetividade do processo e tutela de urgência*. Porto Alegre: Sérgio Antonio Fabris Editor, 1994a., p. 17.

Destarte, pode-se apontar a importância do momento da realização plena do contraditório em face da extensão das matérias suscetíveis à apreciação pelo juiz na fase cognitiva do procedimento, podendo ser reconhecida a cognição sumária quando a participação integral não se dá previamente ao provimento judicial objetivado.

Tendo-se por certo que o cumprimento das etapas predeterminadas em lei implica na constituição e realização do contraditório, o que, em cena contrária, consistiria em se obstar a garantia constitucional, infere-se que esse momento de formação e efetivação é intrínseco ao valor da cognição completa.

No contexto de casos de tutela jurisdicional diferenciada ou de urgência, observa-se, de igual forma, que o acolhimento da cognição sumária se subordina à inescusável e conseguinte realização de todos os atos predeterminados que inteiram acerca da cognição plena e exauriente contemplada pelo legislador, caso contrário, ocorrerá supressão do provimento sumário concedido.[115]

Dessa forma, não resta suficiente, para atuação concreta da vontade da lei, o provimento provisório e designado tão somente à garantia da efetividade da tutela jurisdicional, vindo a se configurar como ônus processual do sujeito beneficiário da medida à sequente efetivação da atividade cognitiva plena e exauriente.[116]

São constatadas situações em que o efetivo transcurso de todos os atos de participação dos sujeitos processuais predeterminados no ordenamento advenha de atividade do processo considerada não necessária e estritamente aleatória e seja sequente à tutela jurisdicional pleiteada.

---

[115] Cândido Rangel Dinamarco insere as medidas antecipatórias e cautelares no mesmo gênero das medidas de urgência, vez que ambas têm o fim comum de atalhar os danos do tempo, mesmo não havendo a situação de urgência no caso concreto. Assim, protege-se o jurisdicionado "do chamado dano marginal decorrente de esperas que de outro modo seriam inevitáveis" (DINAMARCO, Cândido Rangel. *Nova era do processo civil*. 2. ed. São Paulo: Malheiros, 2007, p. 69). No mesmo sentido, mas com divergências terminológicas (gênero da cautelaridade) (BEDAQUE, José Roberto dos Santos. *Tutela cautelar e tutela antecipada*: tutelas sumárias e de urgência. 3. ed. São Paulo: Malheiros, 2003, p. 220).

[116] Consoante Giuseppe Chiovenda, a constatação da existência de uma vontade concreta da lei advém da atividade cognitiva do juiz e está lastreada em dois juízos: "a) um juízo com o qual o juiz considere existente uma norma, isto é, uma vontade abstrata da lei (questão de direito); b) um juízo com o qual o juiz considera como existentes os fatos, em respeito aos quais a norma de lei se converta em vontade concreta (questão de fato)" (CHIOVENDA, Giuseppe. *Instituciones de derecho procesal civil*; traduccion del italiano y notas de derecho espanol por E. Gomez Orbaneja. Imprenta. Madrid: Revista de Derecho Privado, 1940, p. 175).

Nesse cenário, a cognição sumária oferece esteio à decisão judicial que tem a possibilidade, ou não, de ser acompanhada de procedimento que almeja a cognição completa, situação que se subordina à iniciativa daquele que se sujeitou aos efeitos da prestação jurisdicional efetuada, representando poder-faculdade processual ao sujeito parcial do processo.

A não eficácia do provimento baseado em cognição sumária não se encontra diretamente relacionada à não realização da cognição completa. Trata-se de procedimentos especiais de aceitação excepcional no ordenamento jurídico brasileiro, a exemplo da ação monitória e da ação de execução de título de formação extrajudicial, em que existe provimento judicial atuante na esfera jurídica e fática do demandado lastreado em cognição sumária, debatida a justificabilidade do crédito estritamente em caso em que são disponibilizados os respectivos embargos pelo demandado.[117]

Vale a menção ao fato de que, a partir do instante em que o interessado suscite o aparato judicial, deixando seu interesse pela realização da atividade cognitiva completa, não mais haverá possibilidade de preponderância do provimento judicial sumário.[118]

Nesse contexto, fundamentar-se-á a decisão que dará tratamento à vontade concreta da lei em cognição obtida pela constatação do cumprimento de todas as etapas de participação dos sujeitos processuais predeterminadas pelo legislador, esculpindo-se, assim, o valor da cognição plena e exauriente; a persistência da tutela sumária só será possível em face da inércia do demandado.

Destarte, a concretização da sumarização da atividade cognitiva ocorre quando existe, no ordenamento, impedimento da análise de determinadas matérias relativas ao objeto do litígio.

---

[117] Nesse contexto, o entendimento de José Roberto dos Santos Bedaque: "na técnica do título executivo extrajudicial o contraditório é não só posterior à constrição patrimonial do devedor como, também, se apresenta em linha de eventualidade". Tutela cautelar e tutela antecipada: tutelas sumárias e de urgência (tentativa de sistematização), (BEDAQUE. *Op. cit.*, p. 347).

[118] Conforme Lucio Lanfranchi, "na verdade, a estrutura cognitiva sumária dos procedimentos em questão deve ser entendida em sua conexão íntima com a estrutura ordinária ou não sumária da carga subsequente, resultando em um ponto positivo em comparação com o núcleo coexistente e coessencial da cognição completa sempre disponível" (tradução nossa). "*A bem vere, infatti, la struttura cognitiva sommaria dei procedimenti in questione va intesa nella sua intima connessione con la struttura ordinaria o comunque non sommaria delsuccessivo gravame, risultando in definitiva un più rispetto al coesistente ed al coessenziale nucleo della sempre disponibile cognizione completa*" (LANFRANCHI, Lucio. Profili sistematici dei procedimenti decisori sommari. *Rivista Trimestrale di Diritto e Procedura Civile*, Milano: Giuffrè, marzo 1987, p. 100).

Podem ser citados como exemplos clássicos de cognição sumária, sob essa modalidade, os procedimentos imanentes às ações cambiárias, possessórias, de desapropriação (dec.-lei 3.365/1941) e de busca e apreensão (dec.-lei 911/1969), nos quais a defesa facultada não é plenária e é notória a parcialidade da lide.

Outro modelo de restrição cognitiva por imposição legal pode ser constatado nos casos em que a síntese é consequência da proibição de certas modalidades de prova, por exemplo, os processos documentais como o mandado de segurança.[119]

O aspecto sintetizador da cognição advém da comparação em face do procedimento comum ordinário, haja vista a impossibilidade do percurso de todos os caminhos procedimentais admitidos pelo legislador infraconstitucional com o intuito de se garantir a realização da vontade concreta da lei, inferida do valor relativo à cognição plena e exauriente.

É inadmissível que a cognição plena e exauriente se realize em defluência de prova documental capaz de comprovar a liquidez e certeza do direito do impetrante (técnica da cognição exauriente *secundum eventum probationis*).

Assim, para que as proteções maiores garantidas constitucionalmente sejam contempladas, cabe ao sistema processual viabilizar, ao jurisdicionado lesado, uma discussão farta sobre a própria validade e eficácia da prova, ratificando a ocorrência de um provimento sumário definitivo.

Destarte, é necessário atenção àqueles casos em que a ocorrência da *eventualidade* se dá a partir do momento em que a parte interessada no provimento jurisdicional já tenha provocado o desencadeamento do contraditório lastreado em cognição plena e exauriente.

Isso configura os mecanismos utilizados pelo legislador para solucionar o litígio sem lançar mão de transcurso de todas as etapas preestabelecidas do procedimento, por meio de ato omissivo do demandado, ocorrendo a privação do direito de manifestação no processo, impedindo a análise e o debate sobre fatos modificativos, impeditivos

---

[119] José Carlos Barbosa assevera que, no ordenamento processual brasileiro anterior à Lei 8.952/1994, constavam somente casos específicos de sumarização da cognição, "quer mediante a técnica de limitar a matéria suscetível de exame pelo juiz (por exemplo: Decreto-Lei 3.365, de 21.6.1941, art. 20, consoante o qual, na ação de desapropriação, 'a contestação só poderá versar sobre vício do processo judicial ou impugnação do preço'), quer pela exclusão da admissibilidade de certos meios de prova (por exemplo: no mandado de segurança, apenas se admite prova documental pré-constituída)" (CHIOVENDA, Giuseppe. *Instituciones de derecho procesal civil*; traduccion del italiano y notas de derecho espanol por E. Gomez Orbaneja. Imprenta. Madrid: Revista de Derecho Privado, 1940, p. 9).

e extintivos do direito presentes na alegação do demandante, com o decorrente acolhimento dos fatos constitutivos proclamados na propositura da demanda, eis que incontroversos.[120]

Esse cenário pode ser exemplificado, em nosso sistema processual, pelas hipóteses de julgamento prévio do feito de maneira cabal, mas lastreado em cognição sumária em defluência de revelia do réu – arts. 319 e 330, II, CPC – e exiguidade de impugnação específica dos fatos carreados na petição inicial (art. 302, CPC).[121]

Assim, demonstra-se legítima casualidade *latu sensu* de transcurso de todas as etapas procedimentais estipuladas pelo legislador capazes de predispor a cognição completa pelo julgador da demanda posta em juízo, relativa à própria obstinação do demandante frente a toda e qualquer pretensão jurisdicional que incida sobre si.

A garantia do contraditório e da ampla defesa é factual, sendo de responsabilidade do interessado, consoante seu desejo, lograr ou não dessa prerrogativa que no processo lhe é outorgada.

1.4.3.1 Atividade lógica decorrente da cognição sumária

Conforme boa parte do entendimento, a atribuição de coisa julgada à decisão lastreada em cognição sumária restaria inconstitucionalidade.[122]

---

[120] Luigi Paolo Comoglio leciona que "a técnica da não contestação é utilizada em larga escala e já não em situações particulares, quando, para descongestionar e acelerar a obtenção das formas processuais de tutela, se tenta favorecer a formação 'interna' de título executório judicial como, tanto quanto possível, quem sabe responder com pronta eficácia às necessidades de pronta implementação ou reintegração urgente da lei violada, neutralizando ao máximo o impacto negativo que o fator tempo exerce sobre a exequibilidade das ações, no progresso lento do julgamento ordinário" (tradução nossa). "*la tecnica della non contestazione viene utilizzata su larga scala, e non più in situazioni particulari, quando, per decongestionare ed accelerare l'ottenimento delle forme processuali di tutela, si cerca do favorire al massimo la formazione 'interna' di in titolo esecutivo giudiciale, cha sappia rispondere con pronta efficacia alle esigenze di sollecita attuazione o di reitegrazione urgente del diritto violato, neutralizzando nella misura più ampia l'incidenza negativa che il fattore tempo esercita sull'azionabilità delle pretese, nel lento svolgimento del giudizio ordinario*" (COMOGLIO, Luigi Paolo. I provvedimenti anticipatori. *In*: TARUFFO, Michelle. *A cura di*: Le riforme della giustizia civile. Torino: Utet, 1993, p. 310).

[121] Conforme aponta José Roberto dos Santos Bedaque, "nesses casos é escusado o recurso à técnica da presunção de veracidade aludida em ambas as normas acima citadas (arts. 302, 319 e 330, II, do CPC), vez que, de fato, se encontra face a fatos incontroversos que não pendem de prova (art. 334, III, do CPC)" (BEDAQUE, José Roberto dos Santos. *Tutela cautelar e tutela antecipada*: tutelas sumárias e de urgência. 3. ed. São Paulo: Malheiros, 2003, p. 259).

[122] Nessa seara, "É claro que é legítimo, desde o ponto de vista do direito ao processo justo (art. 5º, LIV, CF), criar vias alternativas ao procedimento comum. Nada obsta que

Consoante o procedimento francês, há uma hipótese na qual "a decisão não será alterada se o devedor assim não requerer".[123] Dessa forma, caso a decisão de cognição sumária contemple os interesses de ambas as partes da relação jurídica de direito processual, não cabe à lei a imposição do prosseguimento do feito, com ônus de tempo e de recursos para se pronunciar a respeito de uma causa que, no plano dos fatos, já se mostra solucionada.

Nessa seara, assim se posiciona Freitas Junior: "Tal cenário é concernente a uma hipótese de técnica antecipatória não cautelar que, em termos carneluttianos, faz parte da lide, dispensando a necessidade de passar em julgado, a fim de que sua eficácia seja sobrestada com o término do feito".[124]

Contrapondo-se à cognição plena e seu modelo procedimental participativo preestabelecido pelo legislador, trata-se a outorga dos atos de cognição de elemento central e identificador da cognição sumária à discricionariedade do magistrado, sem que haja tipificação anterior presumida em lei.

Isso implica na compreensão de que a tutela sumária equipara-se a uma cognição, igualmente sumária, que retrate, concernente à cognição plena, uma inferioridade relativa às garantias do processo e não imperiosamente à qualidade lógica da atividade cognitiva executado no processo.[125]

---

o legislador desenhe procedimentos diferenciados sumários do ponto de vista formal (encurtamento do procedimento) e do ponto de vista material (com cognição sumária limitada à probabilidade do direito). O que é de duvidosa legitimidade constitucional é equiparar os efeitos do procedimento comum – realizado em contraditório, com ampla defesa e direito à prova – com os efeitos de um procedimento cuja sumariedade formal e material é extremamente acentuada. [...] Em resumo: o direito a adequada cognição da lide constitui corolário do direito ao processo justo e determina a inafastabilidade da ação exauriente para formação da coisa julgada" (MITIDIERO, Daniel. *Breves comentários ao novo código de processo civil. In*: WAMBIER, Teresa Arruda Alvim *et al.* (coord.). São Paulo: Revita dos Tribunais, 2015a, p. 791).

[123] FREITAS JÚNIOR, Horival Marques de. Breve análise sobre as recentes propostas de estabilização das medidas de urgência. *Revista de Processo*, São Paulo: Ed RT, v. 225. nov. 2013, p. 184.

[124] FREITAS JÚNIOR, Horival Marques de. Breve análise sobre as recentes propostas de estabilização das medidas de urgência. *Revista de Processo*, São Paulo: Ed RT, v. 225. nov. 2013, p. 184.

[125] José Carlos Barbosa Moreira assevera que "a prestação cognitiva resulta, essencialmente, da conjugação de duas componentes: a reconstituição dos fatos, essencialmente por meio das provas, porque são escassas as possibilidades de utilização do conhecimento do juiz, a não ser por esse caminho; e a aplicação das normas. É o mecanismo básico pelo qual funciona a função jurisdicional em sede de cognição" (MOREIRA, José Carlos Barbosa. Breve notícia sobre a reforma do processo civil alemão. *Revista de Processo*, São Paulo, n. 111, 2003, p. 133).

A tutela sumária não tem, obviamente, cognição plena, entretanto, em razão da inabilidade de o processo ordinário, fundado em cognição plena e exauriente, conceder uma resposta efetiva e congruente a todas as hipóteses de crises de direito material, menoscabando também a garantia constitucional da efetividade da tutela jurisdicional, vislumbra-se o acolhimento, no ordenamento processual brasileiro, de modelos de tutela cujo desenvolvimento se deu a partir da cognição sumária (superficial), usualmente com as adequações que demandam o cumprimento da ideologia da ampla defesa que orienta a proteção constitucional do processo.[126]

No que concerne à tutela sumária, agrega-se o pensamento de Zavascki: "As medidas cautelares e antecipatórias apresentam, além da sumariedade da cognição, outras características em comum como serem compostas lastreadas na cognição sumária; serem precárias; e serem especificadas a um anseio de tutela definitiva".[127]

Trata-se de tutela sumária como atribuição única e desassociada de um processo ordinário que se mostra apto à resolução da controvérsia posta para o parecer do Poder Judiciário, sem que tal signifique não observância às garantias constitucionais da ampla defesa, do contraditório, da isonomia entre as partes e do devido processo legal.[128]

---

[126] Fritz Baur, professor da Universidade de Tübingen, Alemanha, aponta outras razões de emprego de tutelas jurisdicionais sumárias e também as falhas do processo ordinário: "(i) as questões condicionadas pela civilização, vez que uma "injustiça lesiva", marcada pela prestação tardia da justiça, representaria na sociedade moderna uma violência muito maior sobre o indivíduo do que em tempos passados; (ii) as combinações de fatos psicológicos, em que cidadãos em sociedades modernas substituem o comportamento razoável por iniciativa própria por parâmetros de comportamentos estabelecidos pela autoridade judiciária; e, por fim; (iii) a necessidade social de proteção, de modo que o provimento provisório "venha a compensar transitoriamente a fraqueza do indivíduo frente ao mais forte ou ao poder de um grupo" (BAUR, Fritz. *Tutela jurídica mediante medidas cautelares.* Tradução de Armindo Edgard Laux. Porto Alegre: Sérgio Antonio Fabris Editor, 1985, p. 16-17).

[127] ZAVASCKI, Teori Albino. *Antecipação da tutela.* Imprenta. São Paulo: Saraiva, 2009, p. 62.

[128] Examinando os ordenamentos processuais italiano e francês, José Carlos Barbosa Moreira assevera que, "em ambos os países, a concessão da tutela de urgência vai tendendo a assegurar ao interessado, de direito ou ao menos de fato, o gozo definitivo do benefício pleiteado". E conclui: "a solução em princípio simplesmente provisória do litígio adquire estabilidade equiparável àquela que teria a solução final" (MOREIRA, José Carlos Barbosa. Breve notícia sobre a reforma do processo civil alemão. *Revista de Processo,* São Paulo, n. 111, 2003, p. 9).

1.4.3.2 A cognição sumária no Código de Processo Civil de 2015

A despeito de o processo legislativo do projeto de lei em questão não estar concluído, em razão da burocracia do aparato legislativo e de questões políticas não concernentes ao conteúdo da matéria em si, mereceu menção, pela comissão de juristas incumbida da produção do Anteprojeto do Novo Código de Processo Civil Brasileiro, que, no Título IX, trata da "Tutela de Urgência e Tutela da Evidência", à justificabilidade do instituto que outorga imutabilidade à decisão proferida a partir de cognição sumária.

Merece menção o dado trazido por Edoardo F. Ricci de que, "no sistema francês de tutela jurisdicional de cognição sumária (*référé*), 90% dos casos são resolvidos sem a necessidade de que processo ordinário seja iniciado".[129] Nessa seara, corrobora a constatação de Chiovenda: "A condição de cognição sumária à cognição não definitiva é relativa às sentenças adstritas a recurso de apelação, porém suscetíveis à execução provisória".[130]

O conceito de cognição sumária se encontra restrito às hipóteses de cognição superficial em relação ao objeto cognoscível, com limitação no plano vertical, pressupondo, dessa forma, uma "cognição plena e sumária".[131]

A investigação acadêmica aponta que as exigências atuais do processo civil devem ser contempladas por meio da técnica da concessão do comando judicial a partir de cognição sumária dotada de estabilidade; logo, faz-se pertinente demonstrar e explicar a razoabilidade de se eleger tal temática.

A doutrina aponta como elementos deslindadores da adoção da tutela sumária a demanda por economia de juízo, esquivando-se de significativos ônus do processo ordinário caso não haja razão para uma contestação efetiva; a exigência de furtar-se do abuso do direito de defesa em nome do direito ao contraditório e da ampla defesa; e a imposição de que o processo seja efetivo a fim de que seja insulado o

---

[129] RICCI, Edoardo. Verso un nuovo processo civile? *Rivista di Diritto Processuale*, Padova: CEDAM, gennaio-marzo, 2003, p. 216.

[130] CHIOVENDA, Giuseppe. *Instituições de Direito Processual Civil*. Tradução da 2. ed. italiana por J. Guimarães Menegale; acompanhada de notas por Enrico Tullio Liebman; com uma introdução do prof. Alfredo Buzaid. Imprenta. São Paulo: Saraiva, 1965, p. 237.

[131] WATANABE, Kazuo. *Da cognição no processo civil*. 3. ed. São Paulo: DJP, 2005, p. 129.

dano marginal originado no trâmite ordinário do processo com cognição plena (duração fisiológica).[132]

Analisado o grau de *estabilidade* do comando judicial originado de atividade cognitiva sumária do juiz, parte-se, inelutavelmente, para o aclaramento de sua íntima relação com o elemento *independência* concernente ao processo ordinário de cognição plena e juízo de certeza.

Nessa seara, mister é o estudo das hipóteses em que ocorre aperfeiçoamento da estabilização da tutela sumária, com análise de seu recaimento restrito aos casos em que o juízo de mérito nem mesmo é encetado ou em contextos em que se dá sequente cessação do processo ordinário, sem que ocorra julgamento de mérito.

Não se deve obliterar, inclusive, dos revérberos que a fixidez que se almeja outorgar a uma decisão não fundada em cognição plena e exauriente venha a produzir a terceiros que não fazem parte da relação jurídica processual.

Além disso, não pode se valer de tutela sumária o terceiro de boa-fé que realize atividade negocial lastreada em elementos advindos de processo no qual ocorre decisão em cognição sumária não acompanhada de cabida instituição do procedimento de cognição ordinária, mormente em relação às consequências oriundas da circulação de bens entre indivíduos.

Sendo assim, não resta suficiente se postular que a cognição é sumária no momento em que se depara com uma decisão lastreada em juízo de probabilidade ou verossimilhança, pois isso implicaria na alteração da ordem lógica da questão deixando sem resposta o instituto.[133]

A partir do transcurso de todos os atos de participação dos sujeitos processuais predeterminados no ordenamento, garante-se que o magistrado tenha ciência de todos os fatos constitutivos do direito material tutelado trazidos pelo demandante e também dos fatos modificativos, extintivos e impeditivos apresentados pelo demandado.

Dessa forma, considerando-se a dimensão das matérias sujeitas ao parecer do magistrado na fase cognitiva do procedimento, conclui-se pela importância do momento de realização plena do contraditório, reconhecendo-se a cognição sumária quando a participação integral legalmente predeterminada não é prévia ao provimento judicial que se pretende.

---

[132] PISANI, Andrea Proto. La tutela sommaria in generale e il procedimento per ingiunzione nell'ordinamento italiano. *Revista de Processo,* São Paulo, v. 90, p. 22-35, abr./jun. 1998.

[133] MARINONI, Luiz Guilherme. *Tutela antecipatória, julgamento antecipado e execução imediata de sentença.* 4. ed. São Paulo: Revista dos Tribunais, 2000, p. 17.

Satisfeitas as etapas predeterminadas em lei, observam-se a formação e realização do contraditório, caso contrário estaria sendo negada a garantia constitucional, constatando-se que esse momento de formação e efetivação tem origem no valor da cognição completa.

Não resta suficiente o provimento provisório com o fim de se garantir a efetividade da tutela jurisdicional, tornando-se um ônus a concretização pospositiva da atividade cognitiva plena e exauriente.[134]

Como fenômeno próprio da atividade cognitiva, observa-se que a tutela pode ser sumária tanto no contexto de não contemplação de todas as etapas preestabelecidas dos procedimentos especiais das respectivas ações, desde que plausível a antecipação liminar da tutela jurisdicional que o jurisdicionado almeja, quanto também na perspectiva da limitação das matérias sujeitas a conhecimento, com imposição legal da sumariedade horizontal da cognição.

Conforma-se a tutela como sumária em razão de estar lastreada em cognição superficial (provisória e necessariamente inerente à concretização subsequente dos atos preestabelecidos em lei concernente ao procedimento) e também como sumária em razão da limitação das matérias cognoscíveis, embora hauridas todas as fases do procedimento em contraditório cujo provimento judicial apresenta caráter definitivo.[135]

Nesse cenário de tutela sumária, a matéria que teria a possibilidade de se constituir em objeto da defesa do demandado (cuja argumentação não é permitida pelo ordenamento em específico procedimento especial) pode vir a ser, pendendo a iniciativa por parte daquele que se submeteu à tutela jurisdicional ora concedida, a razão de necessidade de nova demanda plenária, na qual poderá haver o desenvolvimento integral da cognição plena e exauriente.

Colocando-se em cena a tentativa de estancamento das hipóteses de incidência da técnica da cognição sumária com o fim de concessão da prestação jurisdicional no ordenamento jurídico brasileiro, merecem menção aqueles casos em que a ocorrência da eventualidade se

---

[134] Em comento à cognição na sentença cautelar, Luiz Guilherme Marinoni afirma que, nela, "o juiz nada declara, limitando-se, em caso de procedência, a afirmar a probabilidade da existência do direito e a ocorrência da situação de perigo, de modo que, proposta a 'ação principal' e aprofundada a cognição do juiz sobre o direito afirmado, o enunciado da sentença sumária, que afirma a plausibilidade da existência do direito, poderá ser revisto, para que o juiz declare que o direito, que supunha existir, não existe" (MARINONI, Luiz Guilherme. *Efetividade do processo e tutela de urgência*. Porto Alegre: Sérgio Antonio Fabris Editor, 1994a, p. 18).

[135] Chegando à compreensão de "liminar" a partir de sua topologia, isto é, segundo a lição de Adroaldo Furtado Fabrício, com identificação não pelo conteúdo, função ou natureza da decisão judicial, "mas somente pelo momento da prolação" (*Idem*, p. 9).

dá a partir do momento em que a parte interessada no provimento jurisdicional lastreado em cognição plena e exauriente e com aptidão plena à coisa julgada material já tenha engendrado o provocamento do contraditório.

Isso tem relação com os mecanismos criados pelo legislador visando à resolução do litígio dispensando transcurso de todas as fases preestabelecidas no procedimento em razão de ato omissivo do demandado, haja vista que preclusas as hipóteses da análise e da discussão sobre fatos modificativos, impeditivos e extintivos do direito arguido pelo demandante, com o posterior acolhimento dos fatos constitutivos irrefutáveis constantes na propositura da demanda.

É dever estatal garantir ao cidadão proteção jurisdicional imediata, haja vista que, "no ínterim da espera, o devedor pode empobrecer, há possibilidade de ocorrerem um ato fraudulento de disposição do direito controvertido, a perda da garantia patrimonial do crédito ou a desvalorização monetária, caracterizando, assim, o *danno marginalei*".[136]

O *periculum in mora* que se encontra no alicerce das medidas cautelares não configura perigo genérico de dano jurídico, mas de dano marginal, aquele que tem origem no retardamento e é inelutável em razão da morosidade do procedimento na tutela definitiva. É essa impossibilidade prática de se aligeirar a prolação da decisão final que conduz ao desejo por uma medida provisória.[137]

Concernente ao *danno marginale*, Andrea Proto Pisani explica que os processos de cognição plena, cujo objetivo é afiançar a garantia do contraditório de forma completa, apresentam uma *duração fisiológica* no tempo, o que pode constituir motivo para que o autor sofra um prejuízo grave ou irreparável.[138]

A teoria do abuso do processo não teria ensejo; com efeito, a teoria do abuso do direito (aplicada ao processo) não almeja somente

---

[136] PISANI, Andrea Proto. *Lezioni di diritto processuale civile*. Quinta edizione. Napoli: Jovene Editore, 2006, p. 239.

[137] "(...) mas é precisamente o perigo desse outro prejuízo marginal, que poderia resultar do atraso, tornado inevitável pela morosidade do processo ordinário, da disposição definitiva. É a impossibilidade prática de agilizar a promulgação da disposição definitiva, o que desperta o interesse na edição de uma medida provisória" (tradução nossa). *"ma è specificamente il pericolo di quell'ulteriore danno marginale, che potrebbe derivare dal ritardo, reso inevitabile dalla lenteza del procedimento ordinário, del provvedimento definitivo. È la impossibilità pratica di accelerare la emanazione del provvedimento definitivo, che fa sorgere l'interesse alla emanazione di uma misura provvisoria"* (CALAMANDREI, Piero. *Introduzione allo studio sistematico dei provvedimenti cautelari*. Imprenta. Padova: Cedam, 1936, p. 18).

[138] PISANI, Andrea Proto. Ancora sull'emergenza della giustizia civile. *Foro Italiano*, v. 5, c. 184, 1987a.

se furtar de consequências práticas e prejudiciais, mas estabelecer um comportamento inerente ao direito.

Outrossim, clarifica-se que, "ainda que parte da doutrina convirja sua atenção à obrigação de restaurar o dano advindo do formalismo na cognição plena, e em decorrência, presuma um prejuízo, essa percepção é relativa a um aspecto fragmentário dos efeitos dos comportamentos opostos às metas processuais".[139]

A fim de que fique clara a importância de um procedimento constituído com base na cognição sumária, é mister sublinhar, a título de exemplo, que a justiça francesa encontra solução para cerca de 90% de seu contencioso recorrendo ao denominado *procédure en réferé*, modelo processual, que, com determinadas alterações, simboliza tutela jurisdicional cujo objetivo é o estabelecimento de título executivo sem formação da coisa julgada e independente do requisito de urgência.[140]

1.4.4 O abuso do direito de defesa pelo réu: característica de um processo de cognição plena

No Brasil, em razão da alteração concretizada no Código Buzaid, pela Lei 8.952/1994, o art. 273, II passou a assentir a predição da tutela nos casos independentes da urgência, imposta a hipótese do abuso do direito de defesa ou do propósito protelatório do réu.

A aplicação desse importante instrumento de antecipação sempre reduziu significativamente a necessária caracterização de uma conduta abusiva. Por um lado, era observado o embaraço na avaliação judicial relativa à própria abusividade, por outro, constatava-se algum pejo, por parte de advogados e magistrados, para fazer valer a letra da lei. Nessa dualidade, o mais correto era não antecipar.

---

[139] OTEIZA, Eduardo. Abuso de los derechos procesales en America Latina. *In*: MOREIRA, José Carlos Barbosa; MÉDEZ, Francisco Ramos *et al. Abuso dos direitos processuais*. Rio de Janeiro: Forense, 2000, p. 22.

[140] Edoardo F. Ricci afirma que "é precisamente o fenômeno da resistência injustificada que torna mais difícil a proteção jurídica para os que têm razão; e uma vez que a resistência injustificada é ainda mais encorajada, quanto mais ineficiente é o processo como uma ferramenta de proteção eficaz, nos deparamos com a clássica cobra mordendo o rabo" (tradução nossa). "*è proprio il fenomeno della resistenza ingiustificata a rendere più difficile la tutela giuridica per chi ha ragione; e poiché la resistenza ingiustificata è tanto più incoraggiata, quanto più il processo è inefficiente come strumento di effettiva tutela, si è di fronte al classico serpente che si morda la coda*" (RICCI, Edoardo F. Per una efficace tutela provvisoria ingiunzionale dei diritti di obbligazione nell'ordinario processo civile. *Rivista di Diritto Processuale*, Padova: Cedam, p. 1027-1049, ottobre-dicembre 1990, p. 216).

Tal foi o pensamento que imperou nesse período. Esporadicamente eram inflingidas multas em razão de litigância de má-fé, sendo raros os casos de antecipação da tutela por abuso processual.

Nesse contexto, o que era notório é que muitos juízes não haviam se convencido de que o acertado emprego da antecipação da tutela seria capaz de monitorar as consequências nefastas do tempo no processo, em especial nos casos de abuso do direito de defesa e manifesto propósito protelatório das partes.

A manifestação do abuso no âmbito do processo ocorre em face de atos por aquele que tem possibilidade de agir, mas não o faz visando aos fins normais, senão para postergar a solução do litígio ou dissuadir a correta apreciação judicial, tendo como consequência o óbice ao resultado justo da prestação jurisdicional. Ou seja, a defesa se mostra abusiva quando não preserva uma "relação instrumental apropriada entre o ato processual e os fins ou efeitos dele extraídos".[141]

Em decorrência do abuso do direito de defesa ou do manifesto propósito protelatório do réu, a morosidade do processo torna-se pungente. A razão está no fato de que, ao tempo fisiológico e natural do procedimento, adita-se o aguardo advindo de incidentes maliciosos e atos processuais que se descaracterizam de seus objetivos naturais.

Andrea Proto Pisani recorreu às expressões *"durata fisiológica* e *lentezza patológica* para estabelecer a diferença entre os dois fenômenos de demora processual".[142]

No que concerne ao primeiro, há possibilidade de criação de técnicas para se minimizar o efeito do tempo para a tutela dos direitos; já no que diz respeito ao segundo (demora patológica), é necessário um sério embate frente à aplicação das sanções previstas no ordenamento.

A razão de tal medida reside nos obstáculos ocasionados pela *lentezza patológica* e no conseguinte não desempenho do processo executivo que comprovam a falência do Estado e sua manifesta abjuração em conceder a contrapartida decursiva do impedimento à justiça privada. Decorrente desse cenário de lentidão está posta a necessidade de uma atuação efetiva das autoridades judiciárias.[143]

---

[141] ABDO, Helena. *O abuso do processo*. São Paulo: Revista dos Tribunais, 2007, p. 31.

[142] PISANI, Andrea Proto. Ancora sull'emergenza della giustizia civile. *Foro Italiano*, v. 5, c. 184, 1987a, p. 111-112).

[143] Andrea Proto Pisani entende que, "Por fim, no que se refere aos obstáculos decorrentes da lentidão ou disfunção patológica ou lacunas no processo executivo, deve-se dizer que os danos relativos (independentemente da persistência dos efeitos da exclusão e dos efeitos substanciais – como a interrupção-suspensão do prescrição – também estão

No que respeita à técnica da condenação com reserva, a aplicação desta é possível existindo prova dos fatos constitutivos do direito do autor e quando as exceções opostas pelo réu demonstrarem não terem fundamento em conformidade com um juízo de sumária deliberação.[144]

O doutrinador Dinamarco, em referência ao Código de 1973, alude à morosidade consequente do comportamento desleal e à desobrigação do *periculum*. Elucida, ainda, que o art. 273, II do sistema anterior, objetivava anular os efeitos nefastos do tempo principalmente naqueles casos de morosidades acompanhadas de comportamento desleal do demandado.[145]

---

vinculados à duração do processo de execução) não podem ser neutralizados: mas o não funcionamento do processo executivo equivale à violação do direito, à renúncia explícita do Estado a prestar e à contrapartida da proibição de acertar por conta própria (e não é por acaso que fenômenos preocupantes de autoproteção pelo uso do crime organizado ocorrem justamente onde o vácuo criado pelas disfunções da proteção executiva é maior" (tradução nossa). "*Quanto infine agli ostacoli derivante dalla lentezza patologica o dalla disfunzione o dalle lacune del processo esecutivo, è da dire che i relativi danni (ove si prescinda dal perdurare degli effetti del pignoramento e di effetti sostanziali – quali la interruzione – sospensione della prescrizione – ricollegati anche alla durata del processo di esecuzione) non sono neutralizzabili: ma il non funzionamento del processo esecutivo equivale al falimento del diritto, alla rinuncia esplicita da parte dello Stato a fornir ela contropartita del divieto di farsi ragione da sé (e non a caso infatti fenomeni preoccupanti di autotutela tramite il ricorso alla criminalità organizzata si verificano proprio là dove maggiore é il vuoto creato dalle disfunzioni della tutela executiva*" (PISANI, Andrea Proto. Appunti sulla tutela cautelare nel processo civile. *Rivista di Diritto Civile*, Padova: Cedam, 1987b, p. 113).

[144] "Parece-me que o recurso à proteção sumária é racionalmente justificado e, portanto, não constitui um 'privilégio' injustificado (no duplo sentido de violação do direito de defesa ou do princípio da igualdade dos cidadãos, quando a proteção sumária visa impedir o réu de abusar do direito de defesa garantido pelas formas do julgamento com conhecimento pleno e exauriente: para reagir a este perigo inerente na duração (mesmo puramente fisiológica) da estrutura de um só – chamado ordinário, o legislador pode utilizar tanto a técnica das medidas cautelares conservadoras (emitidas com base no mero conhecimento sumário da existência do direito e do perículo *in mora*), quanto a técnica das chamadas condenação com reserva [...]" (tradução nossa). "*Mi sembra che il ricorso alla tutela sommaria sia razionalmente giustificato e non contituisca pertanto un ingiustificato 'privilegio' (nel doppio significato di violazione o del diritto di difesa o del principio di eguaglianza dei cittadini: [...] b) in secondo luogo quando la tutela sommaria sia diretta ad evitare che il convenuto abusi del diritto di difesa garantintogli dalle forme del processo a cognizione piena ed exauriente: per reagire a tale pericolo ínsito nella durata (anche meramente fisiologica) propria della struttura di un processo c.d. ordinario, il legislatore può utilizzare sia la tecnica delle misure cautelari conservative (emanate sulla base della mera cognizione sommaria dell'esistenza del diritto e del periculum in mora), sia la tecnica della c.d. condanna con riserva [...]*" (PISANI, Andrea Proto. Sulla tutela giurisdizionale differenziata. *Rivista di Diritto Processuale*, Padova: Cedam, n. 4, Ottobre-Dicembre, 1979, p. 568-569).

[145] "A segunda situação a ser debelada mediante antecipação da cautela consiste no "abuso do direito de defesa" ou no "manifesto propósito protelatório do réu" (art. 273, inc. II). Trata-se sempre de neutralizar os males do tempo. Há demoras razoáveis, ditadas pelo caráter formal inerente ao processo (não formalista!) e há demoras acrescidas pelo comportamento desleal do demandado. As condutas aqui conducentes à antecipação consideram-se litigância de má-fé (v. art. 17 e esp. inc. IV). Ao sancioná-las agora com a

É mister o entendimento de que a tutela da evidência no Código de 2015 vem disciplinada no art. 311, face à relação não taxativa de hipóteses. Consoante Dinamarco, a primeira das hipóteses é a que se inclui no inciso I do art. 311 do Código, a qual retrata o já disposto no art. 273, inciso II, do Código de Processo Civil de 1973, com as alterações da Lei 8.952, de 13 de dezembro de 1994.

Anterior à aprovação dessa alteração legislativa, já era consenso a relevância do anteprojeto, cujo propósito era o oferecimento de um tratamento singular àqueles casos em que o direito se mostrava prontamente inequívoco, e o exercício da defesa objetivava protrair a sua realização, isto é, "visava obstar que tal conduta abusiva pudesse impedir que um direito evidente fosse contemplado".[146]

O art. 311, I, do Código de Processo Civil de 2015, presume que a tutela da evidência seja concedida assim que comprovados o abuso do direito de defesa ou o manifesto propósito protelatório da parte, o que caracteriza antecipação lastreada na conduta abusiva.

1.5 Os efeitos concretos e a tendência a uma conduta mais adequada

Obedecidas as formas dos atos processuais, legitima-se o exercício do direito de ação e se garante, à parte, o exercício de sua defesa no processo civil. O que merece reflexão, no entanto, é quando o direito de ação é empregado de forma abusiva, com o fito de servir de meio para se impedir o direito alheio. Assim, resta evidente a necessidade de se regular essas questões, observando-se os limites das prerrogativas para o exercício do direito, "para que seja evidenciada conduta abusiva ou protelatória, é necessário o estabelecimento de um forte juízo de plausibilidade acerca de quem se cerca da razão".[147]

Em virtude de se tratar de técnica lastreada em cognição sumária, a tutela da evidência não atua nas alçadas da certeza; é mister a

---

antecipação da tutela, não quis o legislador dispensar a probabilidade do direito nesses casos (exigência geral expressa no caput) mas confirmou a dispensa de situações de perigo para o direito como supostos requisitos da antecipação. A celeridade na tutela é em si mesmo um bem" (DINAMARCO, Cândido Rangel. *A reforma do código de processo civil*. 3. ed. rev. ampl. e atual. São Paulo: Malheiros Editores, 1996, p. 14).

[146] MARINONI, Luiz Guilherme. *Tutela cautelar e tutela antecipatória*. São Paulo: Revista dos Tribunais, 1994b, p. 48.

[147] TALAMINI, Eduardo. *Tutela relativa aos deveres de fazer e de não fazer*. 2. ed. São Paulo: Revista dos Tribunais, 2003, p. 19.

observação da forma como a conduta abusiva robustece a impressão primeira relativa à probabilidade. Quanto maior a plausibilidade do direito, menor a imperativa caracterização do abuso e vice-versa. Face a um direito óbvio, a menor resistência já poderá denotar o abuso ou, diante de uma atitude obviamente abusiva, mais atingível será o percebismo da probabilidade. Parece, assim, que os ambos os sistemas atuam em uma dualidade, concebendo um desenho conjunto, como se se tratasse de dança conjunta e em ampla sincronia entre probabilidade e abuso, com o movimento de uma interferindo no do outro.

O inciso I, do art. 311, ao fazer menção ao abuso do direito de defesa ou ao manifesto propósito protelatório da parte, apresenta uma regra geral de democratização do processo. Na hipótese de não existir o inciso I, não seria possível facultar a tutela da evidência a todos os casos de inconsistência da defesa, transgredindo-se, assim, a isonomia. "Esse silogismo se revela totalmente plenamente consentâneo a um processo civil constitucional, dirigido à manutenção da igualdade e da paridade das partes".[148]

O réu tende a optar por uma atitude socialmente mais esperada do que aquela que ele mesmo tomaria na hipótese de denegação da antecipação, quando do defrontamento com efeitos concretos da decisão.

Nessa seara, há a possibilidade de se falar em uma *litigância cooperativa*, ou seja, aquela que refuta a denominada litigância de má-fé e o abuso do direito de defesa, com minimização dos ônus sociais do processo, ao passo que a litigância não cooperativa contribui para a crescença desses custos.

O resultado de um comportamento processual mais adequado é óbvio: qualquer atitude de resistência do réu (protelatória ou não) não apresentará mais efeitos concretos em razão de já ter sucedido, no plano fático, a realização do bem da vida objetivado pelo autor. Em outras palavras, inútil será postergar o fim do processo trazendo-se alegações infundadas (ou não) ou requerendo-se provas proveitosas ou não.

Nesse contexto, o tempo do processo contará contra si e não mais em desfavor do autor. Assim, o réu que anteriormente procrastinava passa a demonstrar ser o maior interessado em que o processo caminhe rapidamente, haja vista que seu objetivo passa a ser a comprovação de que está certo e, dessa forma, conseguir a supressão da decisão antecipatória.

---

[148] MARINONI, Luiz Guilherme; ARENHART, Sérgio Cruz; MITIDIERO, Daniel. *Novo Código de processo civil comentado*. Imprenta. São Paulo: Revista dos Tribunais, 2016, p. 270.

Em casos de concessão de tutela da evidência posterior à ouvida do requerido, este não correrá o risco de que a decisão se modifique em curto espaço de tempo, sendo-lhe mais vantajoso obstar o protraimento com o objetivo de conseguir uma decisão com cognição exauriente do que prolongar o curso do processo. Nesse raciocínio, a tutela da evidência, resultante da técnica da cognição com reserva da defesa de mérito indireta sem fundamento, torna possível não somente a distribuição do tempo do processo, mas também o desencorajamento ao abuso do direito de defesa.

Dessa forma, logram-se os propósitos de melhor repartição do ônus do tempo e de um fomento para uma conduta conveniente do réu, sem haver adiamentos.

Na Itália, o reconhecimento de que a economia processual e o desencorajamento ao abuso do direito de defesa configuram efeitos secundários e relativos à técnica da condenação com reserva, que já vem de certo tempo.

A exigência de rapidez é reconhecida em procedimentos sumários que, embora dispensem a urgência, lastreiam-se na imposição de economia processual e no sobreaviso quanto ao abuso do direito de defesa do réu.

Destarte, o Código de Processo Civil de 2015 não se ateve somente em perdurar a tutela da evidência que já tinha previsão no sistema anterior, mas também avultou, de forma significante, a sua aplicação.

Nesse contexto, o legislador tratou de quatro hipóteses, arroladas no art. 311 do referido diploma: a primeira delas é consequência do antigo art. 273, II, do Código de 1973, do inciso III do art. 311 e da antiga ação de depósito. Os incisos II, III e IV são concernentes à antecipação da tutela nos casos de suficiência da prova apresentada nos autos, não obstante a conduta abusiva.

Ressalve-se que o rol contido no art. 311, do Código de 2015, não é categórico, e as hipóteses ali apresentadas têm simplesmente caráter exemplificativo, isto é, não elidem a antecipação da tutela lastreada na evidência em outros contextos que não são pressupostos de forma específica.

Isso denota que a exposição das situações ali descritas demonstra um esforço do legislador para ampliar a ocorrência dessa técnica processual e não o intento de refrear que a nova regra seja adotada.

1.6 Compatilização da medida antecipatória na cognição sumária responsável pelo devido processo legal

A imposição da medida antecipatória se deu em razão de um procedimento de *référé-provision* e do fato de que a requerida havia feito publicidade, afirmando que sua empresa de táxi era de Carcassone quando, na verdade, não tinha a respectiva licença. Diante da prova documental, a conclusão foi concorrência desleal e dano às pessoas físicas requerentes.

Em contrapartida, a requerida interpôs recurso ao Tribunal de Cassação argumentando que não teria sido demonstrado o hipotético prejuízo, o que ensejava controvérsia concernente ao valor do prejuízo.

A requerida advogou que, em razão da controvérsia quanto ao montante, não seria possível a concessão de uma *provision* em tutela sumária, sob pena de descumprimento do art. 809, do *Code de Procédure Civile*, mostrando, assim, a fragilidade e a inconsistência da defesa.

Consoante o art. 303, caput, do CPC/15, à parte é concedido, nas hipóteses em que a urgência for coetânea ao ajuizamento da ação, recorrer ao benefício de demandar, em petição simplificada, medida antecipatória, apontando a lide da ação principal que, por ventura, será arbitrada.

No que lhe concerne, o art. 304, caput, do CPC/15, estabelece que a tutela antecipada previamente concedida nos termos do art. 303, caput, do CPC/15, se sopesará, se não for agravado contrariamente à tal decisão o respectivo recurso. "Há possibilidade de revisão desses efeitos em ação proposta para que não sejam instituídos, cujo prazo para ajuizamento é de dois anos, depois do qual, os efeitos não mais poderão ser anulados".[149]

De modo que "Trata-se de uma hipótese de técnica antecipatória não cautelar que, em termos carneluttianos, faz parte da lide, sem que seja mister passar em julgado, de forma que o término do feito não sobresta sua eficácia".[150]

Assim, conclui-se que, "nesse sistema, de forma análoga ao *référé* francês, não se impõe às partes impetrar a ação principal",[151]

---

[149] THEODORO JÚNIOR, Humberto; ANDRADE, Érico. A autonomização e a estabilização da tutela de urgência no projeto de CPC. *RePro*, São Paulo, v. 206, abr. 2012, p. 35.

[150] FREITAS JÚNIOR, Horival Marques de. *Breve análise sobre as recentes propostas de estabilização das medidas de urgência*. Revista de Processo, São Paulo: Ed RT, v. 225, p. 179-219, nov. 2013., p. 184.

[151] MACHADO, Antônio Cláudio da Costa. *Código de Processo Civil Interpretado*. 5. ed. São Paulo: Manole, 2013, p. 188.

"passando a existir um rompimento no vínculo de instrumentalidade e obrigatoriedade entre tutela antecipatória e a decisão de cognição exauriente",[152] anteferindo-se a cognição sumária como forma de prestar a tutela dos direitos.

Destarte, assim "como a interdição, a demolição do prédio não apresenta caráter cautelar; trata-se de medidas preventivas e, na possibilidade de se conferir tratamento definitivo ao estado perigoso, não se deve confundir tais provimentos com tutela cautelar".[153]

Não obstante tais considerações, é mister se ter claro que essas medidas provisionais do art. 888 do CPC/73, especificamente a interdição e a demolição de prédio, originam-se do *standard* de teoria do processo da época em que o código foi elaborado, quando se confundia cautelaridade com prevenção.[154]

Em contrário a esse contexto, tais medidas são vistas como absolutamente excepcionais no sistema, motivo que justifica a consolidação da tutela antecipada, que é genérica e se volta, em princípio, a todas as medidas antecipatórias e não se priva de sua originalidade no sistema em razão da pré-existência de tutelas sumárias autônomas como a demanda demolitória.[155]

Nas legislações da França e da Itália inexiste o prazo de dois anos para que a demanda seja proposta quando estará em discussão o mérito da questão; essa dessemelhança implica em sensível diferença concernente ao regime a ser amoldado ao modelo pátrio.[156]

A partir da última década do século XX, foram perceptíveis as mudanças legislativas e reformas com o fim de se assegurar uma

---

[152] "A tutela sumária sai da sua condição de mera suplência da tutela de cognição plena e ganha o palco da justiça civil e passa a constituir autonomamente, ao lado dos processos de cognição plena, uma alternativa autônoma para a solução mais célere das crises de direito material, sem, contudo, eliminar-se ou suprimir-se a possibilidade de escolha da via de cognição plena" (THEODORO; ANDRADE. *op. cit.*, p. 23).

[153] SILVA, Ovídio A. Baptista. *Curso de processo civil*. 15. ed. rev. e atual. São Paulo: Revista dos Tribunais, 2013, p. 557.

[154] MARINONI, Luiz Guilherme. *Técnica processual e tutela dos direitos*. 2. ed. rev. e atual. São Paulo: Revista dos Tribunais, 2008.

[155] "a regra constante do caput do art. 303 do NCPC é inédita no ordenamento processual brasileiro, disciplinando a tutela de urgência de natureza satisfativa, quando for contemporânea à propositura da ação". ALVIM, José Eduardo Carreira. *Elementos de teoria geral do processo*. 7. ed. Rio de Janeiro: Forense, 1999, p. 178.

[156] BONATO, Giovanni. *Tutela anticipatoria di urgenza e sua stabilizzazione nel nuovo c.p.c. brasiliano*: comparazione con il sistema francese e con quello italiano, 2015. Disponível em: https://www.academia.edu/ 26925789/G._Bonato_tutela_de_urgencia_no_nov o_c.p.c.. pdf. Acesso em: 19 jun. 2021.

tutela dos direitos mais efetiva, e, nesse contexto, alçou-se a proposta de estabilização da tutela de urgência.

Essas reformas traziam o incômodo advindo da morosidade do trâmite processual, preocupação que arrolou outras propostas de mudanças, com especial ênfase no Código de Processo Civil de 2015.

Em 1997, foi veiculada, por parte da professora Ada Pellegrini Grinover, na *Revista de Processo*, uma proposta de modificação do Código de Processo Civil, a qual sugeria que "[...] a execução da medida antecipatória deveria ocorrer de forma semelhante à da execução provisória e que a ausência de contradição à tutela antecipatória concedida faria com que esta se transmutasse em sentença de mérito, sob proteção da qualidade da coisa julgada".[157]

No que concerne a essa proposta, acrescente-se que "A preocupação da referida professora acerca da execução da medida antecipatória tem origem na constatação de que o regime inserido em 1994 oferecia, a uma decisão de cognição sumária, métodos mais efetivos de execução do que aqueles previstos para decisões lastreadas em cognição exauriente".[158]

Merece repúdio essa proposta, motivado pela constatação de que, diversamente de sugerir meios mais fiáveis e convenientes para que os direitos sejam efetivados, volta-se meramente para a remoção da efetividade justificada por uma presumida coerência interna da sistemática processual.[159]

Diverso é o posicionamento relativo à segunda proposta, que merece leitura e atenção, pois enseja que não há razão para que o feito prossiga depois que uma tutela de urgência seja concedida caso o réu com ela não anua. A autora mostra "as semelhanças entre a estabilização da tutela de urgência e a técnica monitória, em vigor já na legislação pátria à época".[160]

---

[157] GRINOVER, Ada Pellegrini. Proposta de alteração do Código de Processo Civil: justificativa. *Revista de Processo*, São Paulo, v. 86, abr./jun. 1997, p. 191-192.

[158] GRINOVER, Ada Pellegrini. Proposta de alteração do Código de Processo Civil: justificativa. *Revista de Processo*, São Paulo, v. 86, abr./jun. 1997, p. 192-193.

[159] A redação dos artigos 273 e 461 do CPC, pela Lei 8.952/94, assegurava, desde a época da proposta de alteração de Ada Pellegrini Grinover, o manejo de ações de conhecimento diversas das abarcadas pela classificação trinária. Isso é, o magistrado, ao dar cumprimento a uma medida antecipatória, poderia agir sobre a vontade do réu, fazendo-o cumprir sua obrigação contratual ou dever legal, por meio de um provimento jurisdicional mandamental, ou então subrogar-se em seu lugar, valendo-se do aparato estatal para faticamente proteger os interesses do autor cuja aparência de direito se tutelava.

[160] GRINOVER, Ada Pellegrini. Proposta de alteração do Código de Processo Civil: justificativa. *Revista de Processo*, São Paulo, v. 86, p. 191-195, abr./jun. 1997, p. 193.

A previsão era de que, comprovada eventual preclusão em relação à decisão proferida em procedimento anterior, o réu disporia de 60 dias para sugerir a demanda principal e contestar a medida concedida. Caso houvesse deferimento parcial, o autor também teria a possibilidade de propor a ação principal, em idêntico prazo. Em qualquer cenário, não sendo proposta a ação principal, a previsão do projeto era de que a decisão assumiria caráter de coisa julgada, nas lides do seu proferimento. Nesse sentido, "quando proferida a decisão de modo superveniente, a parte interessada teria a possibilidade de exigir a continuidade da demanda, em 30 dias posterior à preclusão da decisão antecipatória, sob o fardo de essa decisão também alcançar natureza de coisa julgada material".[161]

Consoante a redação dos artigos 273 e 461 do CPC, dada pela lei 8.952/94, possibilitava-se, a partir do momento da proposta de alteração de Ada Pellegrini Grinover, a gestão de ações de conhecimento díspares das circunscritas pela classificação trinária.[162]

Outrossim, o juiz, ao dar cumprimento a uma medida antecipatória, poderia atuar em relação ao desejo do réu, obrigando-o a observar o compromisso contratual ou dever legal deste, por meio de um provimento jurisdicional mandamental, ou, de outra forma, substituí-lo, recorrendo ao aparato estatal para, de modo fático, salvaguardar aquilo por que o autor ansiava e cuja aparência de direito se tutelava.

Consoante a proposta, não haveria mais possibilidade de se utilizar esses efetivos mecanismos de tutela dos direitos, e a medida liminar seria executada nos cânones atinentes ao processo de execução, sendo, ainda, necessário o depósito de caução para atos de alienação ou que infringissem sérios prejuízos ao executado.

Nessa seara, a proposta previa que, para que uma medida concedida tão somente em razão da urgência fosse executada, seria mister citação do réu para pagamento ou indicação de bens à penhora, avaliação, alienação (desde que realizado depósito prévio de caução) a fim de que, só então, o direito do autor fosse contemplado – probabilidade de oposição de embargos, com efeito suspensivo.

Resta evidente que esse *iter* procedimental se mostra realmente antagônico à urgência que permite que uma medida de urgência seja

---

[161] FREITAS JÚNIOR, Horival Marques de. Breve análise sobre as recentes propostas de estabilização das medidas de urgência. *Revista de Processo*, São Paulo: Ed RT, v. 225, p. 179-219, nov. 2013, p. 199.

[162] GRINOVER. *Op. cit.*

concedida, assim como é inequívoco que o depósito de caução impede que o direito em questão seja contemplado. Sendo ou não constitucional, a atribuição de coisa julgada à decisão lograda não por contraditório, naquele momento, redundou em quase nada em razão de a proposta em comento ter, ao fim, alcançado o Senado Federal como o projeto de Lei 186/2005 e não ter conseguido aprovação por muitos motivos.

Embora o projeto de Lei 186/05 tenha trazido inovação ao conferir coisa julgada material à decisão de cognição sumária não contestada, não é possível se afirmar que a estabilização da tutela de urgência não se depare com pretextos no direito alienígena.

Nessa seara, agrega-se o defendido por Wambier: "O mencionado projeto incutiu-se no direito italiano e no direito francês influxos que constavam na efetivação da tutela antecipada, presente no CPC cuja aprovação se deu em 2014".[163]

1.7   Breves apontamentos sobre o direito comparado

Visa-se, neste tópico, demonstrar de onde se originou a inspiração para que a estabilização da tutela antecipada no Código de Processo Civil de 2015 fosse inserida. Não se objetiva comparar os sistemas processuais ou a função que os institutos exercem em cada um deles.

É de entendimento majoritário a inconstitucionalidade da atribuição de coisa julgada à decisão lastreada em cognição sumária. Não resta dubiedade da legitimidade, conforme entendimento do direito ao processo justo (art. 5º, LIV, CF), quanto à criação de meios inusuais ao procedimento comum.[164]

A dúvida é quanto à legitimidade constitucional do cotejamento entre os efeitos do procedimento comum – concretizado em contraditório, com ampla defesa e direito à prova – e os resultados de um procedimento cuja sumariedade formal e material é bastante avultada.[165]

---

[163] WAMBIER, Teresa Arruda Alvim. *Nulidades do processo e da sentença*: de acordo com a Reforma Processual 2006/2007. 6. ed. rev. ampl. e atual. São Paulo: Revista dos Tribunais, 2007, p. 106.

[164] Nada impede que o legislador planeje procedimentos distintos sumários "do ponto de vista formal (encurtamento do procedimento) e do ponto de vista material (com cognição sumária, limitada à probabilidade do direito)" (MITIDIERO, Daniel. *Precedentes*: da persuasão à vinculação. Imprenta. São Paulo: Revista dos Tribunais, 2018, p. 791).

[165] "(…) Em resumo: o direito à adequada cognição da lide constitui corolário do direito ao processo justo e determina a inafastabilidade da ação exauriente para formação da coisa julgada" (*Idem*).

Outrossim, resta pouco produtiva a paridade da consolidação da tutela antecipada no Direito brasileiro com outros sistemas em razão de existirem elementos bastante dissímeis entre as figuras. Ademais, a produção doutrinária sobre a estabilização da tutela antecipada está restrita a artigos, capítulos de livros, algumas dissertações de mestrado, inexistindo obras de grande valor que abarquem o tema posterior à promulgação do novo código.

Contexto semelhante é comprovado no campo da jurisprudência vez que não há decisões relevantes acerca da temática, o que será possível tão somente em alguns anos, posterior à estabilização definitiva de decisões antecipatórias. Ademais, realizar estudo de direito comparado não significa justapor textos de lei e demonstrar as diferenças; é mister um estudo acerca da inclusão do instituto no sistema, apontando seu objetivo, o posicionamento da doutrina e a forma como se dá aplicabilidade dele pelos tribunais.[166]

Nessa seara, restaria inútil um exercício de direito comparado, vez que, no Direito brasileiro, existem tão somente a legislação acerca da estabilização da tutela antecipada e alguns trabalhos cujo objetivo não se centrou na regularização plenamente.

No ano de 1998, Andrea Proto Pisani explanou sinteticamente as tutelas sumárias e do procedimento de injunção no Direito italiano e apontou que o art. 24, da Constituição italiana, dispõe que "todos podem tomar medidas legais para proteger seus direitos e interesses legítimos" (tradução nossa), havendo, assim, reconhecimento da atipicidade do direito de ação, dispensando-se uma norma que singularize a possibilidade de tutela jurisdicional do direito deduzido em juízo.[167]

---

[166] No nível da microcomparação, tem sido amplamente argumentado que a verdadeira base do direito comparado é a "equivalência funcional". Duas correntes distintas de funcionalismo são oferecidas: o "método funcionalista", uma das ferramentas de trabalho mais conhecidas em direito comparado, e o "funcionalismo", no sentido de que o direito responde às necessidades humanas e, portanto, todas as regras e instituições têm o propósito de atender a essas necessidades. A abordagem funcional-institucional responde à pergunta: "Qual instituição no sistema B desempenha uma função equivalente àquela sob pesquisa no sistema A?". Da resposta a essa pergunta, surge o conceito de "equivalência funcional". Advogados comparativos procuram instituições que tenham o mesmo papel, ou seja, que tenham "comparabilidade funcional", ou que resolvam o mesmo problema, "semelhança de soluções" (O que é realizado aqui também pode ser a 'justaposição funcional' de soluções comparáveis). ÖRÜCÜ, A Esin. *Methodology of comparative law*, 2006; ELECD 192; in Smits, M. Jan (ed). "Elgar Encyclopedia of Comparative Law" (Edward Elgar Publishing, 2006, p. 443).

[167] PISANI, Andrea Proto. La tutela sommaria in generale e il procedimento per ingiunzione nell'ordinamento italiano. *Revista de Processo*, São Paulo, v. 90, abr./jun. 1998, p. 22.

Não obstante, tal atipicidade se apõe ao procedimento padrão ordinário, que, hipoteticamente, é capaz de tutelar todas as formas de direito. "Há submissão dos processos sumários a hipóteses típicas, e, para que o demandante deles se valha, é mister que este perfaça os pressupostos de admissibilidade específicos".[168]

Conquanto, encontra-se prevista no art. 700 do Código de Processo Civil italiano a possibilidade de efluência de provimentos de urgência atípicos, face à inviabilidade de se fazer valer o direito pela via ordinária sem ônus custoso e insanável. A medida de emergência, que o legislador introduziu para complementar o sistema de medidas cautelares, pode ser emitida na hipótese de perigo não especificamente previsto e também o conteúdo desta disposição não é especificamente estabelecido por lei, mas deve ser determinado pelo juiz, com referência ao conteúdo previsível da decisão final sobre o mérito.[169]

Nessa esteira, inexiste predeterminação da lei quanto ao campo de aplicação dos provimentos de urgência previstos pelo art. 700, não ocorrendo concatenação com um pressuposto propósito, exceto o impedimento de se valer de um procedimento cautelar específico.[170]

---

[168] *Idem*, p. 23.

[169] A provisão pode ser solicitada por quem, além dos casos em que podem ser expedidas as típicas medidas cautelares examinadas até o momento, tenha fundado motivos para temer que, durante o tempo necessário para se fazer valer o seu direito na forma ordinária, este seja ameaçado por um preconceito sério e irreparável (art. 700) (tradução nossa). "*Il provvedimento d'urgenza, che il legislatore há introdotto per integrarei l sistema dei provvedimenti cautelari, può essere emanato su um presupposto di pericolo non specificamente preveduto; e anche il contenuto di questo provvedimento nonè specificamente stabilito dalla legge, ma dev'essete determinato dal giudice, con riferimento al prevedibilo contenuto del provvedimento definitivo di merito. Il provvedimento può essere chiesto da chi, fuori delle ipotesi in cui possono esse emessi i provvedimenti cautelari tipici fin qui esaminati, abbia fondato motivo di temere che durante il tempo occorrente per far valerei l suo diritto in via ordinaria, questo sai minacciato da un pregiudizio grave e irreparabile (art. 700)*" (LUGO, Andrea. *Manuale di diritto processuale civile*. Publicado por A. Giuffre, Milão, 1999, p. 67).

[170] "O campo de aplicação da disposição de urgência é manifestamente indeterminado na disposição da lei, porque o artigo 700.º não parece vincular a própria concessão da disposição a um objetivo. A única condição, aliás importante, que se nota é a negativa de impossibilidade de recurso a outra medida cautelar apontada: daí também a designação de não nomeados atribuída às medidas em exame" (tradução nossa). "*Il campo di applicazione del provvedimento di urgenza è apparentemente indeterminato nella previsione dela legge, perchè l'articolo 700 non sembra vincolare la concessione del provvedimento stesso a un presupposto obbietivo. La sola condizione, del resto importante, che è dato rilevare è quella negativa della impossibilità di ricorrere a un altro provvedimento cautelare nominato: onde anche de la designazione di innominati attribuita ai provvedimenti in exame*" (SATTA, Salvatore. *Diritto processuale civile*. Padova: Cedam, 1981, p. 589).

Alia-se às tutelas sumárias um grau de cognição distinto do presente no procedimento ordinário de cognição plena a qual é tipificada, no direito italiano, pela predeterminação legal das formas, dos poderes, deveres e faculdades processuais das partes e do magistrado no que concerne a argumentações, provas assim como a realização plena do contraditório anterior à prolação de uma decisão capaz de fazer coisa julgada, enquanto que a postecipação do contraditório fulge a cognição sumária, malgrado um processo tenha a possibilidade de ser assinalado em razão da modicidade das matérias passíveis de arguição.[171]

Nesse contexto, vale a menção de que "o pretexto das tutelas sumárias no direito italiano se encontra na obrigação de economia processual, em razão de se impedir o abuso do direito de defesa pela obrigatoriedade de uma tutela efetiva, fato que não raramente é obstado pelo procedimento de cognição exauriente".[172]

É observável que a legislação italiana acolheu a lição de Piero Calamandrei ao não diferenciar a tutela antecipada da tutela cautelar, mas ao considerar aquela um gênero desta.[173] Mesmo constatada a existência de um procedimento de injunção, aplicado à técnica monitória, no Direito italiano, este, de forma tradicional, acatou a ideia da submissão de tutelas sumárias à eficácia temporal precária.[174]

É antigo, no âmbito do Poder Legislativo italiano, o debate sobre a possibilidade do acolhimento de um modelo de tutelas sumárias autônomas. Conquanto a Itália tenha buscado lume na legislação francesa, para implantar, somente após 2003, um sistema que outorga autossuficiência ao provimento sumário, já havia ocorrido, em 1978, a instituição de uma comissão cujo presidente era Enrico Tullio Liebman com idêntico fim.

Diante da desaprovação, em 1994 criou-se nova comissão, presidida por Giuseppe Tarzia, cujo projeto também não contou com esteio parlamentar suficiente, "[...] restando óbvio que a resolução do litígio mediante medida provisória não necessariamente inerente a um

---

[171] PISANI, Andrea Proto. La tutela sommaria in generale e il procedimento per ingiunzione nell'ordinamento italiano. *Revista de Processo*, São Paulo, v. 90, p. 22-35, abr./jun. 1998., p. 23-24).

[172] *Idem*, p. 25.

[173] CALAMANDREI, Piero. *Introduccion al estudio sistematico de las providencias cautelares*. Tradución de Marino Ayerra Merín. Buenos Aires: Libreria El Foro, 1996.

[174] Tanto é assim que Giovanni Bonato reconhece "ter havia uma atenuação da instrumentalidade hipotética com o advento do decreto legislativo 5/2003 no direito italiano" (BONATO, Giovanni. *Tutela anticipatoria di urgenza e sua stabilizzazione nel nuovo c.p.c. brasiliano*: comparazione con il sistema francese e con quello italiano, 2015, p. 11) .

procedimento ordinário de conhecimento, inspirado no *référé* francês, já vinha merecendo análise há muito tempo na Itália".[175]

O projeto de autoria de Liebman lastreava-se na concepção de que, com a concessão de determinadas medidas provisórias, o cenário seria de perda de interesse das partes na continuidade da demanda, motivada pela plena satisfação do interesse do autor.

Nessa seara, a proposta era pela modulação do prazo para que a demanda principal fosse proposta, cujo termo final coincidia com os efeitos da medida cautelar deferida, conforme requerimento das partes, pelo juiz da causa. "Esse prazo sequer existiria por não haver determinação judicial acerca dele, o que dispensaria a parte autora da necessidade de intentar a demanda".[176]

No que respeita ao projeto de Tarzia, este mirava na possibilidade de ocorrer economia processual nas hipóteses nas quais o julgamento face à cognição sumária fosse o bastante para tutelar a crise de direito material, levando-se, assim, "[...] à possibilidade de que a eficácia da tutela provisória fosse mantida por tempo indeterminado, desobrigado da tutela final".[177]

A inserção da autonomia do provimento sumário cautelar antecipatório no Direito italiano ocorreu pelo decreto legislativo 5/2003, responsável por estatuir a questão no âmbito do direito societário ao proporcionar opcionalidade quanto à instauração do processo de mérito após uma tutela cautelar ser concedida, possibilitando caráter definitivo aos efeitos advindos dessas tutelas, sem obtenção da eficácia de coisa julgada.[178]

Em 2005, o decreto legislativo 35 ampliou essa possibilidade à generalidade dos direitos tutelados no processo civil, sem continência a questões societárias. "O decreto legislativo 273/2005.43 e as Leis 80/2005, 51/2006 e 69/2009 alteraram a matéria".[179]

---

[175] PAIM, Gustavo Bohrer. *Estabilização da tutela antecipada*. Porto Alegre: Livraria do Advogado, 2012, p. 185.

[176] *Idem*, p. 185.

[177] *Idem*, p. 186.

[178] "Porque tudo que é vivo, morre" comentários sobre o regime da estabilização dos efeitos da tutela provisória de urgência no novo CPC, p. 171; BONATO, Giovanni. *Tutela anticipatoria di urgenza e sua stabilizzazione nel nuovo c.p.c. brasiliano*: comparazione con il sistema francese e con quello italiano, 2015, p. 12.

[179] FREITAS JÚNIOR, Horival Marques de. Breve análise sobre as recentes propostas de estabilização das medidas de urgência. *Revista de Processo*, São Paulo: Ed RT, v. 225, p. 179-219, nov. 2013, p. 187.

A redação do art. 669-*octies* foi modificada pela Lei 80/2005 que tratou dos provimentos de urgência lastreados no art. 700 do CPC italiano, deixando de lado a obrigatoriedade de que a ação principal fosse proposta.

O sexto parágrafo se destaca entre as novas disposições, de acordo com o qual a submissão do mantenimento dos efeitos da medida cautelar à propositura da ação principal não alcança as medidas de urgência lastreadas no art. 700 do CPC.

A Lei 69/2009 revogou a previsão inicialmente anexada pelo decreto legislativo 5/2003 a despeito da permanência de uma tutela sumária autônoma, motivada pelo art. 669-*octies*.

CAPÍTULO 2

TUTELA PROVISÓRIA NO BRASIL

2.1 As medidas provisionais do CPC/73 e o empréstimo do rito cautelar

No período de vigência do CPC/73, o processo cautelar foi visto como uma modalidade autônoma de processo no ordenamento jurídico brasileiro. No Livro III do antigo código havia regulamentação minuciosa de diversos procedimentos cautelares específicos, por exemplo, o arresto, o sequestro, a busca e apreensão e o arrolamento de bens. "Respaldados no código de 1973, alguns autores no Brasil davam ênfase ao emprego do rito cautelar quanto a medidas destituídas dessa natureza, argumentando que essa forma de tutela retratava escolha de caráter político".[180]

Como exemplos de tais medidas, podem se citar as liminares nas ações possessórias, a ação de busca e apreensão instruída no Decreto-Lei 911/69, os embargos de terceiro e as medidas provisionais presentes no art. 888 do CPC/73 (nestas últimas, a cognição plena e exauriente, inclusive, é escusada).[181]

O art. 888 trazia uma série de providências dessemelhantes que não apresentam idêntica origem ou caráter jurídico, eram prescrições que "tomavam de empréstimo o rito cautelar".[182]

---

[180] SCARSELLI, Giuliano. *La condanna con riserva*. Milano: Dott. A. Giuffrè Editore, 1989, p. 574.

[181] ARMELIN, Donaldo. Tutela jurisdicional diferenciada. *Revista de Processo*, São Paulo: Revista dos Tribunais, n. 65, p. 45-55, 1992.

[182] ARENHART, Sérgio Cruz. As medidas regulatórias do art. 888 do CPC. *In*: ARMELIN, Donaldo (coordenador). *Tutelas de urgência e cautelares*: estudos em homenagem a Ovídio Baptista da Silva. São Paulo: Saraiva, 2010, p. 1018.

Dentre esses provimentos, alguns tinham relação com situações de urgência – conservação em coisa litigiosa (art. 888, I), posse provisória dos filhos (art. 888, III), depósito de menores castigados imoderadamente por seus pais (art. 888, V), afastamento de um dos cônjuges da morada do casal (art. 888, VI), guarda e visita dos filhos (art. 888, VII), interdição ou demolição de prédio para se resguardar a saúde e a segurança (art. 888, VIII). Outras parecem estar ligadas apenas ao *fumus boni juris*, como a entrega de bens de uso pessoal do cônjuge e dos filhos (art. 888, II), afastamento de menor para contrair casamento (art. 888, IV).

Assim, não se tratava de medidas de natureza cautelar, mas se caracterizavam por um caráter satisfativo não forçosamente vinculado ao *periculum in mora;* em certos casos, sua eficácia era observável mesmo na possibilidade da não propositura da ação principal. O que era perceptível, então, era uma legitimidade do direito que, em caso de concessão de providência judicial, ocorreria independentemente, o que leva a se constatar a autonomia processual dessas medidas, sem a propositura de uma ação principal. Ademais, tais medidas se caracterizam pela executoriedade imediata não sujeita às mais comuns das medidas cautelares.

O direito italiano já há certo tempo reconhece medidas provisionais destituídas da característica da cautelaridade. Consoante Piero Calamandrei, essas medidas poderiam conter duas semânticas distintas – a primeira relacionada a um provimento dado por questão de urgência, a fim de se impedir o dano originado pelo tardamento no provimento principal, lastreada, portanto, em cognição sumária e apresentando natureza cautelar; a segunda, alusiva a um provimento definitivo parcial, em que estariam presentes elementos probatórios o bastante e com cognição exauriente, mesmo que o restante da demanda se faça mister para a complementação da instrução, trazendo dissociação com a ideia de *"provision* ou *provvisionale"*.[183]

Frederico Carpi acrescenta, em relação às *provvisionali,* na Itália, que a terminologia não encontra raiz em *provisório,* mas em *provision,* trazendo exclusivamente a ideia de imediata executoriedade.[184]

---

[183] CALAMANDREI, Piero. *Introduzione allo studio sistematico dei provvedimenti cautelari.* Imprenta. Padova: Cedam, 1936, p. 98-99.

[184] "Este é exatamente o motivo da crítica terminológica mencionada acima. Não podemos fazer uma busca semântica, mas acreditamos que não tanto 'provisório' está na raiz do provisório, mas 'provisão', em que reside o conceito de executoriedade imediata" (tradução nossa). *"É appunto questa la ragione della critica terminológica sopra accenata. Non possiamo fare una ricerca semântica, ma crediamo che non tanto 'provvisorio' sia alla radice di*

Na acepção de Galeno Lacerda e Carlos Álvaro de Oliveira, em "Comentários ao CPC/73", o termo *provisional*, cuja origem está no vocábulo *provvisionale*, apresenta dualidade semântica, podendo tanto se referir à provisão como a algo provisório.[185]

Nessa seara, Calmon de Passos chamava a atenção para o fato de que havia previsão, no código de 1973, no Livro III, em relação ao processo cautelar, de vários procedimentos em que não era evidente qualquer situação de *periculum in mora*, embora eles recebessem o tratamento célere das medidas cautelares.

Tal referência era estritamente ligada ao apregoado no art. 888 daquele diploma; tratava-se de processos "topologicamente cautelares", porém com princípios próprios, destoando, assim, do apresentado na parte geral do processo cautelar.[186]

No contexto dessas medidas *topologicamente cautelares,* a razão da tutela diferenciada era encontrada no próprio direito material, situação cuja concessão prévia pelo legislador demandava maior celeridade e efetividade.

2.1.1 Alterações da Lei 8.952/1994

No Brasil, a Lei 8.952/1994 trouxe modificação ao Código Buzaid pela Lei 8.952/1994, e o art. 273, II deu início à acolhida da antecipação da tutela nas situações em que não há urgência, sendo obrigatória a hipótese do abuso do direito de defesa ou do propósito protelatório do réu.

Constata-se que, em virtude da exigência de tipificação de uma conduta abusiva, a antecipação acabou sendo limitada, ocorrendo, de um lado, complexidade na avaliação judicial em relação à abusividade e, de outro, receio, por parte de advogados e juízes, para fazer valer a lei.

Destarte, o mais adequado seria não haver antecipação – pensamento que predominou nesse período – sendo também parcos a imposição de multas pela litigância de má-fé raras e os casos de antecipação da tutela por abuso processual.

---

provvisionale, quanto 'provision', nel quale è insito il concetto d'immediata esecutorietà" (CARPI, Federico. *La provvisoria esecutorietà della sentenza.* Milano: Dott. A. Giuffrè Editore, 1979, p. 167-168).

[185] OLIVEIRA, Carlos Alberto Álvaro de; LACERDA, Galeno. *Comentários ao Código de Processo Civil:* lei nº 5.869, de 11 de janeiro de 1973, vol. VIII, tomo II, arts. 813 a 889. 2. ed. Rio de Janeiro: Forense, 1991, p. 366.

[186] CALMON DE PASSOS, José Joaquim. Comentários ao Código de Processo Civil. São Paulo: *Revista dos Tribunais*, 1984. v. 10, Tomo 1, p. 55-56.

Nesse contexto, diversos juízes não demonstravam estar persuadidos quanto ao fato de que o apropriado emprego da antecipação da tutela levaria à supervisão dos danos do tempo no processo, "sobretudo nas situações de abuso do direito de defesa e de manifesto propósito protelatório das partes".[187]

No que concerne à tutela da evidência, a situação não era mais animadora. Ainda que a urgência fosse dispensada, havia um nível de exigência tão alto quanto à incidência da antecipação que a previsão legal resultava em letra morta. Esse cenário justifica, assim, o reduzido emprego da tutela da evidência no sistema anterior do Código de 1973.

Outrossim, a equivocada utilização satisfativa da medida cautelar desembocou na criação da Lei 8.952/1994, que modificava certos dispositivos do Código de Processo Civil de 1973, trazendo a denominada tutela antecipada para os processos de conhecimento e cautelar a qual encontra previsão no art. 273 e seus parágrafos da antiga lei processual.

2.1.2 Tutela de urgência satisfativa e tutela de urgência cautelar

A tutela provisória de urgência trata-se de um dos dispositivos judiciais que possibilita que um direito da parte seja antecipado e assegurado, seja com a finalidade de que o direito pedido no processo seja adquirido antes do final do mesmo (tutela antecipada) ou para garantir que o pedido no processo será contemplado no encerramento deste (cautelar). Ainda que a celeridade processual se constitua como um dos princípios do Código de Processo Civil, nem sempre é possível esperar a sentença para o atendimento e efetivação de um direito.

A tutela de urgência é o mecanismo processual que visa tornar possível essa aceleração de partes do processo. "Consoante o novo código, a tutela de urgência é gênero no qual estão presentes as espécies de tutela cautelar (medidas conservativas) e tutela antecipada (medidas satisfativas)."[188] Estabiliza-se não toda e qualquer tutela urgente concedida em procedimento antecedente, mas apenas a tutela antecipatória. Nessa seara, acrescente-se que "O significativo questionamento que

---

[187] GAJARDONI, Fernando da Fonseca. *Técnicas de aceleração do processo*: de acordo com as Leis nº 10.352/2001, 10.358/2001, 10.444/2002. Imprenta. São Paulo: Lemos & Cruz, 2003, p. 165.

[188] MACHADO, Antônio Cláudio da Costa. *Tutela antecipada*. 2. ed. São Paulo: Oliveira Mendes, 1998, p. 236-237.

não tem resposta é acerca da estabilização da tutela antecipada e a forma como se distinguir a antecipação de tutela, apta a estabilizar-se, da tutela cautelar, que não pode contar com essa inalterabilidade".[189]

Para o entendimento da extensão do problema, elabora-se uma concisa análise do desenvolvimento histórico das tutelas sumárias na doutrina, iniciando-se do primeiro com o fim de metodizá-las congruentemente.[190]

Na acepção do professor italiano, o que caracteriza os procedimentos cautelares não é sua transitoriedade, mas que jamais constituem fins em si próprios e sua existência se deve a um procedimento definitivo. A teoria processual das cautelares de Calamandrei enxerga "o processo cautelar como um instrumento hipotético, isto é, um instrumento do processo, na prognose de o direito alegado ser verdadeiro. Portanto, conforme esse doutrinador, os provimentos cautelares configuram fenômenos estritamente processuais".[191]

Calamandrei estabelece uma "diferenciação entre provisoriedade e temporariedade, referindo a segunda à duração limitada no tempo sem substituição e a primeira ao que igualmente sofre essa limitação temporal, mas com substituição por algo de caráter definitivo".[192]

Esse doutrinador italiano aponta a provisoriedade de qualquer sentença prolatada com cláusula *rebus sic standibus*, sem, entretanto,

---

[189] SICA, Heitor Vitor de Mendonça. Doze problemas e onze soluções quanto à chamada "estabilização da tutela antecipada". *In*: DIDIER JÚNIOR, Fredie; MACÊDO, Lucas Buril; PEIXOTO, Ravi; FREIRE, Alexandre (org.). *Novo CPC doutrina selecionada*: procedimentos especiais, tutela provisória e direito transitório. Salvador: Juspodivm, 2015. v. 4, p. 249-250.

[190] "É inquestionável que o grande teórico da tutela cautelar no período do desenvolvimento das bases da ciência processual civil foi Piero Calamandrei. Com a publicação de seu clássico *Introduzione allo studio sistemático dei provvedimenti cautelari*, em 1936, estabeleceram-se os principais traços que posteriormente serviriam para a doutrina e para a legislação trabalharem o tema" (MITIDIERO, Daniel. *Antecipação da tutela*: da tutela cautelar à técnica antecipatória. São Paulo: Revista dos Tribunais, 2013, p. 27).

[191] CALAMANDREI, Piero. *Introduccion al estudio sistematico de las providencias cautelares*. Tradución de Marino Ayerra Merín. Buenos Aires: Libreria El Foro, 1996, p. 41 ("O esquema do processo cautelar delineado por Calamandrei, Carnelutti e Liebman foi recepcionado com todo o vigor pelo Código de Processo Civil de 1973, no Livro III, no qual se conferiu à função cautelar a dignidade de uma categoria de processo ao lado dos processos de conhecimento e de execução. Processo e não procedimento, como acentuava Carnelutti, para destacar sua autonomia funcional, como categoria de tutela, em confronto com o processo principal e para distingui-lo dos processos especiais enquanto estes se enquadravam como variantes do processo de conhecimento do tipo padrão"). (CUNHA, Alcides Alberto Munhoz da. *Comentários ao código de processo civil*: do processo cautelar, arts. 796 a 812. São Paulo: Revista dos Tribunais, 2016, p. 130).

[192] CALAMANDREI, Piero. *Introdução ao estudo sistemático dos procedimentos cautelares*. Campinas: Servanda, 2000.

serem cautelares, o que comprova que a provisoriedade não é a característica distinguidora das cautelares.

Em razão dessa constatação acerca das medidas antecipatórias, não há possibilidade de que seja transportada para o direito processual atual.

Oskar von Bülow estabeleceu uma cisão, a partir da busca de conceitos puros, entre a relação jurídica de direito material e a relação jurídica de direito processual, comprovando que elas apresentam partes, objetos e pressupostos diversos, concepção que, por meio de Chiovenda, tem influência sobre a teorização acerca das cautelares produzida por Piero Calamandrei.

O fato de a relação jurídica apresentar matriz eminentemente individualista foi refutado vez que seu início ocorreu em um contexto moderno que sublimava exacerbadamente tal característica. Ademais, a relação jurídica pressupõe direito e obrigação correspondente, o que não é propício para se explanar o fenômeno processual.[193]

Em razão da teoria da relação jurídica, o magistrado foi alçado ao centro do fenômeno processual, ficando as partes tão somente com o papel de meros colaboradoras, não obstante "a defesa do aludido protagonismo judicial em Bülow somente se apresenta de modo indiscutível em sua obra de 1885, *Gesetz und RichterantI* (Lei e função judicial)".[194, 195]

A posição de Piero Calamandrei em relação ao fascismo italiano mostrou-se bastante dúbia. Embora tenha sido discípulo de Giuseppe

---

[193] DINAMARCO, Cândido Rangel. *Vocabulário do processo civil*. São Paulo: Malheiros, 2009.

[194] COELHO NUNES, Dierle José. *Processo jurisdicional democrático*: uma análise crítica das reformas processuais. Curitiba: Juruá, 2012, p. 100.

[195] Em comentário à obra "Gesetz und Richterant", de Bülow, Karl Larenz explicita: "A ideia básica deste escrito, a tanta atenção se prestou, é a de que cada decisão judicial não é apenas a aplicação de uma norma já pronta, mas também uma atividade criadora de Direito. A lei não logra criar logo o Direto; é "somente uma preparação, uma tentativa de realização de uma ordem jurídica" (*Idem*, p. 45). Cada litígio jurídico "põe um particular problema jurídico para que não existe ainda a pronta na lei a determinação jurídica oportuna [...], determinação que também não é possível inferir-se, com absoluta segurança, de uma conclusão lógica necessária, das determinações da lei" (*Idem*, p. 32). Sob o "véu ilusório da mesma palavra da lei" oculta-se uma pluralidade de significações, cabendo ao juiz a escola da determinação que lhe pareça ser "em média a mais justa" (*Idem*, p. 36). Não diz Bülow segundo que critérios deve o juiz proceder a essa escolha, se segundo um critério objectivo e. em certa medida, controlável, somo o fim da lei, a "natureza das coisas" ou a concordância com um princípio, se segundo um mero critério subjetivo, porventura do seu sentimento jurídico pessoal. Por isso, as suas afirmações tanto podem interpretar-se no sentido de uma interpretação teleológica da lei, como no sentido da "teoria do Direito livre" – e foram-no, realmente, tanto num como noutro sentido" (*Idem*, p. 100-101).

Chiovenda e não fosse hábil para fugir da visão autoritária de seu mestre, Calamandrei mostrou-se adverso e tramou contra tal regime. Ainda assim, em companhia de Redenti e Carnelutti, fez parte da comissão ministerial da reforma do Código Processual proclamado como "a codificação fascista".[196]

Indícios autoritários relativos ao regime fascista foram identificados, por Giovanni Tarello, na escrita de Calamandrei os quais, na verdade, advêm tão somente de uma visão "estatista" do processo civil, o que resta provado na obra de Piero Calamandrei, a "Introdução ao estudo sistemático dos procedimentos cautelares". Na mencionada obra, "o procedimento cautelar, conforme a teoria processual calamandreiana, se destina à tutela da seriedade e à eficiência da prestação jurisdicional, existindo exagerada preocupação em relação à tutela do Estado, ao processo judicial, e não inerente ao direito da parte".[197]

Nessa seara, a teoria processual das cautelares alude ao processo entendido como relação jurídica de direito público, em que o juiz se encontra no centro em detrimento das partes.

Movido pela necessidade de justificar adequadamente a adoção das cautelares, Calamandrei foi pioneiro em redigir uma teoria constatadamente consistente acerca das medidas de urgência no direito italiano. Anterior a Calamandrei, Chiovenda analisou as cautelares a partir da ação, e Carnelutti, do processo. Entretanto, ambos não tiveram sucesso na resolução dos problemas teóricos postos, a exemplo da diferenciação entre providências cautelares e as demais medidas processuais.[198]

Em 1903, Chiovenda anexou o conceito de ação dentre as categorias processuais em uma generalização neopandectística, atestando que o exercício da ação processual ocorre mediante o adversário e trata-se de um real direito potestativo de seu titular. "Consoante esse doutrinador, a ação é o ponto de contato entre o interesse estatal e o privado por meio da lei".[199]

Na obra, *Instituições de Direito Processual Civil*, Giuseppe Chiovenda discute que as medidas de urgência se originam em uma simples ação, vez que o direito de litigar uma dessas medidas "não se

---

[196] TARELLO, Giovanni. *L'interpretazione dela legge*. Milani: Dott. A. Giufrè Editore, 1980, p. 252.

[197] *Idem.*

[198] CARNELUTTI, Francesco. *Instituições do processo civil*. Campinas: Servanda, 1999; CHIOVENDA, Giuseppe. *Istituizioni di diritto processuale civile*. Napoli: Casa Editrice Dott. Eugenio Jovene, 1957.

[199] TARELLO. *Op. cit.*, p. 244-245.

pode considerar como acessório do direito acautelado, porque existe como poder atual quando ainda não se sabe se o direito acautelado existe".[200, 201]

Nessa seara, a medida provisória se origina na necessidade de se impedir um dano jurídico e "atua a vontade da lei, mas uma vontade consistente em garantir a atuação de outra suposta vontade de lei".[202]

Chiovenda atribui para a expedição dessas medidas provisórias urgentes "o justificado temor de um evento danoso e a cognição superficial".[203]

Consoante Francesco Carnelutti, "cautelar se chama o processo que, em lugar de ser autônomo, serve para garantir (constitui uma cautela para) o bom final de outro processo (definitivo)".[204]

O objetivo desse processo implica que há dois para a mesma lide.[205] Nesse sentido, vale a menção de que "a conclusão desse processo ocorre quando a cautela é constituída e apresenta efeitos de forma semelhante à cognição e à execução, mas atua imediatamente sobre a lide".[206, 207]

Carnelutti assevera que sua eficácia temporal é vinculada ao processo definitivo e sua eficácia processual é alterável e se encontra sujeita à averiguação de seus pressupostos. Em relação ao que distingue o processo cautelar dos demais gêneros, Carnelutti enfatiza o caráter constitutivo provisional daquele.[208]

---

[200] CHIOVENDA. *Op. cit*, p. 332.

[201] "Medidas especiais, determinadas pelo perigo ou urgência, dizem-se provisórias acautelatórias ou conservadores, porque expedidas antes de se declarar a vontade concreta da lei que nos garante um bem, ou antes de se realizar a sua atuação, para garantia de sua futura atuação prática; e são várias, conforme varia a natureza do bem a que aspira" (CHIOVENDA, Giuseppe. *Instituições de Direito Processual Civil*. Tradução da 2. ed. italiana por J. Guimarães Menegale; acompanhada de notas por Enrico Tullio Liebman; com uma introdução do prof. Alfredo Buzaid. Imprenta. São Paulo: Saraiva, 1965, p. 332).

[202] *Idem*, p. 333.

[203] *Idem*, p. 334.

[204] CARNELUTTI, Francesco. *Instituições do processo civil*. Campinas: Servanda, 1999, p. 134.

[205] *Idem*, p. 135. É importante ter em mente que Carnelutti pensa a atividade jurisdicional a partir da função de realizar a justa composição da lide.

[206] CARNELUTTI, Francesco. *Instituições do processo civil*. Campinas: Servanda, 1999, p. 134-135.

[207] É fundamental ter claro que Carnelutti analisa a atividade jurisdicional a partir do objetivo de consecução da justa composição da lide (*Idem*, p. 99-105).

[208] "Ao contrário do processo judicial e do processo executivo, o processo cautelar não envolve coisa julgada ou restituição forçada: não a coisa julgada, porque, não se pretende justificar e errar a um e outro dos litigantes; não à restituição forçada porque não tem o propósito de remediar o dano a uma reclamação; em vez disso, é uma questão de arranjar um estatuto jurídico provisório, que perdura enquanto o processo judicial ou o processo executivo estiver concluído" (tradução nossa). "*A differenza dal processo giurisdizionale e dal*

É possível se constatar, na doutrina brasileira, que o Código de Processo Civil de 1973 avizinhou-se da lição carneluttiana, submetendo o processo cautelar como *"tertium genus*, adjunto ao conhecimento e execução".[209]

A análise de Calamandrei em relação às cautelares ocorreu a partir do procedimento, isto é, ele não as confrontou aos processos de conhecimento e execução. Na sua concepção, "pode-se, portanto, falar de um *conhecimento cautelar* contraposto àquele ordinário; de um título *executivo cautelar* e de uma *execução cautelar* distinta daquela execução ordinária forçada".[210]

Não obstante, conforme Calamandrei, não é a provisoriedade que distingue os procedimentos cautelares, mas estes jamais se tornam fins em si próprios e sua existência se deve a um procedimento definitivo.[211]

É de conhecimento comum que o desenvolvimento do processo civil ocorre entre a tensão colocada entre duas garantias antagônicas, a rápida solução do litígio e a segurança jurídica, lastreada em garantias de defesa, contraditório, formalidades nas realizações de atos e na espontaneidade de prazos.[212]

Consoante Calamandrei, a mais adequada terminologia para os procedimentos cautelares é de acessórios, vez que existe relação de subalternidade entre eles e o procedimento principal.[213]

---

processo esecutivo, il processo cautelar non mette capo nè alla cosa giudicata, nè alla restituzione forzata: non alla cosa giudicata, perchèa, non ha lo scopo di dar ragione e di dar torto all'uno e all'altro dei litiganti; non alla restituzione forzata perchè non ha lo scopo di rimediare alla lesione di una pretesa; invece si trata di disporre uno stato giuridico provvisorio, il quale duri fino a tanto che si compia il proceso giurisdizionale o il proceso esecutivo" (CARNELUTTI, Francesco. *Sistema de direito processual civil*. Imprenta. Tradução de Hiltomar Martins Oliveira. São Paulo: Classic Book, 2000, p. 332).

[209] MITIDIERO, Daniel. *Antecipação da tutela*: da tutela cautelar à técnica antecipatória. 3. ed. rev. atual. e ampl. São Paulo: Revista dos Tribunais, 2017, p. 33.

[210] CALAMANDREI, Piero. *Introduccion al estudio sistematico de las providencias cautelares*. Tradución de Marino Ayerra Merín. Buenos Aires: Libreria El Foro, 1996, p. 24.

[211] Calamandrei faz a distinção entre provisoriedade e temporariedade. Enquanto temporário é aquilo que tem duração limitada no tempo e não será substituído por nada, provisório é aquilo que também sofre essa limitação temporal, mas que será definido por algo definitivo (*Idem*, p. 25-26). Indica, ainda, que "todas as sentenças prolatadas com cláusulas *rebus sic standibus* são provisórias, sem, contudo, serem cautelares, de forma que resta evidente que a provisoriedade não é a característica distintiva dos procedimentos cautelares" (*Idem*, p. 26).

[212] DINAMARCO, Cândido Rangel. *Nova era do processo civil*. 2. ed. São Paulo: Malheiros, 2007, p. 40.

[213] (...) "há nos procedimentos cautelares, mais do que o objetivo de aplicar o direito, a finalidade imediata de assegurar a eficácia do procedimento definitivo que servirá por sua vez a exercer o direito" (*Idem*, p. 42).

Infere-se, assim, que o procedimento cautelar assiste a tutela da seriedade e eficiência da prestação jurisdicional, sendo observada uma preocupação demasiada com a tutela do Estado, do processo judicial, não relativa, entretanto, ao direito da parte.

Quanto à classificação das providências cautelares, consoante Piero Calamandrei, há quatro modalidades: 1. providências instrutórias antecipadas; 2. providências voltadas a garantir a execução forçada; 3. antecipação das providências decisórias; e 4. cauções processuais.[214]

O objetivo das providências instrutórias antecipadas é a manutenção da produção de provas, vez que, não sendo logradas previamente, correm o risco de dispersar-se conforme o passar do tempo, "haja vista que tais providências instrutórias são eleitas durante o procedimento ordinário compondo-o".[215]

Não obstante, anterior ao início do processo, há razão para se inferir que, na hipótese de atraso da providência instrutória, a eficácia de seus efeitos pode diminuir, o que demanda que essa providência seja arrogada de forma imediata por meio de um procedimento autônomo. Por outro lado, as providências que visam à garantia da execução forçada objetivam que o bem objeto de futura execução não se esvaneça até o momento em que ocorram desposse ou entrega ao credor, "motivadas tanto pela redução do patrimônio bastante para adimplência da obrigação pecuniária como pelo sequestro do bem que deve ser passado às mãos do credor".[216]

A predição das providências decisórias configura o grupo das medidas responsáveis pela decisão interina do processo, nos casos em que o aguardo pela decisão peremptória significaria prejuízos e poderia causar danos insanáveis.[217]

As cauções processuais que compõem o quarto grupo de provimentos cautelares são as prestações disciplinadas ao interessado para que este logre uma providência jurisdicional. Trata-se de modalidades de contracautela, com o intuito de esquivar-se de não restauração de

---

[214] *Idem*, p. 51-65.

[215] DINAMARCO, Cândido Rangel. *Nova era do processo civil*. 2. ed. São Paulo: Malheiros, 2007, p. 51.

[216] CALAMANDREI, Piero. *Introduccion al estudio sistematico de las providencias cautelares*. Tradución de Marino Ayerra Merín. Buenos Aires: Libreria El Foro, 1996, p. 51).

[217] "Constituem este terceiro grupo as providências pelas quais se decide interinamente, enquanto se espera que através do procedimento ordinário se chegue até a decisão definitiva, uma relação definitiva, uma relação controvertida de indecisão que, caso perdure até a prolação da decisão definitiva, poderia causar a uma das partes danos irreparáveis" (*Idem*, p. 58).

ocasional prejuízo àquele contra o qual houve proferimento de medida judicial.[218]

Nessa seara, é nítido que, consoante Piero Calamandrei, a execução provisória não é visceralmente cautelar, ainda que possa sê-lo quando seu desenvolvimento objetive obstar o *periculum in mora*.[219]

Na literatura jurídica brasileira, a mencionada distinção entre as medidas antecipatórias satisfativas e as meramente assecuratórias não mereceu atenção. Há muito, o processo cautelar é visto como gênero de multifárias espécies, vez que "a expressão processo cautelar tem a virtude de abranger todas as medidas preventivas, conservatórias e incidentes que o projeto ordena no L. III, e, pelo vigor e amplitude do seu significado, traduz melhor que qualquer outra palavra a tutela legal".[220]

Na concepção de autores renomados, como Galeno Lacerda, o atendimento de várias medidas cautelares assemelha-se àquelas concedidas no direito de família, asseverando que a nota essencial da tutela cautelar é o cumprimento de uma necessidade de segurança.[221]

Nesse sentido, o autor advoga a classificação das medidas cautelares conforme a segurança almejada, sendo plausíveis as intenções de segurança em relação à prova, à execução (ou aos bens) e à antecipação provisória da tutela jurisdicional.[222]

---

[218] *Idem*, p. 51.

[219] *Idem*, p. 61-62.

[220] BARROS, Romeu Pires de Campos. Do processo cautelar no Código de Processo Civil de 1973. *Revista de Processo*, São Paulo, v. 1, jan./mar. 1976, p. 138.

[221] "Alimentos não têm caráter satisfativo? Evidentemente têm. Em matéria de família todos os processos cautelares têm caráter satisfativo. Em relação aos direitos reais, grande parte tem caráter satisfativo" e prossegue "qual o ponto comum a todas essas medidas? E, dentre elas, e o importantíssimo poder cautelar geral? O ponto comum é este: através da tutela cautelar procura-se satisfazer uma necessidade de segurança" (LACERDA, Galeno. Processo cautelar. *Revista de Processo*, São Paulo, v. 44, out./dez. 1986, p. 187); "Não se pode deixar de reconhecer que a ação de alimentos provisionais, ao mesmo tempo em que satisfaz a pretensão à segurança, atende também, em certa medida, ao direito material, pois com a ordem cautelar o autor passa, desde logo, a receber a quota alimentar. O problema torna-se ainda mais agudo em virtude do princípio da irrepetibilidade dos alimentos, consagrado na doutrina e jurisprudência brasileiras, isto é, recebidos, ainda que em função de ordem de natureza cautelar, o beneficiário não poderá ser compelido a devolvê-los. A matéria está inserida no âmbito mais amplo da tutela cautelar antecipatória" (OLIVEIRA, Carlos Alberto Álvaro de; LACERDA, Galeno. *Comentários ao Código de Processo Civil*: lei nº 5.869, de 11 de janeiro de 1973, vol. VIII, tomo II, arts. 813 a 889. 2. ed. Rio de Janeiro: Forense, 1991, p. 366).

[222] "No meu livro, nas primeiras páginas, estão três esquemas básicos para compreensão deste assunto. Primeiro critério: classificação das cautelas segundo a finalidade da medida. Nesta perspectiva, nós vamos encontrar esses três tipos de segurança: 1) segurança, quanto à prova visando facilitar a cognição nesta perspectiva. Exemplos: produção antecipada de prova, exibição, justificação, etc. É que a segurança visa tornar possível a

Assim, infere-se a não atenção recebida, de início, na doutrina processual clássica, em relação à diferenciação entre antecipação de tutela e tutela cautelar, com a primeira sendo vista como uma espécie da segunda. Esse posicionamento tem origem em uma concepção claudicada do próprio processo cautelar, a qual o vincula a um direito meramente processual, facilitando posições materiais tuteladas pela jurisdição e pela jurisdição cautelar.

Nessa seara, a doutrina processual brasileira ocupou-se da diferenciação entre tutela antecipada e tutela cautelar, liderada por Ovídio Araújo Batista da Silva, quando discute a distinção, de origem medieval, entre processos monitórios ou injuncionais, nos quais se evidencia a postecipação do contraditório com satisfação antecipada do direito, e os verdadeiramente cautelares, em que há garantia da posterior satisfação destes.[223]

O processo cautelar se trata de uma forma de tutela, de proteção jurisdicional que tem por obrigatoriedade proteger de forma cautelar nunca satisfazendo o direito acautelado. Nessa seara, posiciona-se esse doutrinador afirmando que confronta "tutela cautelar à tutela satisfativa" e que aquilo que satisfaz se estende para além da mera segurança, como forma de tutela "somente de segurança".[224]

---

prestação jurisdicional de mérito; 2) segurança quanto aos bens, visando tornar possível a execução, a segunda função principal jurisdicional. Exemplos: arresto, sequestro, caução, etc. e também grande número de medidas inominadas. E por fim, está aqui, afirmado por mim, muito antes de que fosse reconhecido na Itália: segurança mediante antecipação provisória da prestação jurisdicional; 3) segurança satisfativa, provisoriamente satisfativa, necessariamente satisfativa. Exemplos: alimentos, guarda de filhos, de incapazes, outras medidas de direito de família, regulamentação de visitas" (LACERDA. *Op. cit.*, p. 188); "No processo cautelar, o interesse resulta da necessidade de segurança para a garantia do resultado útil do processo principal. Nesta perspectiva e neste plano, tal interesse se reveste de caráter meramente processual, caráter genérico e permanente em todas as medidas cautelares" (*Idem*, p. 31).

[223] "A distinção entre satisfação antecipada – equivalente à satisfação do direito concedida em processo sumário – e a forma de tutela outorgada contra o estado perigoso, sem implicar satisfação do direito protegido, era, no entanto, feita com razoável clareza pelos juristas medievais, através do manejo de dois conceitos fundamentais que nos foram transmitidos e de que ainda hoje nos valemos: os conceitos de *damnum irreparabile* e de *periculum in mora*. Veremos que a categoria a que correspondia este último conceito, dizia respeito a certas causas que, por sua simplicidade, ou por sua relevância, ou mesmo pela urgência com que exigiam uma resposta jurisdicional, recomendavam que se as tratasse por meio de um processo sumário, enquanto a tutela concedida nos casos de perigo de *damnum irreparabile* a resposta jurisdicional nada tinha a ver com a natureza da causa, mas com a irrupção de um elemento ocasional de risco de dano iminente, capaz de ocorrer, em princípio, com relação a qualquer causa" (SILVA, Ovídio Araújo Baptista da. *Do processo cautelar*. Imprenta. Rio de Janeiro: Gen Forense, 2009, p. 12).

[224] SILVA. *Op. cit.*, p. 188.

Ao passo que a doutrina tradicional considera o processo cautelar simples ferramenta do instrumento, com caráter puramente processual, Ovídio Baptista da Silva identificava nele a contemplação de um interesse material, uma pretensão à segurança presente no plano de direito material, cujo desenvolvimento se deu sob os ensinamentos da teoria material das cautelares.

Nessa mesma esteira, Luiz Guilherme Marinoni diferencia a técnica antecipatória da tutela cautelar argumentando que, à medida em que a antecipação realiza, a cautelar simplesmente garante, concepção que é corroborada por Paulo Furtado.[225, 226]

Em comento ao entendimento de Ovídio Baptista da Silva, Carlos Eduardo Manfredini Hapner defende que "o que realmente caracteriza o processo cautelar é ser ele forma especial de proteção estatal de *mera segurança*, equivalente a uma forma de tutela preventiva e *não-satisfativa* da pressuposta e provável situação de direito material ou processual a que se presta auxílio jurisdicional".[227]

Dessa forma, constituiu-se o ponto de vista de que as medidas cautelares apresentam caráter conservativo, não havendo evolução em relação a medidas executivas, cuja concretização só viria posterior à penhora.[228]

Piero Calamandrei, na obra em que trata dos provimentos cautelares, já apontava para a diferenciação entre os tipos de risco que ratificam a concessão de providências cautelares.[229]

---

[225] MARINONI, Luiz Guilherme. *Teoria geral do processo*. Imprenta. São Paulo: Revista dos Tribunais, 2013b.

[226] "Em verdade, é preciso pôr em evidência o caráter instrumental do processo e da ação cautelar, até para afastar a ideia equívoca de que ele também se presta à satisfação, objetivo do processo principal. Ou, por outra, é indispensável ter em conta que a atividade jurisdicional, no processo cautelar, não tem caráter satisfativo, e, por isso, imperioso se torna dissociar o contexto de direito processual, que se desenha na atividade cautelar, do contexto de direito material, que é a razão final do processo principal, cognitivo ou executivo" (FURTADO, Paulo. Processo cautelar. *Ciência Jurídica*, Salvador, ano 1, v. 9, set. 1987, p. 133).

[227] HAPNER, Carlos Eduardo Manfredini. Ação cautelar e seu uso contra atos do juiz. *Revista de Processo*, São Paulo, v. 70, abr./jun. 1993, p. 97.

[228] "No plano teórico, o que se coloca, em suma, é a questão essencial da distinção entre as tutelas jurisdicionais ditas normais e a tutela cautelar, compreendido pelo pensamento dominante que as primeiras tendem a satisfazer o Direito Material e a última tão somente a pretensão à segurança" (OLIVEIRA, Carlos Alberto Álvaro de. A tutela cautelar antecipatória e os alimentos *"initio litis"*. *Revista Forense*, São Paulo, v. 84, n. 303, jul./set. 1988, p. 91).

[229] CALAMANDREI, Piero. *Introdução ao estudo sistemático dos procedimentos cautelares*. Campinas: Servanda, 2000, p. 111.

Na esteira dessa diferenciação entre o risco de dano e o da demora, alberga-se a distinção feita por André Luiz Bäuml Tesser entre as providencias cautelares e a técnica antecipatória.[230] A discussão sobre as várias naturezas do processo cautelar, restrito a assegurar a efetividade da prestação jurisdicional, e da técnica antecipatória, que contemplaria previamente o direito discutido, mereceu ênfase, no ambiente acadêmico brasileiro, especialmente nos anos posteriores à edição da Lei 8.952/94, que modificou a redação do art. 273 do CPC/73, introduzindo a viabilidade genérica de que medidas antecipatórias satisfativas fossem concedidas no âmago do antigo procedimento ordinário.

O que ocorria era um emprego incongruente do poder geral de cautela cuja previsão se encontrava no art. 798 do código de processo revogado. "Em relação ao mencionado dispositivo, não havia admissão, pela maioria da doutrina, quanto à concessão de medidas satisfativas a título de medida cautelar".[231]

Restava demonstrado que a utilização do poder geral de cautela para concessão de medidas preventivas apenas encontrava respaldo no fato de que "esta última não podia ser desempenhada por meio do processo de conhecimento, o qual, conforme já foi dito, foi imaginado para realizar funções meramente declaratórias, constitutivas ou condenatórias, e jamais se importou com a tempestividade e a preventividade da tutela dos direitos".[232]

Por conjectura, "a ausência de significativa viabilidade de concessão de medidas antecipatórias teria suscitado um momento em

---

[230] "De toda sorte, a releitura da teorização de Piero Calamandrei sobre a existência de duas tipologias de *periculum*, cada uma delas ligada a um provimento de natureza diversa (cautelar ou antecipatório-satisfativo) aliada às observações de Ovídio Araújo Baptista da Silva sobre a ambiguidade da expressão *periculum in mora*, as diferenças entre 'segurança para execução' e 'execução para segurança' como medida distintiva entre antecipação de tutela satisfativa urgente e tutela cautelar, devidamente mediadas e ponderadas com observações doutrinárias de processualistas menos comprometidos com a doutrina clássica e mais atentos a uma processualística mais moderna e adequada ao Estado Constitucional, conduz a uma conclusão indiscutivelmente clara: a situação de perigo que justifica a concessão de uma medida cautelar não é a mesma que condiciona a concessão de uma antecipação de tutela satisfativa urgente. E aceitando-se essa distinção, e a partir das premissas ora fixadas, é de se dizer que a tutela cautelar depende de um perito de dano, enquanto a antecipação de tutela urgente depende de um perigo de demora" grifos no original. (TESSER, André Luiz Bäuml. *Tutela cautelar e antecipação de tutela*: perigo de dano e perigo de demora. Imprenta. São Paulo: Revista dos Tribunais, 2014, p. 98).

[231] MARINONI, Luiz Guilherme. *Tutela antecipatória, julgamento antecipado e execução imediata da sentença*. São Paulo: Revista dos Tribunais, 1997, p. 103.

[232] MARINONI, Luiz Guilherme. *Tutela antecipatória, julgamento antecipado e execução imediata de sentença*. 4. ed. São Paulo: Revista dos Tribunais, 2000, p. 69.

que o processo cautelar se mostrava hiperativo, época em que a liminar cautelar se constituía em uma das mais importantes ferramentas de resolução célere para os litígios".[233]

Esse contexto corroborou a defesa do pensamento de que, enquanto a técnica antecipatória satisfaz, a tutela cautelar apenas garante, pensamento que mereceu grande acolhimento.[234]

Resta constatado que a doutrina, na vigência do CPC/73, escudou o pressuposto de que tutela cautelar e tutela antecipatória configuram espécies do mesmo gênero e de que a distinção entre elas se motiva em grau e não em qualidade, havendo obrigatoriedade que elas se obtemperem a regime jurídico único.[235]

No entendimento de José Roberto dos Santos Bedaque, há o não acatamento da cautelar satisfativa adversa cautelar e tutela antecipada, ambas, entretanto, desempenham idêntico papel no sistema e não têm caráter definitivo, o que leva à conclusão de que a discussão é tão somente glossárica.[236]

É de reconhecimento da doutrina que essas tutelas apresentam como características afins a cognição sumária, a precariedade e a referibilidade, responsáveis pela determinação da natureza cautelar do provimento. Ambas têm a mesma finalidade e apresentam características praticamente iguais.[237]

A multiplicidade de conceitos de cautelaridade é a razão do dissenso. Alguns defendem que cautelar implica garantir sem satisfazer; para outros, cautelar é provimento instrumento e provisório que afiança o resultado final, havendo ou não satisfação. "Não obstante, nenhum doutrinador refuta haver certa similaridade entre as medidas, razão que confirma o caráter meramente terminológico da divergência".[238]

Resta válido, assim, apontar o posicionamento de Eduardo Talamini que argumenta que os requisitos de verossimilhança e perigo não são correlatos entre si, porém há relação entre eles; quanto maior

---

[233] OLIVEIRA, Bruno Silveira de. *Teoria e prática da tutela jurisdicional*. Rio de Janeiro: Forense, 2013, p. 88.

[234] MARINONI, Luiz Guilherme. *Precedentes obrigatórios*. 2. ed. rev. e atual. São Paulo: Revista dos Tribunais, 2011.

[235] TALAMINI, Eduardo. *Direito processual concretizado*. São Paulo: Fórum, 2008.

[236] BEDAQUE, José Roberto dos Santos. *Tutela cautelar e tutela antecipada*: tutelas sumárias e de urgência. 3. ed. São Paulo: Malheiros, 2003, p. 16.

[237] BEDAQUE, José Roberto dos Santos. *Tutela cautelar e tutela antecipada*: tutelas sumárias e de urgência. 3. ed. São Paulo: Malheiros, 2003, p. 16.

[238] *Idem*, p. 319-320.

um deles, menor será a imprescindibilidade da presença do outro para que a medida seja concedida.[239]

Fidelizando-se os fatos, aponta-se a inconformação doutrinária concernente ao emprego do processo cautelar, durante a vigência do Código de Processo Civil de 1973, em relação à medida satisfativa antecipatória, a qual não contava com respaldo da natureza do processo cautelar ou em contexto equivalente.

A replicação de processos configurava o grande entrave em relação ao emprego da extinta via cautelar para se litigar esse tipo de provimento; consoante as discussões sobre as distinções entre as duas modalidades de medida, tal cenário consistia em objeto de séria preocupação doutrinária.

Em outras palavras, o emprego do processo cautelar visava ao alcance de uma medida antecipatória cuja obtenção era inexequível no antigo procedimento comum ordinário, haja vista que a previsão das medidas liminares estava restrita a determinados procedimentos, consequentemente, restava satisfeita a pretensão da parte autora na via.[240]

---

[239] "O maior ou menor grau de plausibilidade que se vai exigir decorrerá de circunstâncias concretas. O requisito de plausibilidade do direito está em necessária correlação com o risco de ineficácia do provimento final – e ambos se colocam em uma razão inversamente proporcional: quanto maior o *periculum in mora*, menor grau de probabilidade do direito invocado será necessário para a concessão da medida, e vice-versa" (TALAMINI, Eduardo. *Tutela relativa aos deveres de fazer e de não fazer*. 2. ed. São Paulo: Revista dos Tribunais, 2003, p. 353), entendimento corroborado por Eduardo José Fonseca Costa: "No entanto, a despeito do que se lê em manuais de direito processual civil, *fumus boni iuris* e *periculum in mora* não são requisitos autônomos entre si – tal como sempre acreditaram os conceitualistas e os exegetas –, mas interimplicativos. Promovendo-se o exercício de uma dogmática jurídica que descortina o direito como um sistema lógico de normas jurídicas gerais e abstratas (isto é, de uma dogmática eminentemente legalista), sempre se acreditou que: a) se o direito alegado pelo autor fosse improvável ou pouco provável, mas o risco de dano iminente fosse insuportável, mesmo assim não se deveria conceder a liminar; b) se o direito afirmado pelo autor fosse altamente provável, mas o risco de dano iminente fosse acanhado, ainda assim a liminar não deveria ser concedida. Em outras palavras: tanto em um, quanto noutro caso, o suporte fático seria deficiente ou insuficiente, razão pela qual a norma de concessão da medida de urgência não incidiria e, por via de consequência, não nasceria da pretensão processual do autor à referida tutela jurisdicional. Está-se aqui diante do princípio da incondicionalidade ou infalibilidade da incidência da norma jurídica, isto é, do princípio segundo o qual a vontade individual e o arbítrio do julgador não podem afastar a incidência da norma quando o suporte fático se haja materializado, ou provocar-lhe a incidência, malgrado a insuficiência do suporte fático. Por essa razão, dentro desse modelo 'mecanicista', basta que um dos elementos descritos abstratamente na hipótese legal não haja sido concretizado no plano empírico-social para que a norma jurídica deixe de incidir". COSTA, Eduardo José da Fonseca. *Notas pragmáticas sobre concessão de liminares*. Imprenta. São Paulo: Revista dos Tribunais, 1976. Referência: v. 31, n. 140, out. 2006, p. 8-9.

[240] "Há uma curiosa e mal encoberta ideologia neste enaltecimento das virtudes do procedimento ordinário, que faz com que o poder formal e informal que o canta em

Conquanto se observe o acastelamento do entendimento de haver naturezas diversas entre a tutela cautelar e a técnica antecipatória, era evidente no debate uma preocupação prática que não mais perdura face ao desaparecimento da autonomia procedimental da tutela cautelar.

A arguição de que a antecipação de tutela se trata de uma técnica constitui outro veio de diferenciação e, para fidelização dos fatos, uma técnica de disposição equivalente do ônus do tempo do processo, enquanto que a cautelar configura uma tutela.[241]

A despeito da ênfase recebida pela distinção na doutrina, aquela é merecedora de determinadas críticas. É incontestável a tecnicidade do processo civil e de seus elementos vez que todo o envolto no direito processual guarda estreita relação com a técnica processual a qual é canalizada para a tutela jurisdicional dos direitos.

Diferenciar "técnica" e "tutela" configura uma ação que coata uma distinção lastreada no argumento de que a denominada tutela contempla um interesse, constatado no plano material, pela segurança. Não obstante, não é factível se apontar a existência, no plano do direito material, de um real direito à proteção da situação aparente, pela satisfação do direito de forma prévia ou precaucionado. Dessa forma, o elemento responsável pela distinção em relação a essa linha doutrinária é destituído de sentido face à ampliação de sua própria posição.[242]

---

prosa e verso, dele não se valha – Ovídio Bapstita da Silva. O procedimento ordinário é bom para a plebe, porque o Estado quando necessita valer-se da tutela jurisdicional, cria para si próprio instrumentos especiais, em geral drástica e severamente sumários. As esferas de poder que gravitam em torno do poder formal, igualmente não se utilizam do procedimento ordinário, a começar pelo comércio e indústria que têm seus títulos de crédito, que têm suas duplicatas, e essa infinidade de títulos especiais de crédito que fazem com que seus titulares transponham o procedimento ordinário, indo diretamente ao processo de execução. O Estado, quando quer desapropriar, cria uma lei absurdamente sumária, onde a defesa é praticamente impossível". (SILVA, Ovídio Baptista da. Teoria da Ação Cautelar. *Revista de Processo*, São Paulo, v. 59, jul./set. 1990, p. 188).

[241] MITIDIERO (2013). Em sentido análogo, Fredie Didier Júnior, Paula Sarno Braga e Rafael Alexandria de Oliveira sustentam que a tutela definitiva pode ser satisfativa ou cautelar, bipartição que é replicada na tutela provisória, mediante técnica de antecipação dos efeitos da decisão final (DIDIER JÚNIOR, Fredie; BRAGA, Paula Sarno; OLIVEIRA, Rafael Alexandria de. *Curso de direito processual civil*: teoria da prova, direito probatório, ações probatórias, decisão, precedentes, coisa julgada e antecipação dos efeitos da tutela. 11. ed. Salvador: Ed. Jus Podivm, 2016, p. 575-576).

[242] "Nessa seara, na década posterior, a hegemônica discussão sobre as tutelas de urgência focou a fungibilidade entre a antecipação de tutela e a tutela cautelar, objetivando a solução de um problema gerado pela própria doutrina face à sua necessidade de uma hipotética coerência teórica, com atenção menor quanto ao efeito das mudanças legislativas na efetiva tutela dos direitos" (LAMY, Eduardo de Avelar. *Flexibilização da tutela de urgência*. Imprenta. Curitiba: Juruá, 2007, p. 107); "Esse raciocínio leva a concluir que não há qualquer contrariedade entre o poder geral de cautela e a vinculação do juiz

A rigor, toda crítica que se formula à concepção tradicional de tutela cautelar é empregável, com as devidas adaptações, também contra a ideia de que a antecipação de tutela seria simples técnica de adiantamento da tutela principal, tendo ambas o mesmo objeto. Para os doutrinadores Luiz Rodrigues Wambier e Eduardo Talamini, a crítica assim se coloca:

> Como justificar os casos em que a tutela antecipada é concedida e, ao final, se constata que o autor, beneficiário da antecipação, não tinha razão quanto à tutela principal? Ou como explicar as situações em que a antecipação da tutela reveste-se de caga eficácia distinta da tutela principal, por vezes mais intensa do que essa (p. ex., a urgência, em certas ocasiões, justifica que a execução de uma tutela antecipada, em ação condenatória, faça-se por medidas atípicas executivas e mandamentais)? Poder-se-ia afirmar que com isso se subverteria a própria doutrina defensora da teoria material das cautelares. Não é verdade. É que os institutos jurídicos não têm natureza própria, dependem de uma leitura do sistema em que estão inseridos e, não se pode esquecer, de um tanto de retórica. Percebe-se, assim, que os elementos de distinção entre

---

ao pedido da parte, na medida em que, estando autorizado a conceder medida que julgar adequada – inclusive diversa da solicitada – está o juiz "desvinculado" do pedido imediato formulado pela parte, mas vinculado ao pedido mediato, de neutralização da situação de risco" (VASCONCELOS, Rita de Cássia Corrêa de. *A fungibilidade na tutela de urgência*: uma reflexão sobre o art. 273, §7.º, do CPC. Imprenta. São Paulo: Revista dos Tribunais, 1976. Referência: v. 28, n. 112, p. 59-81, out./dez., 2003, p. 77); (GONÇALVES, Denise Willhelm. Tutela antecipada e tutela cautelar. *Revista de Processo*, São Paulo, v. 117, p. 161-175, set./ out. 2004); "A necessidade de superar definitivamente o problema levou o legislador pátrio a incluir, por meio da Lei 10.444, o §7.º ao art. 273 do CPC. A iniciativa, além de louvável, incrementou o espírito de instrumentalidade que abraça a ciência processual hodierna, destacando, por assim dizer a supremacia da carga quando comparada ao veículo" (DELFINO, Lúcio. Breves reflexões sobre a fungibilidade das tutelas de urgência e seu alcance de incidência. *Revista de Processo*, São Paulo: Revista dos Tribunais, 2005, p. 188); (CARNEIRO, Athos Gusmão. Tutelas de urgência. Medidas antecipatórias e cautelares: esboço de reformulação legislativa. *Revista de Processo*, Rio de Janeiro, n. 140, p.72-85, out. 2006); "Qualquer cotejo entre tutela cautelar e tutela antecipatória deve levar em conta que, embora sejam institutos de espécies diferentes, uma outra se legitimam pela função de prevenção do dano – ainda que diversas as naturezas do receio de lesão –, compondo ambas o gênero tutelas de urgência, técnica que integra a preocupação com a efetividade do processo, tendo como elemento comum a inaptidão para produzir a coisa julgada material" (VAZ, Paulo Afonso Brum. Tutelas de urgência e o princípio da fungibilidade.§ 7º do art. 273 do CPC. *Revista de Processo*, São Paulo, v. 32, n. 144, fev. 2007); "Ademais, olvidou-se a existência de imensa zona nebulosa, em que as diferenças apontadas pela doutrina e pela legislação processual não são suficientes para aferirmos se deve ser requerida e/ou concedida medida cautelar ou antecipada diante do caso concreto a ser submetido à apreciação jurisdicional, bem como verificar se os requisitos para a concessão de cautelar foram atendidos, mas não os da antecipação". É por isso que surgiu a Lei nº 10.444/02, que inseriu no art. 273 do CPC/73 o seu §7º, o qual consagra que "se o autor, a título de antecipação de tutela, requerer providência de natureza cautelar, poderá o juiz, quando presentes os respectivos pressupostos, deferir a medida cautelar em caráter incidental do processo ajuizado".

antecipação de tutela e tutela cautelar não são tão nítidos e os problemas decorrentes da suposta confusão eram muito pequenos na vigência do CPC/73, sendo sanáveis com alterações na autonomia do processo cautelar. As discussões, sobretudo na década de 90, prenderam-se às supostas naturezas diversas das medidas satisfativas e acautelatórias149 e, fosse esse de fato o problema a ser resolvido, a Lei nº 8.952/94 teria apaziguado o debate doutrinário, instituindo um requerimento interinal de medidas satisfativas e, nesse passo, excluindo a necessidade do uso "anômalo" do processo cautelar para tanto. Não foi isso, todavia, que ocorreu. A nova legislação resolveu um problema que a doutrina havia criado150 e deu espaço a uma série de complicações. O problema que não escapa, de modo algum, à vista é a de que, havendo procedimento distintos para a concessão de antecipação de tutela e para o pedido de tutela cautelar, o erro no procedimento passou a gerar o indeferimento do pedido, não por não se preencherem os pressupostos de urgência e aparência do direito, mas pelo suposto equívoco na via eleita para seu manejo. A rigor, também a tutela antecipada recai sobre um direito próprio, o direito à proteção urgente ou, no caso da tutela da evidência, o direito à proteção da aparência.[243]

Nesse contexto, considera-se proveitoso se despertar o interesse para o fato de que a acentuação dessa diferenciação ocorre somente face ao ordenamento jurídico brasileiro como resultado da escolha por opção de outorgar autonomia ao processo cautelar. Explica-se a razão para tal pelo fato de ao processo cautelar não ser possível asilar em seu âmago medidas tipicamente de conhecimento, "o que conduziu à necessidade de que fosse concebido um instrumento próprio, com previsão no Livro I do Código de Processo Civil, visando à concessão de medidas antecipadas".[244]

Intensas discussões cercaram a extensão do dispositivo com questionamento acerca da possibilidade de se ofertar também tutela antecipada no momento de requisição da tutela cautelar, situação nominada, pela doutrina, de fungibilidade de mão dupla. Imbróglios advindos da diferenciação passaram pela tentativa de resolução por meio da fungibilidade, vez que não é possível se afirmar se a medida de fato garante ou satisfaz o direito pretendido, não restando suficiente,

---

[243] WAMBIER, Luiz Rodrigues; TALAMINI, Eduardo. *Curso avançado de processo civil*: cognição jurisdicional (processo comum de conhecimento e tutela provisória). 16. ed. reformulada e ampliada de acordo com o novo CPC. São Paulo: Revista dos Tribunais, 2016. v. 2, p. 868.

[244] BAUERMANN, Desirê. Medidas antecipadas, medidas cautelares e fungibilidade. *Revista de Processo*, São Paulo, v. 177, nov. 2009, p. 58-59.

ademais, lastrear a distinção nesses elementos. Com o fim de se obter consenso acerca da natureza da medida, é mister, inclusive, também conformidade entre os conceitos de satisfazer e de assegurar.[245]

É forçoso ao intérprete distinguir tutela cautelar e tutela antecipada com base não nos fundamentos destas, porém em seus efeitos. Somente a antecipação de tutela tem a possibilidade de se sopesar, implicante em imperiosa discussão em relação à natureza das medidas, a fim de se examinar a possibilidade de recaimento da estabilização sobre tais medidas.[246] O art. 301 do CPC pauta algumas das providências cautelares a serem adotadas pelo juiz.[247]

---

[245] Nessa seara, Araken de Assis leciona que "assume fundamental importância, repousando toda a distinção no contraste entre assegurar e satisfazer, o último conceito, examinado do ponto de vista jurídico. Vacilações neste ponto crítico produzirão, mais adiante, sérias dificuldades no reconhecimento da verdadeira natureza de algumas medidas de urgência" (ASSIS, Araken de. *Doutrina e prática do processo civil contemporâneo*. São Paulo: Revista dos Tribunais, 2001, p. 44).

[246] A respeito da necessidade de diferenciação prática da tutela antecipada e da tutela cautelar, Gresiéle Taíse Ficanha afirma que: "o que se pode perceber desde já, contudo, é que, embora a nova legislação não diferencie o requerimento de antecipação da tutela ou de medidas cautelares diante de uma situação de urgência, a diferenciação continua sendo necessária para saber quando existe a estabilização do provimento, que apenas ocorre no caso da tutela antecipada" (FICANHA, Gresiéle Taíse. Apontamentos sobre a estabilização da tutela antecipada no novo Código de Processo Civil. *In*: ZUFELATO, Camila; BONATO, Giovanni; SICA, Heitor Vitor Mendonça; CINTRA, Lia Carolina Batista. *I Colóquio Brasil-Itália de direito processual*. Salvador: Juspodivm, 2015, p. 517). Observação semelhante é feita por Giovanni Bonato, segundo o qual, "a esse respeito, cabe destacar que o código opta por uma solução bastante restritiva, uma vez que, de acordo com a letra do art. 304, apenas a medida antecipatória de urgência concedida anteriormente é estabilizada, conforme procedimento descrito no art. 303 (sobre o qual, ver parágrafo 5 posterior). Segue-se que, com base numa interpretação estritamente literal dos artigos 303 e 304, não são adequados para estabilizar: as medidas emergenciais de caráter conservador-preventivo; as medidas expedidas em relação à proteção de provas; medidas antecipatórias de emergência concedidas incidentalmente. Devido a essa diferenciação, como já apontado, a unidade da proteção de urgência no novo CPC é apenas aparente e ineficaz, visto que, para efeitos da aplicabilidade da instituição de estabilização, deverá novamente ser distinguida em função do tipo de medida provisória concedida, com todas as consequentes dificuldades de qualificação" (tradução nossa). *"a questo riguardo, bisogna rilevare che il codice opta per una soluzione alquanto restrittiva, poiché, stando alla lettera dell'art. 304, si stabilizza esclusivamente la misura anticipatoria di urgenza concessa in via antecedente, secondo il procedimento descritto dall'art. 303 (su cui vedi retro par. 5). Ne risulta che, in base ad una interpretazione strettamente letterale degli artt. 303 e 304, non sono idonee a stabilizzarsi: le misure di urgenza a carattere conservativo-cautelar; le misure emanate in relazione alla tutela di evidenza; le misure anticipatorie di urgenza concesse in via incidentale. In ragione di tale differenziazione, come già sottolineato, l'unitarietà della tutela di urgenza nel nuovo c.p.c. è solo apparente e non effettiva, visto che, ai fini della applicabilità dell'istituto della stabilizzazione, si dovrà nuovamente distinguere in base al tipo di provvedimento provvisorio concesso, con tutte le conseguenti difficoltà di qualificazione"* (BONATO, Giovanni. *Tutela anticipatoria di urgenza e sua stabilizzazione nel nuovo c.p.c. brasiliano*: comparazione con il sistema francese e con quello italiano, 2015, p. 27-28).

[247] Art. 301. A tutela de urgência de natureza cautelar pode ser efetivada mediante arresto, sequestro, arrolamento de bens, registro de protesto contra alienação de bem e qualquer

Outra alternativa que oferece menos pretexto à divergência em relação à natureza da medida trata-se do acolhimento de um critério procedimental que visa à determinação acerca do tipo de tratamento a ser aplicado à medida urgente litigada, tendo-se em conta, inclusive, que os procedimentos antecedentes de tutela antecipada e de tutela cautelar apresentam aspectos distintos, ou seja, não se assemelham às maneiras como o legislador os amoldou.

Tem-se, assim, que é imperioso trazer que, conforme o rito da tutela antecipada solicitada em procedimento antecedente, a medida deverá ser suscetível de estabilização, em defluência das obrigatoriedades de cooperação processual, sendo de responsabilidade do juiz a indicação de que a não interposição de recurso predisporá a estabilização da medida concedida, em conformidade com os artigos 303 e 304 do CPC/15.[248]

Ressalte-se que, em caso de concessão de tutela da evidência posterior à ouvida do requerido, este não contará com a mudança da decisão em curto espaço de tempo, sendo-lhe mais oportuno impedir a protelação para que consiga uma decisão com cognição exauriente.

Nesse escopo, "a tutela da evidência como consequência da técnica da cognição com reserva da defesa de mérito indireta improcedente possibilita, além da repartição do tempo do processo, o desencorajamento ao abuso do direito de defesa".[249]

Dessa forma, são contemplados dois intentos diferentes: melhor distribuição do ônus do tempo e fomento a uma conduta pertinente do réu, sem procrastinação.

Diante da assertiva de que, "já há certo tempo, na Itália, é atestado que a economia processual e o desencorajamento ao abuso do direito de defesa são efeitos secundários e relativos à técnica da condenação com reserva",[250] infere-se que a eficiência processual demanda a observação de procedimentos frutíferos inerentes ao tempo e de coibição do abuso de defesa e da protelação que esses implicam.

---

outra medida idônea para asseguração do direito). Não obstante configure um rol aberto, importa se observar que, além do arresto, do sequestro, do arrolamento de bens e do registro de protesto contra a alienação de bens, o âmbito de ação para a tutela cautelar é significativamente reduzido (Lei 13.105/2015 Disciplina o Código de Processo Civil Brasileiro).

[248] MITIDIERO, Daniel. *Precedentes*: da persuasão à vinculação. Imprenta. São Paulo: Revista dos Tribunais, 2018.

[249] MARINONI, Luiz Guilherme. *Tutela de urgência e tutela de evidência*. 2. ed. rev. atual. e ampl. São Paulo: Revista dos Tribunais, 2018b, p. 328.

[250] SCARSELLI, Giuliano. *La condanna con riserva*. Milano: Dott. A. Giuffrè Editore, 1989., p. 584.

2.1.3 Transição do CPC de 1973 para o CPC de 2015

A preocupação em se amenizar os danos do tempo no processo recebeu significativa ampliação por parte do legislador de 2015. O art. 311 do código garante uma antecipação lastreada na produção de provas e defesa vulnerável do réu, não se restringindo às atitudes abusivas. Essa preocupação é reflexo de movimento que tem se relevado relevante em outros sistemas processuais, de forma especial na Itália e na França.

No que se refere ao sistema francês, é perceptível que há duas fases no que concerne à debilidade do requisito da urgência. Na primeira, constatou-se maior maleabilidade quanto à sua tipificação.[251]

Assim, todo o rigor no exame da ocorrência do *periculum in mora* foi ignorado, e a palavra urgência passou a significar útil e se escusou a mutação da tutela sumária.

A noção de urgência não mais se dirigia à mera necessidade, ficando a serviço da simples utilidade, uma alteração que se mostrou efetivamente funcional. Destarte, mostra-se muito profícua essa permuta da ideia de *urgência* pela de *utilidade* e tal movimento, tão óbvio na França em razão do *référé-provision*, pode ser experimentado, inclusive, no Brasil, Jacques Normand leciona que a atuação do magistrado de *référé* se deve para que tempo não seja desperdiçado (urgência) ou porque há inutilidade na perda de tempo (contestação não séria, dispensa da urgência).[252]

2.1.4 O microssistema das tutelas provisórias no CPC de 2015: estudo da tutela de urgência

A tutela cautelar se constituiu em objeto de muitos estudos e análises dos doutrinadores em razão da sua crucialidade aos jurisdicionados, pois ela possibilitou que medida cautelar fosse concedida pelo Poder Judiciário, em hipótese de emergência, da concessão de medida

---

[251] "Numa primeira fase, assistimos simplesmente a um alargamento do campo da tutela judicial provisória devido à flexibilização da condição de urgência" (tradução nossa). "*À un premier stade, on assiste simplement à une extension du domaine de la protection juridictionnelle provisoire en raison de l'assouplissement de la condition de l'urgence*" (CHAINAIS, Cécile. *La protection juridictionnelle provisoire dans le procès civil en droits français et italien*. Paris: Dalloz, 2007, p. 500).

[252] NORMAND, Jacques. Le traitement de l'urgence en droit processuel français: exception ou principe? *Studi di diritto processuale civile in onore di Giuseppe Tarzia*, Milão: Milano – Dott.A.Giuffré Editore, 2005. Tomo 2, p. 1414.

cautelar, *inaudita altera pars*, anterior ou durante o processo principal – processo de conhecimento e/ou processo de execução.

No decorrer do tempo, lamentavelmente começou a ocorrer a reivindicação da tutela cautelar pelas partes não com finalidade assecurativa, mas como uma real tutela jurisdicional satisfativa, o que levou à descaracterização da finalidade de origem e para a qual se volta a criação da cautelar.

Na evidência de possibilidade de utilização da reclamação, observa-se a força que é conferida às decisões oriundas do microssistema de julgamentos de casos repetitivos e de incidente de assunção de competência. "Constitui-se o cabimento de reclamação em outra ferramenta a ser empregada pela parte, a fim de que se assegure o recebimento, pelo pleito, de semelhante tratamento destinado aos demais casos que tratem da igual controvérsia a qual o Judiciário já tenha apreciado".[253]

Diante da constatação de que "o fato de que um julgamento de recursos repetitivos que não apresente motivação determinante e suficiente obviamente reconhecível não é capaz de formar um precedente, embora seja necessária a sua aplicação em casos idênticos",[254] infere-se que a situação é decorrente da ausência de entendimento cabível dos institutos e conceitos que compõem uma teoria de precedentes, levando-se em conta que, no ordenamento pátrio, frequentemente, "confundem-se as técnicas de padronização decisória com a força vinculante de precedentes judiciais".[255, 256]

Consoante o art. 294, parágrafo único, do CPC, "a tutela provisória de urgência, cautelar ou antecipada, pode ser concedida em

---

[253] TEMER, Sofia. O microssistema de julgamento de casos repetitivos e os impactos para a advocacia. *In*: MIRANDA, Pedro de Oliveira (coord.). *Impactos do novo CPC na advocacia*. Florianópolis: Conceito Editorial, 2015, p. 292.

[254] MITIDIERO, Daniel. Breves comentários ao novo código de processo civil. *In*: WAMBIER, Teresa Arruda Alvim et al. (coord.). *Breves comentários ao novo código de processo civil*. São Paulo: Revista dos Tribunais, 2015a, p. 341.

[255] FRANCO, Marcelo Veiga. A teoria dos precedentes judiciais no novo Código de Processo Civil. *In*: DIDIER JÚNIOR, Fredie et al. (Coord.). *Precedentes*. Salvador: Juspodivm, 2015, p. 525.

[256] "Assinala-se que não é objetivo da técnica do *stare decisis* tornar abrangente a incidência do precedente judicial a toda causa semelhante; opostamente, a *ratio decidendi* é o ponto de partida para a análise de seu ajustamento às especificidades do caso concreto. Em relação à confusão entre a padronização decisória visando à brevidade do processo e a vinculação de precedentes, Abboud argumenta que as decisões proferidas no julgamento de recursos repetitivos não configuram precedentes literalmente vez que sua construção não é histórica, mas advém de mudança legislativa causada pela de velocidade dos processos" (ABBOUD, Georges. *Comentários ao Código de Processo Civil*. São Paulo: Saraiva, 2016, p. 520).

caráter antecedente ou incidental". Realmente, a lei categoriza a tutela antecipada como espécie do gênero tutela de urgência e as premissas para que aquela seja concedida centram-se, conforme o art. 300 do CPC, em "elementos que evidenciem a probabilidade do direito e o perigo de dano ou o risco ao resultado útil do processo".[257]

Por certo, são muitas as atualizações advindas do novo código no campo da tutela provisória. A comissão de juristas responsável por arquitetar o Anteprojeto do Novo Código de Processo Civil Brasileiro endossou a legitimidade do instituto que outorga estabilidade à decisão proferida a partir de cognição sumária. Esse anteprojeto está presente no Título IX do trabalho e aborda a tutela de urgência e a tutela da evidência, o que atribui estabilidade à decisão lastreada em cognição sumária, sem exceção por desejo das partes em atitude de omissão.

Esta pesquisa acarretará o estudo da viabilidade efetiva de generalização da tutela sumária – cautelar ou satisfativa –, a qual tem a possibilidade de se lastrear na urgência da tutela jurisdicional pleiteada ou no indício do direito material apresentado pelo autor do pedido, esteado no rol de precedentes. A cognição sumária deve ser ajustada às garantias constitucionais, isto é, mero desprendimento do procedimento ordinário.

2.2 Formas de requerimento da tutela de urgência

2.2.1 Incidental – requerimento incidental e em procedimento antecedente

A estabilização da tutela antecipada requerida apenas poderá ocorrer no procedimento antecedente ou preparatório regulado nos referidos dispositivos. Acrescenta-se que não pode haver estabiliza-ção, de forma definitiva, da tutela antecipada requerida no curso do processo, independente do preenchimento de qualquer um dos outros requisitos (*verbia gratia* à inação do réu em relação a ela).

Tal é o entendimento de Heitor Vitor Mendonça Sica, que leciona que "face a tais considerações, extrai-se da literalidade do dispositivo acima transcrito que a estabilização não se aplicaria (...) à tutela provisória requerida em caráter 'incidental' (art. 294 *caput*, e 295)".[258] Corrobora esse entendimento o lecionado por Fredie Didier

---

[257] Lei 13.105/2015 Disciplina o Código de Processo Civil Brasileiro.

[258] SICA, Heitor Vitor de Mendonça. Doze problemas e onze soluções quanto à chamada "estabilização da tutela antecipada". *In*: DIDIER JÚNIOR, Fredie; MACÊDO, Lucas Buril;

Júnior, Paula Sarno Braga e Rafael Alexandria de Oliveira: "é preciso que o autor tenha requerido a concessão de tutela provisória satisfativa (tutela antecipada) em caráter antecedente. Somente ela tem aptidão para estabilizar-se nos termos do art. 304 do CPC".[259]

Outrossim, não restaria evidente entrave à estabilização da tutela antecipada concedida casualmente no processo, embora de forma liminar. Restou, assim, não se tratar esse do consenso retirado dos trabalhos legislativos, restringindo-se a estabilização da tutela antecipada somente aos requerimentos formulados.

Na hipótese de tutela antecipada e de contemporaneidade da urgência à propositura da demanda, o autor pode "a) elaborar, de uma só vez, o pedido principal, juntando-o ao requerimento incidental de tutela antecipada, embora *inaudita altera parte* ou b) tão somente apresentar o requerimento de tutela antecipada antecedente, sem formular exatamente o pedido principal (art. 303)".[260]

2.2.2 Antecipada – requerida em caráter antecedente

Consoante o art. 303, *caput*, do CPC/15, a petição inicial, em caso de procedimento antecedente de requerimento de antecipação de tutela, "pode limitar-se o requerimento da tutela antecipada e à indicação do pedido de tutela final, com a exposição da lide, do direito que se busca realizar e do perigo de dano ou do risco ao resultado útil do processo".[261]

É notório que a tutela provisória configura um tema bastante opimo, possibilitando que se estudem, desassociada e profundamente, todos os temas acima apontados, além de outros.

Nesta pesquisa, serão abordadas, exclusivamente, algumas das mais importantes polêmicas em torno do tema da tutela provisória de urgência antecipada antecedente, de forma especial, sua estabilização, modificação e negociação.

Esse processo é concluído com a constituição da cautela e tem efeitos análogos à cognição e à execução, mas opera de maneira mediata

---

PEIXOTO, Ravi; FREIRE, Alexandre (org.). *Novo CPC doutrina selecionada*: procedimentos especiais, tutela provisória e direito transitório. Salvador: Juspodivm, 2015. v. 4, p. 161-255, p. 37.

[259] DIDIER JÚNIOR, Fredie; BRAGA, Paula Sarno; OLIVEIRA, Rafael Alexandria de. *Curso de Direito Processual Civil*. 8. ed. rev., ampl. e atual. Salvador: Jus Podivm, 2013. v. 2, p. 618.

[260] NERY JÚNIOR, Nelson; NERY, Rosa Maria de Andrade. *Comentários ao código de processo civil*. São Paulo: Revista dos Tribunais, 2015, p. 862.

[261] Lei 13.105/2015 Disciplina o Código de Processo Civil Brasileiro.

sobre a lide. Carnelutti aponta que sua eficácia temporal é condicionada ao processo definitivo e sua eficácia processual é mutável, dependendo da verificação de seus pressupostos. Quanto às diferenças entre o processo cautelar e os demais gêneros, Carnelutti destaca seu caráter constitutivo provisional.[262]

A formulação do requerimento de tutela provisória pode ocorrer (artigos 294, parágrafo único, e 299) casualmente (ao mesmo tempo da formulação do pedido principal, na própria petição inicial, ou posterior à distribuição da demanda principal, por simples petição) ou antecedentemente, sendo obrigatório que o requerimento seja formulado ao juízo que terá poder para conhecer o pedido principal.

Na hipótese de o autor manifestar desejo apenas pelo requerimento de tutela antecipada antecedente, aquele tem por obrigação de deixar claro, na petição inicial (art. 303, §5º), que recorre a esse procedimento mais simplificado, para identificar, de forma mais cristalina, inclusive por parte do Judiciário, que não é o caso de demanda principal, mas de procedimento antecedente.

Exige-se que a petição inicial do procedimento antecedente se restrinja ao requerimento da tutela antecipada antecedente e à indicação do pedido de tutela final, deixando evidentes a lide, o direito que se pretende efetuar e o perigo de dano ou do risco ao resultado útil do processo (*caput* do art. 303), indicando, inclusive, o valor da causa a qual deve ter em conta o pedido de tutela final (art. 303, §4º).

Na hipótese de, no entendimento do magistrado, inexistirem elementos para que a tutela antecipada antecedente seja concedida, é obrigatório o estabelecimento da *emenda* da petição inicial no prazo de até cinco dias, sob o risco de ser indeferida a exordial e extinto o processo sem resolução de mérito (art. 303, §6º).

É crucial a observação de que o prazo para a emenda, nesse caso em particular, é mais enxuto do que o geral: ao passo que o art. 321 estabelece o prazo geral de 15 dias para a emenda da inicial, o art. 303, §6º determina o prazo reduzido de dias para a emenda, na hipótese de o magistrado não reconhecer elementos para que a tutela antecedente seja concedida.[263]

---

[262] CARNELUTTI, Francesco. *Sistema di diritto processuale civile*. Padova: Cedam, 1936.

[263] "Prazo que, embora reduzido, pode ser excepcionalmente estendido pelo juiz, lastreado no art. 139, VI, paradoxalmente, defendendo a inviabilidade de ampliação, pelo juiz, do prazo de 5 dias para a emenda". (NERY JÚNIOR, Nelson; NERY, Rosa Maria de Andrade. *Comentários ao código de processo civil*. São Paulo: Revista dos Tribunais, 2015, p. 863).

Previamente a estabelecer a emenda da inicial e, por conseguinte, indeferindo o pedido de tutela antecedente, o magistrado tem a possibilidade, excepcionalmente, de determinar a realização de audiência de justificação (art. 300, §2º), a fim de que prova oral seja produzida pelo autor com vista à complementação das provas que fundamentam suas alegações.[264]

Ademais, infere-se a necessidade de reciprocidade da "fungibilidade" entre as tutelas provisórias de urgência, seja esta antecipada ou cautelar. No seu parágrafo único, o art. 305 apregoa que, quando houver reformulação, por parte do autor, em razão de tutela cautelar antecedente, do requerimento cuja natureza seja de tutela antecipada antecedente, é obrigatório que o magistrado, depois de decisão que sujeite tema ao contraditório e torne possível a emenda, consoante os artigos 10 e 321, afine o procedimento à sistemática do art. 303.

Nesse sentido, a recíproca, portanto, deve ser verdadeira. Na hipótese de o autor solicitar tutela antecipada antecedente e de o juiz entender pela veiculação, da petição, "de requerimento de tutela cautelar antecedente, resta exigido que o magistrado oportunize a adaptação do procedimento visando à tramitação da causa pelo procedimento dos artigos 305 e seguintes".[265]

Outrossim, deve haver reconhecimento do papel central dos precedentes judiciais, na qualidade de fundamental força no sentido da racionalização da dialética processual, quando da defrontação de razões, por ocasião de serem acarretados pela parte ou servirem como argumento para a decisão.

É forçoso ao sujeito processual que testemunhou a concessão da tutela de evidência fundada em precedente obrigatório, em seu prejuízo, que haja uma argumentação dialética. Para a sua argumentação, ele pode se valer do: a) apontamento do erro na interpretação do precedente judicial pelo magistrado do caso, pleiteando o afastamento ou a adequação deste; b) a demonstração do desgaste do precedente, lastreada em importantes alterações contextuais, ou ainda do erro

---

[264] Outrossim, consentindo na realização de audiência de justificação do sentido da emenda da inicial (WAMBIER, Teresa Arruda Alvim; CONCEIÇÃO, Maria Lúcia Lins; RIBEIRO, Leonardo Ferres da Silva; MELLO, Rogerio Licastro Torres de. *Primeiros comentários ao novo código de processo civil*: artigo por artigo. São Paulo: Revista dos Tribunais, 2015, p. 509; BUENO, Cassio Scarpinella. *Novo código de processo civil anotado*. São Paulo: Saraiva, 2015, p. 225).

[265] MEDINA, José Miguel Garcia. *Novo Código de Processo Civil comentado*. São Paulo: Revista dos Tribunais, 2015, p. 487.

da tese firmada, exigindo a superação desta; c) evidência de uma diferenciação fundamental entre a hipótese fática da *ratio decidendi*, elaborada a partir do precedente obrigatório, e dos fatos apresentados na causa sob análise, distanciando a incidência desses.

No que respeita à responsabilidade objetiva, apresenta-se a ressalva de Bruno da Rós Bodart o qual leciona que, "em face da dependência da efetivação da medida de requerimento antecipado da parte (art. 297, parágrafo único, combinado com o art. 513, §1º), esta se configurará sempre como responsável pelos danos advindos da medida, até mesmo nos casos em que o ofício é concedido".[266]

Portanto, "destoando da corrente majoritária, esse doutrinador defende a concessão da tutela de evidência de ofício e aponta como razão para tal que a deslealdade processual não traz danos somente à parte contrária, mas acaba por alcançar a própria dignidade da justiça".[267]

Nessa seara, resta evidente que inexistem, na concessão de ofício, uma afronta à congruência ou mesmo excesso concernente ao requerido pelo magistrado. Destarte, esta pesquisa adere ao entendimento de Daniel Mitidiero, consoante o qual, posterior à propositura da ação, há deslocamento do problema do "plano da iniciativa para o plano da condução do processo".[268]

Lastreando-se nesse raciocínio, pode-se inferir que a concessão da tutela de ofício não infringe o princípio da demanda. Não obstante, é válido se mencionar que a concessão da antecipação da tutela, embora advinda de iniciativa *ex officio*, apenas pode ocorrer mediante a aquiescência da parte.

Há que se destacar, nesse contexto, a grande incongruência do sistema processual brasileiro; inexiste sentido algum na ineficácia da decisão lastreada em cognição exauriente (sentença), tendo-se em conta que a decisão fundamentada em cognição sumária (tutela provisória) já a apresenta.

---

[266] BODART, Bruno da Rós. *Tutela de evidência: teoria da cognição, análise econômica do direito processual e comentários sobre o novo CPC.* 2. ed. rev., atual. e ampl. São Paulo: Revista dos Tribunais, 2015, p. 117.

[267] *Idem, ibidem.*

[268] MITIDIERO, Daniel. *Antecipação da tutela*: da tutela cautelar à técnica antecipatória. 3. ed. rev. atual. e ampl. São Paulo: Revista dos Tribunais, 2017, p. 109.

2.2.2.1 A estabilização da tutela antecipada

Consoante o já afirmado nesta pesquisa, o novo código de processo civil modificou amplamente a questão da autonomia e da eficácia temporal da tutela de urgência, motivado pela previsão de sua estabilização no art. 304, *caput*, do CPC/15. O novo diploma traz a possibilidade de estabilidade da concessão da tutela antecipada em procedimento antecedente no tempo, dispensando-se a confirmação por um pronunciamento de mérito.

Não obstante, a leitura desse dado deve ser realizada com prudência e não implica que a estabilização da tutela de urgência se configure como uma resolução mágica dos problemas do Judiciário brasileiro.

O estudo de Grinover se compôs de inúmeras perguntas feitas para doutrinadores de diferentes países; não é revelada a fonte da estatística apontada, assim, pode haver correspondência com a percepção individual, ou seja, pode inexistir um critério objetivo de aferição por parte do professor entrevistado.[269]

Vale mencionar, ainda, que "a provisoriedade da decisão antecipatória estabilizada, no sistema francês, vez que tem a possibilidade de ser comutada por uma de cognição exauriente porém sem caráter temporário e que, caso não venha a ser interpelada, propende a engendrar, de forma indefinida, efeitos".[270]

Na concepção de Calamandrei, não é a provisoriedade que identifica os procedimentos cautelares, mas o fato de jamais se tornarem fins em si próprios e se deverem a um procedimento definitivo. A teoria processual calamandreiana das cautelares entende o processo cautelar como uma ferramenta hipotética, ou seja, de outro instrumento que é o processo, no caso da veracidade do direito alegado.[271]

---

[269] GRINOVER, Ada Pellegrini. O princípio do juiz natural e sua dupla garantia. *Revista de Processo*, São Paulo: Revista dos Tribunais, n. 29, p. 11-33, jan./mar. 1983.

[270] THEODORO JÚNIOR, Humberto; ANDRADE, Érico. A autonomização e a estabilização da tutela de urgência no projeto de CPC. *RePro*, São Paulo, v. 206, abr. 2012. p. 35.

[271] Calamandrei, diferenciando temporário de provisório, afirma que aquele apresenta duração limitada no tempo e não poderá ser comutado é este é o que igualmente está sujeito à limitação temporal, porém pode ser substituído por algo definitivo. Ainda, esse doutrinador aponta a provisoriedade de todas as sentenças prolatadas com cláusula *rebus sic standibus* sem que, com isso se mostrem cautelares, concluindo, assim, que a provisoriedade não é traço particular das cautelares e que "os provimentos cautelares são fenômenos exclusivamente processuais" (CALAMANDREI, Piero. *Introduccion al estudio sistematico de las providencias cautelares*. Tradución de Marino Ayerra Merín. Buenos Aires: Libreria El Foro, 1996, 1996, p. 38-44). Acerca da relevância do mencionado autor, Daniel

Oskar von Bülow esconjuntou a relação jurídica de direito material da relação jurídica de direito processual, apontando que estas apresentam partes, objetos e pressupostos dessemelhantes. A partir da concepção de Chiovenda, tal pensamento influi na teorização de Piero Calamandrei em relação às cautelares.[272]

A teoria processual das cautelares, de Piero Calamandrei, pode ser analisada para "além da defluência das correntes de socialização do processo e serve à tutela da seriedade e eficiência da prestação jurisdicional. Há uma preocupação exacerbada com a tutela do Estado, do processo judicial, e não com o direito da parte".[273] Destarte, a teoria processual das cautelares não guarda relação com a noção de processo, mas ao processo entendido como relação jurídica de direito público, em que o juiz ocupa a posição central em detrimento das partes.

Calamandrei é colocado como o primeiro teórico a desenvolver uma teoria realmente congruente em relação às medidas de urgência no direito italiano em face da imprescindibilidade de se encontrar uma motivação pertinente à adoção das cautelares. Anteriormente, Chiovenda já as havia estudado a partir da ação, e Carnelutti, do processo, mas estes não tiveram êxito na resolução dos problemas teóricos postos, tais como a diferenciação entre as providências cautelares e as demais medidas processuais.[274]

No ano de 1903, Chiovenda agregou o conceito de ação às categorias processuais em uma generalização neopandectística e postulou que o exercício da ação processual ocorre ante o adversário e se configura como um verdadeiro direito potestativo de seu titular. Na concepção de Chiovenda, a ação constitui o ponto de contato entre o interesse estatal e o privado por meio da lei.[275]

Na obra *Instituições de Direito Processual Civil*, Giuseppe Chiovenda considera as medidas de urgência resultantes de simples ação, vez

---

Mitidiero leciona: "É inquestionável que o grande teórico da tutela cautelar no período do desenvolvimento das bases da ciência processual civil foi Piero Calamandrei. Com a publicação de seu clássico *Introduzione allo studio sistemático dei provvedimenti cautelari*, em 1936, estabeleceram-se os principais traços que posteriormente serviriam para a doutrina e para a legislação trabalharem o tema" (MITIDIERO, Daniel. *Antecipação da tutela*: da tutela cautelar à técnica antecipatória. São Paulo: Revista dos Tribunais, 2013, p. 27).

[272] DINAMARCO, Cândido Rangel. *A reforma do código de processo civil*. 3. ed. rev. ampl. e atual. São Paulo: Malheiros Editores, 1996.

[273] TARELLO, Giovanni. *L'interpretazione dela legge*. Milani: Dott. A. Giufrè Editore, 1980, p. 252.

[274] CHIOVENDA, Giuseppe. *Istituizioni di diritto processuale civile*. Napoli: Casa Editrice Dott. Eugenio Jovene, 1957.

[275] TARELLO. *Op. cit.*

que o direito de reclamar uma dessas medidas não constitui acessório do direito acautelado, pois existe como poder atual quando resta clara a existência do direito acautelado.[276]

Destarte, a medida provisória advém da imposição pelo esquivamento de um dano jurídico e se constata a atuação da vontade da lei, que se mostra capaz de assegurar o agir "de outra suposta vontade de lei". Chiovenda chama a atenção, também, "para o receio fundamentado de um evento que se mostre prejudicial e para a cognição superficial como condições para que tais medidas provisórias urgentes sejam expedidas".[277, 278]

A conclusão desse processo ocorre por meio da constituição da cautela e apresenta efeitos semelhantes aos da cognição e da execução, embora atue de forma indireta sobre a lide. Para Carnelutti, "a eficácia temporal desse processo se encontra sujeita ao processo definitivo e a eficácia processual é mudadiça, dependendo da verificação de seus pressupostos". Carnelutti aponta "o caráter constitutivo provisional do processo cautelar, diferenciando-o dos demais gêneros".[279, 280]

---

[276] "Medidas especiais, determinadas pelo perigo ou urgência, dizem-se provisórias acautelatórias ou conservadores, porque expedidas antes de se declarar a vontade concreta da lei que nos garante um bem, ou antes de se realizar a sua atuação, para garantia de sua futura atuação prática; e são várias, conforme varia a natureza do bem a que aspira" (CHIOVENDA, Giuseppe. *Instituições de Direito Processual Civil*. Tradução da 2. ed. italiana por J. Guimarães Menegale; acompanhada de notas por Enrico Tullio Liebman; com uma introdução do prof. Alfredo Buzaid. Imprenta. São Paulo: Saraiva, 1965, p. 332).

[277] CHIOVENDA, Giuseppe. *Instituições de Direito Processual Civil*. Tradução da 2. ed. italiana por J. Guimarães Menegale; acompanhada de notas por Enrico Tullio Liebman; com uma introdução do prof. Alfredo Buzaid. Imprenta. São Paulo: Saraiva, 1965, p. 333-334.

[278] No entendimento de Francesco Carnelutti, "cautelar se chama o processo que, em lugar de ser autônomo, serve para garantir (constitui uma cautela para) o bom final de outro processo (definitivo)", e traz que a função acarreta na existência de dois processos na mesma lide (CARNELUTTI, Francesco. *Instituições do processo civil*. Campinas: Servanda, 1999, p. 134-135). Destaca-se que Carnelutti analisa a atividade jurisdicional a partir da finalidade de realizar a justa composição da lide.

[279] CARNELUTTI, Francesco. *Sistema de direito processual civil*. Imprenta. Tradução de Hiltomar Martins Oliveira. São Paulo: Classic Book, 2000, p. 205-207.

[280] "Ao contrário do processo judicial e do processo executivo, o processo cautelar não se refere à coisa julgada, nem à restituição forçada: não à coisa julgada, porque, não tem por objeto justificar e denunciar um e outro dos litigantes; não à restituição forçada porque não se destina a remediar a lesão de uma reclamação; em vez disso, é uma questão de arranjar um estatuto jurídico provisório, que perdura enquanto o processo judicial ou o processo executivo estiver concluído" (tradução nossa). "*A differenza dal processo giurisdizionale e dal processo esecutivo, il processo cautelar non mette capo nè alla cosa giudicata, nè alla restituzione forzata: non alla cosa giudicata, perchèa, non ha lo scopo di dar ragione e di dar torto all'uno e all'altro dei litiganti; non alla restituzione forzata perchè non ha lo scopo di rimediare alla lesione di una pretesa; invece si trata di disporre uno stato giuridico provvisorio, il quale duri fino a tanto che si compia il proceso giurisdizionale o il proceso esecutivo*" (CARNELUTTI, Francesco. *Sistema de direito processual civil*. Imprenta. Tradução de Hiltomar Martins Oliveira. São Paulo: Classic Book , 2000, p. 332).

Resta claro que, na doutrina brasileira, o Código de Processo Civil de 1973 guardou proximidade com o lecionado por Carnelutti, "doutrinando o processo cautelar como *tertium genus*, junto ao conhecimento e execução".[281]

A análise das cautelares por Calamandrei se deu a partir do procedimento; em outras palavras, ele não as adversou aos processos de conhecimento e execução, justificando que "pode-se, portanto, falar de um conhecimento cautelar contraposto àquele ordinário; de um título executivo cautelar e de uma execução cautelar distinta daquela execução ordinária forçada".[282]

Não obstante, na visão de Calamandrei, não é a provisoriedade[283] que distingue os procedimentos cautelares de outros; o que os distinguiria seria o fato de jamais constituírem fins em si próprios e sua existência é justificada por um procedimento definitivo.[284] Resta claro que o desenvolvimento do processo civil ocorre entre a tensão de duas garantias opostas: "a célere solução do litígio e a segurança jurídica, cingida em garantias de defesa, contraditório, formalidades nas realizações de atos e no decorrer de prazos".[285]

Os procedimentos cautelares visam "impedir com medidas provisórias que o dano ameaçado se produza ou se agrave naquela espera", constituindo-se, na opinião de Calamandrei, na compatibilização entre essas duas exigências do direito processual civil.[286]

Consoante Calamandrei, a mais adequada terminologia para os procedimentos cautelares é de acessórios, haja vista a subordinação entre eles e procedimento principal.[287]

---

[281] MITIDIERO, Daniel. *Antecipação da tutela*: da tutela cautelar à técnica antecipatória. São Paulo: Revista dos Tribunais, 2013, p. 33.

[282] CALAMANDREI, Piero. *Verità e verosimiglianza nel processo civile*. Rivista di Diritto Processuale, Padova: Cedam, 1955, p. 24.

[283] *Idem.*

[284] Piero Calamandrei leciona, também, "a provisoriedade de todas as sentenças prolatadas com cláusulas rebus sic standibus sem que sejam cautelares, restando evidente que a provisoriedade não é a característica diferenciativa dos procedimentos cautelares" (CALAMANDREI, Piero. *Introduccion al estudio sistematico de las providencias cautelares*. Tradución de Marino Ayerra Merín. Buenos Aires: Libreria El Foro, 1996, p. 26).

[285] DINAMARCO, Cândido Rangel. *A reforma do código de processo civil*. 3. ed. rev. ampl. e atual. São Paulo: Malheiros Editores, 1996, p. 144-145.

[286] *Idem.*

[287] Nessa seara, leciona que "há nos procedimentos cautelares, mais do que o objetivo de aplicar o direito, a finalidade imediata de assegurar a eficácia do procedimento definitivo que servirá por sua vez a exercer o direito" (CALAMANDREI, Piero. *Proceso y Democracia*. Buenos Aires: Ediciones Jurídicas EuropaAmerica, 1960, p. 42).

Assim, é factível que se trata o procedimento cautelar de um procedimento destinado à tutela da seriedade e eficiência da prestação jurisdicional, sendo constatada uma exagerada preocupação com a tutela do Estado, do processo judicial em detrimento do direito da parte.

Nesse contexto, Piero Calamandrei aponta quatro modalidades das providências cautelares: "a) providências instrutórias antecipadas; b) providências destinadas a garantir a execução forçada; c) antecipação das providências decisórias; e d) cauções processuais".[288]

A função das providências instrutórias antecipadas é a manutenção da produção de provas que têm a possibilidade de se perderem na fluência do tempo, caso não sejam logradas previamente, vez que "normalmente tais providências instrutórias são adotadas no curso do procedimento ordinário e dele fazem parte, porém quando, antes que o processo se inicie, há motivo para temer que, caso a providência instrutória tarde, seus resultados possam ser menos eficazes, esta providência pode ser requerida imediatamente através de um procedimento autônomo".[289]

Adiantar as providências decisórias configura um grupo das medidas que decidem temporariamente o processo, nos casos em que o aguardo da decisão definitiva poderia resultar em danos irreparáveis.[290]

Resta claro, então, que, consoante Calamandrei, as medidas que preveem aquilo que seria logrado por meio da decisão final estão inclusas nessa espécie do gênero provimentos cautelares. Trata-se de tutelas satisfativas cuja concessão foi prévia, reconhecida, no direito brasileiro, como antecipação de tutela.

Quanto às cauções processuais, estas configuram as prestações ordenadas ao interessado como exigência para que uma providência jurisdicional seja obtida. "Trata-se de factuais modalidades de contra-cautela, com o objetivo de se impedir a reparação de eventual dano causado àquele que não contou com proferimento da medida judicial contra si".[291]

---

[288] *Idem*, p. 51.

[289] CALAMANDREI, Piero. *Verità e verosimiglianza nel processo civile*. Rivista di Diritto Processuale, Padova: Cedam, 1955, p. 51.

[290] "Constituem este terceiro grupo as providências pelas quais se decide interinamente, enquanto se espera que através do procedimento ordinário se chegue até a decisão definitiva, uma relação definitiva, uma relação controvertida de indecisão que, caso perdure até a prolação da decisão definitiva, poderia causar a uma das partes danos irreparáveis" (*Idem*, p. 58).

[291] CALAMANDREI, Piero. *Verità e verosimiglianza nel processo civile*. Rivista di Diritto Processuale, Padova: Cedam, 1955, p. 65.

Resta evidente que, na visão de Piero Calamandrei, "a execução provisória não apresenta caráter essencialmente cautelar, ainda que possa vir a ter essa característica, quando utilizada no combate ao *"periculum in mora"*.[292]

Na literatura jurídica do Brasil, não ganhou relevo a distinção entre as medidas antecipatórias satisfativas e as meramente assecuratórias. Há muito, o processo cautelar era visto como gênero de variadas espécies, vez que "a expressão processo cautelar tem a virtude de abranger todas as medidas preventivas, conservatórias e incidentes que o projeto ordena no L. III, e, pelo vigor e amplitude do seu significado, traduz melhor que qualquer outra palavra a tutela legal".[293]

Autores renomados como Galeno Lacerda postulavam a satisfatividade de várias medidas cautelares, a exemplo daquelas concedidas no direito de família, argumentando que a função primeira da tutela cautelar é contemplar uma necessidade de segurança.[294]

Nessa seara, menciona-se a defesa de Galeno Lacerda quanto à classificação das medidas cautelares consoante a segurança que se almeja: pretensões de segurança em relação à prova, segurança inerente à execução (ou aos bens) e segurança quanto à antecipação de tutela.[295] Assim, infere-se que o entendimento de tutela provisória, em

---

[292] *Idem*, p. 62.

[293] BARROS, Romeu Pires de Campos. Do processo cautelar no Código de Processo Civil de 1973. *Revista de Processo*, São Paulo, v. 1, p. 137-144, jan./mar. 1976, p. 138).

[294] "Alimentos não têm caráter satisfativo? Evidentemente têm. Em matéria de família todos os processos cautelares têm caráter satisfativo. Em relação aos direitos reais, grande parte tem caráter satisfativo" e prossegue "qual o ponto comum a todas essas medidas? E, dentre elas, e o importantíssimo poder cautelar geral? O ponto comum é este: através da tutela cautelar procura-se satisfazer uma necessidade de segurança" (LACERDA, Galeno. Processo cautelar. *Revista de Processo*, São Paulo, v. 44, p. 186-194, out./dez, 1986, p. 187); "Não se pode deixar de reconhecer que a ação de alimentos provisionais, ao mesmo tempo em que satisfaz a pretensão à segurança, atende também, em certa medida, ao direito material, pois com a ordem cautelar o autor passa, desde logo, a receber a quota alimentar. O problema torna-se ainda mais agudo em virtude do princípio da irrepetibilidade dos alimentos, consagrado na doutrina e jurisprudência brasileiras, isto é, recebidos, ainda que em função de ordem de natureza cautelar, o beneficiário não poderá ser compelido a devolvê-los. A matéria está inserida no âmbito mais amplo da tutela cautelar antecipatória" (OLIVEIRA; Carlos Alberto Álvaro de; LACERDA, Galeno. *Comentários ao Código de Processo Civil*: lei nº 5.869, de 11 de janeiro de 1973, vol. VIII, tomo II, arts. 813 a 889. 2. ed. Rio de Janeiro: Forense, 1991, p. 366).

[295] "No meu livro, nas primeiras páginas, estão três esquemas básicos para compreensão deste assunto. Primeiro critério: classificação das cautelas segundo a finalidade da medida. Nesta perspectiva, nós vamos encontrar esses três tipos de segurança: 1. segurança, quanto à prova visando facilitar a cognição nesta perspectiva. Exemplos: produção antecipada de prova, exibição, justificação, etc. É que a segurança visa tornar possível a prestação jurisdicional de mérito; 2. segurança quantos aos bens, visando tornar possível a

sua função clássica, tem a possibilidade de ser alterado no decorrer do tempo. Esse cenário, ao invés de se caracterizar como transgressão da técnica, configura uma otimização concordante com novas realidades.

De outra banda, importa ainda trazer pequeno apontamento na controvérsia que envolve a estabilização da tutela de urgência antecipada antecedente. Consoante o já apontado, o magistrado tem a possibilidade de conceder, *inaudita altera parte*, a tutela de urgência antecipada antecedente (art. 303). Na hipótese de não impugnação, por parte do autor, da decisão concessiva, haverá a estabilidade da tutela antecipada antecedente (*caput* do art. 304) e a extinção do processo (art. 304, §1º).

Resta evidente que o dispositivo que trata da tutela antecipada pautada na evidência do direito não aborda o procedimento daquela. Dessa forma, é possível o questionamento acerca do procedimento da parte para pleitear a tutela de evidência e da forma como o juiz deve tratá-la.

Ainda que não seja possível se deslindar o procedimento a partir do dispositivo específico, a sistemática da tutela antecipada traz esclarecimentos bastantes acerca do procedimento. Em caso de existir pedido incidental de tutela antecipada, não há qualquer entrave para sua definição procedimental, ou seja, cabe ao juiz avaliá-lo e decidi-lo nos próprios autos e, após, dar continuidade ao procedimento [isso pode implicar, em caso de indeferimento da tutela de evidência, se for na efetivação da medida, lembrando que a antecipação da tutela demanda requerimento anterior e não impõe a quitação de custas (art. 296)].

Na hipótese de antecedência do pedido, cabe ao sujeito processual comprovar urgência "contemporânea à propositura da ação" (art. 305, *caput*), o que explicaria o pleito simplificado voltado apenas à antecipação da tutela.

---

execução, a segunda função principal jurisdicional. Exemplos: arresto, sequestro, caução, etc. e também grande número de medidas inominadas. E por fim, está aqui, afirmado por mim, muito antes de que fosse reconhecido na Itália: segurança mediante antecipação provisória da prestação jurisdicional; 3. segurança satisfativa, provisoriamente satisfativa, necessariamente satisfativa. Exemplos: alimentos, guarda de filhos, de incapazes, outras medidas de direito de família, regulamentação de visitas" (LACERDA, Galeno. Processo cautelar. *Revista de Processo*, São Paulo, v. 44, p. 186-194, out./dez, 1986, p. 188); "No processo cautelar, o interesse resulta da necessidade de segurança para a garantia do resultado útil do processo principal. Nesta perspectiva e neste plano, tal interesse se reveste de caráter meramente processual, caráter genérico e permanente em todas as medidas cautelares" (LACERDA, Galeno. *Comentários ao Código de Processo Civil*. São Paulo: Revista dos Tribunais, 1961, p. 31).

Portanto, a hipótese fática da norma que permite ao sujeito iniciar procedimento antecedente voltado à tutela antecipada mostra-se totalmente conflitante com a tutela de evidência pura, consoante o art. 306 do CPC/2015.

O que avaliza a simplicidade do ato processual é a urgência, não existindo, nesse contexto, preenchimento da hipótese fática ou razão jurídica que corroborem a aplicação do procedimento antecedente na tutela de evidência.

Não obstante, isso não significa que é obrigação do juiz inadmitir prontamente o procedimento. Conforme resta demonstrado, a riqueza das situações fáticas e a inevitável e indubitável insegurança trazida por um Novo Código possibilitam a solicitação, por parte do autor, de forma prévia, de uma tutela caracterizada como de evidência, porém que de fato também apresente *urgência*, em maior ou menor medida, e que autoriza a aplicação da técnica face ao procedimento do art. 305 do projeto.

2.3 Estudo da tutela sem urgência: os denominados direitos evidentes

Há a possibilidade de se apor tal raciocínio ao direito e às práticas ou institutos processuais. Também nesse contexto o que é considerado real em determinado período histórico ou grupo não se mostra imperiosamente algo relacionado e ininterrupto ao próprio grupo. Resta evidente que a tutela provisória, hoje, não guarda mais afinidades com a visão clássica italiana, constituindo-se em institutos diversos, ambos, outrossim, verdadeiros consoante às suas concepções em certo período de tempo e espaço.

A possibilidade de se antecipar a realização de direitos evidentes por parte da tutela provisória deve, igualmente, ganhar força no Brasil. A justificativa não está somente no ajustamento da tutela jurisdicional face à força das provas e à debilidade da defesa do réu, o que, estritamente, já seria relevante. A antecipação da realização de direitos provadamente prováveis mostra-se uma alternativa eficiente para a otimização da gestão processual.

Assim, torna-se oportuna uma análise acerca do papel do Poder Judiciário, passando este a ser visto não mais como simples solucionador de conflitos de interesses, mas como o que apresenta atuação muito mais extensa, cabendo-lhe a aplicação da lei e do precedente com o objetivo de diminuir as demandas, dentre outras.[296]

Isso explica a utilização de uma técnica como a tutela da evidência; tudo isso deve se dar generalizadamente, independente da urgência – independentemente do *periculum in mora*, a evidência do direito (diante da prova já produzida e suficiente). Nessa seara, o novo código passou a antever dois procedimentos preparatórios de tutela provisória urgência: o da tutela cautelar requerida em caráter antecedente (artigos 305 a 310) e o da tutela antecipada requerida em caráter antecedente (artigos 303 e 304).

Ainda que se constatem evidentes semelhanças entre ambos no fato de pertencerem ao mesmo gênero "tutela provisória" e se tratarem de procedimentos igualmente antecedentes, a regulamentação se difere por duas razões importantes: a) a natureza das tutelas é distinta (a "antecipada" é satisfativa do pedido, ao passo que a cautelar não o contempla, configurando-se como simplesmente assessória, voltada ao asseguramento da efetividade de outra espécie de tutela jurisdicional); e b) o fato de o requerimento de cautelar antecedente impor, de forma obrigatória, a formulação do pedido (satisfativo) principal no prazo de 30 dias (art. 308), já quanto ao requerimento de tutela antecipada antecedente, esta tem a possibilidade de prescindir da formulação do pedido principal em certos casos (art. 304).

2.3.1 Contribuição do sistema italiano de antecipação da tutela sem urgência para o CPC de 2015

Com certa frequência, concede-se a prestação jurisdicional por meio de umatutela preventiva ou ressarcitória, de forma antecipada, alterando-se, assim, o *timing* de sua concessão. "Há reconhecimento da atipicidade do direito de ação, o que dispensa a especificação, pela norma, da possibilidade de tutela jurisdicional do direito deduzido em juízo".[297]

Não obstante, essa atipicidade é aplicada ao procedimento padrão ordinário, em tese, capaz de tutelar qualquer forma de direito.

---

[296] Nesse sentido, ver GABBAY, Daniela Monteiro; CUNHA, Luciana Gross (org.). *Litigiosidade, morosidade e litigância repetitiva no Judiciário*: uma análise empírica, São Paulo: Saraiva, 2012, p. 155.

[297] PISANI, Andrea Proto. La tutela sommaria in generale e il procedimento per ingiunzione nell'ordinamento italiano. *Revista de Processo*, São Paulo, v. 90, p. 22-35, abr./jun. 1998, p. 22.

Há submissão dos processos sumários a hipóteses típicas, assim, para que o demandante os utilize, "devem ser contemplados os requisitos de admissibilidade específicos, consoante o art. 311, II".[298] No art. 700, do Código de Processo Civil italiano, encontra-se previsão da possibilidade de que provimentos de urgência atípicos sejam emanados.

Associa-se, às tutelas sumárias, um grau de cognição diferente daquele contido no procedimento ordinário de cognição plena; marca-se a cognição sumária, sobretudo, "pela postecipação do contraditório, ainda que seja possível se identificar um processo como sumário pela delimitação das matérias sujeitas à arguição".[299]

Justificam-se, no direito italiano, as tutelas sumárias pela imposição de economia processual, pela imprescindibilidade de se impedir o abuso do direito de defesa, ou seja, uma abusividade no caso concreto das garantias previstas para o processo de cognição plena, e "pela obrigatoriedade de uma tutela efetiva, o que comumente era empecido pelo procedimento de cognição exauriente".[300] O direito italiano adotou a ideia da submissão das tutelas sumárias à eficácia temporal precária.[301]

No que concerne às tutelas sumárias autônomas, tem-se que, ainda que se inspirando na legislação francesa, a Itália adotou, somente a partir 2003, um sistema que torna o provimento sumário autônomo; no ano de 1978, foi criada uma comissão cujo presidente era Enrico Tullio Liebman e a qual se destinava a esse fim.

Com a recusa da aprovação, em 1994 foi instituída uma nova comissão, dessa vez presidida por Giuseppe Tarzia, cujo projeto igualmente não contou com apoio parlamentar suficiente. Em qualquer situação, resta evidente, para resolução do litígio diante de medida provisória, que não necessariamente se depende de um procedimento ordinário de conhecimento, inspirado indubitavelmente no *référé* francês.

---

[298] *Idem*, p. 23.

[299] PISANI, Andrea Proto. La tutela sommaria in generale e il procedimento per ingiunzione nell'ordinamento italiano. *Revista de Processo*, São Paulo, v. 90, p. 22-35, abr./jun. 1998, p. 24-25.

[300] *Idem*, p. 25.

[301] "Tal cenário é corroborado por Giovanni Bonato que identifica uma amenização da instrumentalidade hipotética com a chegada do decreto legislativo 5/2003 no direito italiano" (BONATO, Giovanni. *Tutela anticipatoria di urgenza e sua stabilizzazione nel nuovo c.p.c. brasiliano*: comparazione con il sistema francese e con quello italiano. 2015, p. 11).

2.3.2 Contribuição do sistema francês de antecipação da tutela sem urgência para o CPC de 2015

Concernente à tutela sumária, o direito francês traz uma interpretação diversa do brasileiro. No primeiro se constata uma jurisdição específica – consequentemente, uma estrutura pré-concebida – destinada a essas decisões sumárias, lastreadas em simples probabilidade, o que é aplicado tanto para as matérias de urgência como de simples evidência.

Distingue-se, assim, o juízo do *référé* do que aprecia a questão de mérito ou o direito de fundo, nas palavras dos franceses. Dessa forma, em razão de não configurar uma forma de jurisdição específica, não se constata objeção às decisões de tutela provisória.[302]

Na seara do direito comparado, é ponto de ênfase a evolução percebida no direito francês, com hipóteses taxativas para o *référé*, o qual atribui mais ampla efetividade à tutela jurisdicional, cuja prestação deve ocorrer de forma célere e adequada às particularidades do direito material que se encontra infringido ou na eminência de ser lesionado.

Um bom sistema de Justiça implica em um processo lastreado em uma prestação jurisdicional efetiva. De maneira semelhante, o direito francês busca assegurar que as garantias fundamentais sejam respeitadas, inclusive o contraditório. Nesse sistema, o reconhecimento do valor da celeridade não demanda que as garantias sejam sacrificadas tampouco o contrário.

Em defesa desse equilíbrio, Loïc Cadiet sugere a paridade entre o princípio da eficiência e o princípio da equidade – "ao passo que o primeiro pondera acerca dos indicadores quantitativos, como o tempo expendido e o volume de recursos, o segundo examina os indicadores qualitativos como informações pertinentes aos jurisdicionados, a razão das decisões e o acatamento ao contraditório".[303] Resta evidente que um sistema conveniente de Justiça terá em conta ambos os valores. Vale mencionar que esta pesquisa não objetiva comparar os sistemas processuais ou a função específica de cada instituto, o que se busca é apenas identificar a fonte de inspiração para a inserção da estabilização da tutela antecipada no Código de Processo Civil de 2015.

---

[302] Os franceses empregam a expressão *droit sur le fond*.

[303] CADIET, Loïc. *Perspectivas sobre o sistema da justiça civil francesa*: seis lições brasileiras. Loïc; tradutores Daniel Mitidiero [*et al.*]. Imprenta. São Paulo: Revista dos Tribunais, 2017, p. 34.

2.3.3 O *référé*

Horival Marques de Freitas Junior leciona que se trata de uma hipótese de técnica antecipatória não cautelar que, conforme entendimento carneluttiano, compõe a lide, dispensando-se a imposição de passar em julgado, não havendo, portanto, cessação da eficácia quando o feito é extinto.

Em tal sistema, "à semelhança do *référé* francês, as partes não estão obrigadas a intentar a ação principal", e, por conseguinte, quebra-se o vínculo de instrumentalidade e obrigatoriedade entre a tutela antecipatória e a decisão de cognição exauriente, "privilegiando-se a cognição sumária como meio para a prestação da tutela dos direitos".[304]

Também há doutrinadores que apontam uma classificação dos *référés* em três modelos: "o lastreado na urgência (art. 808 do CPC francês); aquele cuja urgência é presumida (art. 809, 1.ª parte, do CPC francês); e o *référé* em que se dispensa a urgência (art. 809, 2.ª parte, do CPC francês)".[305] Lecionam Theodoro Júnior e Andrade que os *référés* fomentam "procedimentos simples que impedem o devedor de má-fé ou que queira se valer do processo para fins meramente protelatórios se valha de todos os artifícios do processo de cognição plena para evitar que a obrigação seja rapidamente acertada pelo juízo".[306]

No entendimento da doutrina francesa, "o *référé* leva o réu a se valer de um procedimento de cognição plena quando conta com justificativa importante para discordar do conteúdo da decisão".[307]

No direito francês, os *référés* configuram um mecanismo processual que possibilitam um exame célere da lide o qual se aplica, inclusive, a cada um dos órgãos jurisdicionais, diante de procedimento simples e rápido, "levando a uma decisão provisória que tem a possibilidade de vir a ser, na prática, a resolução cabal do litígio".[308]

Ainda, o *référé* contribui significativamente para a celeridade no direito francês, principalmente face à inviabilidade de execução provisória das sentenças de primeira instância.

---

[304] MARINONI, Luiz Guilherme; MITIDIERO, Daniel. *O projeto do CPC*: críticas e propostas. São Paulo: Revista dos Tribunais, 2010, p. 111.

[305] THEODORO JÚNIOR, Humberto; ANDRADE, Érico. A autonomização e a estabilização da tutela de urgência no projeto de CPC. *RePro*, São Paulo, v. 206, abr. 2012, p. 30-31.

[306] *Idem*, p. 32.

[307] *Idem*, p. 35.

[308] BONATO, Giovanni; QUEIROZ, Pedro Gomes de. Os *référés* no ordenamento francês. *Revista de Processo*, São Paulo, v. 255, maio, 2016, p. 536.

A instituição formal do *référé* francês ocorreu por meio do decreto real, de 22.1.1685. De início, a finalidade daquele era a regulação das hipóteses taxativas em que haveria, pela urgência, permissão para a prolação de uma decisão provisória, em um procedimento não formal e célere. "Não obstante, tais disposições eram prescritas apenas ao procedimento do Châtelet de Paris".[309]

Por meio do Código de Processo Civil de 1806, o emprego do *référé* se expandia para a França toda, com a competência do proferimento do provimento sendo de cada presidente de tribunal. Embora a regulamentação do instituto se mostrasse tímida nos artigos 806 a 812 do CPC de 1806, foram percebidas evoluções jurisprudenciais significativas quanto à utilização do *référé*.

Nesse período, a função do *référé* ainda era o tutelamento de situações com caráter de urgência, impedindo a demora da prestação jurisdicional em razão da lentidão do procedimento ordinário.

Por outra perspectiva, essa era a única premissa para que essa decisão provisória fosse obtida por meio de procedimento não formal e deslindado. "Preferiu-se não se aduzir hipóteses taxativas, outorgando--se aos juízes um poder cautelar inabitual e geral".[310]

No Código de Processo Civil de 1975 francês, os artigos 484 a 492 norteiam os *référés*, no cerne do livro primeiro do CPC, que determina as disposições partilhadas por todo órgão judicial. Podem ser encontradas, no segundo livro do código, regras específicas para cada uma das modalidades de *référé* assim como normas na legislação extravagante ou em outros códigos.[311, 312]

O Direito francês atual caracteriza o *référé* como gênero dentro pela concisão do procedimento e pela não existência de coisa julgada sobre o mérito do litígio.

É factível a possibilidade de instituição de processo referente à questão central e ao *référé* simultaneamente, sem existir conexão ou litispendência, face às muitas eficácias do ato decisório de todo

---

[309] *Idem*, p. 219.

[310] BONATO, Giovanni; QUEIROZ, Pedro Gomes de. Os référés no ordenamento francês. *Revista de Processo*, São Paulo, v. 255, p. 527-566, maio, 2016, p. 532).

[311] *Idem*, p. 534.

[312] O art. 484 do CPC conceitua o référé como "uma decisão provisória tomada a pedido de uma parte, na presença de outra ou sendo esta chamada, no caso em que a lei confere a um juiz, que não é responsável pelo processo principal o poder de ordenar imediatamente as tutelas necessárias" (PAIM, Gustavo Bohrer. *Estabilização da tutela antecipada*. Porto Alegre: Livraria do Advogado, 2012, p. 171).

procedimento. Os sistemas brasileiro e italiano divergem quanto à solução da questão urgente ao juízo competente para apreciação do mérito.

O procedimento do *référé* se caracteriza pela sumaridade, simplicidade, informalidade e celeridade, sendo seu primeiro ato a citação, o qual cessa a prescrição, consoante os artigos 2.241 e 2.242 do Código Civil Francês, para o comparecimento do réu à audiência.

A legislação permite a citação da parte em prazo de exiguidade significativa. O proferimento da decisão ocorrerá posterior à efetivação do contraditório no procedimento, que é caracterizada pela oralidade, dispensando, assim, a representação por advogado. Nessa seara, vale-se o postulado de que "O proferimento da ordem do *référé* se dará sempre em audiência pública e necessita ser provocado".[313] Cônscio disso, o juízo do *référé* não repercute sobre o juízo de mérito,[314] "vez que ele é autônomo no que concerne ao processo de fundo".[315]

O provimento do *référé* se destaca por sua provisoriedade e pela possibilidade de execução instantânea. Havendo proferimento do *référé* por um magistrado de primeiro grau, restarão apelabilidade e impugnabilidade via *opposition*; na hipótese de ser proferido pela corte de apelação, a decisão incita o recurso de cassação.

Nada impede que terceiro denegue o *référé*, "mas não há possibilidade de manejo de ação rescisória, em razão de ser plausível a revogação ou modificação lastreada na mudança das circunstâncias fáticas que o motivaram".[316]

Mesmo hauridos os meios de contestação do *référé*, haverá possibilidade de proferimento, pelo juízo do mérito, da decisão em via oposta ao que nele se encontra determinado, servindo como compensação da celeridade e sumariedade do rito que o fundamenta.

Não obstante, constata-se uma constância nominada de "coisa julgada provisória" que recaia sobre a decisão do *référé*, "evitando que o juiz do *référé* torne a decidir distintamente a questão".[317]

Ainda, consta uma classificação dos *référés* em quatro modalidades:

---

[313] *Idem*, p. 175.

[314] BONATO, Giovanni; QUEIROZ, Pedro Gomes de. Os référés no ordenamento francês. *Revista de Processo*, São Paulo, v. 255, p. 527-566, maio, 2016.

[315] PAIM. *Op. cit.*, p. 176.

[316] BONATO, Giovanni; QUEIROZ, Pedro Gomes de. Os référés no ordenamento francês. *Revista de Processo*, São Paulo, v. 255, p. 527-566, maio, 2016., p. 543-544.

[317] *Idem*, p. 544.

référé classique ou référé em cas d'urgence (situações de urgência art. 808); 2) *référé de prévention ou de remie em état* (objetiva impedir dano iminente ou transtornos ilícitos art. 809); 3) *référé provision* (confere um provimento sobre crédito pecuniário); e 4) *référé provision* (exige o cumprimento de uma obrigação de fazer art. 809).[318]

Consoante estudo de Ada Pellegrini Grinover, no sistema francês, "quase 100% (mais de 90%) dos casos são solucionados sem valer-se de procedimento ordinário de cognição exauriente".[319]

Vale menção, ainda, ao fato de que, no sistema francês, a decisão antecipatória estabilizada se mostra transitória, em razão de poder ser comutada por uma de cognição exauriente (não temporária), haja vista que, "caso não seja objetada, propende a levar a efeitos de forma indefinida".[320]

2.4 A tutela de evidência e seu enquadramento no art. 311, do CPC de 2015

Indubitavelmente, o legislador pretendeu empregar conceitos jurídicos indeterminados, o que leva a uma brecha para que a tutela da evidência seja utilizada. Além do inciso I, isso é igualmente perceptível no inciso IV do art. 311.

Ambos os incisos viabilizam maior extensão na aplicação do dispositivo, vez que apresentam expressões vagas, cujo significado é complementado a partir da verificação no caso concreto. Nesse sentido, ficam evidentes a noção de abuso de defesa ou manifesto propósito protelatório da parte, expressões que apresentam imprecisão semântica, possibilitando que o aplicador de direito complemente o sentido.

Consoante o inciso IV do art. 311, do Código de Processo Civil, a concessão da tutela da evidência só poderá ocorrer mediante a instrução da petição com prova documental suficiente dos fatos que compõem o direito do autor e caso o réu a contradiza por meio de alguma outra prova que possa incutir *dúvida razoável*.

---

[318] *Idem.*

[319] GRINOVER, Ada Pellegrini. Proposta de alteração do Código de Processo Civil: justificativa. *Revista de Processo*, São Paulo, v. 86, p. 191-195, abr./jun. 1997, p. 195.

[320] THEODORO JÚNIOR, Humberto; ANDRADE, Érico. A autonomização e a estabilização da tutela de urgência no projeto de CPC. *RePro*, São Paulo, v. 206, abr. 2012, p. 35.

Não obstante, vale a menção à impossibilidade de se especificar uma prova que gere dúvida razoável. Isso implica que somente à luz da situação concreta o magistrado será capaz de constatar a existência ou não de dúvida que possa frustrar a concessão da tutela da evidência.

A *condanna con riserva* possibilita a condenação até mesmo anterior ao exame das exceções, postergado para uma fase posterior do processo, em razão de uma prova documental de especial qualidade ou por outras justificativas também importantes.[321]

Uma dessas outras justificativas pode ser o acolhimento ou não da denegação por parte do réu, isto é, quando for caracterizado o que a doutrina italiana denomina de "*titolo* ou fatto *non controve*".[322]

Nesse caso, embora não haja uma prova documental, o fato de o réu silenciar-se ou anuir permite a condenação com reserva, conforme previsão, por exemplo, do art. 65, da Lei 1.669, de 14.12.1933 (*cambiale*), e do art. 57, da Lei 1736, de 21.12 de1933 (*assegno bancario*). Outrossim, o instituto está considerado, de forma mais recente, nos arts. 35, 36, 648 e 665, do Código de Processo Civil italiano, e também no art. 1.462, do Código Civil italiano.

A origem da condenação com reserva, no sistema italiano, se encontra na aplicação do princípio que estabelece a duração do tempo processual à qual deve se sujeitar a parte que carece da dilação probatória, corrobora Giuliano Scarselli: "Nestes casos, a condenação com reserva responde mais simplesmente ao princípio de que o prazo imediato do julgamento deve ser prejudicial para a parte que necessita do tratamento do caso para provar a existência do direito ou exceção."[323, 324]

Tal contexto compõe a defesa de Luiz Guilherme Marioni, no Brasil, há tempos, quando aborda a distribuição do ônus do tempo no processo: "A técnica antecipatória, é bom que se diga, é uma técnica de distribuição do ônus do tempo do processo. A antecipação certamente eliminará uma das vantagens adicionais do réu contra o autor que não pode suportar, sem grave prejuízo, a lentidão da Justiça".[325]

---

[321] LIEBMAN, Enrico Tullio. *Eficácia e autoridade da sentença e outros escritos sobre a coisa julgada*. 2. ed. Rio de Janeiro: Forense, 1981.

[322] SCARSELLI, Giuliano. *La condanna con riserva*. Milano: Dott. A. Giuffrè Editore, 1989, p. 405.

[323] *Idem*, p. 551.

[324] "*In questi casi la condanna con riserva responde più semplicemente al principio per il quale i tempi immediati del processo devono andare a danno pela parte che ha bisogno della trattazione della causa per provare l'esistenza del diritto o dell'eccezione*" (tradução nossa) (*Idem*, p. 551).

[325] MARINONI, Luiz Guilherme. *Técnica processual e tutela dos direitos*. 2. ed. rev. e atual. São Paulo: Revista dos Tribunais, 2008, p. 23.

Leciona esse doutrinador que "é tarefa da dogmática – preocupada com a construção do processo justo e isonômico – construir técnicas que justifiquem racionalmente, a distribuição do tempo do processo".[326]

Estaria aí a justificativa de se conferir um caráter progressista ao provimento antecipatório, "em razão de este possibilitar uma inovação imediata, fazendo com que haja redistribuição do ônus temporal entre as partes que compõem o processo".[327]

Em outra perspectiva, o sistema processual italiano desconhece um procedimento genérico de antecipação sem urgência, diferentemente do que sucede na França por meio do instituto do *référé-provision*, o que leva Proto Pisani a lastimar essa displicência da lei.

Nessa mesma seara, Luiz Guilherme Marinoni faz menção ao fato de que, na Itália, há um anelo no sentido de que seja instituída uma norma que determine a atipicidade da condenação com reserva. Esse doutrinador acrescenta que essa intuição chegou a ser sugerida por um grupo de estudos do Conselho Superior da Magistratura italiana, não obstante tal proposta não foi aceita.

Traçando-se um paralelo entre os sistemas italiano e francês, infere-se interesse significativo ao caráter atípico do *référé-provision*, vez que a concessão deste pode ser possível em qualquer caso de obrigação que seria pouco contestável. Outrossim, não existem limites inerentes à matéria objeto da apreciação judicial, justificando-se, assim, a ordem de *référé* nas ações civis e comerciais, seja a natureza da obrigação contratual ou extracontratual.

Infere-se que há pertinência na crítica relativa a essa tipicidade, vez que o sistema italiano aborda conjunturas idênticas de maneiras diversas, possibilitando, assim, a satisfação antecipada de algumas obrigações ao passo que outras devem esperar que a instrução se encerre. Essa ilogicidade afasta parcialmente a justificação lógica e sistemática que lastreia o próprio instituto.

Resta evidente que várias situações concretas não amoldadas na tipificação da legislação italiana demandariam que a condenação com reserva fosse aplicada para se estear a aplicação do princípio que rege que a parte que demanda instrução deve suster o tempo do processo.

---

[326] MARINONI, Luiz Guilherme. *Tutela antecipatória, julgamento antecipado e execução imediata de sentença*. 4. ed. São Paulo: Revista dos Tribunais, 2000, p. 32.

[327] ASSIS, Araken de. *Doutrina e prática do processo civil contemporâneo*. São Paulo: Revista dos Tribunais, 2001, p. 403.

Assentia-se, assim, que o processo tivesse a possibilidade de proceder consoante ao que é usual mais do que relativo ao que de fato pode ocorrer:

> Mas quem entende o processo como um órgão de aplicação da lei objetiva e a ação como um direito autônomo, entende mais facilmente que o processo, no interesse geral, às vezes se comporta de acordo com o que geralmente acontece e não de acordo com o que pode efetivamente acontecer no caso concreto. É o Estado que, tendo em conta a autoridade do juiz de apelação e a raridade (de forma relativa, ou seja, percentual) das reformas de sua sentença, determina deitar as mãos sobre o patrimônio do réu condenado em recurso, embora não sim saiba se é realmente devedor, e isso porque normalmente o réu condenado em recurso é realmente devedor, e é útil, no interesse geral do comércio legal, considerá-lo sempre como tal. Mas isso é um direito do Satato (como, em outro campo, a prisão preventiva do acusado é um direito do Estado): esse direito do Estado corresponde no setor privado a uma mera ação.[328]

Restava, assim, baseado na lógica, o questionamento: em caso da manutenção de maior parte das decisões proferidas pela Corte, qual a razão para não haver permissão para a célere realização dos direitos? A escolha do legislador foi pela valorização da decisão proferida no julgamento da apelação, atribuindo-lhe efeito executivo imediato.[329]

Em outras palavras, o entendimento do que é usual consente que o tempo da espera seja invertido. Tal percepção pode e deve ser aplicada à tutela da evidência. Mesmo no trato de decisões mais frágeis em razão de estarem lastreadas em cognição sumária.

A concepção de Chiovenda do emprego *id quod plerumque accidit* para autorização da execução é corroborada por Andrea Proto Pisani, quando este recomenda, em texto de 1987, o estabelecimento de parâmetros, pelo legislador, fundamentado na noção do *id quod plerumque*

---

[328] CHIOVENDA, Giuseppe. *Instituciones de derecho procesal civil*: traduccion del italiano y notas de derecho espanol por E. Gomez Orbaneja. Imprenta. Madrid: Revista de Derecho Privado, 1940, p. 215.

[329] Consoante o art. 375, do Código de Processo Civil, há possibilidade e obrigatoriedade de o Poder Judiciário atuar lastreado no que é usual em razão do princípio da eficiência (Art. 375). O juiz aplicará as regras da experiência comum subministradas pela observação do que ordinariamente acontece e, ainda, as regras de experiência técnica, ressalvado, quanto a estas, o exame pericial (Lei 13.105 de 2015 disciplina o Código de Processo Civil brasileiro).

accidit, nos casos em que é complexa a elucubração entre os riscos da concessão ou da não concessão da medida.[330]

Na concepção de Proto Pisani, em caso de tais hipóteses, o melhor seria o estabelecimento abstrato e em caráter geral acerca de qual dos interesses deveria preponderar, cabendo ao magistrado o exame apenas do *fumus boni juris* ou do *fumus* associado a um *periculum de previsão* típica na legislação.

Importante se mencionar que Proto Pisani alude a um juízo prévio, realizado pelo próprio legislador visando tornar mais simples a atividade judicial na deliberação em autorizar ou não a tutela provisória, ou seja, *aquilo que normalmente acontece* já encontraria previsão legal levando a se consentir na concessão da medida pelo magistrado. Esse é o cenário por ocasião da fixação da evidência *a priori* – liminares possessórias, de embargos de terceiro, de alienação fiduciária, de despejo, de ações de improbidade.

Calamandrei leciona que, em determinas conjunturas, a verossimilitude se mostra prestadia para tornar a alegação da parte crível, levando tal alegação a se configurar como testemunho de uma prova acerca da verdade.[331]

---

[330] "a situação estaria obviamente destinada a mudar consideravelmente e, a meu ver num sentido positivo, se o legislador – recorrendo a técnicas do tipo acima indicado, no nº 3 –, na presença de situações em que a avaliação comparativa dos dois perigos é particularmente complexo de opor dano, interveio no sentido de realizar, ao nível da avaliação geral e abstracta, com base no *id quod plerumque accidit*, a avaliação, para certas categorias de hipóteses, dos interesses em conflito, determinando juridicamente cujo interesse é prevalecente, remetendo ao juiz apenas a avaliação do *fumus boni iuris* ou a avaliação do *fumus boni iuris* juntamente apenas com a identificação de um perículo *in mora* (do autor ou, se necessário, também apenas o réu) tipificado legalmente" (tradução nossa). "*la situazione sarebbe destinata ovviamente a mutare notavolmente e, a mio avviso in senso positivo, se il legislatore – utilizzando tecniche della specie di quelle indicate supra, al paragrafo 3 –, alla presenza di situazioni in cui è particolarmente complessa la valutazione comparativa dei due pericoli di danno contrapposti, intervenisse nel senso di effettuare a livello di valutazione generale ed astratta, sulla base dell'id quod plerumque accidit, la valutazione, per determinate categorie di ipotesi, degli interessi in conflito determinando legislativamente quale sia l'interesse di rango prevalente, e rimettendo al giudice o solo la valutazione del fumus boni iuris o la valutazione del fumus boni iuris unitamente solo alla individuazione di un periculum in mora (dell'attore o se del caso anche del solo convenut) legislativamente tipicizzato*" (PISANI, Andrea Proto. Appunti sulla tutela cautelare nel processo civile. *Rivista di Diritto Civile*, Padova: Cedam, 1987b, p. 133).

[331] "Pode-se dizer que, quando há verossimilhança, pode acontecer que quem afirma fatos em si mesmo favoráveis seja presumido: há até casos em que é a mesma lei que, excepcionalmente, permite ao juiz dar a a afirmação de uma parte, desde que provável, o mesmo valor que uma prova definitiva da verdade" (tradução nossa). "*Si può dire che, quando c'è la verosimiglianza, può accadere che la parte che afferma fatti a sè favorevoli sia creduta sulla parola: vi è perfino qualche caso in cui è la stessa legge che, in via eccezionale, consente al giudice di dare alla affermazione di parte, purché verosimile, lo stesso valore di una prova definitiva di verità*" (CALAMANDREI, Piero. Veritá e verosimiglianza nel processo civile. *Rivista di Diritto Processuale*, Padova: Cedam, 1955, p. 188).

A lógica que deve permanecer por ocasião da análise da concessão da tutela provisória é a relativa à probabilidade e ao *que normalmente acontece,* fundamentada em provas já produzidas e na bagagem do juiz. Assim, a proposta é a de que o raciocínio para a convicção judicial quanto à tutela da evidência tenha como lastro *aquilo que normalmente acontece* e não no que *pode acontecer.*

Isso significa que a noção em relação *àquilo que normalmente acontece* deve distanciar o silogismo obsoleto que conduz à não concessão da medida, pelo juiz, quando este se depara com alguma incerteza. Testemuha-se, assim, significativa quantidade de decisões que denegam a tutela da evidência em razão da possibilidade de a versão do réu perdurar ao término, ainda que isso seja pouco admissível.

Destarte, existe a possibilidade de a argumentação improcedente do réu ser considerada real, porém isso é *unusual.* É provável todo um universo de conjunturas: por outro lado, a prática humana e o raciocínio tendem à probabilidade de que tal não ocorra. Assim, resta o questionamento: por que razão a lentidão do processo deve ser aturada pelo autor?

Infere-se que contexto totalmente diferente é encontrado na tutela de urgência, na qual há um *periculum in mora* que leva o juiz a decidir, obrigando ação imediata do Poder Judiciário. Há necessidade de se aceitar o risco, sob a pena de o direito ser extinto.

Vale destaque ao fato de que a ocorrência de grande parte das decisões de tutela da evidência se dá apenas no momento da sentença, o que é censurável vez que não é essa a única finalidade da tutela da evidência, o que leva à realização imediata do direito altamente provável.

Esse parecer está lastreado, obviamente, na probabilidade, consoante o art. 300 assim como os motes de experiência do juiz, vez que esta pode corroborar que uma probabilidade lógica seja construída e que a concessão da medida seja autorizada.

Destaque-se que tal paralelismo não se encontra no sistema brasileiro nem mesmo no sistema italiano de tutela sumária, a responsabilidade da concessão de medidas provisórias durante o trâmite do processo principal é do magistrado a quem compete o julgamento do mérito. Isso justifica a afirmativa de que a solução francesa se contrapõe à italiana, "vez que esta outorga ao magistrado de mérito o exame das medidas provisórias".[332]

---

[332] BONATO, Giovanni; QUEIROZ, Pedro Gomes de. Os *référés* no ordenamento francês. *Revista de Processo*, São Paulo, v. 255, p. 527-566, maio, 2016, p. 527-528.

O sucesso e a extensa aplicação do *référé* são corroborados pela independência e autonomia deste, vez que, ao passo que *juge de référé*, a atuação do juiz se volta tão somente para o exame das medidas provisórias, com foco estrito apenas em agir de forma provisória no que concerne a pedido específico. Em decorrência disso, o magistrado não posterga a providência que possivelmente seja estabelecida naquele momento – crucial no que se refere ao *référé-provision*, que se caracteriza exatamente pela ausência de urgência.

O transcorrer do tempo das medidas sem caráter de urgência, embora configure causa de instabilidade e arbitrariedade, não possibilita a extinção do direito, ou seja, quando inexiste *periculum in mora*, no Brasil, o juiz lamentavelmente não é obrigado a tomar decisão em caráter provisório. Na concepção de Barbosa Moreira, "uma escala de valores e uma visão de mundo são perceptíveis".[333]

É fato, assim, que ocorre a desconsideração de que o tempo do processo leva a um prejuízo para o demandante que apresenta argumento. Resta evidente que houve pouca aplicação da tutela da evidência, regulamentada pelo Código de Processo Civil de 1973.[334]

Tal testificação leva à constatação de que há estreita vinculação entre a ideia de julgamento ou decisão judicial à procura de certeza jurídica. Trata-se de excepcionalidade o julgamento lastreado em probabilidade, o qual é amplamente desmerecido e rechaçado dentro do sistema.

No sistema processual brasileiro, resta óbvio o entendimento de que decisões provisórias não se tratam de julgamentos.[335]

A denúncia de Ovídio Baptista da Silva aponta para um "bloqueio mental, culturalmente construído pela doutrina" e propalado em termos acadêmicos.[336]

---

[333] BARBOSA MOREIRA, José Carlos. *Temas de direito processual*: quinta série. São Paulo: Saraiva, 1994, p. 29.

[334] Importa se mencionar que, no art. 273 do Código de 1973, pelas alterações das leis 8.952/94 e 10.444/2002, teve início a autorização da antecipação da tutela, quando comprovados o abuso do direito de defesa ou o manifesto propósito protelatório do réu (inciso II) assim como provado inconsistente um dos pedidos cumulados ou parte deles (§6º). Não obstante, houve ampliação, pelo Código de 2015, das hipóteses legais que permitem essa forma de tutela.

[335] "Para o sistema, não pode haver sequer "julgamento provisório". Julgar provisoriamente é não julgar. Para o sistema, não há decisão provisória sobre a lide. Na verdade, decidir provisoriamente é nada decidir" (SILVA, Ovídio Araújo Baptista da. Racionalismo e tutela preventiva em processo civil. *Revista dos Tribunais*, São Paulo, ano 91, v. 801, jul. 2002, p. 40).

[336] "O que ocorre é mais um bloqueio mental, culturalmente construído através de uma

A finalidade do processo civil não se restringe apenas em solucionar os conflitos de interesses existentes entre as partes, mas se volta, inclusive, à orientação do comportamento das partes e à interpretação da fundamentalidade do direito. Ainda assim, não se deve desatender à relevância dos juízos provisórios.

Em razão dessa assertiva, é necessário se reconsiderar a questão cultural que prevalece na aplicação das regras processuais no Brasil, visando-se assegurar maior eficiência ao sistema. Também é premente se entender o que está implícito na percepção de que os direitos só sejam satisfeitos quando a certeza jurídica for obtida.

2.5 O tratamento do art. 332 como pressuposto para uma releitura do art. 311, inciso II, do CPC de 2015

Para se corroborar o proposto, conforme já mencionado, faz-se menção ao art. 332, do CPC, que é o instituto do julgamento liminar de improcedência do pedido da petição inicial, o que na legislação revogada tem suas raízes no art. 285-A,[337] do CPC, de 1973.

Este dispositivo da norma revogada inseriu, no ordenamento jurídico brasileiro, o instituto do julgamento de improcedência liminar do pedido, o que foi mantido no CPC de 2015, todavia, de modo ajustado, estando agora vinculado à jurisprudência pacificada nos órgãos superiores e à análise extensiva dos precedentes, diga-se de passagem.

Hoje, encontra-se, no art. 332, a permissão de que a técnica de aceleração de julgamento seja aplicada ainda que haja matéria de fato, desde que seja devidamente comprovada junto com a petição inicial.

Não haverá necessidade de fase instrutória se o pleito contrariar a jurisprudência formalizada em enunciado de Súmula do STF ou do STJ, acórdão proferido em recurso extraordinário ou recurso especial repetitivo; se for contrário ao entendimento firmado em incidente de resolução de demandas repetitivas ou incidente de assunção de

---

doutrina que, formando-nos a partir dos bancos acadêmicos, obriga-nos a eliminar de nosso horizonte conceitual todas as formas de tutela processuais que, burlando o juízo de certeza que se exige dos magistrados, lhes pudesse prover de poderes para tutelar alguma situação hipotética, posto que futura, ainda que verossímil. Como se sabe, a tutela preventiva sustenta-se, em maior ou menor grau, num juízo de probabilidade. Tutela-se o que "provavelmente" possa ocorrer. E isso corresponderia a conceder ao juiz poderes que o sistema não está disposto a transferir-lhe" (SILVA, Ovídio Araújo Baptista da. *Processo e Ideologia*: o paradigma racionalista. 4. ed. Rio de Janeiro: Forense, 2004, p. 217).

[337] Lei 5.869 de 1973 que instituiu o Código de Processo Civil (já revogado).

competência; e quando o pedido for contrário à súmula do Tribunal de Justiça sobre o direito local.[338]

Em essência, o art. 332, do CPC, institui, no direito processual civil brasileiro, a possibilidade do julgamento do feito em um momento inicial do processo, dispensando, inclusive, a citação do réu como condição do proferimento da sentença.

Há quem defenda, inclusive, que se faz necessária uma interpretação extensiva do referido dispositivo de lei, sendo que a proposta seria autorizar o julgamento de improcedência liminar do pedido do autor nos casos em que, não havendo necessidade de fase instrutória, o pleito contrariar precedentes do Supremo Tribunal Federal e do Superior Tribunal de Justiça, retratados ou não em súmulas, decorrentes ou não de julgamento de casos repetitivos, e do enunciado de súmula de Tribunal de Justiça sobre o direito local.[339]

Corroborando, no art. 932, IV e V, permite-se abreviação procedimental para o relator quando a tese recorrida for de encontro à súmula do Supremo Tribunal Federal, do Superior Tribunal de Justiça ou do próprio tribunal; quando de acórdão proferido pelo Supremo Tribunal Federal ou pelo Superior Tribunal de Justiça em julgamento de recursos repetitivos; quando de entendimento firmado em incidente de resolução de demandas repetitivas ou de assunção de competência.

A exemplo do que se propõe, o autor Fábio Victor da Fonte Monnerat traz uma importante lição quando o recurso advindo da sentença do art. 332 chega ao relator, e este, "prestigiando os princípios da eficiência e da celeridade processual, atua monocraticamente

---

[338] Segundo Daniel Mitidiero, o art. 332 "constitui forma de abreviação procedimental ligada à necessidade de promoção da tempestividade da tutela jurídica e fundada na percepção de que é inútil se prosseguir com o processo, dada a imediata percepção judicial de ausência de razão pelo autor".

[339] Para Fábio Victor da Fonte Monnerat, no tratamento do referido artigo, tem-se que "O rol do art. 332 do CPC em grande medida coincide com o rol de pronunciamentos vinculante do art. 927, ainda que este não repute vinculantes as súmulas de tribunal locais e aquele não faça referência expressa aos pronunciamentos do STF em ações de controle concentrado. De toda forma, por interpretação sistemática, caso a petição inicial esteja fundamentada em lei ou ato normativo considerado inconstitucional pelo STF, ou fundado em aplicação ou interpretação da lei ou controle de constitucionalidade concentrado a sistemática do art. 332 indubitavelmente se impõe. Por outro lado, o fato de as súmulas do tribunal local não estarem expressamente previstas no art. 927 do CPC como pronunciamentos vinculantes, isso não lhe retira a funcionalidade de permitir a improcedência liminar do pedido, tal como previsto no art. 332 do Código" (MONNERAT, Fábio Victor da Fonte. *Súmulas e precedentes qualificados*: técnicas de formação e aplicação. São Paulo: Saraiva Educação, 2019, p. 233).

no julgamento, por meio dos casos arrolados no art. 932, IV e V, do Código".[340]

Ainda, de outro lado, os acréscimos das "súmulas de tribunais locais" são sistematicamente admissíveis e até mesmo recomendáveis como base para atuação monocrática.

No mais, verificam-se, no rol do art. 932, IV, os precedentes qualificados, proferidos em julgamento de recursos repetitivos e incidente de assunção de competência, aos quais por analogia "devem ser acrescidos os entendimentos consagrados em incidente e arguição de inconstitucionalidade", previsto no art. 948 do código.[341]

Tudo isso somado à explicação das razões que levaram à deliberação por parte do relator, quando da decisão monocrática, segundo o art. 932, IV e V, por meio de precedente qualificado ou súmula aplicável.

O autor Daniel Penteado de Castro, na obra que trata da "Antecipação de tutela sem o requisito da urgência", no tocante ao tratamento do art. 932 em consonância com o art. 332, elenca que

> O julgamento monocrático, em brevíssima síntese, também encurta o procedimento tradicional de processamento dos recursos nos tribunais, permite a dispensa da colegialidade, com fundamento na existência de súmula do STF, STJ ou do próprio tribunal, acórdão proferido pelo STF ou STJ em julgamento de recursos repetitivos e entendimento firmado em incidente de resolução de demandas repetitivas ou assunção de competência, seja para exercer juízo de admissibilidade ou juízo de mérito ao recurso. O emprego dessa técnica convida à reflexão se as características que compõem o julgamento monocrático, mormente na hipótese de 'dar ou negar provimento' por força de exame de mérito de dado recurso e suficiente para adquirir o atributo de definitividade mediante substituição de decisão anterior (art. 1.008 do NCPC – art. 512 do CPC/73), não poderiam ser úteis às margens da aplicação da antecipação de tutela.[342, 343]

---

[340] MONNERAT, Fábio Victor da Fonte. *Súmulas e precedentes qualificados*: técnicas de formação e aplicação. São Paulo: Saraiva Educação, 2019, p. 227.

[341] Lei 13.105 de 2015 que disciplina o Código de Processo Civil Brasileiro.

[342] CASTRO, Daniel Penteado de. *Antecipação de tutela sem o requisito da urgência*: panorama geral e perspectivas no novo Código de Processo Civil. Salvador: JusPodivm, 2017, p. 60.

[343] E ainda conclui o referido autor que "Tais técnicas, apontadas nos últimos parágrafos, não há dúvida, além de primarem pelo valor celeridade, convergem à tendência de valorização de precedentes, cada uma informada em dada medida por "súmulas de tribunais superiores e tribunais locais", "entendimento firmado em julgamento de recurso especial ou extraordinário repetitivo, assunção de competência e incidente de resolução de demandas repetitivas" (*Idem*, p. 64).

Voltando os olhos para o inciso II do art. 311, a partir da análise posta no art. 332 (de improcedência liminar do pedido quando a tese contrariar precedentes), admitir taxatividade no rol que permite tal deferimento é um retrocesso.

Manter essa taxatividade no Brasil é ir de encontro às próprias raízes históricas do instituto. Eduardo da Fonseca Costa afirma que, caso isso aconteça, "terá o legislador contribuído para a frustração da magnânima ideia que o inspirou".[344]

Entende-se que deve haver tratamento paritário e isonômico para a aplicação da tutela de evidência, sem preocupação com o casuísmo. Essa afirmação encontra respaldo no movimento de uniformização da jurisprudência, ante a comissão de juristas nomeada para a elaboração do anteprojeto que expressamente afirmou que, dentre os objetivos da reforma do CPC, está o de "imprimir maior grau de organicidade ao sistema, dando-lhe, assim, maior coesão".[345]

Caso se entendesse que o rol do art. 311 se referia apenas a situações tipificadas e já previamente desenhadas pelo legislador, "haveria um tratamento privilegiado a alguns, em detrimento de inúmeras outras situações que ficariam ao desamparo da norma".[346]Nesse sentido, defende-se que o magistrado deverá assumir, responsavelmente, riscos, abandonando o juízo de certeza plena. Eis que "a certeza só se terá, em tese, quando, na sentença em processo de cognição plena, o Estado prejudica o cidadão diante da má prestação do serviço tendente à tutela jurisdicional".[347]

O convencimento judicial não é livre e não implica valorações de cunho eminentemente subjetivas, isentas de critérios e controles: "Não pode o magistrado desconsiderar o diálogo processual, devendo buscar pautas ou diretrizes de caráter objetivo para ter uma valoração lógica e racional (modelos de constatação ou standards judiciais)".[348]

O órgão julgador, tampouco, pode deixar de enfrentar todos os pontos ou questões, objeto de argumentação das partes, que, se considerados, poderiam alterar a decisão proferida. Interpretação diversa ensejaria violação à garantia fundamental do devido processo legal.

---

[344] COSTA, Eduardo José Fonseca. Art. 300. *In*: STRECK, Lenio Luiz; NUNES, Dierle; CUNHA, Leonardo (orgs.). *Comentários ao Código de Processo Civil*. São Paulo: Saraiva, 2016, p. 399.

[345] Lei 13.105 de 2015 que disciplina o Código de Processo Civil Brasileiro.

[346] *Idem, ibidem.*

[347] Lei 13.105 de 2015 que disciplina o Código de Processo Civil Brasileiro.

[348] *Idem, ibidem.*

Com esse sentir, caso o autor, com base em precedentes listados no art. 332 do CPC/15, venha a formular pleito de tutela de evidência, não há por que não se adotar uma leitura extensiva do art. 311, II, do CPC/15. Se, neste mesmo exemplo, o réu formulasse pedido em afronta a um precedente previsto no art. 332 do CPC/15, teria sua ação liminarmente julgada improcedente; portanto, nada pode impedir o autor, de nessa mesma hipótese do art. 332 do CPC/15, formular pleito de tutela provisória de evidência, nos termos do art. 311, II, do CPC/15. Se o CPC/15 permite o mais grave (julgamento de liminar improcedência, nos termos do art 332 do CPC/15), não há razão para não permitir a concessão de tutela de evidência com base nos precedentes elencados no art. 332 do CPC/15, ainda que não coincidam literalmente com as hipóteses do art. 311, II, do CPC/15.

2.5.1 Abuso do direito de defesa ou propósito protelatório do réu

Nessa mesma justificativa, O Código de Processo Civil em muito inovou a sistemática das tutelas provisórias, quando disciplina a tutela da evidência, no art. 311. A proposta deste estudo é uma releitura do art. 311, a fim de demonstrar a importância do instituto da tutela de evidência quando esta for amparada em precedentes. E o desafio seria o de aplicar este instituto não somente nos precedentes fundados em casos de tese repetitiva e súmula vinculante, mas também nas hipóteses previstas no art. 927, do CPC, e nas estipuladas no art. 332, do CPC. Logo, o que se pretende é a ampliação das hipóteses de aplicação do art. 311, II, buscando-se uma leitura sistemática destecom o art. 927 e com o art. 332 do diploma processual.

Não é possível se considerar o inciso II, do art. 311, do Código de Processo Civil, um rol taxativo, vez que aquele apenas permitiria a antecipação em caso de julgamentos de casos repetitivos ou súmulas vinculantes. Essa reflexão não conseguiria subsistir até mesmo a um exame metódico do Código. Diante disso, questiona-se: qual o motivo de uma possível autorização, pela decisão em incidente de assunção de competência, da improcedência liminar (art. 332, III do CPC) quando o mesmo não ocorre em relação à tutela da evidência?

O objetivo desta pesquisa é proceder a uma releitura do inciso II do art. 311, visando à maior proximidade do direito evidente pleiteado em relação à sociedade, por ocasião do lastro da tese desse direito em precedentes firmados, apontando, dessa forma, um propósito social positivo no que concerne ao tempo gasto no processo.

CAPÍTULO 3

A DINÂMICA DO ART. 927
E A IMPORTÂNCIA DOS PRECEDENTES
PARA O CPC DE 2015

3.1 A unidade do direito por meio da verticalização das decisões

Em razão de ciência do recurso e julgamento do mérito, os processos interrompidos terão seu exame realizado a fim de que seja aplicada a tese jurídica instituída no julgamento do caso (paradigma). Outrossim, agrega-se que "Nesse contexto é que se justifica a harmonização da técnica de julgamento em bloco em relação ao novo perfil do recurso extraordinário e recurso especial".[349]

Nesse sentido, os recursos especiais e extraordinários repetitivos devem ser vistos como formas de se instituir precedentes que conferem significado ao direito e, por essa razão, necessitam regulamentar os demais casos. "Há que também se respeitar os precedentes constituídos em recursos extraordinários e especial repetitivos por suas *rationes decidendi* e não somente porque configuram solução de casos em volume".[350]

Deverá haver consagração da decisão pelos tribunais estaduais e regionais federais expondo um caso de julgamento lastreado em precedente concebido pelo Superior Tribunal de Justiça.

A partir do discutido, concluiu-se que a técnica de julgamento de recursos repetitivos, embora não seja provida de efeito vinculante,

---

[349] MARINONI, Luiz Guilherme; ARENHART, Sérgio Cruz; MITIDIERO, Daniel. *Novo Código de Processo Civil*. São Paulo: Revista dos Tribunais, 2015, p. 980.

[350] *Idem*, p. 145.

apresenta a função de prescrever a tese estabelecida no âmbito do Superior Tribunal de Justiça acerca de causas semelhantes, devendo ser dotada de efeito vinculante.

No que respeita à reforma pela qual passou o Código de Processo Civil, é notório que, no anteprojeto deste, tenha havido inserção do tema dos precedentes no processo legislativo, a partir do Substitutivo da Câmara dos Deputados 8.046/2010, haja vista que, no PLS 166/2010, não constava previsão alguma acerca dos precedentes judiciais.

A proposta original, apresentada no Senado Federal, trazia como foco a normatização do dever dos tribunais quanto à padronização da jurisprudência, com vistas à estabilidade desta, sem, entretanto, incisivo acolhimento de um sistema de precedentes.

Ocorreu alteração da localização dos dispositivos relativos aos precedentes da tramitação do projeto novamente pelo Senado. Previamente à aprovação por este, as disposições se focavam no regramento do processo de conhecimento, especificamente "Do precedente judicial", no Capítulo XV, do Título II, do Livro I, na Parte Especial.

Não obstante, a lei, na sua versão definitiva, suprimiu o mencionado capítulo, fazendo deslocar os dispositivos, agora sem a definitiva referência ao título de precedente judicial, para o Capítulo I, do Título I, do Livro III, que aborda os processos nos tribunais e o sistema recursal.

Resume-se, assim, "o caminho simples percorrido para a adoção do sistema dos precedentes obrigatórios, advindo da legislação de 2015 como fim de padronizar as decisões, tornando o Judiciário mais seguro juridicamente e crível".[351]

3.1.1 A doutrina dos precedentes no *common law*

Quanto aos precedentes normativos relativos aos julgados e entendimentos cuja observação, pelas demais instâncias, é imperiosa, a transgressão a eles justifica protestação. A prescindibilidade do instrumento da reclamação, em países do *common law*, é notória para a efetivação da eficácia normativa, com o acatamento dos *binding precedents* sendo o intento e prática do sistema.

---

[351] MEDEIROS NETO, Elias Marques de; GERMINAR, Jefferson Patrik. O princípio da dignidade da pessoa humana nas relações jurídicas regidas pela lei 13.105/2015. *Revista da EMERJ*, Rio de Janeiro, v. 21, n. 2, 2020, p. 62. Disponível em: https://www.e-publicacoes. uerj.br/index.php/redp. Acesso em: 3 jun. 2020.

Não obstante, isso não é testemunhado no Brasil. O acolhimento de reclamação é basilar no sistema brasileiro para que o respeito ao precedente se efetive. O que se observa é que, em terras nacionais, inexiste tradição nessa lógica; opostamente se constata certa relutância quanto a se assentir o aumento de precedentes vinculantes, em razão de se julgar que há interferência descabida destes na independência e no livre convencimento dos magistrados.

Importa mencionar que, consoante a história do processo civil brasileiro, existe significativa inovação jurídica em que é perceptível uma força incorporada ao sistema da *civil law.*

Em termos técnicos, para a preminilariedade de uma decisão judicial, faz-se mister que a vinculação se origine na regra de direito inscrita no julgado, denominada *ratio decidendi* ou *holding.* Essa regra é eduzida ou desenvolvida a partir dos elementos da decisão – fundamentação, dispositivo e relatório.

Resulta daí que o conceito de precedente é qualitativo, vez que está sujeito à qualidade dos motivos evocados para se explicar a questão decidida; qualificam-se como precedentes somente as razões jurídicas, necessárias e suficientes.[352]

Ressalve-se que existem muitas distinções entre o sistema de precedentes brasileiro e o sistema anglo saxão que lhe deu origem, vez que, neste, a força vinculante está afiliada ao sistema da *common law,* sendo necessário que esta se limite às decisões precedentes.

No contexto brasileiro, inexiste tal imposição, restando correto que o juiz se sujeite às decisões das cortes superiores.[353]

Quanto à regra do *stare decisis,* esta se trata da referência da segurança jurídica em um direito que se caracteriza por dupla

---

[352] "O precedente encarna uma norma devidamente compreendida à luz dos fatos, mas jamais é sobre um fato" (TUCCI, José Rogério Cruz e. *Parâmetros de eficácia e critérios de interpretação do precedente judicial*: Direito Jurisprudencial. São Paulo: Revista dos Tribunais, 2012, p. 123) – "a decisão a partir da qual as razões são generalizáveis é que leva em consideração um conceito contexto fático-normativo. A *ratio* constitui ainda uma razão necessária e suficiente para a solução de uma dada questão: necessária é a razão imprescindível, ao passo que suficiente é aquela que basta" (MARINONI, Luiz Guilherme. *Precedentes obrigatórios*. 2. ed. São Paulo: RT2011, p. 239).

[353] (o denominado *stare decisis*). Consoante Hermes Zaneti Júnior, *stare decisis* – regra no *common law*, anteriormente – nada comparado com as dimensões que a nova legislação processual apresenta agora. O direito brasileiro adotou, com a edição do novo Código de Processo Civil, um modelo normativo de precedentes formalmente vinculantes que passarão a construir fonte primaria do nosso ordenamento jurídico (CABRAL; Antonio do Passo: CRAMER, Ronaldo (coord.). *Comentários ao novo Código de Processo civil*. Rio de Janeiro: Forense, 2015, p. 1035).

indeterminação, motivo pelo qual as Cortes Supremas necessitam conferir unidade à ordem jurídica e conservar a estabilidade desta. Ainda, resta a obrigação, aos magistrados, de se orientar pelos próprios precedentes (*stare decisis* horizontal). "Na obrigação das Cortes de Justiça e de todo o magistrado de primeiro grau de aplicarem os precedentes das Cortes Supremas à jurisprudência vinculante das próprias cortes à qual se encontram sujeitos (*stare decisis* vertical)".[354]

É notória a preocupação do Código de Processo Civil, no seu art. 926, em colocar em relevo a estabilidade, a integridade e a coerência da jurisprudência, vez que há a possibilidade de ocorrerem desobediência à *stare decisis* vertical assim como hipóteses de compreensão adversa da *ratio decidendi* que se dão quando o juiz não se limita às decisões prévias. O código, em seu art. 927, relaciona as decisões que devem ser levadas em conta por magistrados e tribunais, na expectativa da concretização dessa inovação.[355]

Retomando-se o art. 926, importante se ressaltar que este apresenta a instrução a ser observada pelos tribunais brasileiros, trazendo que, para a padronização, estabilidade, integralidade e coerência da sua jurisprudência, esses tribunais serão responsáveis pela edição de enunciados de súmula correlatos à sua jurisprudência dominante, consoante o que postula o seu regimento interno. A partir disso, surge o precedente, ao ser invocado o antecedente – em outras palavras, a súmula advinda da jurisprudência dominante, como justificativa de decisão (*ratio decidendi).*

Importa, neste momento, esclarecer que "a expressão '*stare decisis et non quieta movere*' (*continuar com as coisas decididas e não mover as coisas quietas*) retrata o propósito da doutrina dos precedentes vinculantes. Tal regra não se encontra na Constituição tampouco em qualquer lei escrita, na verdade, ela se localiza na tradição".[356]

A fim de se aprofundar a respeito dessa dotrina, recorre-se a Charles Cole: "A doutrina dos precedentes (*stare decisis*) trata-se da política que impõe que todas as demais Cortes subordinadas observem tal precedente e 'não mudem uma questão decidida'. Assim, precedente

---

[354] MITIDIERO, Daniel. *Precedentes*: da persuasão à vinculação. Imprenta. São Paulo: Revista do Tribunais, 2018, p. 88.

[355] Nesse contexto, vale menção ao enunciado nº 170 do Fórum Permanente de Processualistas Civis: "As decisões e precedentes previstos nos incisos do caput do art. 927 são vinculantes aos órgãos jurisdicionais a eles submetidos".

[356] STRECK, Lênio. *Lições de crítica hermenêutica do direito*. Porto Alegre: Livraria do Advogado, 2014, p. 33.

vinculante configura o produto advindo do emprego da doutrina do *stare decisis*".[357]

Destarte, a decisão judicial se torna um precedente por meio da confrontação à totalidade dos principais argumentos concernentes à questão de direito que se encontram no caso concreto, não obstante ter sido examinado, basilarmente, o tema em debate.[358] Assim, infere-se que não se trata somente de a decisão jurídica ter solucionado uma questão, porém a "primeira decisão que desenvolve a tese jurídica ou que decisivamente a arquiteta".[359]

A fim de se descobrir um precedente anterior que seja aplicável ao caso em análise, é mister, de início, se estabelecer os fatos considerados fundamentais do caso e se decidir a questão de direito. "Ou seja, há possibilidade de se direcionar a um precedente em razão de que este configura uma resolução ágil para um problema já julgado".[360]

Consoante Duxbury, "Isso equivale a se decidir lastreado no que foi realizado anteriormente, na ocasião em que a resolução da questão se deu no passado. Decidindo dessa forma, o magistrado realiza o julgamento consoante precedentes".[361]

Não obstante, raciocinar lastreado em precedentes, sem se ter em conta o passado ou futuro, subentende a capacidade de se reconhecer do que se trata um precedente relevante. "Em suma, não há dois casos estritamente semelhantes; a fim de que uma decisão seja um precedente, não é crucial que os dois casos sejam totalmente similares".[362]

Faz-se imperioso verificar que uma cultura de precedentes demanda, inclusive, alto grau de sistematização das decisões, afinal de

---

[357] COLE, Charles D. Precedente judicial: a experiência americana. *Revista de Processo*, São Paulo, n. 92, out. 1998, p. 72.

[358] CAMBI, Eduardo; HELLMAN, Renê Francisco. Precedentes e dever de motivação das decisões judiciais no novo Código de Processo Civil. *Revista de Processo*, São Paulo, v. 40, n. 241, mar. 2015, p. 416.

[359] MARINONI, Luiz Guilherme. *Precedentes obrigatórios*. 6. ed. 2ª tiragem, rev. atual. e ampl. São Paulo: Revista dos Tribunais, 2020, p. 217.

[360] DUXBURY, Neil. *The nature and authority of precedent*. Cambridge: Cambridge University Press, 2008, p. 26. Acrescentando, Cruz e Tucci leciona que o centro do pronunciamento judicial se configura em um precedente judicial, cuja abrangência somente será determinada por decisões posteriores. Consoante o autor, o precedente "nasce como uma regra de um caso e, em seguida, terá ou não o destino de tornar-se a regra de uma série de casos análogos" (TUCCI, José Rogério Cruz e. *Precedente judicial como fonte do direito*. São Paulo: Revista dos Tribunais, 2004, p. 11-12).

[361] DUXBURY. *Op. cit.*, p. 1.

[362] SCHAUER. Frederick Schauer. *The Constitution as Text and Rule*, 29 Wm. & Mary L. Rev. 41, 1987, p. 576. Disponível em: https://scholarship.law.wm.edu/wmlr/vol29/iss1/6. Acesso em: 10 jun. 2021.

contas, se o direito é gerado pelos magistrados, deve ser meticulosamente informado, vez que, na ausência da adequada sistematização – *law reports* –, há possibilidade de não haver identificação do direito, tornando difícil ou até improvável se afirmar se o tribunal confia em precedente ou se está gerando uma nova regra. Assim, no sistema de precedentes, é imperiosa a catalogação das decisões, a fim de que sejam prontamente obtidas se ocorrer um caso análogo no tribunal.

Atualmente, sob o ponto de vista neoconstitucionalista, constata-se que as leis exibem tessitura aberta, influídas pelos princípios que propalam ou até mesmo na circunstância das regras, que, hipoteticamente, apresentariam maior densidade normativa, com a abertura ocorrendo em razão da presença de cláusulas gerais e conceitos legais não determinados.[363]

Tais circunstâncias incitam o poder criativo dos magistrados e estes começam a interpretar desembaraçadamente tais enunciados ou ainda se propõem a arredá-los pela razão de considerá-los inconstitucionais, decidindo os casos sem "amarras" advindas de enunciados que apresentam conteúdo ocluso. Os precedentes vinculantes passariam a preencher esses vazios legislativos, fazendo com que as decisões sejam mais previsíveis, e simultaneamente coibiriam uma quantia indeterminada de interpretações que poderiam ser aviltantes ao texto de lei.

No ponto de vista funcional, esses precedentes se equivaleriam aos decretos regulamentares publicados pelos chefes do Executivo e aos atos normativos previstos pelo próprio poder constituinte originário (art. 84, IV, da Constituição).[364]

Os precedentes vinculantes, constituídos a partir de julgamentos reais, passariam somente a subordinar as interpretações judiciais acerca de questões de direito, atuando como instrumentos de fechamento do sistema jurídico cuja abertura se deu pelo inconformismo dos poros constitucionais.

---

[363] Tanto as cláusulas gerais quanto os conceitos legais indeterminados tratam-se de elementos normativos de conteúdo cujo conteúdo é marcado pela vagueza e imprecisão, necessitando de integração pelo intérprete. No caso dos conceitos legais, a previsão da consequência jurídica se dá pela norma, enquanto que as cláusulas gerais possibilitam ao juiz completar os vazios com os valores designados para tal caso, para lhe seja apontada a solução mais correta de acordo com o juiz parecer do magistrado (NERY JÚNIOR, Nelson. Contratos no Código Civil. *In*: FRANCIULLI NETTO, Domingos *et al.* (Coord.). *Estudos em homenagem ao Professor Miguel Reale*. São Paulo: LTR, 2003, p. 398-444).

[364] "Decreto regulamentar é o que objetiva explanar a lei e viabilizar a execução desta, tornando claros seus mandamentos e norteando a sua aplicação" (MEIRELLES, Hely Lopes. *Direito Administrativo brasileiro*. 31. ed. São Paulo: Malheiros, 2005, p. 180).

Acrescenta-se outro argumento que corrobora os precedentes vinculantes: a percepção de que os precedentes obrigatórios, quando oferecem segurança ao ordenamento jurídico, preenchendo os vazios dos enunciados normativos, fazem avultar as funções do Legislativo, evitando que este tenha o trabalho de editar leis simplesmente explicativas que teriam a possibilidade de ser consideradas inconstitucionais pelo controle do Judiciário. Esse é um risco não provável para os precedentes que vêm após quaisquer discussões de constitucionalidade ou de ilegalidade realizadas pelo que constitui o tribunal que é responsável pela edição daqueles, impedindo, assim, a reanálise dessas questões pelo órgão judiciário responsável pela sua aplicação.

Destarte, os precedentes vinculantes influirão na consolidação do Poder Judiciário e se converterão em segurança aos jurisdicionados; opostamente a desservirem à separação dos poderes, mostrar-se-ão ajustados a esse princípio, coadjuvando para a existência de um ambiente de harmonia entre os poderes do Estado.

3.1.2 A aproximação entre o sistema romano-germânico e o *common law*

É notória a alteração do tratamento concedido à jurisprudência pelo direito ocidental consoante os dois grandes sistemas de direito – o sistema romano-germânico e o *common law*. O primeiro, que se sobrelevou na Europa continental, apresenta a lei como principal fonte do direito.

A norma jurídica configura um comando geral e abstrato, cujo objetivo é englobar, em sua estrutura, uma diversidade de casos futuros. A aplicação dessa norma respalda-se em um raciocínio dedutivo, que parte do comando geral para regulamentar a situação peculiar. Nesse sistema, em geral as decisões judiciais não geram efeitos vinculantes para o julgamento de casos futuros; por essa razão, considera-se que, como regra, realizam uma função adiáfora como fonte do direito. Inclusive, não concebem direito novo, atuando como fontes indiretas de novas normas.[365]

Por seu turno, no *common law*, característico dos países de colonização anglo-saxã, o cenário é oposto, ou seja, as decisões judiciais configuram-se como a principal fonte do direito e geram efeitos

---

[365] Disponível em: http://www.legislation.gov.uk/ukpga/2005/4/contents (Parte 3). Acesso em: 27 jun. 2020.

vinculantes e gerais. A norma de direito condiz com o comando advindo de uma decisão concreta e cuja aplicação se dará por indução, a fim de solucionar conflitos semelhantes no futuro. A determinação da norma se dá a partir do problema e o seu entendimento deve ocorrer consoante os seus fatos pertinentes. Apresenta-se mais segmentada, ligada às particularidades da demanda e à justiça do caso concreto, não se preocupando muito com a apresentação de soluções amplas e metódicas. A utilização da lei como fonte do direito no *common law* é menos comum do que no direito romano-germânico.

3.2 Estudo dos precedentes na vigência do CPC de 1973

O Código de Processo Civil de 1973 vinha sendo tema de um conjunto de modificações precisas que tornaram a jurisprudência consolidada nos tribunais mais eficaz. À vista disso, a Lei nº 9.756/1998 possibilitou que o relator não aceitasse, de forma monocrática, recursos em confrontação a súmulas ou jurisprudência solidada nos Tribunais Superiores ou ainda que desse provimento aos apelos coadunáveis a esses precedentes (Cf. redação atribuída pela Lei 9.756/1998 ao art. 557, *caput* e §1º, CPC).

Restou, assim, estabelecida a dispensabilidade de que a arguição casual de inconstitucionalidade de uma norma fosse submetida ao plenário dos tribunais, pelo fato de existir, previamente, pronunciamento da Corte Constitucional ou do próprio tribunal quanto à sua referência.

Nessa lógica, o fato de não existir uma medida por meio da qual fosse possível se ab-rogar, celeremente, o entendimento discordante das decisões das cortes superiores proferidas em recursos repetitivos afetou parcialmente a efetividade do procedimento especial para julgamento de tais recursos, restando corroborada a relevância da reclamação na geração de uma cultura de respeito aos precedentes. A reparação da decisão divergente por meio do sistema recursal tradicional se depara com os seguintes obstáculos: lentidão, em razão da imensa quantidade de recursos pendentes nos tribunais e da imposição de se transitar pelas demais instâncias para se acessar o STF, além da incerteza face aos vários filtros defensivos empregados pelas cortes para restringir seu montante de recursos e do dever de julgarem uma quantia significativa de casos, o que certamente leva prejuízo à qualidade da tutela jurisdicional prestada.[366]

---

[366] Acerca da reclamação, vale o trazido por Patrícia Perrone Campos Mello. Precedentes: o desenvolvimento judicial do direito no constitucionalismo contemporâneo. Nessa mesma

CAPÍTULO 3
A DINÂMICA DO ART. 927 E A IMPORTÂNCIA DOS PRECEDENTES PARA O CPC DE 2015 | 141

Toda evolução mencionada, em sede infraconstitucional, apontava para uma tendência significativa em outorgar, às decisões judiciais, efeitos ademais do caso específico assim como uma inclinação a atribuir efeitos expansivos também aos precedentes advindos do controle irradiado da constitucionalidade.

3.3 O precedente no Código de Processo Civil de 2015: do anteprojeto à Lei 13.105/2015

É notório que o propósito novo Código de Processo Civil, ainda no anteprojeto, foi agregar princípios e garantias fundamentais ao processo, entremeados das inescusáveis celeridade, uniformidade e eficiência do sistema. O que se observa é um caminhar do processo civil brasileiro por uma nova sistemática, integrando uma evolução já observada anteriormente no sistema processual e concebendo novos institutos cuja inspiração se deu em relação ao direito estrangeiro, sobretudo em instrumentos eficazes que foram aclamados nas famílias de *civil law* e de *common law*.

Em face da constatação, pela comissão cuja responsabilidade era a estruturação do anteprojeto, de decisões discrepantes para casos idênticos, já na primeira versão do texto procurou instituir o entendimento dos Tribunais Superiores.[367]

---

esteira, Teresa Arruda Alvim Wambier e outros atestam: "Há a obrigatoriedade que poderíamos chamar de forte – se não respeitada cabe, para a correção da decisão que a desrespeitou, um remédio especificamente concebido com esta finalidade. Infelizmente, no Brasil, este parece ser o único caso em que se considera realmente haver obrigatoriedade. Um bom exemplo é o cabimento de reclamação contra decisão que desrespeita acórdão do STJ ou do STF, em julgamento de casos repetitivos" (WAMBIER, Teresa Arruda Alvim; CONCEIÇÃO, Maria Lúcia Lins; RIBEIRO, Leonardo Ferres da Silva; MELLO, Rogerio Licastro Torres de. *Primeiros comentários ao novo código de processo civil*: artigo por artigo. São Paulo: Revista dos Tribunais, 2015, p. 1315). Nessa mesma linha, ainda, Marinoni, Arenhart e Mitidiero declaram: "[A]té que as Cortes Supremas, as Cortes de Justiça e os juízes de primeiro grau assimilem uma cultura jurídica de verdadeiro respeito ao precedente judicial, é imprescindível que se admita a reclamação com função de outorga de eficácia de precedente. E foi com esse objetivo deliberado que o novo Código ampliou as hipóteses de cabimento da reclamação" (MARINONI, Luiz Guilherme; ARENHART, Sérgio Cruz; MITIDIERO, Daniel. *Novo Código de Processo Civil*. São Paulo: Revista dos Tribunais, 2015, p. 920).

[367] "Por outro lado, haver, indefinidamente, posicionamentos diferentes e incompatíveis, nos Tribunais, a respeito da mesma norma jurídica, leva a que jurisdicionados que estejam em situações idênticas, tenham de submeter-se a regras de conduta diferentes, ditadas por decisões judiciais emanadas de tribunais diversos. Esse fenômeno fragmenta o sistema, gera intranquilidade e, por vezes, verdadeira perplexidade na sociedade. Prestigiou-se, seguindo-se direção já abertamente seguida pelo ordenamento jurídico brasileiro,

O objetivo do anteprojeto do novo diploma processual civil era incorporar, no ordenamento jurídico, o princípio de manutenção da jurisprudência, deliberando taxativamente, no texto da lei, que, regra geral, assim que instituído um entendimento jurisprudencial, é mister que este perdure, a não ser que haja certa motivação importante para que seja alterado. "O legislador do anteprojeto visava à consolidação das decisões judiciais em busca da segurança jurídica por meio da jurisprudência pacificada ou sumulada".[368]

No que respeita ao *caput* do art. 927 do CPC, tem-se que este se mostra muito claro ao estabelecer que os magistrados e tribunais deverão observar os enunciados de súmulas, o que significa vinculação entre os tribunais, não sendo facultativo, mas um dever, portanto, acatar os enunciados de súmulas do STJ em matéria infraconstitucional, consoante o inciso IV do referido artigo.

Destarte, ocorreu equiparação das súmulas do STJ às súmulas vinculantes – presentes no inciso II do art. 927, pelo novo Código de Processo Civil. De igual forma, foram também assemelhadas aos acórdãos proferidos em resolução de demandas repetitivas e em julgamento de recursos extraordinários e especial repetitivos, consoante o determinado pelo inciso III do mencionado artigo.

É observável, a partir das demandas levadas ao Poder Judiciário, uma tentativa de melhor exame dos casos, utilizando-se a técnica decisória por meio da qual a identificação de um julgado e de um caso subjeitado a julgamento possibilita que o subsequente se fundamente nas justificativas idênticas às da decisão. Assim, o efeito vinculante é consequência do dispositivo, ao passo que o efeito obrigatório do precedente tem origem na *ratio decidendi*.

A fim de se respaldar a segurança do sistema, leva-se em conta que decisões proferidas em controle concretado e as súmulas vinculantes são contestáveis por reclamação.

É possível se ampliar, ainda, o emprego da reclamação às decisões em julgamento de incidente de solução de demandas repetitivas ou de

---

expressado na criação da Súmula Vinculante do Supremo Tribunal Federal (STF) e do regime de julgamento conjunto de recursos especiais e extraordinários repetitivos (que foi mantido e aperfeiçoado) tendência a criar estímulos para que a jurisprudência se uniformize, à luz do que venham a decidir Tribunais Superiores e até de segundo grau, e se estabilize" (BRASIL. Congresso Nacional. Senado Federal. *Comissão de Juristas Responsável pela Elaboração de Anteprojeto de Código de Processo Civil*. Código de Processo Civil: anteprojeto. Brasília, DF: Senado Federal, Presidência, 2010, p. 18).

[368] BRASIL (2010, p. 18).

incidente de assunção de competência, consoante o disposto no art. 988 do CPC. Tal restrição relativa à impugnação do precedente objetiva assegurar segurança jurídica a este, impossibilitando a utilização da reclamação como substituto recursal.

Para a defesa dessa reinterpretação entre o art. 311, inciso II, com o art. 927, busca-se fundamentação na garantia e isonomia nos julgamentos da evidência; em cenário contrário, restaria a formação nociva da *corrente jurisprudencial*.

Pelo exposto, infere-se que, para a outorga da pretensão do autor, resta suficiente a prova conformar-se aos precedentes do Superior Tribunal de Justiça ou do Supremo Tribunal Federal ou, ainda, jurisprudência uniformizadora dos Tribunais de Justiça ou dos Tribunais Regionais Federais.

A origem desses precedentes pode ou não ser de recursos repetitivos, da mesma forma que a jurisprudência uniformizadora pode ou não advir de incidente de resolução de demandas repetitivas, ou seja, nada impede que aquela tenha origem em incidente de assunção de competência.

Outrossim, imputar uma cognição exauriente ao autor com direito evidente, lastreado em tese corroborada nos Tribunais Superiores apenas em razão de não condizer ao disposto nos incisos do art. 311, a fim de que a tutela de evidência seja concedida, configura um "verdadeiro pleonasmo" na expressão segurança jurídica e função do direito, consoante a acepção de Humberto Ávila, face ao fato de que o papel principal do direito é assegurar segurança.[369]

Na acepção de Miranda de Oliveira, "trata-se da apreensão do conteúdo jurídico essencial de decisões num mesmo sentido", o que resume a posição jurídica acatada frequentemente pelo tribunal; dessa forma, "espera-se da súmula que seja clara, sintética, objetiva e que a compreensão de seu núcleo independa, o quanto possível, dos acórdãos que lhe deram origem".[370, 371]

---

[369] Para esse doutrinador, a segurança jurídica trata-se de um valor constitutivo do direito, face às imposições de certeza, eficácia e afastamento da arbitrariedade em todo e qualquer sistema jurídico. Daí ele trazer que a expressão denota um pleonasmo, vez que o direito, em sua essência, garante a segurança (ÁVILA, Humberto. *Teoria da segurança jurídica*. 4. ed. rev. atual. e ampl. São Paulo: Malheiros, 2016, p. 145).

[370] OLIVEIRA, Pedro Miranda de. *Prerrogativas e Honorários Advocatícios*. São Paulo: Tirant Brasil, 2016, p. 160.

[371] "(...) embora seja sempre útil e proveitoso analisar-se os acórdãos que foram base da súmula" (*idem, ibidem*).

Ao se interpretar extensivamente o mencionado dispositivo de lei, infere-se que a proposta é autorizar o julgamento de improcedência liminar do pedido do autor nas seguintes hipóteses: a) na inexistência de demanda de fase instrutória, o pleito contradizer precedentes do Supremo Tribunal Federal e do Superior Tribunal de Justiça, expostos ou não em Súmulas; b) decursivos ou não de julgamento de casos repetitivos; c) refutação de enunciado de Súmula de Tribunal de Justiça acerca de direito local.

Decorrente dessa releitura, casos de pedidos para tutela de evidência não lastreados em tais teses não poderão contar com proceder liminar de seu pedido julgado.[372]

Resta evidente, assim, que o direito pleiteado por meio da tutela de evidência deve se encontrar esteado por tese firmada em julgado de casos repetitivos ou súmula vinculante; tal inciso é proposto com nova leitura, com aplicação da teoria dos precedentes elencados no art. 927 e para casos com previsibilidade no art. 332, ambos do CPC.

No contexto dessa interpretação extensiva, é proposto exame de tese firmada em precedentes do Superior Tribunal de Justiça, do Supremo Tribunal Federal, jurisprudência uniformizadora dos Tribunais de Justiça ou dos Tribunais Regionais Federais, ademais da concessão da tutela de evidência, quando o direito pleiteado pela parte for baseado em tese firmada em julgamento de casos repetitivos ou em súmula vinculante.

Justifica-se tal pesquisa na acepção de que precedentes firmados por tais tribunais podem ou não advir de recursos repetitivos e também a jurisprudência uniformizadora se originar de incidente de resolução de demandas repetitivas – sem impedimento para que parta de incidente de assunção de competência –, o que resulta na ampliação, portanto, da interpretação do inciso II do art. 311, ultrapassando o precedente firmado em julgado de casos repetitivos ou súmula vinculante.

O que restou evidente é que, no ordenamento jurídico brasileiro, se inova, no direito pátrio, ao se tomar como referência precedentes do Superior Tribunal de Justiça, do Supremo Tribunal Federal, jurisprudência uniformizadora dos Tribunais de Justiça ou dos Tribunais Regionais Federais, visando-se à antecipação ao autor do direito

---

[372] Corrobora Daniel Mitidiero afirmando que "constitui forma de abreviação procedimental ligada à necessidade de promoção da tempestividade da tutela jurídica e fundada na percepção de que é inútil prosseguir com o processo, dada a imediata percepção judicial de ausência de razão pelo autor" (MITIDIERO, Daniel. *Precedentes*: da persuasão à vinculação. Imprenta. São Paulo: Revista do Tribunais, 2018, p. 107).

evidente pleiteado, assegurando-se a coerente duração do processo e o tratamento equânime para casos lastreados em precedentes.

Esta pesquisa se baseia teoricamente na teoria econômica do direito, almejando exame amplo do inciso II do art. 311, resultando em uma proximidade do direito em relação à sociedade, verificado o amparo da tese daquele direito evidente na plenitude dos precedentes firmados, ofertando, portanto, um fim social positivo no que concerne ao tempo gasto no processo.

Nisso reside a razão para a ampliação da possibilidade de que a tutela de evidência, pelo Enunciado nº 48, do Conselho da Justiça Federal, ademais das hipóteses expressas no dispositivo: "É admissível a tutela provisória da evidência, prevista no art. 311, II, do CPC, também em casos de tese firmada em repercussão geral ou em súmulas dos tribunais superiores".[373]

Outrossim, reza o Enunciado nº 30 da Enfam – Escola Nacional de Formação e Aperfeiçoamento de Magistrados: "É possível a concessão da tutela da evidência prevista no art. 311, II, do CPC/2015 quando a pretensão autoral estiver de acordo com orientação firmada pelo Supremo Tribunal Federal em sede de controle abstrato de constitucionalidade ou com tese prevista em súmula dos tribunais, independentemente de caráter vinculante".[374]

Na acepção de Bueno, "De fato, qualquer uma das hipóteses do art. 927 do Código pode lastrear a concessão da tutela da evidência, o que justifica a acolhida dessa forma de antecipação face a todos os referenciais decisórios ('os indexadores jurisprudenciais') dos incisos do art. 927",[375] enquanto o precedente almeja se postar como diretiva para decisões referentes a casos idênticos que se repetem regularmente. Infere-se que essa estandardização de jurisprudência, ao ser sumulada, motivará a técnica decisória por meio da qual a identidade de um julgado justifica a decisão, surgindo, assim, o precedente.

É notório que se percebeu maior realce ao poder decisório vinculante apenas posterior à Lei 11.417/2006 (norteadora da súmula vinculante), à Lei 11.418/2006 (que estatuiu acerca da repercussão geral das questões constitucionais) e à Lei 11.672/2008 (que instruiu os recursos repetitivos).

---

[373] Lei 13.105 de 2015 que disciplina o Código de Processo Civil Brasileiro.

[374] *Idem.*

[375] BUENO, Cássio Scarpinella. *Curso sistematizado de direito processual civil*: teoria geral do direito processual civil: parte geral do código de processo civil. 9. ed. São Paulo: Saraiva Educação, 2018, p. 723.

3.3.1 Estudo dos precedentes e leitura do art. 927, do CPC de 2015

O art. 927 do novo código estabeleceu que seriam de observação impreterível pelas demais instâncias os seguintes entendimentos: 1. as súmulas vinculantes; 2. as decisões proferidas pelo STF em sede de controle concentrado da constitucionalidade; 3. os acórdãos proferidos em julgamento com repercussão geral ou em recurso extraordinário ou especial repetitivo; 4. os julgados dos tribunais proferidos em incidente de resolução de demanda repetitiva; e 5. em incidente de assunção de competência; 6. os enunciados da súmula simples da jurisprudência do STF e do STJ; e 7. as orientações firmadas pelo plenário ou pelos órgãos especiais das Cortes de segundo grau.

O incidente de assunção de competência torna possível a apreciação, por órgão específico, apontado pelo regimento interno do tribunal, do julgamento de importante questão de direito, com significativo impacto social e não reproduzido em processos distintos.

No que respeita ao emprego da reclamação, o art. 988 do novo código pressupõe a possibilidade daquele a fim de que sejam ab-rogadas decisões destoantes de qualquer entendimento e precedente apontados como indispensáveis pelo art. 927, excetuando-se somente as hipóteses de transgressão de súmulas simples e de orientações determinadas pelo pleno e pelos órgãos especiais dos tribunais.

Dessa forma, analogamente ao que acontecia nos casos de súmulas vinculantes, as decisões destoantes de entendimentos estabelecidos em repercussão geral e em recursos extraordinários e especiais repetitivos, conquanto que se exaurem as instâncias ordinárias, terão a possibilidade ser ab-rogadas por meio de reclamação. Tal situação se tornou provável. O mesmo ocorreu em casos de julgados em desobediência às decisões tomadas em incidente de resolução de demanda repetitiva e em incidente de assunção de competência.

A operação com precedentes normativos compreende o emprego de três conceitos e o entendimento destes é basilar, inclusive, para que o sistema de precedentes no Brasil seja aplicado: *ratio decidendi* ou *holding*, *obiter dictum* e distinção entre casos (*distinguishing*).

3.3.1.1 *Ratio decidendi*

A conceituação da *ratio decidendi* se dá consoante o tipo de objeto designado e o grau de especificação do objeto designado. A primeira classificação deve contemplar o conteúdo da decisão, a segunda classificação deve ter em conta o ponto de vista do juiz que proferiu o precedente, do juiz sucessivo e da doutrina jurídica.

À conceituação sugerida por Pierluigi Chiassoni, há a possibilidade de serem anexados dois dados apontados por José Rogério Cruz e Tucci, Fredie Didier Júnior, Paula Sarno Braga e Rafael Alexandria de Oliveira. O primeiro diz respeito ao fato de que a *ratio decidendi* trata-se dos fundamentos jurídicos, da opção hermenêutica ou da tese jurídica que amparam a resolução de certo caso concreto, sem os quais a formulação da norma individual não teria se dado de tal forma. O segundo traz que a *ratio decidendi* configura que a norma jurídica geral, produzida por um órgão jurisdicional a partir de um caso concreto, pode se prestar a ser a diretiva no julgamento de demandas análogas.[376]

Do conceito de *ratio decidendi* supracitado advém a dupla função que ela apresenta: a primeira interna e a segunda externa.

A função interna da *ratio decidendi* fica evidente na medida em que a norma jurídica geral, presente na argumentação da decisão, se coloca como diretriz da norma jurídica individual, presente em seu dispositivo, que regulamenta certo caso.

Quanto à função externa da *ratio decidendi,* esta advém da potencialidade de a norma jurídica geral se retirar do caso específico no contexto do qual foi elaborada e de ter sua aplicação em outras situações concretas análogas àquela a partir das quais foi estruturada de início.

É notório que os fatos presentes no relatório, a moldura jurídica escolhida pelo juiz na argumentação e a norma jurídica individual apontada no dispositivo se destinam, inclusive, a identificar a *ratio decidendi.* A *ratio decidendi,* ou *holding,* equivale ao entendimento jurídico emergente de um precedente que incorporará a decisão dos casos futuros.

---

[376] TUCCI, José Rogério Cruz e. *Precedente judicial como fonte do direito.* São Paulo: Revista dos Tribunais, 2004, p. 175-176; DIDIER JÚNIOR; Fredie; BRAGA, Paula Sarno; OLIVEIRA, Rafael Alexandria de. *Curso de Direito Processual Civil.* 8. ed. rev., ampl. e atual. Salvador: Jus Podivm, BRAGA; OLIVEIRA (2013, p. 427-428). "A ratio decidendi encerra uma escolha, uma opção hermenêutica de cunho universal". Para Tucci, a *ratio decidendi* se compõe do apontamento dos fatos importantes (*statement of material facts*), do raciocínio lógico-jurídico da decisão (legal *reasoning*) e do juízo decisório (*judgement*) (TUCCI. *Op. cit.,* p. 175-176). Na acepção de Rupert Cross e J. W. Harris, a *ratio* trata-se de qualquer regra expressa ou implicitamente tratada pelo juiz como medida basilar para a obtenção da conclusão (CROSS, Rupert; HARRIS, J. W. *Precedent in English Law.* 4. ed. Oxford: Clarendon Press, 2004, p. 75). Consoante Aleksander Peczenik, *ratio decidendi* é a condição necessária da decisão; a decisão seria diversa, se não empregada certa *ratio* (PECZENIK, Aleksander. *On Law and Reason.* Springer, 2009, p. 273).

Consoante um primeiro método, denominado *fático-concreto*, a *ratio decidendi* deve assemelhar-se à regra advinda de uma série de fatos, a fim de que seja constatado que, sempre estando presentes o fato A (relevante) e o fato B (relevante), ainda que inexista o fato C (irrelevante), a decisão será X. No contexto desse método, o que deve ser levado em conta é a decisão da Corte relativa a certo conjunto de fatos e não o dito por aquela ou os argumentos que ela utilizou para fundamentar a decisão.

Ao se empregar o método fático-concreto, há uma tendência que oportuniza a tessitura de *holdings* bem restritivos e confinados às particularidades do caso, o que pode desfavorecer uma abordagem sistemática do direito. Ademais, a conclusão acerca de quais são os fatos importantes de um caso, a fim de que o comando emergente da decisão seja definido, implica se levar em conta o dito pela Corte e se entender, no mínimo, os motivos que a conduziram a essa avaliação.

Consoante o método *abstrato normativo*, ao decidir uma ação, o tribunal elabora a resolução do caso concreto e, simultaneamente, determina como se dará o julgamento dos casos futuros análogos. Assim, resta evidente que a decisão do tribunal é lastreada na norma mais pertinente para resolver qualquer demanda que esteja inserida em uma adequada categoria de similitude. Nesse caso, os fundamentos da decisão são primordiais para se apreender o entendimento de que a resolução obtida pelo tribunal teve intenção de confirmá-los.

Assim, resta evidente que tanto o método fático-concreto como o abstrato-normativo se mostram essenciais para que a norma emergente do precedente seja adequadamente formulada.

Vale o realce para o fato de que a *ratio decidendi* ou o *holding* não é o próprio fundamento acatado pela maioria para decisão. A *ratio decidendi* ou a tese se tratam do relato do entendimento jurídico que lastreou a decisão. Eis a razão para a imprescindibilidade de a *ratio decidendi*, como tese de julgamento, se mantenha irrefutável para aquele que necessita aplicá-la aos outros casos.

No contexto brasileiro, a deliberação tem caráter público e se dá por meio de um método agregativo, ou seja, com cada um dos ministros proferindo o seu voto. Não obstante, a formação da maioria em relação à conclusão do acórdão não significa que tenha havido regularidade dos fundamentos de decisão. Decorre daí a premência de que tese seja fixada e que se apresente como denominador comum dos motivos de decidir.

Assim, é possível se inferir que a doutrina confirma haver três conceitos relacionados à acepção estrita: a) precedente judicial enquanto decisão que goza de eficácia vinculante; b) precedente judicial enquanto *ratio decidendi*, que tem aptidão para produzir efeitos; e c) precedente judicial enquanto primeira decisão judicial que fixa uma tese ou que a conclui, definitivamente.

No ver de Alexy, "Uma norma configura o sentido de um enunciado normativo, o qual é um texto. Assim, a norma é o sentido obtido a partir de um texto".[377]

Nessa conceituação de norma, há possibilidade de se incluir o conceito precedente judicial, na acepção estrita, haja vista que, nesta, deve-se compreender o precedente judicial como norma jurídica geral (*ratio*), ou seja, sentido dado ao texto de parte da decisão judicial do qual, podendo, deste, ser retirada a tese jurídica eleita pelo juiz no julgamento de certo caso concreto.

Na acepção de Robert Alexy, as regras e os princípios configuram espécies de normas, em razão de que podem ser estruturados por meio de expressões deônticas básicas do dever, da permissão e da proibição. "Não obstante, é notória a distinção qualitativa entre essas duas espécies de normas".[378, 379]

Após distinguir as espécies de normas, Robert Alexy deixa implícito que o precedente judicial é uma regra, quando se refere à possibilidade de diferenciação e superação de precedente judicial. Consoante o mencionado autor, "por mais densa que seja a rede de regras de decisão, novos casos sempre apresentam novas características, que podem servir como razões para uma diferenciação". Por outro lado, "uma regra de decisão pode ser abandonada se forem apresentadas razões suficientes para tanto".[380]

---

[377] ALEXY, Robert. *Teoria dos direitos fundamentais*. Tradução de Virgílio Afonso da Silva. 2. ed. São Paulo: Malheiros, 2011, p. 63. Norberto Bobbio leciona que "norma é uma proposição e que esta é um conjunto de palavras que guardam um significado em sua unidade. O enunciado, para esse autor, é a forma gramatical ou linguística pela qual determinado significado é expresso" (BOBBIO, Norberto. *Teoria da norma jurídica*. Tradução de Fernando Pavan Baptista e Ariani Bueno Sudatti. 2. ed. rev. São Paulo: Edipro, 2003, p. 72-73). Humberto Ávila acrescenta que "normas não são textos nem o conjunto deles, mas os sentidos construídos a partir da interpretação sistemática de textos normativos. Daí se afirmar que os dispositivos se constituem no objeto de interpretação; e as normas, no seu resultado" (ÁVILA, Humberto. *Teoria dos princípios*: da definição à aplicação dos princípios jurídicos. 6. ed. São Paulo: Malheiros, 2006, p. 22).

[378] ALEXY. *Op. cit.*, p. 87.

[379] Os princípios "exigem que algo seja realizado na maior medida possível dentro das possibilidades jurídicas e fáticas existentes. Nesse sentido, eles não contêm um mandamento definitivo, mas apenas prima facie". As regras "exigem que seja feito exatamente aquilo que elas ordenam, elas têm uma determinação da extensão de seu conteúdo no âmbito das possibilidades jurídicas e fáticas" (*Idem*, p. 104).

[380] *Idem*, p. 658.

Acrescenta o mencionado autor que "os princípios são normas que estão detrás do sistema de regras e agem no desenvolvimento da força modificadora e superadora de regras".[381]

Trata-se o precedente judicial, em sentido estrito, de norma do tipo regra, produzido para se portar de modelo de resolução para casos concretos análogos a certo caso concreto decidido. Em razão disso, é mister que a *ratio* apresente caráter de regra, haja vista esta ter maior grau de determinação quanto ao seu conteúdo no contexto das possibilidades jurídicas e fáticas. Em virtude dessas constatações, aplica-se a regra jurídica (*ratio*). Não se lobriga que a *ratio* tenha a possibilidade de se blindar de caráter de princípio, ao passo que o princípio, em razão de seu grau maior de generalidade, pode se destinar a ser um fundamento de uma miríade de casos e não apenas de determinado caso específico ou de uma série de casos específicos. Não se contesta, todavia, que os princípios sejam empregados como fundamentação, atuando detrás da regra obtida do precedente judicial.

Constatam-se duas técnicas tradicionais para se identificar a *ratio decidendi*: uma é o teste de Wambaugh (método abstrato-normativo) e outra, o método de Goodhart (método fático-concreto). "Tais técnicas ora se atentam para os motivos que lastreiam a conclusão, ora para a identificação dos fatos do caso".[382]

Em razão das fragilidades apresentadas pelos métodos anteriores, Francisco Rosito, Fredie Didier Júnior, Paula Sarno Braga e Rafael Alexandria de Oliveira mostram "preferência pelo método eclético (ou misto) que obriga que a *ratio decidendi* seja identificada a partir da demarcação dos fatos do caso precedente e dos motivos que lastreiam a conclusão de sua decisão".[383]

O método misto ou eclético referido pelos autores supramencionados se fundamenta na proposta de Rupert Cross e J. W. Harris, consoante a qual há quatro fases de identificação da *ratio*:

> (...) na primeira, é necessária a identificação da *ratio* do caso em julgamento; na segunda, a *ratio* deve ser levada conta sob o enfoque dos fatos do caso em julgamento; na terceira, o julgamento de outros

---

[381] ALEXY, Robert. *Teoria dos direitos fundamentais*. Tradução de Virgílio Afonso da Silva. 2. ed. São Paulo: Malheiros, 2011, p. 54.

[382] MELLO, Patrícia Perrone Campos. *Precedentes*: O desenvolvimento judicial do direito no constitucionalismo contemporâneo. Rio de Janeiro: Renovar, 2008, p. 127.

[383] DIDIER JÚNIOR, Fredie; BRAGA, Paula Sarno; OLIVEIRA, Rafael Alexandria de. *Curso de Direito Processual Civil*. 8. ed. rev., ampl. e atual. Salvador: Jus Podivm, 2013. v. 2., p. 436.

casos é observado, a fim de que, deles, sejam retiradas as demais *ratio*. Identificados os fatos e as *ratio* de outros casos, a regra é formulada.[384]

A partir dos ensinamentos dos autores supracitados, evidencia-se que, no método eclético, há urgência de dois passos para que a norma jurídica geral (*ratio*) seja identificada. O primeiro passo é relativo à demarcação dos fatos materiais cruciais da causa. Para isso, não resta suficiente o emprego dos critérios sugeridos por Arthur L. Goodhart,[385] devendo ser aplicados os instrumentos apontados por Patrícia Perrone Campos Mello de coligimento de fatos em categorias que têm a possibilidade ou não de serem abrangidas pela *ratio*.

O segundo passo trata da identificação da motivação de decidir o que resultou na prolação da norma jurídica individual, consoante o postulado por Eugene Wambaugh. O experimento gerado por este, não obstante, deve ser realizado com cada uma das *rationes* separadamente a fim de se evitar que se infira, de forma incorreta, que só há *dictum* em certa decisão.

A razão para se seguir esses dois passos está no fato de que a norma jurídica geral contextualizada é a que possibilita se constituir em diretiva no julgamento de casos futuros e semelhantes ao que deu origem ao precedente e na constatação de que a semelhança entre casos só pode ser verificada quando se confrontam os fatos do caso paradigma e do caso em julgamento.

Diante de todo o exposto, duas conclusões são possíveis: 1) a *ratio decidendi* é norma jurídica geral imprescindível para a resolução de um caso concreto (sem a qual não haveria prolatação da norma jurídica individual) e tende a servir de diretiva no julgamento de casos futuros e semelhantes ao caso paradigma, sendo-lhe possível, até mesmo, operar eficácia vinculante; e 2) o método eclético é o conveniente para que a *ratio decidendi* seja identificada.

3.3.1.2 *Obiter dictum* ou *dictum*

Trata-se dos argumentos jurídicos apontados transitoriamente na justificativa da decisão. Eles demonstram: a) juízos normativos

---

[384] CROSS, Rupert; HARRIS, J. W. *Precedent in English Law*. 4. ed. Oxford: Clarendon Press, 2004, p. 73.

[385] GOODHART, Arthur L. *Interpreting Precedents*: a Comparative Study. D Neil Maccormick, 1997, p. 215.

acessórios, provisórios e secundários; b) ideias ou qualquer elemento jurídico-hermenêutico que não influenciem significativamente a decisão; e c) opiniões jurídicas adicionais e paralelas, relatadas casualmente pelo magistrado, não necessárias para que a decisão seja fundamentada e concluída.

Obiter dictum trata-se de tudo aquilo que, extraído da fundamentação da decisão judicial, não implicará em alteração da norma jurídica individual. Em outras palavras, é tudo aquilo que não for motivação de decidir. Embora se configure como elemento secundário do precedente judicial, necessário para a norma jurídica individual, na teoria do precedente são apontados três papéis do *obiter dictum*.

> O primeiro é de amparo na estruturação das razões e do raciocínio apresentados na decisão; o segundo é de apontamento de futuro norteamento do tribunal ou de diretiva para o julgamento de questões que possíveis de serem produzidas no futuro; o terceiro é de instrumento que pode fazer com que um precedente judicial seja superado.[386]

A eficácia persuasiva do *dictum* advém do terceiro papel deste. Tal eficácia se diversifica consoante o tribunal que deu origem ao *dictum*, o respeito desfrutado pelo julgador na comunidade jurídica, a robustez dos argumentos empregados e o grau de relação do *dictum* com a questão central ("O *obiter dictum*, assim considerado, não se presta para ser invocado como precedente vinculante em caso análogo, mas pode perfeitamente ser referido como argumento de persuasão").[387, 388]

Diante do exposto, pode-se inferir em relação ao *obiter dictum*: 1. *dictum* é tudo aquilo que se encontra na fundamentação de uma decisão judicial, que não se emaranha com a *ratio decidendi* (técnica negativa de

---

[386] REDONDO, Bruno Garcia. Estabilização, modificação e a negociação da tutela de urgência antecipada antecedentes: principais controvérsias. *Revista de Processo*, São Paulo, v. 244, jun. 2015, p. 168.

[387] TUCCI, Rogério Lauria. *Direito e garantias individuais no processo penal brasileiro*. São Paulo: Saraiva, 2004, p. 177.

[388] MELLO, Patrícia Perrone Campos. *Precedentes*: O desenvolvimento judicial do direito no constitucionalismo contemporâneo. Rio de Janeiro: Renovar, 2008; TARANTO, Caio Márcio Gutterres. *Precedente judicial*: autoridade e aplicação na jurisdição constitucional. Rio de Janeiro: Forense, 2010; DIDIER JÚNIOR, Fredie; BRAGA, Paula Sarno; OLIVEIRA, Rafael Alexandria de. *Curso de Direito Processual Civil*. 8. ed. rev., ampl. e atual. Salvador: Jus Podivm, 2013. Eugene Wambaugh defende que "o mesmo peso atribuído aos dizeres de escritores de livros deve ser atribuído ao *obiter dictum*" WAMBAUGH, Eugene. *The study of cases*. 2. ed. Boston: Little, Brown and Company, 1894, p. 10.

identificação) e que é prescindível para que a norma jurídica individual seja formulada; e 2. *dictum* tem a possibilidade de produzir eficácia persuasiva.[389]

3.3.1.3 *Distinguishing*

É notório que a maior parte dos problemas relacionados aos precedentes judiciais, como o da diferenciação (*distinguishing*) ou da superação (*overruling*), tem relação com a interpretação e a argumentação. Disso decorre a impossibilidade de estabelecimento de certeza absoluta *a priori* relativa à aplicação dos precedentes judiciais os quais, de forma análoga à lei, mas com significativas diferenças, são textos que, quando interpretados, conduzem a um significado que é a norma.

Destaque-se que é somente a partir dessa ótica que existe a possibilidade de edificação da teoria dos precedentes meritória, apta a oferecer acertadas respostas, em detrimento de frustração, autoritarismo ou de um declínio, com uma volta inconcebível à exegese ou ao metodologismo.

Note-se, por outro lado, que os precedentes judiciais são importantíssimos para garantir racionalidade ao direito, especialmente na sua atual dimensão. Com acréscimos significativos na criatividade do aplicador, notadamente pelo desenvolvimento dos princípios como normas, é essencial que se desenvolva uma forma de contenção ou de fechamento desse processo criativo: os precedentes obrigatórios.

Em contrapartida, constata-se a relevância dos precedentes judiciais para se assegurar a racionalidade ao direito, singularmente na sua atual extensão. A partir de acrescências importantes na criatividade do aplicador, especialmente pela evolução dos princípios como normas, é vital o desenvolvimento de uma forma de contenção ou de encerramento desse processo criativo, ou seja, os precedentes obrigatórios.

A distinção (*distinguishing*) configura a maneira de se impedir que um precedente seja aplicado no caso seguinte e trata-se da atividade dos juristas em estabelecer distinções entre um caso e outro.

A exemplo dessa excepcionalidade quanto ao uso da distinção do precedente, tem-se o julgado a seguir:

---

[389] ATAÍDE JÚNIOR, Jaldemiro Rodrigues de. *Precedentes vinculantes e irretroatividade do direito no sistema processual brasileiro*: os precedentes dos tribunais superiores e sua eficácia temporal. Imprenta. Curitiba: Juruá, 2012.

> Ementa: AGRAVO INTERNO. RECURSO EXTRAORDINÁRIO. CONCURSO PÚBLICO. POSSE E EXERCÍCIO DETERMINADOS POR DECISÕES PRECÁRIAS. CONCESSÃO DE APOSENTADO-RIA VOLUNTÁRIA. INADEQUAÇÃO DO TEMA 476 FIXADO NO RE 608.482. (REL. MIN. TEORI ZAVASCKI). 1. Em regra, não produzem fato consumado a posse e o exercício em cargo público decorrentes de decisão judicial tomada à base de cognição não exauriente. 2. A marca da excepcionalidade se faz presente no caso concreto, autorizando a distinção (*distinguish*) quanto ao *leading* case do Tema 476, devendo, unicamente por essa razão, ser mantido o aresto recorrido proferido pelo Superior Tribunal de Justiça. 3. Agravo interno a que se dá provimento. (RE 740.029 AgR, rel. min. Alexandre de Moraes, j. 14-8-2018, 19 TDJE de 2-10-2018).[390]

As distinções se apresentam quando o método aplicativo dos precedentes e sua limitação a determinados órgãos não é plausível; de igual forma não se pode restringir a interpretação da lei a certos tribunais ou juízes.

Nas distinções, o jurista atua por meio do raciocínio analógico entre os fatos do precedente e os do caso presente, discernindo quais as discrepâncias e semelhanças demonstrando que estas são medulares, isto é, são juridicamente importantes. Essa particularidade dos precedentes leva à fundamentação do processo de sua aplicação em analogias que esculpem e reesculpem as normas consoante cada decisão.

A partir da observação do precedente e da demanda subsequente, infere-se que ambos apresentam diferenças. Não obstante, a fim de que haja procedência de uma decisão, não se faz necessário que os fatos da causa precedente sejam estritamente semelhantes aos procedentes. Em face dessa exigência, decisão alguma poderia se tornar precedente para os juízes futuros. Assim, é mister se extinguir o pensamento de paridade absoluta na operação de precedentes judiciais.

Resta evidente que a operação dos precedentes deve se centrar na *caracterização dos fatos relevantes para a tomada de decisão*, em outras palavras, visando-se determinar se os precedentes mostram aplicabilidade a um caso seguinte; é necessário se atentar aos fatos que foram fundamentais para a prolação da decisão anterior e também examinar

---

[390] BRASIL. Supremo Tribunal Federal. *Precedentes qualificados*: bibliografia, legislação e jurisprudência temática. Brasília, DF: STF; Secretaria de Altos Estudos, Pesquisas e Gestão da Informação, 2021, p. 51. Disponível em: http://www.stf.jus.br/arquivo/cms/. Acesso em: 3 out. 2021.

casos seguintes, deixando claro se os fatos categorizados juridicamente relevantes se encontram e quais deles são importantes para o direito.

É importante se lembrar que a antecipação da tutela é técnica processual, isto é, é um meio que o direito processual oferece para que a tutela pertinente do direito material seja prestada. Sua argumentação, em termos constitucionais, reside na premência de se prestar a tutela pertinente às situações jurídicas, corolário inamovível dos princípios do acesso à Justiça e da efetividade do processo.

São necessárias a análise assim como a confrontação de quatro elementos essenciais para que a similitude entre dois casos seja examinada com a finalidade de se aplicar ou não um precedente: a) os fatos cruciais de cada um dos casos; b) os valores e normas que recobrem sobre cada série de fatos; c) a questão de direito que acarretam; d) os argumentos que sustentaram a decisão do precedente e seu ajustamento para nortear a decisão do novo caso. Em caso de duas demandas apresentarem fatos importantes diferentes, nota-se tendência de que normas distintas recaiam na nova causa e, então, que esta acabe por trazer uma questão de direito dissímil. Nesse caso, os argumentos que corroboram a decisão do precedente provavelmente serão insatisfatórios para a decisão da nova ação.

Nesse contexto, postula Duxbury que "A distinção que os juízes estabelecem entre um caso e outro é denominada de *distinguishing* e implica no apontamento das diferenças factuais entre o caso anterior e o atual, visando mostrar que os motivos do precedente não se enquadram na situação fática em exame".[391]

Assim, é mister de pronto se demarcar claramente a *ratio decidendi* do precedente, levando-se em conta os fatos materiais do primeiro caso, vez que estes elementos se mostram relevantes para se comprovar a diversidade da questão em julgamento e não se enquadra ao precedente.[392]

Ressalve-se que, em razão de o "*distinguishing* depender de motivação, faz-se necessária uma pauta racional unímoda na caracterização dos seus critérios, ou seja, deve-se padronizar a aplicação dos próprios critérios para que o *distinguishing* seja efetivado, implicando, assim, em uma obrigatoriedade de que as decisões pregressas sejam observadas".[393]

---

[391] DUXBURY, Neil. *The nature and authority of precedent*. Cambridge: Cambridge University Press, 2008, p. 113.

[392] Os que foram considerados fundamentais no raciocínio judicial ao encontro da decisão (MARINONI, Luiz Guilherme. *Teoria Geral do Processo*. 4 ed. Rev. e atual. 2010b, p. 326).

[393] MARINONI, Luiz Guilherme. *Coisa julgada sobre questão*. São Paulo: Revista dos Tribunais, 2018a, p. 327.

Existem duas circunstâncias para a ocorrência do *distinguishing*: a primeira na compreensão do juiz quanto ao impedimento, pelas peculiaridades do caso concreto, da aplicação da tese jurídica previamente estabelecida, assim, o magistrado julgará o processo desvinculado do precedente (*restrictive distinguishing*); a segunda no momento em que o juiz atribui ao caso a mesma solução levada ao caso anterior em razão de que compreende que, apesar das peculiaridades concretas, aquela tese jurídica mostra-se aplicável à demanda que está julgando (*ampliative distinguishing*).[394]

Ao se fazer um paralelo entre casos semelhantes, "é mister se estabelecer quais os fatos importantes e decisivos para a prolatação da decisão"[395]; maior a autoridade de um precedente, maior o custo argumentativo do julgador para não o acompanhar.[396]

3.4 Limites

3.4.1 *Express overruling* e *implied overruling*

As técnicas de superação de precedentes ganharam significativo destaque legislativo e doutrinário com o advento do Novo Código de Processo Civil. Nessa seara, aponta Sesma que "A superação do precedente judicial apresentará lógica, havendo a possibilidade de a comutação ser expressa (*express overruling*) ou tácita (*implied overruling*).

---

[394] MANCUSO, Rodolfo de Camargo. *Divergência jurisprudencial e súmula vinculante*. 4. ed. rev. atual. e ampl. São Paulo: Revista dos Tribunais, 2010, p. 47.

[395] MACEDO, Elaine Harzheim. Prestação jurisdicional em sede de tutela antecedente: procedimento, estabilização da decisão e decurso do prazo de 2 (dois) anos: um novo caso de perempção. *Revista de Processo*, São Paulo, v. 250, dez. 2015, p. 353.

[396] A revogação tácita é também denominada por Patrícia Perrone Campos Mello e por Rosito Francisco de *transformation* (MELLO, Patrícia Perrone Campos. Precedentes: O desenvolvimento judicial do direito no constitucionalismo contemporâneo. Rio de Janeiro: Renovar, 2008, p. 235); ROSITO, Francisco. *Teoria dos precedentes judiciais*: racionalidade da tutela jurisdicional. Curitiba: Juruá, 2012, p. 307. Em sentido similar, Melvin Aron Eisenberg diz que o *transformation* ocorre quando uma Corte altera entendimento, sem anunciá-lo (EISENBERG, Melvin Aron. *The nature of the Common Law*. London: Harvard University Press, 1991, p. 132). Luiz Guilherme Marinoni entende que o *transformation* é a reconfiguração do precedente, sem revogá-lo, considerando "como fatos relevantes e materiais aqueles, que, no precedente, foram considerados de passagem, atribuindo-se-lhe, diante disso, nova configuração" (MARINONI, Luiz Guilherme. *Precedentes obrigatórios*. 2. ed. São Paulo: RT, 2011, p. 344-348). O *overruling* implícito ocorre quando um precedente não pode se sustentar por força do advento de precedente mais recente (NOGUEIRA, Gustavo Santana. *Stare Decisis et Non Quieta Movere*: a vinculação aos Precedentes no Direito Comparado e Brasileiro. Rio de Janeiro: Lumen Juris, 2011, p. 184).

A primeira é decorrente da adoção, pelo tribunal, de um novo norteamento, abandonando o anterior"[397]; a segunda se realiza, "quando uma orientação é adotada em confronto com a posição anterior, embora sem expressa substituição desta última".[398, 399]

3.4.2 *Retrospective overruling* e *prospective overruling*

Quanto à revogação retrospectiva, esta pode ser pura ou clássica. No *overruling* retrospectivo puro (eficácia retroativa plena ou *full retroactive application*), é possível a aplicação do novo precedente aos fatos que se deram anterior e posteriormente à sua edição e também àqueles que já se constituíram objeto de sentença transitada em julgado e dos fatos do caso que lhe deram origem.[400]

No que respeita às consequências da substituição, esta pode operar eficácia *ex tunc* (*retrospective overruling*) e eficácia *ex nunc* (*prospective overruling*).

Para exemplificar o tema, colacionam-se os julgados a seguir:

> Ementa: TRIBUTÁRIO E CONSTITUCIONAL. EMBARGOS DE DECLARAÇÃO NO RECURSO EXTRAORDINÁRIO. ISSQN. ART. 156, III, CRFB/88. CONCEITO CONSTITUCIONAL DE SERVIÇOS DE QUALQUER NATUREZA. OPERADORAS DE PLANOS DE SAÚDE. CONSTITUCIONALIDADE DA INCIDÊNCIA DECLARADA PELO ACÓRDÃO EMBARGADO, EM PROCESSO SUBMETIDO AO REGIME DA REPERCUSSÃO GERAL. MODULAÇÃO TEMPORAL DOS EFEITOS DA DECISÃO. AUSÊNCIA DE ALTERAÇÃO JURISPRUDENCIAL. INOCORRÊNCIA DE VIOLAÇÃO À SEGURANÇA JURÍDICA. CONCLUSÃO QUE NÃO AFASTA POSSÍVEL MUDANÇA

---

[397] SESMA, Victoria Iturralde. *El precedente en el common law*. Madrid: Editorial Civitas S.A., 1995, p. 74.

[398] *Idem*, p. 76.

[399] Segundo Thomas da Rosa de Bustamante, merecem repúdio "os afastamentos dissimulados ou implícitos (non-overt departures) de um precedente judicial" (BUSTAMANTE, Thomas da Rosa de. *Teoria do precedente judicial*: a justificação e a aplicação das regras jurisprudenciais. São Paulo: Noeses, 2012, p. 389). Gustavo Santana Nogueira defende que, no *overruling* implícito, a insegurança jurídica aumenta porque existe a dúvida a respeito de que precedente seguir (NOGUEIRA, Gustavo Santana. *Stare Decisis et Non Quieta Movere*: a vinculação aos Precedentes no Direito Comparado e Brasileiro. Rio de Janeiro: Lumen Juris, 2011. CAMARGO, Luiz Henrique Volpe. A força dos precedentes no moderno processo civil brasileiro. *In*: WAMBIER, Teresa Arruda Alvim (coord.). *Direito jurisprudencial*. São Paulo: Revista dos Tribunais, 2012.

[400] MELLO, Patrícia Perrone Campos. *Precedentes*: O desenvolvimento judicial do direito no constitucionalismo contemporâneo. Rio de Janeiro: Renovar, 2008, p. 261.

FUTURA DE ENTENDIMENTO. EMBARGOS DE DECLARAÇÃO DESPROVIDOS. 1. A incidência do ISSQN sobre as atividades desenvolvidas pelas operadoras de planos de saúde, cuja constitucionalidade foi afirmada pela Corte, de acordo com o previsto pelos itens 4.22 e 4.23 da lista anexa à Lei Complementar nº 116/03, em sede de repercussão geral, e com base nas premissas assentadas por esta Corte no julgamento dos REs 547.245 e 592.905 (Tribunal Pleno, Rel. Min. Eros Grau, julgados em 02/12/09, DJ de 05/03/10), não acarretou alteração de entendi- mento apta a ensejar modulação de efeitos da decisão. 2. Deveras, a referida conclusão não afasta a possibilidade de nova apreciação do tema pela Corte em casos futuros, em razão de ulterior alteração legislativa, notadamente no que concerne ao RE 116.121 (Tribunal Pleno, Rel. Min. Octávio Gallotti, Rel. p/ acórdão Min. Marco Aurélio, DJ de 25/05/01). 3. In casu, a embargante pleiteia a modulação de efeitos do acórdão por razões de segurança jurídica, dada suposta mudança de posição pelo Plenário do STF, cuja ocorrência ora não se reconhece. 4. Embargos de declaração desprovidos. (RE 651.703 ED, rel. min. Luiz Fux, j. 28-2-2019, P, DJE de 7-5-2019.)[401]

E ainda:

Ementa: AGRAVO DE INSTRUMENTO – ATO DECISÓRIO QUE DECLARA A EXTINÇÃO DA PUNIBILIDADE – CONSUMAÇÃO DA PRESCRIÇÃO DA PRETENSÃO PUNITIVA DO ESTADO (PRESCRIÇÃO "IN CONCRETO") – SUBSISTÊNCIA DOS FUNDAMENTOS QUE DÃO SUPORTE À DECISÃO RECORRIDA PROLATADA EM MOMENTO QUE PRECEDEU A CONSOLIDAÇÃO DA NOVA ORIENTAÇÃO CONCERNENTE AO CÔMPUTO DO LAPSO PRESCRICIONAL – REVISÃO SUBSTANCIAL, NA MATÉRIA, DA JURISPRUDÊNCIA DO TRIBUNAL – NOVO ENTENDIMENTO QUE CONFERE EFICÁCIA "EX TUNC", PARA EFEITO DE PRESCRIÇÃO PENAL, AO JUÍZO NEGATIVO DE ADMISSIBILIDADE DE RECURSO EXTRAORDINÁRIO CONFIRMADO PELO SUPREMO TRIBUNAL FEDERAL – TÍPICA HIPÓTESE DE RUPTURA DE PARADIGMA – NÃO INCIDÊNCIA SOBRE SITUAÇÕES QUE SE DESENVOLVERAM SOB A ÉGIDE DE ANTERIOR E MAIS FAVORÁVEL DIRETRIZ JURISPRUDENCIAL – "PROSPECTIVE OVERRULING" – FUNÇÃO E IMPORTÂNCIA DOS PRECEDENTES – PREVALÊNCIA DOS PRINCÍPIOS DA SEGURANÇA JURÍDICA, DA BOA-FÉ OBJETIVA E DA PROTEÇÃO DA CONFIANÇA – PRECEDENTES – RECURSO DE AGRAVO IMPROVIDO – CONCESSÃO, DE OFÍCIO, DE ORDEM DE

---

[401] BRASIL. Supremo Tribunal Federal. RE 651.703 ED, Tribunal Pleno. Relator: Ministro Luiz Fux, DF, j. 28-2-2019, P, DJE de 7-5-2019. Disponível em: http://www.stf.jus.br/portal/ jurisprudencia/pesquisarJurisprude ncia.asp/. Acesso em: 11 fev. 2021, p. 53.

CAPÍTULO 3
A DINÂMICA DO ART. 927 E A IMPORTÂNCIA DOS PRECEDENTES PARA O CPC DE 2015 | **159**

"HABEAS CORPUS". (ARE 652.469 AgR, rel. min. Celso de Mello, j. 26-9-2017, 29 T, DJE de 9-2-2018).[402]

Assim, "a compreensão inovadora atinge fatos e situações passados"[403] e que se encontram sem decisão – também fatos e situações anteriores, mesmo não concluídos em juízo – e os casos futuros.

Tais entraves são solucionados quando comprovado que a técnica da revogação prospectiva objetiva o atendimento da segurança jurídica, os ideais de estabilidade, confiabilidade, previsibilidade e mensurabilidade no agir do Poder Público. Francisco Rosito leciona que, "na hipótese de não ser adotada a eficácia prospectiva, uma alternativa seria reconhecer ao Estado uma obrigação de compensar economicamente o particular que confiou na adequação do Poder Público. A indenização seria equivalente ao dano ocasionado pela ruptura da confiança criada"), lembrando-se que há interesses materiais que não podem ser ressarcidos pecuniariamente.[404]

A título de exemplo de modulação, cita-se que as regras de transição constituem a denominada justiça de transição,[405] cuja aplicação deve ser lastreada pela proposta de Marília Siqueira da Costa, "nos casos em que ocorre frustração, pelo precedente novo, e frustra os anseios das partes envolvidas as quais nortearam sua conduta no precedente revogado e foram impactadas pelo precedente revogador".[406]

Na acepção da mencionada autora, a aplicação das regras de transição se dá por força do princípio da proteção da confiança para estatuir situações jurídicas em que ocorreu cisão da estabilidade a qual acontece quando o precedente judicial é superado. "O objetivo

---

[402] *Idem*, p.54.

[403] ROSITO, Francisco. *Teoria dos precedentes judiciais*: racionalidade da tutela jurisdicional. Curitiba: Juruá, 2012, p. 331.

[404] *Idem*, p. 339. Antonio do Passo Cabral aborda também a segurança-continuidade que demonstra a estabilidade e permanência dos precedentes judiciais, tornando possíveis as modificações consistentes. (CABRAL, Antonio do Passo. A técnica do julgamento – alerta na mudança da jurisprudência consolidada. *Revista de Processo*, São Paulo, ano 38, v. 221, p. 25-750, jul. 2013b, p. 26). Não haverá aplicação do precedente novo ao caso atual a fim de se assegurar a proteção da confiança legítima, não obstante é necessário, em determinado caso, possibilitar a aplicação imediata. Beneficia-se, com a revogação *ex nunc*, a parte que teve sua confiança legítima prejudicada.

[405] Termo empregado por Antonio do Passo Cabral, "ao tratar da proteção de posições jurídicas estáveis ao longo do processo" (CABRAL, Antonio do Passo. *Coisa julgada e preclusões dinâmicas*: entre continuidade, mudança e transição de posições processuais estáveis. Salvador: Jus Podivm, 2013a, p. 636).

[406] COSTA, Marília Siqueira da. *Convenções processuais sobre intervenção de terceiros*. Salvador: JusPodivm, 2013, p. 122.

das regras de transição é impedir uma inesperada quebra de anseios de que uma posição estável seja mantida casualmente a partir de um precedente judicial. As regras de transição visam nortear uma adaptação mais tênue à norma corroborada pelo novo precedente judicial".[407]

3.4.3 *Anticipatory overruling*, julgamento-alerta e *signaling*

É provável a antecipação, pelos tribunais hierarquicamente inferiores da possível anulação de precedente, de fenômeno denominado de "*anticipatory overruling* que configura uma técnica preventiva da superação do precedente judicial".[408]

Leciona Marinoni que, "No *anticipatory overruling*, os órgãos inferiores não aplicam o precedente judicial baseados em um juízo de probabilidade que mostra uma provável permuta do precedente pelo tribunal hierarquicamente superior".[409] Nesse caso, "somente haverá confirmação da revogação caso o tribunal hierarquicamente superior assim o identificar posteriormente".[410]

Caso a decisão dos órgãos superiores seja por protrair o *overruling* visando à proteção da confiança, é vetado aos órgãos inferiores atuar não aplicando o precedente, antecedendo-se à derrogação pelo tribunal superior. "A legitimidade do *anticipatory overruling* se comprova pelo comportamento de órgãos inferiores análogos aos superiores".[411]

Consoante Ataíde Júnior, Trata-se a técnica da sinalização de um dos mecanismos empregados pelos tribunais para deixar os jurisdicionados cientes quanto à revogação de certo precedente, não se destinando mais este a lastro de sustentação de seus comportamentos".[412] É uma técnica desenvolvida com o fim de, em *conjunto* com o *prospective*

---

[407] *Idem*, p. 124-125.

[408] MARINONI, Luiz Guilherme. Incidente de resolução de demandas repetitivas e recursos repetitivos: entre precedente, coisa julgada sobre questão, direito subjetivo ao recurso especial e direito fundamental de participar. *Revista dos Tribunais*, São Paulo, v. 104, n. 962, dez. 2015, p. 132.

[409] DIDIER JÚNIOR, Fredie; BRAGA, Paula Sarno; OLIVEIRA, Rafael Alexandria de. *Curso de Direito Processual Civil*. 8. ed. rev., ampl. e atual. Salvador: Jus Podivm, 2013. v. 2, p. 458.

[410] ROSITO, Francisco. *Teoria dos precedentes judiciais*: racionalidade da tutela jurisdicional. Curitiba: Juruá, 2012, p. 307.

[411] MARINONI, Luiz Guilherme. *Precedentes obrigatórios*. 6. ed. 2. tiragem, rev. atual. e ampl. São Paulo: Revista dos Tribunais, 2020, p. 410.

[412] ATAÍDE JÚNIOR, Jaldemiro Rodrigues de. *Precedentes vinculantes e irretroatividade do direito no sistema processual brasileiro*: os precedentes dos tribunais superiores e sua eficácia temporal. Imprenta. Curitiba: Juruá, 2012, p. 92.

overruling e a decisão ou julgamento-alerta, extinguir a insegurança advinda do *restrospective overruling*.

Não obstante, o *prospective overruling* e o *signaling* não se emaranham. No primeiro, há a eliminação do precedente substituído sendo este elidido do ordenamento jurídico, "porém o precedente novo não contempla o passado, tampouco o caso em julgamento (no caso da aplicação prospectiva pura), favorecendo-se a segurança jurídica e a confiança".[413] No segundo, existe somente indício de que, em qualquer momento futuro, o precedente judicial será revogado, entretanto não é possível se apontar quando nem se afirmar se a revogação será confirmada, ainda que sejam percebidas amplas brechas de que tal ocorra.

3.5 Precedentes vinculantes e persuasivos

O novo CPC estabeleceu, primeiramente, que o teor vinculante do precedente, que deve ser considerado pelas demais instâncias, refletirá a tese jurídica afirmada pela Corte ao decidir. O conceito de tese jurídica adotado pelo novo código mostra conformidade com o de *ratio decidendi* já referido.

Além disso, "a formação de um precedente vinculante ocorre somente quando o caso teve decisão por maioria de votos concernente ao mesmo fundamento; caso haja desencontro no julgamento, a decisão terá autoridade meramente persuasiva".[414] O precedente persuasivo carece de suficiente fundamentação.

A tese jurídica constitui uma descrição da interpretação constitucional produzida pela Corte como princípio para a decisão e não se confunde com os próprios fundamentos da decisão, ainda que estes sejam relevantes a fim de que o teor e o alcance da decisão sejam determinados. "A vinculação do precedente é aquilo que o torna fonte do direito".[415] A justificativa, nesse caso, pode ser a negação do fundamento da decisão anterior, vez que inexiste vinculação.[416]Discute Mello que

---

[413] MARINONI, Luiz Guilherme. Incidente de resolução de demandas repetitivas e recursos repetitivos: entre precedente, coisa julgada sobre questão, direito subjetivo ao recurso especial e direito fundamental de participar. *Revista dos Tribunais*, São Paulo, v. 104, n. 962, p. 131-151, dez. 2015, p. 342.

[414] TEIXEIRA, Sálvio de Figueiredo. *O aprimoramento do Processo Civil como pressuposto de uma Justiça melhor*. Belo Horizonte: Del Rey, 2010, p. 194.

[415] *Idem, ibidem*.

[416] No que respeita à eficácia persuasiva, Marinoni leciona: "A natureza persuasiva do precedente deriva da própria estrutura e lógica do sistema de produção de decisões judiciais, ao exigir respeito do órgão que proferiu a decisão ou do órgão inferior diante

"Houve admissão, pelo novo Código de Processo Civil, de categorias muito parecidas com aquelas do direito estrangeiro".[417] Assim se dá vez que o CPC/2015 distingue, de forma implícita, os dois conceitos – tese e fundamentos – presumindo que a aplicação da tese vinculante subentende a comprovação da presença dos motivos que levaram à sua afirmação da mesma forma no novo caso.[418]

O novo Código dispõe também que o registro eletrônico das teses jurídicas constantes do cadastro de julgamento dos incidentes de resolução de demandas repetitivas deve trazer, ao menos, os fundamentos determinantes da decisão e os dispositivos relativos a esta, a fim de possibilitar "a identificação dos processos abrangidos pela decisão do incidente".[419] Dessa forma, tese e fundamentos determinantes se configuram como conceitos diferentes para o novo Código.

O CPC/2015 traz ainda a ideia de que os casos se identificam ou se diferenciam lastreados nos seus fatos relevantes: na questão jurídica que submetem à decisão dos tribunais e nos fundamentos pertinentes para o enfrentamento e a resposta desta. Infere-se, portanto, que a nova norma processual reconhece que fatos distintos podem dar início ao debate acerca de questões jurídicas diversas.[420]

---

das suas próprias decisões e dos tribunais que lhe são superiores" (MARINONI, Luiz Guilherme. *Precedentes obrigatórios*. 2. ed. São Paulo: RT, 2011, p. 119).

[417] MELLO, Patrícia Perrone Campos. *Precedentes*: O desenvolvimento judicial do direito no constitucionalismo contemporâneo. Rio de Janeiro: Renovar, 2008, p. 75.

[418] "Não se considera fundamentada qualquer decisão judicial, seja ela interlocutória, sentença ou acórdão, que; V- se limitar a invocar precedente ou enunciado de súmula, sem identificar seus fundamentos determinantes nem demonstrar que o caso sob julgamento se ajusta àqueles fundamentos; VI- deixar de seguir enunciado de súmula, jurisprudência ou precedente invocado pela parte, sem demonstrar a existência de distinção no caso em julgamento ou a superação do entendimento") (CPC/2015, art. 489, §1º) (*Idem*).

[419] "A instauração e o julgamento do incidente de resolução de demandas repetitivas] serão sucedidos da mais ampla e específica divulgação e publicidade, por meio de registro eletrônico no Conselho Nacional de Justiça. §2º Para possibilitar a identificação dos processos abrangidos pela decisão do incidente, o registro eletrônico das teses jurídicas constantes do cadastro conterá, no mínimo, os fundamentos determinantes da decisão e os dispositivos normativos a ela relacionados") (CPC/2015, art. 979) (MELLO, Patrícia Perrone Campos. *Precedentes*: O desenvolvimento judicial do direito no constitucionalismo contemporâneo. Rio de Janeiro: Renovar, 2008, p. 75).

[420] "§5º Cabe ação rescisória, com fundamento no inciso V do caput deste artigo, contra decisão baseada em enunciado de súmula ou acórdão proferido em julgamento de casos repetitivos que não tenha considerado a existência de distinção entre a questão discutida no processo e o padrão decisório que lhe deu fundamento. §6º Quando a ação rescisória fundar-se na hipótese do §5º deste artigo, caberá ao autor, sob pena de inépcia, demonstrar, fundamentadamente, tratar-se de situação particularizada por hipótese fática distinta ou de questão jurídica não examinada, a impor outra solução jurídica" (CPC/2015, art. 966) (*Idem*).

Além disso, prevê a aplicação de um precedente apenas quando o caso subsequente versar sobre idêntica questão de direito tratada no anterior,[421] conquanto que os fundamentos empregados na decisão possam ser aplicados na nova demanda. Contrariamente a isso, deve-se estabelecer uma diferenciação entre os casos, assim como acontece no *common law*.[422] A adoção de um sistema de precedentes normativos ou vinculantes é fundamentada por três valores principais: a segurança jurídica, a isonomia e a eficiência.[423]

Cabe se questionar como se caracteriza o que é similar e o que é diferente e que semelhanças e distinções são realmente pertinentes. Ainda, qual a razão de a Corte do precedente ter decidido de tal maneira o caso? Esses questionamentos remetem à *ratio decidendi* da decisão que pode fazer o papel de precedente.

---

[421] "Julgado o incidente [de resolução de demandas repetitivas], a tese jurídica será aplicada: I- a todos os processos individuais ou coletivos que versem sobre idêntica questão de direito e que tramitem na área de jurisdição do respectivo tribunal, inclusive àqueles que tramitem nos juizados especiais do respectivo Estado ou região; II- aos casos futuros que versem idêntica questão de direito e que venham a tramitar no território de competência do tribunal, salvo revisão na forma do art. 986. §1º Não observada a tese adotada no incidente, caberá reclamação"; art. 987: "Do julgamento do mérito do incidente caberá recurso extraordinário ou especial, conforme o caso. [...]. §2º Apreciado o mérito do recurso, a tese jurídica adotada pelo Supremo Tribunal Federal ou pelo Superior Tribunal de Justiça será aplicada no território nacional a todos os processos individuais ou coletivos que versem sobre idêntica questão de direito" (CPC/2015, art. 985) (*Idem*).

[422] "§9º Demonstrando distinção entre a questão a ser decidida no processo e aquela a ser julgada no recurso especial ou extraordinário afetado, a parte poderá requerer o prosseguimento do seu processo. §12. Reconhecida a distinção no caso: I- dos incisos I, II e IV do §10, o próprio juiz ou relator dará prosseguimento ao processo; II- do inciso III do §10, o relator comunicará a decisão ao presidente ou ao vice-presidente que houver determinado o sobrestamento, para que o recurso especial ou o recurso extraordinário seja encaminhado ao respectivo tribunal superior, na forma do art. 1.030, parágrafo único" (CPC/2015, art. 966, §5º (supra); art.1.037) (Lei 13.105 de 2015 que disciplina o Código de Processo Civil Brasileiro).

[423] Nessa linha: voto do Ministro Luís Roberto Barroso na Reclamação 4335, rel. Min. Gilmar Mendes. Ainda: MELLO (2008, p. 69-74); WAMBIER, Teresa Arruda Alvim. Estabilidade e adaptabilidade como objetivos do direito: civil *law* e *common law*. *Revista de Processo*, São Paulo, v. 172, jun. 2009, p. 121; MARINONI, Luiz Guilherme. *Precedentes obrigatórios*. 2. ed. São Paulo: RT, 2011, p. 121-126; CAMARGO, Luiz Henrique Volpe. A força dos precedentes no moderno processo civil brasileiro. *In*: WAMBIER, Teresa Arruda Alvim (coord.). *Direito jurisprudencial*. São Paulo: Revista dos Tribunais, 2012. p. 553-673; NUNES, Dierle; BAHIA, Alexandre. Jurisprudência instável e seus riscos: a aposta nos precedentes *vs.* uma compreensão constitucionalmente adequada do seu uso no Brasil. *In*: MENDES, Aluisio Gonçalves de Castro; MARINONI, Luiz Guilherme; WAMBIER, Teresa Arruda Alvim. *Direito Jurisprudencial*. São Paulo: Revista dos Tribunais, 2014. v. 2, p. 433-471.

A *ratio decidendi* de uma decisão trata-se do princípio *ruling on a point of law*.[424] Consoante Marinoni, a *"ratio decidendi* não apresenta correspondente no processo civil adotado no Brasil. A sua elaboração e extração, no *common law*, ocorrem pelos elementos da decisão, ou seja, da fundamentação, do dispositivo e do relatório",[425] que, apresentando "abstração e generalidade, advêm notadamente, mas não unicamente, da fundamentação de um julgado".[426] As razões determinantes da decisão constituem etapas fundamentais para que o julgador alcance certo resultado.

Também conhecida como *"holding* ou *rule* de um caso, trata-se de uma proposição, ou mais de uma, advinda da decisão podendo ser abstraída e reproduzida para regulamentar casos fundados em circunstâncias análogas, por meio de um processo de universalização que o intérprete é obrigado a realizar".[427] Destina-se ao papel de porção transcendente e vinculante de uma decisão.

Nem todos os fundamentos contidos em uma decisão formam a sua *ratio*. Algumas proposições, embora sejam inclusas no contexto da motivação, não são determinantes para o resultado a que chega o órgão julgador. Trata-se da categoria do *obiter dictum*.

A *ratio decidendi* configura uma regra geral que, não sendo aplicada, levaria a uma decisão distinta. Mesmo ao tratar de uma ótima proposição na concepção do intérprete, em não sendo determinante para o resultado da decisão, configurará mero *dictum*.

3.5.1 Controle concentrado do efeito vinculante

Houve uma revolução no sistema norte-americano após o caso Marbury *vs*. Madison. A decisão no caso sobre a possibilidade de revisão judicial dos atos do Poder Legislativo ficou conhecida em razão da opinião do juiz John Marshall: "A afirmação fundamental do poder da Corte sobre a presidência de Marshall, provavelmente, foi sua decisão no caso Marbury *versus* Madison (1803), no qual a opinião de Marshall pela Corte declarou inconstitucional uma lei federal e

---

[424] BANKOWSKI, Zenon; MacCORMICK, Neil; MARSHALL, Geoffrey. Precedent in the United Kingdom. *In*: MacCORMICK, Neil; SUMMERS, Roberts (org.). *Interpreting Precedents*: a Comparative Study. Vermont: Ashgate Publishing Company, 1997. p. 338.

[425] MARINONI, Luiz Guilherme. O STJ enquanto corte de precedentes: recompreensão do sistema processual da Corte Suprema. São Paulo: Revista dos Tribunais, 2013a, p. 220.

[426] GUASTINI, Riccardo. *Teoria e dogmatica delle fonti*. Milano: Giuffré Editore, 1998, p. 264.

[427] *Idem, ibidem*.

ofereceu uma justificação para a supremacia da Corte na interpretação da Constituição. Alguns anos mais tarde, Marshall também reivindicou o direito de revisão judicial das leis estaduais e durante seu mandato a Corte derrubou mais de uma dúzia de leis estaduais sob fundamentos constitucionais",[428] momento em que a Suprema Corte americana reconheceu o controle judicial de constitucionalidade das leis e dos atos do poder público. "Tal decisão corroborou que o Poder Judiciário tivesse um poder maior que o constatado no *common law* inglês".[429]

Nessa seara, traz Bonavides que, "A partir da análise da supremacia da constituição sobre as leis ordinárias, é possível se inferir que a origem do controle jurisdicional são os Estados Unidos".[430]

O controle difuso de constitucionalidade, embora seja o mais capaz de promover a defesa do cidadão,[431] se importado descontextualizadamente do *common law*, pode ocasionar uma situação inédita nos países de *civil law*, ou seja, qualquer juiz ou tribunal no Brasil têm a possibilidade de decidir questão constitucional de forma distinta à empregada pela Corte Excelsa.

Em razão de não existir vinculação aos precedentes, certos juízes podem inferir que a lei é inconstitucional e, assim, não a aplicam, ao passo que outros continuam a aplicá-la por mostrarem-se favoráveis à constitucionalidade. Pode ser perceptível essa ausência de sincronia mesmo que a Corte Suprema tenha decidido que certa questão é

---

[428] BAUM, Lawrence. *A Suprema Corte Americana*: uma análise da mais notória e respeitada instituição judiciária do mundo contemporâneo. Rio de Janeiro: Forense, 1987, p. 38.

[429] ZANETI JÚNIOR, Hermes. *O valor vinculante dos precedentes:* o modelo garantista (MG) e a redução da discricionariedade judicial: uma teoria dos precedentes normativos formalmente vinculantes. Imprenta. Salvador: JusPODIVM, 2015, p. 47.

[430] BONAVIDES, Paulo. *Curso de direito constitucional*. 13. ed. São Paulo: Malheiros, 2003, p. 305. Acrescente-se, nessa seara, a lição de Abreu: "No modelo norte-americano, juízes e tribunais podem declarar nulos, no curso de qualquer processo, os atos e leis contrários à Lei Fundamental. Tal competência é distribuída difusamente por todos os órgãos jurisdicionais. Todavia, a Suprema Corte desempenha função determinante no campo da interpretação em razão do princípio *stare decisis*, que confere eficácia vinculante às suas decisões. Desse modo, incumbe à Suprema Corte, em tema constitucional, dar a última e definitiva palavra" (ABREU, Pedro Manoel. *Processo e democracia*: o processo jurisdicional como um *locus* da democracia participativa e da cidadania inclusiva no Estado democrático de direito. São Paulo: Conceito Editorial, 2011, p. 295).

[431] Consoante Bonavides, o controle pela via de exceção, isto é, o controle difuso de constitucionalidade, por sua natureza, é "o mais apto a prover a defesa do cidadão contra os atos normativos do Poder, porquanto em toda demanda que suscite controvérsia constitucional sobre lesão de direito individuais estará sempre aberta uma via recursal à parte ofendida" (BONAVIDES, Paulo. *Curso de direito constitucional*. 13. ed. São Paulo: Malheiros, 2003, p. 325).

inconstitucional, vez que, "no controle difuso, a decisão não apresenta efeito *erga omnes* e, aos tribunais e juízes inferiores, não é imposto seguir a decisão".[432]

Tal situação é comum no cotidiano dos tribunais brasileiros, tendo-se em vista que, aos órgãos julgadores, não é obrigatório seguir as decisões dos tribunais aos quais se subordinam. Com exceção do caso do controle concentrado de constitucionalidade, em que a eficácia é *erga omnes* e o efeito é vinculante, não existe regra ou tradição que estabeleçam que as decisões pretéritas devem ser observadas.

Recorre-se ao julgado do Tribunal de Justiça de Santa Catarina, o qual não legitimou uma decisão do Supremo Tribunal Federal como precedente, vez que seu proferimento se deu em controle difuso de constitucionalidade, a fim de exemplificar tal discrepância do sistema. Tendo-se em conta que, neste caso, as decisões proferidas pela Corte Suprema não apresentam efeito vinculante, não houve aplicação da tese pelo Tribunal de Justiça catarinense.

O sistema difuso acolhido por um modelo que não atende à doutrina dos precedentes vinculantes pode levar a sérios prejuízos, como a insegurança jurídica e a incerteza do direito, o que não é constatado em países que acatam o *stare decisis,* haja vista as decisões dos tribunais serem vinculantes para os demais órgãos hierarquicamente inferiores. Dessa forma, quando se bane uma lei por causa da inconstitucionalidade, a parte tem possibilidade de recorrer a órgãos judiciários superiores, restando os demais tribunais vinculados a tal decisão para futuros casos. "Caso a parte chegue até a Suprema Corte, tal decisão deverá ser imperiosamente cumprida no país todo".[433]

A fim de se impedir que a insegurança jurídica originada pela aplicação do sistema difuso de controle de constitucionalidade sem uma doutrina de precedentes vinculantes, certos juristas, como o ministro Teori Albino Zavascki, têm advogado a tese da transcendência das razões da decisão (*ratio decidendi*). A decisão sobre controle de inconstitucionalidade de lei necessita ser vinculante, mesmo em controle difuso. Os argumentos centrais levam em conta a supremacia da Constituição, a premência de sua aplicação homogênica a todos os jurisdicionados e o papel do Supremo Tribunal Federal "(…) como guardião e intérprete

---

[432] CAPPELLETTI Mauro. *Juízes legisladores?* Tradução de Carlos Álvaro de Oliveira. Imprenta. Porto Alegre: S.A. Fabris, 1999, p. 80-81.

[433] CAPPELLETTI, Mauro. *Juízes legisladores?* Tradução de Carlos Álvaro de Oliveira. Imprenta. Porto Alegre: S.A. Fabris, 1999, p. 154.

da Constituição pátria, tendo presente a dimensão política de suas decisões relativas à sociedade".[434]

O controle concentrado de constitucionalidade, cuja norma encontra tradução no direito brasileiro no art. 102, §2º, da Constituição Federal, mostra uma manifestação do *stare decisis* no direito brasileiro, vez que o dispositivo citado prevê efeito vinculante das decisões de mérito dos julgamentos de ação direta de inconstitucionalidade e ações declaratórias de constitucionalidade pelo Supremo Tribunal Federal aos demais órgãos do Poder Judiciário e eficácia contra todos. "É notória a não existência de previsão de decisões como ocorre em outros institutos do ordenamento, o que permite se inferir que uma decisão, embora única, vincula as demais".[435]

Tal regra constitucional confirma a necessidade de se acatar as decisões proferidas pelo Supremo Tribunal Federal, haja vista que a sua inobservância combale a normativa da Constituição.

A inconsistência na possibilidade de controle difuso de constitucionalidade sem vinculação às decisões das cortes superiores está na viabilidade de uma lei ser julgada inconstitucional por certos magistrados, os quais não a aplicarão, ao passo que outros a caracterizarão como constitucional. Caso a controvérsia chegue ao Supremo Tribunal Federal, embora este confirme a inconstitucionalidade da lei, esta terá a oportunidade de continuar a ser aplicada em todo o território nacional, vez que as decisões da Corte Suprema não são rigorosamente seguidas pelos outros órgãos do Poder Judiciário. Resta evidente que, se o proferimento da decisão de inconstitucionalidade tenha ocorrido por meio do controle difuso, não acometerá o restante do sistema pois apenas será válida para o caso em julgamento. A eficácia vinculante e o efeito *erga omnes* da decisão apenas se constatarão em face de proferimento desta em sede de controle concentrado de constitucionalidade.

O caminho supramencionado foi complementado com o Novo Código de Processo Civil que instituiu um extenso sistema de precedentes vinculantes, tendo em vista ser possível serem produzidos julgados com essa eficácia tanto pelos tribunais superiores como pelos tribunais de segundo grau. Nesse contexto, o art. 927 do novo Código estabeleceu os entendimentos que devem ser imperiosamente observados pelas

---

[434] MENDES, Aluisio Gonçalves de Castro; MARINONI, Luiz Guilherme; WAMBIER, Teresa Arruda Alvim. *Direito Jurisprudencial*. São Paulo: Revista dos Tribunais, 2014, p. 151.

[435] SÁ, Djanira Maria Radamés de. *Súmula vinculante:* análise crítica de sua adoção. Imprenta. Belo Horizonte: Del Rey, 1996, p. 69.

demais instâncias: a) as súmulas vinculantes; b) as decisões proferidas pelo STF em sede de controle concentrado da constitucionalidade; c) os acórdãos proferidos em julgamento com repercussão geral ou em recurso extraordinário ou especial repetitivo; d) os julgados dos tribunais proferidos em incidente de resolução de demanda repetitiva; e e) em incidente de assunção de competência; f) os enunciados da súmula simples da jurisprudência do STF e do STJ; e g) as orientações firmadas pelo Plenário ou pelos órgãos especiais das Cortes de segundo grau.

Dentre os mencionados institutos, dois eram totalmente novos e foram criados pelo CPC/2015 – os incidentes de resolução de demanda repetitiva e de assunção de competência. O primeiro se trata de um procedimento especial para julgamento de caso repetitivo que tem a possibilidade de ser implantado em segundo grau de jurisdição. O segundo torna possível que o julgamento de uma importante questão de direito e de significativa reverberação na sociedade e que não se reitere em distintos processos seja apreciado por órgão específico, apontado pelo regimento interno do tribunal. Tanto um quanto outro, as decisões proferidas em segundo grau acarretarão efeitos vinculantes.

Por seu turno, o art. 988 do novo Código previu a probabilidade de emprego da reclamação para anular decisões discrepantes de todos os entendimentos e precedentes apontados como imprescindíveis pelo art. 927, excetuadas as hipóteses de descumprimento de súmulas simples e de orientações estabelecidas pelo pleno e pelos órgãos especiais dos tribunais. Dessa forma, analogamente ao que já acontecia nos casos de súmulas vinculantes, as decisões divergentes de entendimentos firmados em repercussão geral e em recursos extraordinários e especiais repetitivos, conquanto que esgotadas as instâncias ordinárias, poderão ser anuladas por meio de reclamação. Essa situação passou a ser provável em casos de julgados em dissensão com decisões produzidas em incidente de resolução de demanda repetitiva e em incidente de assunção de competência.

3.5.2 Eficácia transcendente dos motivos determinantes: como fica?

Um dos primeiros debates importantes acerca da forma de se operar com precedentes judiciais vinculantes no direito brasileiro incluiu a discussão realizada sobre a eficácia transcendente da fundamentação em sede de controle concentrado. O que foi debatido é se os efeitos vinculantes produzidos pela decisão se restringiam à norma considerada inconstitucional e, assim, ao dispositivo do acórdão ou se aqueles abrangiam também a sua motivação determinante.

A reclamação configura a medida empregada para que as decisões do tribunal sejam cumpridas, que a sua jurisprudência seja firmada ou, ainda, que sua competência seja preservada. "A gênese da reclamação é intrínseca à jurisprudência do Supremo Tribunal Federal, mas foi expandida, pela Constituição Federal, também ao Superior Tribunal de Justiça".[436]

Por seu turno, o CPC/2015 aumenta a acolhida da reclamação a todos os tribunais ao determinar, no art. 988, que aquela pode ser recomendada diante de todo tribunal. Dentro das condições delineadas neste artigo é, dessa forma, possível a reclamação.[437]

É notória a significativa discussão a respeito da natureza jurídica da reclamação, tendo-se em conta que seu objetivo não é obstar a decisão a fim de que esta seja anulada ou reformada. "O propósito da reclamação é garantir que se cumpra a decisão do tribunal no caso concreto ou manter sua competência".[438]

No entendimento de Arruda Alvim Wambier e Medina, não configura recurso, mas ação cuja prova é simplesmente documental. Os mencionados autores salientam "o posicionamento dos tribunais em relação à reclamação como sucedâneo recursal".[439]

O Supremo Tribunal Federal, hoje, advoga que a reclamação lastreada em precedentes sem eficácia geral e vinculante de cuja relação processual os reclamantes não participaram não é cabível.[440]

---

[436] NERY JÚNIOR, Nelson; NERY, Rosa Maria de Andrade. *Comentários ao código de processo civil*. São Paulo: Revista dos Tribunais, 2015, p. 1978.

[437] "Art. 988. Caberá reclamação da parte interessada ou do Ministério Público para: I- preservar a competência do tribunal; II- garantir a autoridade das decisões do tribunal; III- garantir a observância de decisão do Supremo Tribunal Federal em controle concentrado de constitucionalidade; IV- garantir a observância de enunciado de súmula vinculante e de precedente proferido em julgamento de casos repetitivos ou em incidente de assunção de competência. §1º A reclamação pode ser proposta perante qualquer tribunal, e seu julgamento compete ao órgão jurisdicional cuja competência se busca preservar ou cuja autoridade se pretenda garantir" (Lei 13.105 de 2015 disciplina o Código de Processo Civil Brasileiro).

[438] MIRANDA, Pedro de Oliveira (Coord.). *Impactos do novo CPC na advocacia*. Florianópolis: Conceito Editorial, 2015, p. 301.

[439] WAMBIER, Teresa Arruda Alvim; MEDINA, José Miguel Garcia. *O dogma da coisa julgada*: hipóteses de relativização. São Paulo: Revista dos Tribunais, 2003, p. 278-279.

[440] Não obstante, com as novas hipóteses de cabimento previstas no Código de Processo Civil de 2015, "a reclamação passa a assumir o papel de garantidor da observância de acórdão ou precedente proferido em julgamento de casos repetitivos ou em incidente de assunção de competência" (MIRANDA. *Op. cit.*, p. 308-309).

O CPC/2015 dirime qualquer dúvida ao regimentar a medida originária, ou seja, a reclamação se trata de um instrumento relevante, cuja aplicação é possível a todo tribunal, visando ao respeito à jurisprudência instituída pelas Cortes, e é cabível quando a jurisprudência se mostrar de fato consolidada e com eficácia que vá além do limite do caso individual.[441]

Os doutrinadores Marinoni, Arenhart e Mitidiero advertem que a reclamação não pode ser encarada como meio para se tutelar o precedente ou a jurisprudência vinculante, vez que esse emprego do instituto pode provocar o locupletamento dos Tribunais Superiores com reclamações *per saltum*, visando a assegurar força ao precedente. Ainda assim, "até que uma cultura de precedentes seja efetivamente consolidada, é inelutável seu uso nesse sentido, o que é visível com o aumento das hipóteses de cabimento relacionadas no CPC/2015".[442]

Houve significativo aumento, pelo novo Código, das hipóteses de cabimento das reclamações. Esse Código preservou seu emprego em desobediência a súmulas vinculantes e a julgados proferidos em controle concentrado. Também ampliou sua aplicação quando transgredidas as decisões proferidas em incidente de resolução de demanda repetitiva e em incidente de assunção de competência. Nessas hipóteses, o novo Código presumiu seu acolhimento também para afrontar decisão que não aplique a tese de direito fixada em cada um desses precedentes normativos ou que proceda à aplicação dela de forma incorreta. Ainda, o CPC/2015 assentiu o ajuizamento de reclamação para garantir o acatamento às teses firmadas em recurso extraordinário com repercussão geral ou em recursos extraordinário e especial repetitivos, conquanto estivessem esgotadas as instâncias ordinárias.

De todo modo, não há dúvida de que se pretendeu, com a ampliação das hipóteses de cabimento de reclamações, utilizá-las para se assegurar o respeito aos precedentes vinculantes. Em um país com pouca tradição nesse sentido, o manejo desse instrumento demonstrou ser, de fato, essencial para tornar efetivo o novo sistema de precedentes que se procurou criar. Entretanto, é indiscutível que a admissão da reclamação com essa amplitude pode abarrotar o Supremo Tribunal Federal com essas demandas e acabar por frustrar a própria finalidade

---

[441] BRASIL. *Op. cit.*

[442] MARINONI, Luiz Guilherme; ARENHART, Sérgio Cruz; MITIDIERO, Daniel. *Novo Código de Processo Civil*. São Paulo: Revista dos Tribunais, 2015, p. 920.

para a qual foi instituída, tornando lenta e ineficaz a cassação das decisões que descumpram os precedentes normativos.

Em todo caso, não resta dúvida de que se intentou, com a extensão das hipóteses de cabimento de reclamações, que elas fossem empregadas para garantir o acatamento dos precedentes vinculantes. No Brasil, onde existe parca tradição nesse sentido, o desempenho desse instrumento provou ser realmente crucial para se efetivar o novo sistema de precedentes que se almejou gerar. Não obstante, é irrefutável que o assentimento da reclamação com tal extensão pode atropelar o Supremo Tribunal Federal com essas demandas e baldar o objetivo para o qual foi instituída, fazendo com que a anulação das decisões que infrinjam os precedentes normativos seja morosa e ineficaz.

3.5.3 Precedentes judiciais impeditivos ou obstativos e permissivos no NCPC

Há previsão no art. 1.053, do NCPC, das hipóteses em que os precedentes judiciais vinculantes passarão a ter papel impeditivo ou permissivo.

A primeira é aquela em que o presidente ou vice-presidente do tribunal de origem recusará seguimento aos recursos especiais ou extraordinários sobrestados na origem, caso o acórdão recorrido condiga com a diretriz do tribunal superior.

A segunda hipótese é aquela do órgão que proferiu o acórdão recorrido, na origem, que reanalisará a causa de competência originária, a remessa necessária ou o recurso previamente julgado, no caso de o acórdão recorrido se opor à diretriz do tribunal superior.

A terceira hipótese é a dos processos suspensos em primeiro e segundo graus de jurisdição que retomarão o curso para que a tese firmada pelo tribunal superior seja julgada e aplicada. Feito o juízo de retratação, nessa hipótese, com modificação do acórdão divergente, o tribunal de origem, se necessário, decidirá as questões restantes que tiveram que ser enfrentadas em razão da alteração.

Outros dispositivos trazem a previsão da função impeditiva ou permissiva dos precedentes judiciais vinculantes: 1) o art. 300, II, que prevê a concessão da tutela de evidência, nas hipóteses em que a matéria for unicamente de direito, havendo i) tese firmada em julgamento de recursos repetitivos ou em resolução de demandas repetitivas; ou ii) súmula vinculante; 2) o art. 303, do NCPC, que estabelece que, nas causas que prescindem da fase instrutória, o juiz, independentemente da citação do réu, julgará liminarmente improcedente o pedido que contestar: i) súmula do STF ou do STJ; ii) acórdão proferido pelo STF ou pelo STJ em julgamento de recursos repetitivos; iii) entendimento firmado em incidente de resolução de demandas repetitivas ou de assunção de competência; iv) frontalmente norma jurídica extraída de dispositivo expresso de ato normativo; v) enunciado de súmula do TJ sobre direito local; 3) o art. 1.048, §3º, que apregoa que haverá repercussão geral sempre que o recurso: i) refutar decisão oposta à súmula ou precedente do STF; ii) opor-se à tese fixada em julgamento de casos repetitivos; iii) questionar decisão que tenha reconhecido a inconstitucionalidade de tratado ou lei federal, nos termos do art. 97, da CF/1988; d) o art. 988, §8º, que prevê que "é incabível o incidente de resolução de demandas repetitivas quando um dos tribunais superiores, no âmbito de sua respectiva competência, já tiver afetado recurso para definição de tese sobre questão de direito material ou processual repetitiva".[443]

3.6 Precedentes judiciais reiterados que conduzem à súmula vinculante

As súmulas configuram enunciados gerais e abstratos que refletem a opinião de certo tribunal acerca de determinado tema, as quais não constituem um corpo argumentativo, porém uma gama de instruções que não condiz com a ideia de precedente.

Em razão da morosa composição de um sistema de precedentes e a constatação de que o emprego de súmulas é uma realidade no Judiciário brasileiro, é mister que os operadores do direito observem o fato de que a melhor aplicação da súmula necessita vir em conjunto em analogia com os casos que lhe deram origem. Ainda, na edição de enunciados de súmula, os tribunais necessitam observar circunstâncias fáticas dos precedentes que deram causa à sua criação.[444]

Em síntese, os enunciados das súmulas do Supremo Tribunal Federal no bojo constitucional e do Superior Tribunal de Justiça no infraconstitucional, ainda que tenham previsão no art. 927 do CPC/2015, não apresentam efeito vinculante concernente aos demais órgãos julgadores, vez que, em razão da falta de regra específica, são englobados pela regra geral de "observância" do *caput*. Assim, trata-se de elementos

---

[443] Constituição da República Federativa do Brasil de 1988.

[444] Acerca do assunto, vide o Enunciado nº 166 do Fórum Permanente de Processualistas Civis: "A aplicação dos enunciados das súmulas deve ser realizada a partir dos precedentes que os formaram e dos que os aplicaram posteriormente".

persuasivos a serem contemplados no transcorrer do julgamento, não devendo ser descartados pelo julgador.[445]

Há previsão nos artigos 103-A, *caput*, da CF/1988 – acrescidos da EC nº 45/2004 – e 2º,§3º, da Lei 11.417/2006, de que o STF terá a possibilidade, de ofício ou por provocação, por 2/3 de seus membros, depois de frequentes decisões acerca de matéria constitucional, de publicar enunciado de súmula o qual, após edição na imprensa oficial, apresentará efeito vinculante no que concerne aos outros órgãos do Poder Judiciário e à Administração Pública direta e indireta, nos âmbitos federal, estadual e municipal.

Acrescenta-se que "a extração dos requisitos formais para a edição – iniciativa, quórum e publicação – pode ser feita a partir de enunciado de súmula vinculante".[446]

No primeiro requisito, é mister a identificação dos sujeitos legitimados à propositura de edição (revisão ou cancelamento) de enunciado de súmula vinculante; o quórum estabelece a espécie de efeito a ser criado pelos precedentes judiciais que possibilitaram a edição do enunciado de súmula vinculante; a publicação se destina a demarcar o momento após o qual o enunciado de súmula vinculante produzirá efeitos.

A competência para editar súmula vinculante é do STF, desde que os Tribunais Superiores, os Tribunais de Justiça de Estado ou do Distrito Federal, os Tribunais Regionais Federais, os Tribunais Regionais do Trabalho, os Tribunais Regionais Eleitorais e os Tribunais Regionais Militares sugiram ao STF a edição de súmulas vinculantes (art. 3º, XI, da Lei nº 11.417/2006).[447]

Para além dos mencionados tribunais, têm probabilidade de sugerir edição de enunciado de súmula e também a revisão ou cancelamento desta (artigos 103-A, §2º e 3º, I a X, da Lei nº 11.417/2006) o

---

[445] Opostamente, Didier Júnior, Braga e Oliveira trazem que o art. 927, inciso II, do CPC/2015 atribuiu força vinculante aos enunciados de súmula do STF e STJ: "rigorosamente, todos eles passam a ser de observância obrigatória. Não são enunciados de 'súmula vinculante', mas se aproximam disso" (DIDIER JÚNIOR, Fredie; BRAGA, Paula Sarno; OLIVEIRA, Rafael Alexandria de. *Curso de Direito Processual Civil*. 8. ed. rev., ampl. e atual. Salvador: Jus Podivm, 2013. v. 2, p. 465).

[446] SILVA, Celso de Albuquerque. *Súmula Vinculante*: teoria e prática da decisão judicial com base em precedentes. Rio de Janeiro: Lumen Juris, 2011, p. 199.

[447] Fredie Didier Júnior advoga a possibilidade de tribunal de justiça editar enunciado de súmula vinculante acerca de controle de constitucionalidade estadual, para consolidação de entendimento sobre direito local estadual ou municipal, contemplados os mesmos pressupostos para a edição de súmula vinculante pelo STF. DIDIER JÚNIOR, Fredie. Editorial 181. Disponível em: http://www.frediedidier.com.br/editorial/editorial-181. Acesso em: 17 set. 2020.

presidente da República; a Mesa do Senado Federal; a Mesa da Câmara dos Deputados; o procurador-geral da República; o Conselho Federal da Ordem dos Advogados do Brasil; o defensor-geral da União; partido político com representação no Congresso Nacional; confederação sindical ou entidade de classe no âmbito nacional; a Mesa da Assembleia Legislativa ou da Câmara Legislativa do Distrito Federal; o governador de Estado ou do Distrito Federal; e o Município, eventualmente, no curso do processo do qual seja parte (art. 3º, §1º, da Lei nº 11.417/2006).

São quatro os pressupostos objetivos para que o enunciado de súmula vinculante seja editado:

> 1) relacionado à ocorrência de frequentes decisões acerca de matéria constitucional; 2) concernente à existência de conflito atual entre os órgãos judiciários ou entre estes e a Administração Pública; 3) relativo ao objeto da controvérsia; 4) relacionado à séria insegurança jurídica e ao significativo aumento de processos sobre questão similar originada pela controvérsia.[448]

Contemplados todos os requisitos formais e metas demonstrados acima, os precedentes judiciais frequentes do STF que desembocam no enunciado de súmula vinculante terão eficácia vertical e horizontal obrigatória, ou seja, deverão ser imperiosamente apreciados pelo próprio STF, por todos os órgãos jurisdicionais hierarquicamente inferiores e pelos órgãos da Administração (artigos 103-A, da CF/1988, e 2º, da Lei 11.417/2006). Isso significa afirmar que os precedentes judiciais que levam ao enunciado de súmula vinculante serão vistos como precedentes judiciais vinculantes. O precedente se trata de elemento da hipótese fática que possibilita a edição de enunciado da súmula sendo aquele responsável pela produção de eficácia vinculante.

A eficácia vinculante da norma jurídica geral advinda dos precedentes judiciais que levam à edição de enunciado de súmula vinculante é reiterada pela previsão dos artigos 103-A, §3º, da CF/1988 e 7º, *caput* e §1º, da Lei 11.417/2006.

Tomando-se os referidos dispositivos, caso a decisão judicial não aplique (omissão) ou aplique inadequadamente (comissão) enunciado de súmula vinculante, será aceita reclamação constitucional, sem ônus de interposição de recurso extraordinário ou apresentação de

---

[448] MANCUSO, Rodolfo de Camargo. *Divergência jurisprudencial e súmula vinculante*. 4. ed. rev. atual. e ampl. São Paulo: Revista dos Tribunais, 2010, p. 418.

meios admissíveis de impugnação. Também pode haver reclamação constitucional por omissão ou ato da Administração Pública, que se opõe ao enunciado de súmula vinculante, e essa reclamação apenas será admitida depois de consumidas as vias administrativas.[449]

O art. 520, *caput*, do NCPC, taxativamente obriga os tribunais a uniformizar a sua jurisprudência e a manter a estabilidade, integralidade e coerência de suas decisões, em favor da isonomia e da segurança jurídica do ordenamento jurídico.

Face à mera edição de enunciados de súmula, não há cumprimento total do dever imposto aos tribunais, nos termos do art. 520, §§1º e 2º, do NCPC. A obtenção da uniformização, estabilidade, isonomia e segurança jurídica apenas será possível, nos termos do NCPC, caso seja contemplada a previsão dos incisos, do art. 521, do NCPC.

O NCPC caracteriza como normativos os precedentes do STF proferidos em controle concentrado de constitucionalidade; os precedentes judiciais que possibilitam que o enunciado de súmula vinculante seja editado; os precedentes proferidos em incidente de assunção de competência; os precedentes proferidos em resolução de demandas repetitivas e em julgamento de recursos extraordinário e especial repetitivos.[450]

A inovação advinda do NCPC é referente ao precedente judicial obrigatório constituído na esfera do incidente de resolução de demandas repetitivas. Resta saber os limites subjetivos dessa eficácia.

---

[449] "A reclamação constitucional trata-se de um ato ação que pode conduzir a um comando desconstitutivo ou a um comando mandamental/injuncional, se proposta, nos termos dos arts. 103-A, §3º, da CF/1988 e 7º, da Lei 11.417/2006. O comando desconstitutivo ocorre quando de ofensa ao enunciado de súmula vinculante ou aplicação inadequada, momento em que o STF anula a decisão judicial ou o ato administrativo. O comando mandamental/ injuncional, tal como aquele encaminhou à autoridade administrativa que declinou da aplicação de enunciado de súmula vinculante ou a aplicou inadequadamente, se caracteriza pela obrigatoriedade de adequação das futuras decisões administrativas à súmula vinculante em casos análogos, sob pena de responsabilização pessoal nas esferas cível, administrativa e penal" (MANCUSO, Rodolfo de Camargo. *Divergência jurisprudencial e súmula vinculante*. 4. ed. rev. atual. e ampl. São Paulo: Revista dos Tribunais, 2010. p. 411).

[450] O art. 522, do NCPC, prevê que se considera julgamento de casos repetitivos a decisão proferida em: a) incidente de resolução de demandas repetitivas e; b) recursos especial e extraordinário repetitivos); os precedentes judiciais que tornam possível a edição de enunciados de súmulas do STF em matéria constitucional e do STJ em matéria infraconstitucional; os precedentes do plenário do STF, em controle difuso de constitucionalidade; e os precedentes da Corte Especial do STJ, em matéria infraconstitucional (O art. 1000, IV, do NCPC, prevê que "caberá reclamação da parte interessada ou do Ministério Público para: IV- garantir a observância de súmula vinculante e de acórdão ou precedente proferido em julgamento de casos repetitivos ou em incidente de assunção de competência").

Tais precedentes judiciais obrigatórios desfrutam de eficácia horizontal, vinculando os juízes e tribunais. Os incisos do art. 521 não são conclusivos quanto à necessidade ou não de os tribunais, dos quais advêm os precedentes judiciais vinculantes, observarem suas próprias decisões. Consoante o NCPC, infere-se que a eficácia, nesse aspecto, também é horizontal, vinculando o órgão prolator do precedente, que poderá não mais o aplicar, contemplado algum dos pressupostos para a superação ou revogação da tese jurídica assentada, consoante o art. 521, §6º a 11º, do NCPC.

Ainda que não exista previsão legal nessa linha, a proposta para a edição de súmula vinculante trazida por um dos legitimados apenas pode ter o mérito apreciado, desde que a orientação que será fixada demonstre relação com o objeto institucional do legitimado. Dessa forma, "a pertinência temática torna-se condição para que o enunciado seja apreciado e aprovado".[451]

Também importa mencionar que "os pressupostos objetivos a serem seguidos para a edição de enunciado de súmula vinculante se encontram nos artigos 103-A, *caput*, §1º, da CF/1988 e 2º, *caput*, da Lei 11.417/2006".[452]

São apontados quatro pressupostos objetivos para a edição de enunciado de súmula vinculante: o primeiro deles concernente à ocorrência de repetidas decisões acerca de matéria constitucional. Inexiste um número preestabelecido de decisões que devem ser proferidas para a contemplação desse pressuposto. Resta suficiente a reiteração que comprove ter havido debate da questão jurídica que será objeto do enunciado e, em razão disso, sensata para a apresentação de uma solução consolidada pelo STF.[453]

É mister o entendimento amplo da matéria constitucional aludida pelo enunciado de súmula, para que abranja, "além das questões atinentes à Constituição Federal, as concernentes à compatibilidade do texto de lei à luz da Constituição Federal".[454]

Quanto ao segundo pressuposto objetivo, este é inerente à presença de divergência recente entre os órgãos judiciários ou entre

---

[451] TARANTO, Caio Márcio Gutterres. *Precedente judicial*: autoridade e aplicação na jurisdição constitucional. Rio de Janeiro: Forense, 2010, p. 180.

[452] SOUZA, Marcelo Alves Dias de. Do Precedente Judicial à Súmula Vinculante. Curitiba: Juruá, 2011, p. 266.

[453] *Idem*, p 267.

[454] ROSITO, Francisco. *Teoria dos precedentes judiciais*: racionalidade da tutela jurisdicional. Curitiba: Juruá, 2012, p. 398.

estes e a Administração Pública. Esse pressuposto é contemplado no momento em que se comprova que há decisões opostas sobre o tema e essa divergência ainda não foi subjugada. Assim, "a controvérsia atual refere-se ao debate hodierno sobre a precisa *ratio decidendi* dos precedentes judiciais relacionados à idêntica questão constitucional".[455]

No que respeita ao terceiro pressuposto, este é relativo ao objeto da controvérsia. "Esta deve afetar a validade (dúvida acerca da constitucionalidade de norma), a interpretação (dissenso sobre o melhor significado de certo dispositivo consoante os ditames constitucionais) e a eficácia (conflito sobre a coercibilidade jurídico-social de normas determinadas)".[456] Nessa mesma seara, tem-se que "o quarto pressuposto diz respeito à séria insegurança jurídica e à significativa pluralização de processos acerca de questão análoga motivada pela controvérsia".[457]

Não obstante, é difícil mensurar a insegurança jurídica motivada pela pluralidade de processos, mas pode ser pressuposta ao ser contatada a possibilidade de prolação de decisões em sentidos distintos acerca de idêntica questão.

3.7 Precedentes judiciais em incidente de resolução de demanda repetitiva

Sob outra perspectiva, os precedentes normativos apresentam eficácia normativa em sentido forte: as súmulas vinculantes, os julgados produzidos em controle concentrado da constitucionalidade, os acórdãos proferidos em julgamento com repercussão geral ou em recurso extraordinário ou especial repetitivo, as orientações advindas do julgamento de incidente de resolução de demanda repetitiva e de incidente de assunção de competência. O não acatamento a tais a precedentes leva à anulação destes, por meio de reclamação, junto à Corte que os proferiu, consoante o art. 988 do CPC/32.

Verifica-se que, não obstante a raiz romano-germânica do direito brasileiro, este se mostra de fato comprometido, por meio do Novo Código de Processo Civil, em conduzir a implementação

---

[455] MANCUSO, Rodolfo de Camargo. *Divergência jurisprudencial e súmula vinculante*. 4. ed. rev. atual. e ampl. São Paulo: Revista dos Tribunais, 2010, p. 401.

[456] SOUZA, Marcelo Alves Dias de. *Do Precedente Judicial à Súmula Vinculante*. Curitiba: Juruá, 2011, p. 267.

[457] MANCUSO, Rodolfo de Camargo. *Divergência jurisprudencial e súmula vinculante*. 4. ed. rev. atual. e ampl. São Paulo: Revista dos Tribunais, 2010, p. 418.

e a efetividade a um sistema amplo de precedentes normativos, que abrange a produção de julgados vinculantes até mesmo pela segunda instância – significativo contratempo para um ordenamento jurídico que apresenta, em tese, ter parca tradição no tema e pouca adesão aos precedentes judiciais. Aqui vale um questionamento acerca do motivo em ter se optado por tal caminho.

Ademais, produzem eficácia intermediária ou eficácia normativa em sentido fraco os enunciados da súmula simples da jurisprudência do STF e do STJ acerca de matéria constitucional e infraconstitucional, respectivamente, e as orientações estabelecidas pelo Plenário ou pelos órgãos especiais das Cortes. Tais entendimentos são imperiosos e é necessário que sejam respeitados. Não obstante, seu incumprimento não torna possível o ajuizamento de reclamação. Como resultado, essa obrigação funcionará, na prática, como simples sugestão, pelo menos no estágio cultural atual no que concerne à operação com precedentes judiciais.

3.8 Incidente de assunção de competência ou de resolução de demandas repetitivas e julgamento de recursos extraordinários e especiais repetitivos

O instituto da assunção de competência foi inserido no Código de Processo Civil de 1973, em 2001, e seu propósito era contribuir para que a jurisprudência se estabilizasse, entendimento incluído no código pela Lei 10.352/2001 que foi visto com significativa euforia pelos processualistas à época, vez que ofertava um procedimento descomplicado e rápido. Não obstante, o que se observa é que este instituto não é tão empregado pelos tribunais quanto poderia sê-lo. "Motivado por isso, adquiriu nova configuração no CPC/2015 e transverte-se em incidente, agora regimentado em capítulo específico".[458]

O Incidente de Assunção de Competência (IAC), cujo objetivo é padronizar a jurisprudência, encontra guarida no julgamento de recurso, na remessa necessária ou em processo de competência originária que abarca importante questão de direito, com reverberação na sociedade na qual não se observa a repetição em inúmeros processos. O julgamento do recurso, pelo órgão colegiado, ocorrerá desde que identificada essa intenção pública.

---

[458] BENETI, Sidnei Agostinho. Assunção de competência e fast-track recursal. *Revista de Processo*, São Paulo, v. 34, n. 171, maio 2009, p. 14-15.

CAPÍTULO 3
A DINÂMICA DO ART. 927 E A IMPORTÂNCIA DOS PRECEDENTES PARA O CPC DE 2015 | 179

Trata-se, assim, de uma forma de padronização de jurisprudência lastreada no deslocamento da competência recursal para um colegiado maior que a Câmara ou Turma, com a finalidade de prevenção ou composição da divergência.[459]

Restam comprovadas a simplicidade e praticidade do procedimento do incidente, vez que o órgão ao qual é encaminhada a matéria já cabe ao julgamento do caso, impedindo que haja vagarosidade. "Esse julgamento obstrui o aumento de recursos repetitivos firmados na mesma tese, haja vista que, por meio da constituição de uma macrolide, impede-se o julgamento particularizado dos casos a partir do julgamento do *leading case*".[460]

O acórdão constituído a partir do julgamento do incidente de assunção de competência apresenta efeito vinculante, consoante previsão presente no §3º do art. 947: "vinculará todos os juízes e órgãos fracionários, exceto se houver revisão de tese".[461]

Nesse sentido, o incidente, destarte, envolve, ao mesmo tempo, afetação e vinculação. "A primeira, pois a tese vista como relevante pelo relator terá apreciação do órgão colegiado soberano competente; a segunda motivada pela determinação expressa de que a decisão colegiada cingirá magistrados e órgãos fracionários do tribunal em decisões iminentes".[462]

---

[459] "Esta possibilidade de prevenção diferencia este incidente dos demais meios de pacificação de entendimento dos tribunais. Ao possibilitar o julgamento de um recurso por um órgão maior que o competente, resolvendo a demanda com mais desembargadores ou ministros, compreende-se melhor a matéria, com um resultado mais eficaz, com uma utilidade maior, impedindo, num melhor cenário, o surgimento de demandas repetitivas ou resolvendo-as com este entendimento comum" (LEMOS, Vinícius Silva. O incidente de assunção de competência e sua modernização no novo Código de Processo Civil. *Revista Dialética de Direito Processual*, São Paulo, v. 152, nov. 2015, p. 107).

[460] BENETI, Sidnei Agostinho. Assunção de competência e fast-track recursal. *Revista de Processo*, São Paulo, v. 34, n. 171, p. 9-23, maio, 2009, p. 17.

[461] "Art. 947. É admissível a assunção de competência quando o julgamento de recurso, de remessa necessária ou de processo de competência originária envolver relevante questão de direito, com grande repercussão social, sem repetição em múltiplos processos. §1º Ocorrendo a hipótese de assunção de competência, o relator proporá, de ofício ou a requerimento da parte, do Ministério Público ou da Defensoria Pública, que seja o recurso, a remessa necessária ou o processo de competência originária julgado pelo órgão colegiado que o regimento indicar. §2º O órgão colegiado julgará o recurso, a remessa necessária ou o processo de competência originária se reconhecer interesse público na assunção de competência. §3º O acórdão proferido em assunção de competência vinculará todos os juízes e órgãos fracionários, exceto se houver revisão de tese. §4º Aplica-se o disposto neste artigo quando ocorrer relevante questão de direito a respeito da qual seja conveniente a prevenção ou a composição de divergência entre câmaras ou turmas do tribunal".

[462] WAMBIER, Teresa Arruda Alvim; DIDIER JÚNIOR, Fredie; DANTAS, Bruno; TALAMINI, Eduardo (coord.). *Breves comentários ao novo Código de Processo Civil*. São Paulo: Revista dos Tribunais, 2015, p. 2111.

O emprego do instituto leva à estabilidade e segurança jurídica, vez que enleia todos os órgãos julgadores dentro da jurisdição do tribunal inerentemente à questão de direito decidida no incidente. Ressalte-se que a vinculação se expande aos juízes de primeiro grau e às Turmas do tribunal. "Na hipótese de o incidente ter sido julgado por tribunal superior, os demais órgãos do próprio tribunal serão vinculados como também todos os magistrados e tribunais do território nacional".[463]

Uma das inovações trazidas pelo CPC/2015 é o incidente de resolução de demandas repetitivas, que se configura como um instituto influenciado pelo processo civil alemão, cujo objetivo é restringir a abundância de demandas por meio da padronização decisória. A plausabilidade do instituto é confirmada diante da constatação de uma factual repetição de processos acerca da mesma controvérsia, unicamente de direito.[464]

O incidente de resolução de demandas repetitivas trata-se de um rompimento do julgamento, a fim de conduzir, ao tribunal, a parte uniformizável para julgamento, momento em que os demais processos que abordam a matéria são suspensos. "Após emanar uma decisão a respeito do caso selecionado, o tribunal concebe uma decisão-modelo, cuja aplicação será pela primeira instância, excetuadas as particularidades de cada caso".[465]

Ao passo que os Incidentes de Resolução de Demandas Repetitivas (IRDR) são aplicados em âmbito regional, concernentes aos casos repetitivos nos tribunais de justiça estaduais e tribunais regionais federais, no contexto nacional existe a técnica de julgamento de recursos extraordinários e especiais repetitivos, que compõem, com o IRDR, o "microssistema de casos repetitivos",[466] assim designado uma vez que o CPC/2015 se preocupou em atribuir idêntico tratamento a ambas as técnicas de julgamento, consoante o que estabelece o art. 928 do CPC/2015.[467]

---

[463] LEMOS, Vinícius Silva. O incidente de assunção de competência e sua modernização no novo Código de Processo Civil. *Revista Dialética de Direito Processual*, São Paulo, v. 152, p. 106-116, nov. 2015, p. 114-115.

[464] Lei 13.105 de 2015 que disciplina o Código de Processo Civil Brasileiro.

[465] WOLKART, Erik Navarro. *Análise econômica do processo civil*: como a economia, o direito e a psicologia podem vencer a tragédia da justiça. São Paulo: Revista dos Tribunais, 2019, p. 423.

[466] Acerca do microssistema de casos repetitivos, cita-se: "Tanto o incidente de resolução de demandas repetitivas quanto o julgamento de recurso especial e extraordinário repetitivos seguem a sistemática de processo-piloto. São, portanto, espécies do gênero julgamento de casos repetitivos" (WAMBIER, Teresa Arruda Alvim; DIDIER JÚNIOR, Fredie; DANTAS, Bruno; TALAMINI, Eduardo (coord.). *Breves comentários ao novo Código de Processo Civil*. São Paulo: Revista dos Tribunais, 2015, p. 2081).

[467] Art. 928. Para os fins deste Código, considera-se julgamento de casos repetitivos a decisão proferida em: I- incidente de resolução de demandas repetitivas; II- recursos especial e

A previsão do julgamento de recursos repetitivos se encontra no art. 1.036 e seguintes do CPC/2015, que trouxe inovação ao ofertar ao recurso extraordinário, a mesma disciplina que já tinha previsão no CPC/1973 concernente aos recursos especiais repetitivos.[468]

Detectada a pluralidade de recursos fundamentados em semelhante questão de direito, o presidente ou vice-presidente do Tribunal de Justiça elegerão dois ou mais recursos característicos da controvérsia e enviados para o STJ ou STJ para afetação. Haverá suspensão dos demais processos no Estado ou região. No Tribunal Superior será igualmente possível ao relator escolher dois ou mais recursos para julgamento da questão de direito, ordenando que todos os processos que abordem a mesma matéria no território nacional sejam suspensos.[469]

A aplicação da decisão expressa no julgamento da "causa piloto" deverá se estender aos demais casos que abordem a mesma controvérsia, consoante o previsto no art. 1.040 do CPC/2105.[470]

Marinoni, Arenhart e Mitidiero acrescentam: "Resolvida a questão, a solução formulada deverá disciplinar todos os casos idênticos (art. 1.039 e 1.040, CPC). Vale dizer: as razões oriundas do julgamento servem tendencialmente como precedente e nessa linha devem irradiar seus efeitos para todas as questões idênticas ou semelhantes".[471]

---

extraordinário repetitivos. Parágrafo único. O julgamento de casos repetitivos tem por objeto questão de direito material ou processual (Lei 13.105 de 2015 que disciplina o Código de Processo Civil Brasileiro).

[468] Art. 1.036. Sempre que houver multiplicidade de recursos extraordinários ou especiais com fundamento em idêntica questão de direito, haverá afetação para julgamento de acordo com as disposições desta Subseção, observado o disposto no Regimento Interno do Supremo Tribunal Federal e no Superior Tribunal de Justiça.

[469] Consoante o disposto no art. 1.036, §6º: "somente podem ser selecionados recursos admissíveis que contenham abrangente argumentação e discussão a respeito da questão a ser decidida".

[470] Art. 1.040. Publicado o acórdão paradigma: I - o presidente ou o vice-presidente do tribunal de origem negará seguimento aos recursos especiais ou extraordinários sobrestados na origem, se o acórdão recorrido coincidir com a orientação do tribunal superior; II - o órgão que proferiu o acórdão recorrido, na origem, reexaminará o processo de competência originária, a remessa necessária ou o recurso anteriormente julgado, se o acórdão recorrido contrariar a orientação do tribunal superior; III - os processos suspensos em primeiro e segundo graus de jurisdição retomarão o curso para julgamento e aplicação da tese firmada pelo tribunal superior; IV- se os recursos versarem sobre questão relativa a prestação de serviço público objeto de concessão, permissão ou autorização, o resultado do julgamento será comunicado ao órgão, ao ente ou à agência reguladora competente para fiscalização da efetiva aplicação, por parte dos entes sujeitos a regulação, da tese adotada.

[471] MARINONI, Luiz Guilherme; ARENHART, Sérgio Cruz; MITIDIERO, Daniel. *Novo Código de Processo Civil*. São Paulo: Revista dos Tribunais, 2015, p. 983.

Para maior esclarecimento, agregue-se que "essa técnica distingue-se do IRDR, vez que existe ruptura entre a tese jurídica e o caso em exame, haja vista que se dá o julgamento integral da causa pelo tribunal".[472]

Dessa análise, pode-se inferir que todas as situações previstas no inciso III do art. 927 do CPC/2015:

a) são acórdãos em incidente de assunção de competência, incidente de resolução de demandas repetitivas e em julgamento de recursos extraordinário e especial repetitivos;

b) possuem efeito vinculante. Portanto, estes provimentos fogem à regra geral da eficácia persuasiva, pois existe previsão específica nos artigos 947, 985 e 1.040 do novel diploma processual civil que garante sua vinculação e aplicação aos demais casos que versem sobre a mesma controvérsia.

Além disso, constatada desobediência ao "precedente" advindo de julgamento de casos repetitivos ou incidente de assunção de competência, mostra-se pertinente reclamação direta ao tribunal competente, consoante o previsto no art. 988, inciso IV, do CPC/2015.[473]

3.9 Precedentes judiciais em controle concentrado de constitucionalidade

Efetua-se o controle concentrado, abstrato, direto ou principal de constitucionalidade no Brasil por meio das ações diretas.

---

[472] WAMBIER, Teresa Arruda Alvim; CONCEIÇÃO, Maria Lúcia Lins; RIBEIRO, Leonardo Ferres da Silva; MELLO, Rogerio Licastro Torres de. *Primeiros comentários ao novo código de processo civil*: artigo por artigo. São Paulo: Revista dos Tribunais, 2015, p. 2320.

[473] "Art. 988. Caberá reclamação da parte interessada ou do Ministério Público para: I- preservar a competência do tribunal; II- garantir a autoridade das decisões do tribunal; III- garantir a observância de decisão do Supremo Tribunal Federal em controle concentrado de constitucionalidade; IV- garantir a observância de enunciado de súmula vinculante e de precedente proferido em julgamento de casos repetitivos ou em incidente de assunção de competência". O projeto de lei n. 2.384/2015, que tramita atualmente no Poder Legislativo, prevê a modificação na redação do inciso IV supracitado. Em caso de aprovação do mencionado projeto, o cabimento da reclamação se restringirá ao incidente de resolução de demandas repetitivas ou de incidente de assunção de competência, com eliminação da expressão ampla "julgamento de casos repetitivos". O projeto também prevê a modificação do §5º do artigo 988, a fim de que seja vista como implausível a reclamação "proposta perante o Supremo Tribunal Federal ou o Superior Tribunal de Justiça para garantir a observância de precedente de repercussão geral ou de recurso especial em questão repetitiva, quando não esgotadas as instâncias ordinárias" (Lei 13.105 de 2015 que disciplina o Código de Processo Civil Brasileiro).

A ação direta de inconstitucionalidade, estatuída pela Lei 9.868/1999, é adequada para se questionar a constitucionalidade de lei ou ato normativo federal e estadual em defrontamento com a Constituição Federal (art. 102, I, "a", primeira parte, da CF/1988) ou municipal em confronto com a Constituição Estadual (art. 125, §2º, da CF/1988). Consoante a hipótese do art. 102, I, "a", primeira parte, da CF/1988, a competência para processamento e julgamento da ação direta é do STF, enquanto que, na hipótese do art. 125, §2º, da CF/1988, a competência para processamento e julgamento da ação direta é do Tribunal de Justiça do Estado da Federação, cuja Constituição foi violada,[474] cabendo recurso extraordinário para o STF, "caso o dispositivo da Constituição Estadual questionado repita teor de dispositivo contido na Constituição Federal".[475]

O objetivo da ação direta de inconstitucionalidade é proclamar que uma lei ou ato normativo federal ou estadual são inválidos em dissenso com a Constituição Federal ou lei ou ato municipal em desacordo com a Constituição Estadual. É acerca da tese fixada nessa decisão que sentencia a nulidade de lei ou ato normativo federal que recai sobre a eficácia normativa do precedente judicial.

Conforme Souza, "A ação declaratória de constitucionalidade, concebida pela EC nº 3/1993 e regulamentada pela Lei 9.868/1999, objetiva demonstrar a constitucionalidade de lei ou ato normativo federal mediante a Constituição Federal (art. 102, I, "a", parte final, da CF/1988) face ao STF".[476] Acrescenta Mello que "O propósito dessa ação direta e a identificação da compatibilidade de lei ou ato normativo federal com a Constituição Federal, em hipótese de controvérsia judicial relevante",[477] são acerca da tese fixada nessa decisão que declara a compatibilidade de lei ou ato normativo federal em face da Constituição que recai sobre a eficácia normativa do precedente judicial.

O arrazoado de não cumprimento de preceito fundamental (art. 102, §1º, da CF/1988), de competência do STF, é cabível para se "evitar ou reparar lesão a preceito fundamental resultante de ato do

---

[474] SOUZA, Marcelo Alves Dias de. *Do Precedente Judicial à Súmula Vinculante*. Curitiba: Juruá, 2011, p. 207.

[475] MELLO, Patrícia Perrone Campos. *Precedentes*: O desenvolvimento judicial do direito no constitucionalismo contemporâneo. Rio de Janeiro: Renovar, 2008, p. 76.

[476] SOUZA, Marcelo Alves Dias de. *Do Precedente Judicial à Súmula Vinculante*. Curitiba: Juruá, 2011, p. 207.

[477] MELLO, Patrícia Perrone Campos. *Precedentes*: O desenvolvimento judicial do direito no constitucionalismo contemporâneo. Rio de Janeiro: Renovar, 2008, p. 75.

Poder Público" (art. 1º, *caput*, da Lei 9.882/1999), por meio da ação direta, tendo a possibilidade de ser sugerida pelos mesmos colegitimados à propositura de ação direta de inconstitucionalidade e de ação declaratória de constitucionalidade (artigos. 2º, I, da Lei 9.882/1999 e 103, da CF/1988) ou, ainda, "quando for relevante o fundamento da controvérsia constitucional sobre lei ou ato normativo federal, estadual ou municipal, incluídos os anteriores à Constituição" (art. 1º, parágrafo único, I, da Lei 9.882/1999), por meio de arguição incidental.[478]

Postula Mello que "essa ação oportuniza que a invalidade de ato incompatível seja decretada com preceito fundamental constitucional, na hipótese de não haver outro meio efetivo para se obstar a lesividade".[479] É a tese fixada na decisão que aponta a invalidade do ato incompatível com o preceito fundamental constitucional que pode conduzir a resultados normativos.

Tendo sido conceituadas as ações diretas, segue-se para o exame da eficácia realizada pela tese fixada nas decisões proferidas em sua esfera, assim como das limitações subjetivas dessa eficácia.

No entendimento de Patrícia Perrone Campos Mello:

> (…) todas as decisões proferidas em sede de controle concentrado assim como aquelas de conteúdo cautelar apresentam eficácia contra qualquer efeito vinculante. Isso significa que, sendo gerada eficácia contra todos, isso favorece ou traz prejuízos a todo e qualquer jurisdicionado participante ou não da causa, ao passo que, na produção de efeitos vinculantes, persiste na resolução de qualquer outra lide que se encontre sujeita à questão já resolvida tanto no que diz respeito aos órgãos do Poder Judiciário quanto à Administração Pública.[480]

A partir da análise dos referidos dispositivos, inferem-se duas espécies de eficácia que, por sua disposição no artigo, apresentam demarcação distinta.

Em outras palavras, ao passo que a eficácia contra todos incide sobre o dispositivo da decisão, para vincular todos os jurisdicionados que têm possibilidade de serem iminentemente alcançados pela lei ou ato normativo federal, visto como inconstitucional, a eficácia vinculante

---

[478] MANCUSO, Rodolfo de Camargo. *Divergência jurisprudencial e súmula vinculante*. 4. ed. rev. atual. e ampl. São Paulo: Revista dos Tribunais, 2010, p. 339.

[479] MELLO, Patrícia Perrone Campos. *Precedentes*: O desenvolvimento judicial do direito no constitucionalismo contemporâneo. Rio de Janeiro: Renovar, 2008, p. 76.

[480] MELLO, Patrícia Perrone Campos. *Precedentes*: O desenvolvimento judicial do direito no constitucionalismo contemporâneo. Rio de Janeiro: Renovar, 2008, p. 77-78.

se volta sobre a fundamentação da decisão e vincula todos os órgãos jurisdicionais e o Poder Executivo que necessariamente terão de aplicar a tese fixada no precedente judicial formado na ação direta de inconstitucionalidade ou na ação declaratória de constitucionalidade, no julgamento de lei ou ato normativo que apresentem conteúdo idêntico ou parecido ao da lei ou ato normativo considerado inconstitucional.

Sob o respaldo de Patrícia Perrone Campos Melo e Marcelo Alves Dias de Souza, infere-se que a tese fixada nessas decisões interlocutórias proferidas em ação direta de inconstitucionalidade e em ação declaratória de constitucionalidade pode, inclusive, gerar eficácia *erga omnes* e vinculante, a fim de que a suspensão dos processos que tenham como objeto lei ou ato normativo federal cujo conteúdo seja idêntico ao da lei ou do ato normativo cuja constitucionalidade é objeto de discussão nessas espécies de ação direta seja assegurada.[481, 482]

No que diz respeito à eficácia subjetiva, os artigos 28, parágrafo único, da Lei 9.868/1999, e 102, §2º, da CF/1988, preveem que o efeito advindo da tese fixada nas decisões proferidas em ações diretas de inconstitucionalidade e em ações declaratórias de constitucionalidade vincula, imperiosamente, os órgãos do Poder Judiciário e a Administração Pública direta e indireta, nos âmbitos federal, estadual e municipal.[483]

A imunidade ocorre consoante a atividade legislativa propriamente dita ou a atividade materialmente legislativa, com a possibilidade de edição de nova lei com idêntico conteúdo ao da lei considerada inconstitucional. A partir da edição da nova lei, com idêntico conteúdo da lei tida como inconstitucional pelo STF no julgamento de ações diretas de inconstitucionalidade e de ações declaratórias de constitucionalidade, os magistrados, os tribunais e a Administração serão obrigados a afastar a incidência da lei, recorrendo às motivações determinantes das decisões proferidas em sede das mencionadas ações diretas.[484]

---

[481] MELLO, Patrícia Perrone Campos. *Precedentes*: O desenvolvimento judicial do direito no constitucionalismo contemporâneo. Rio de Janeiro: Renovar, 2008, p. 77-78.

[482] Lucas Buril de Macêdo Barros aponta que o que vincula na decisão dada em controle concentrado de constitucionalidade são as motivações para que a inconstitucionalidade ou a constitucionalidade das leis sejam decretadas (BARROS, Lucas Buril de Macêdo. *Os precedentes judiciais no ordenamento jurídico brasileiro*. 2014. 361 f. Dissertação (Mestrado em Direito) – Universidade Federal de Pernambuco, Recife, 2014).

[483] SOUZA, Marcelo Alves Dias de. *Do Precedente Judicial à Súmula Vinculante*. Curitiba: Juruá, 2011, p. 209.

[484] SOUZA, Marcelo Alves Dias de. *Do Precedente Judicial à Súmula Vinculante*. Curitiba: Juruá, 2011, p. 215.

Dessa forma, é possível inferir que a tese fixada nas decisões proferidas pelo STF no bojo de ação direta de inconstitucionalidade e de ação declaratória de constitucionalidade gera eficácia vinculante contra todos os órgãos jurisdicionais e Poder Executivo, não vinculando o Poder Legislativo, quando este exerce sua função específica, aos quais será imposto aplicar os seus fundamentos, quando em face de lei ou ato normativo federal, cujo conteúdo seja idêntico ao daquela lei ou ato normativo federal considerado inconstitucional. Isso é referente a precedente judicial vinculante horizontal e vertical, desde que vincule o próprio STF e todos os órgãos jurisdicionais hierarquicamente inferiores e os Poderes Executivo e Legislativo, ao atuarem no seu papel administrativo e jurisdicional.[485]

Resta, assim, possível concluir que as decisões proferidas em sede de arguição de descumprimento de preceito fundamental constituem precedente judicial vinculante vertical e horizontal, de forma que a sua norma jurídica geral vincule o STF, os demais órgãos do Poder Judiciário, os órgãos do Poder Executivo e do Poder Legislativo, ao exercer seu papel atípico – administrativo e jurisdicional.[486]

Ainda, é possível inferir que as decisões proferidas em controle concentrado de constitucionalidade apresentam eficácia vinculante, ou seja, é obrigatória a observação de sua norma jurídica geral pelos órgãos do Poder Judiciário, do Poder Executivo e do Poder Legislativo, ao exercerem sua função atípica. Exemplificando-se, caso uma lei estadual seja considerada inconstitucional, em razão de ter adentrado competência federal, o STF não apenas gera a regra do caso – norma jurídica individual (determinada lei estadual guarda inconstitucionalidade), mas também cria um precedente – norma jurídica geral –, a fim de que, em casos futuros concernentes a outras leis estaduais, porém

---

[485] Em defesa da eficácia vinculante das decisões proferidas nas ações diretas de inconstitucionalidade e nas ações declaratórias de constitucionalidade: TUCCI, José Rogério Cruz e. *Precedente judicial como fonte do direito*. São Paulo: Revista dos Tribunais, (2004, p. 269-271); MOREIRA, José Carlos Barbosa. *Súmula, jurisprudência, precedente*: uma escalada e seus riscos. São Paulo: Saraiva, 2007, p. 302 (Temas de Direito Processual Civil, 9ª série); LIMA, Tiago Asfor Rocha. *Precedentes judiciais civis no Brasil*. São Paulo: Saraiva, 2013, p. 240.

[486] Em defesa da eficácia vinculante das decisões proferidas nas arguições de descumprimento de preceito fundamental: SILVA, Celso de Albuquerque. *Súmula Vinculante*: Teoria e Prática da Decisão Judicial com base em Precedentes. Rio de Janeiro: Lumen Juris, 2011, p. 111; TARANTO, Caio Márcio Gutterres. *Precedente Judicial*: Autoridade e Aplicação na Jurisdição Constitucional. Rio de Janeiro: Forense, 2010, p. 165; TUCCI, José Rogério Cruz e. Parâmetros de eficácia e critérios de interpretação do precedente judicial. *In*: WAMBIER, Teresa Arruda Alvim (coord.). *Direito jurisprudencial*. São Paulo: Revista dos Tribunais, 2012, p. 119.

de idêntico conteúdo ao daquela vista como inconstitucional, análogo entendimento seja levado em conta no julgamento de casos futuros.

3.10 Precedentes judiciais em assunção de competência

Consoante o art. 555, §1º, do CPC, "ocorrendo relevante questão de direito, que faça conveniente prevenir ou compor divergência entre câmaras ou turmas do tribunal, poderá o relator propor que seja o recurso julgado pelo órgão colegiado que o regimento indicar",[487] que, ao identificar interesse público na questão, começa a demonstrar competência para julgar o recurso. Acrescente-se que "o mencionado dispositivo anui que o denominado incidente de assunção de competência seja instaurado, conhecido também como incidente de uniformização de jurisprudência preventiva".[488]

Consoante a regra, é de competência do relator propor que o incidente de assunção de competência seja instaurado. O recorrente e o recorrido ou o Ministério Público também têm possibilidade de apresentar proposta para que o incidente seja instituído, a qual terá de ser votada pelo órgão de origem que a acatará ou declinará dela. Caso a proposta seja recusada, o julgamento do recurso terá curso normal.

Se a proposta for aceita, terá que ser encaminhada para o órgão julgador do incidente apontado pelo regimento, que está desobrigado de julgar. "Em havendo recusa, ocorrerá devolução dos autos devolvidos ao juízo de origem".[489]

A partir disso, torna-se possível relacionar três premissas que devem ser seguidas para que a instauração do incidente seja concluída:

> a) certificação da existência de uma questão relevante de direito; b) risco de interpretações diferentes à referida questão ou de verificação da existência desse dissenso e; c) comprovação de interesse público na transferência de competência para um órgão do tribunal formado por representantes de todos os demais órgãos fracionários competentes para que a questão seja apreciada.[490]

---

[487] TUCCI, José Rogério Cruz e. *Precedente judicial como fonte do direito*. São Paulo: Revista dos Tribunais, 2004, p. 262-263.

[488] BUENO, Cassio Scarpinella. *Manual de direito processual civil*. São Paulo: Saraiva, 2014, p. 359.

[489] MOREIRA, José Carlos Barbosa. Breve notícia sobre a reforma do processo civil alemão. *Revista de Processo*, São Paulo, n. 111, 2003a, p. 654.

[490] BENETI, Sidnei Agostinho. Assunção de competência e fast-track recursal. *Revista de Processo*, São Paulo, v. 34, n. 171, p. 9-23, maio 2009, p. 15.

À luz do entendimento de José Rogério Cruz e Tucci, advoga-se que "a decisão proferida pelo órgão colegiado uniformizador do tribunal configura precedente judicial vinculante horizontal e vertical o que necessita ser imperiosamente seguido pelo órgão uniformizador e pelos órgãos fracionários e demais juízos inferiores".[491]

3.11 Precedentes judiciais que fixam a tese jurídica para os recursos extraordinários ou especiais repetitivos

Constatada a reverberação geral, acatado o recurso extraordinário e julgado o mérito deste pelo STF, os recursos suspensos serão apreciados no juízo *a quo* – tribunais, Turmas de uniformização ou Turmas recursais – que poderá considerá-los prejudicados ou desculpar-se (art. 543-B, §3º, do CPC). "Caso o recurso almeje o resultado a que chegou o STF no julgamento do recurso paradigma ou dos recursos paradigmas, o órgão jurisdicional de origem deverá proceder à retratação, por meio do órgão prolator da decisão recorrida".[492]

No entendimento de Didier Júnior e Cunha, "A possibilidade de retratação repousa no fato de que a decisão do STF foi tomada em abstrato, a fim de que a questão em tese fosse resolvida",[493] restando ao órgão jurisdicional local analisar as particularidades do caso concreto. A retratação se restringe a adaptar a decisão do órgão *a quo* à decisão do STF. Caso o recurso vise a resultado diferente ao alcançado pelo STF no caso representativo ou nos casos representativos, deverá ser declarado prejudicado.

Por seu turno, Cassio Scarpinella Bueno infere que inexistem efeitos vinculantes nas decisões proferidas pelo STF em sede de recurso extraordinário, ainda que se trate de decisões relacionadas à fixação da existência ou não da repercussão geral, em incidente de julgamento por amostragem. Em razão disso, consoante o mencionado autor, o art. 543-B, §§3º e 4º, do CPC, deve ser explanado no sentido de que, comprovada a repercussão geral, os autos dos recursos extraordinários devem seguir para o STF a fim de que este, e não os órgãos de interposição dos referidos recursos, proceda ao julgamento consoante o decidido.

---

[491] TUCCI. *Op. cit.*, p. 262-263.

[492] TALAMINI, Eduardo. *Direito processual concretizado*. São Paulo: Fórum, 2008, p. 76).

[493] DIDIER JÚNIOR, Fredie; CUNHA, Leonardo da. *Curso de direito processual civil*. 14. ed. Salvador: Jus Podivm, 2017. v. 3, p. 367.

Na acepção de Cassio Scarpinella Bueno, "são aptas à retratação as decisões relacionadas ao acolhimento, ou não, de recursos extraordinários; infere-se, assim, que, para esse doutrinador, apenas as decisões do STF que aceitam ou declinam da repercussão geral apresentam efeito vinculante".[494]

Em face de recursos especiais repetitivos, lastreados em análoga questão de direito, o art. 543-C, §1º, do CPC, permite que o presidente do tribunal de origem escolha, de forma pertinente, o recurso paradigma ou os recursos paradigmas, optando por aquele ou aqueles que apresentem pluralidade de fundamentos, postergando os demais até o surgimento da decisão definitiva do STJ acerca da questão.[495]

A eficácia vinculante desses precedentes do STF e do STJ é reiterada diante da impossibilidade de desistência do procedimento incidental de definição do precedente ou da tese a ser adotada pelo tribunal superior.

A eficácia vinculante desses precedentes judiciais do STF e do STJ que fixam a tese jurídica a ser aplicada no julgamento de recursos extraordinários e especiais repetitivos também é reiterada pela eventualidade de as Cortes Superiores anularem ou retificarem, de forma liminar, o acórdão adverso à orientação firmada, nos termos do art. 543-B, §4º, do CPC, e na aplicação analógica do art. 557, §1º, do CPC, sem dano à propositura de reclamação constitucional, lastreada nos artigos 102, I, "l", e 105, I, "f", da CF/1988, para assegurar a autoridade do STF.[496]

---

[494] BUENO, Cássio Scarpinella. *Manual de direito processual civil*. São Paulo: Saraiva, 2014, p. 261.

[495] Na acepção de Luiz Guilherme Marinoni, não configura a melhor saída possibilitar que o presidente do tribunal de origem opte, de forma aleatória, pelo recurso paradigma ou recursos paradigmas. Consoante esse doutrinador, pelo fato de se tratar de matérias inerentes à interpretação de lei federal, celeremente e com naturalidade chegariam ao STJ. Portanto, "seria mais adequado deixar o primeiro caso chegar ao tribunal superior para que, a partir da sua resolução, ficassem os tribunais e juízos estaduais e federais obrigados em face do precedente então formado" (MARINONI, Luiz Guilherme. *Precedentes obrigatórios*. 2. ed. São Paulo: RT 2011, p. 497).

[496] TARANTO, Caio Márcio Gutterres. *Precedente judicial*: autoridade e aplicação na jurisdição constitucional. Rio de Janeiro: Forense, 2010, p. 258; MARINONI, Luiz Guilherme. *O STJ enquanto corte de precedentes*: recompreensão do sistema processual da Corte Suprema. São Paulo: Revista dos Tribunais, 2013a, p. 238. A Resolução nº 12/2009 do STJ prevê que é cabível reclamação constitucional contra decisões adversas das decisões proferidas em sede de recursos especiais repetitivos. Antonio Adonias Aguiar Bastos advoga que os artigos. 543-B e 543-C, do CPC, são aplicados às demandas-tipo, originadas de uma relação-modelo que almejam soluções-padrão. Para esse doutrinador, o delineamento da relação-padrão com a causa de pedir e o pedido padronizado interessam ao julgamento e sobrestamento de recursos repetitivos (BASTOS, Antonio Adonias Aguiar. Situações jurídicas homogêneas: um conceito necessário para o processamento das demandas de massa. *Revista de Processo*, São Paulo, ano 35, n. 186, ago. 2010, p. 97-98).

3.12 Outros precedentes judiciais do STF, do STJ e do Tribunal de Justiça

Luiz Guilherme Marinoni advoga que toda decisão do STF, proferida no exercício da competência prevista no art. 102, da CF/1988, que se restrinja a delinear a interpretação consoante Constituição, tem por obrigatoriedade a produção de efeito vinculante horizontal e vertical.[497]

Na acepção do mencionado doutrinador, a autoridade das decisões proferidas pelo STJ, de seu turno, "tem origem no simples fato de o proferimento desses precedentes ter ocorrido por órgão que, no Judiciário, goza do poder de estabelecimento do sentido do direito infraconstitucional".[498]

O STJ adquire a feição de ponto de encontro no ordenamento jurídico e é o órgão que dá a última palavra no que concerne ao sentido do direito federal. Infere-se que toda decisão proferida pelo STF e pelo STJ, que traga a correta interpretação da Constituição ou de legislação infraconstitucional, deve possuir eficácia vinculante horizontal e vertical, devendo ser respeitada pela Corte prolatora e por todos os magistrados e tribunais inferiores.

A reiteração da eficácia vinculante desses precedentes judiciais do STF e do STJ advém da possibilidade de se sugerir reclamação constitucional, lastreada nos artigos 102, I, "l", e 105, I, "f", da CF/1988, para se assegurar a autoridade das decisões do STF e do STJ.

3.13 Precedentes judiciais em incidente de uniformização de jurisprudência da lei dos juizados especiais federais

É possível a instauração de incidente desde que confirmada a existência, no tribunal, de decisões discrepantes sobre a mesma tese jurídica. "Isso significa que deve existir questão de direito polêmica

---

[497] MARINONI, Luiz Guilherme. *Precedentes obrigatórios*. 6. ed. 2ª tiragem, rev. atual. e ampl. São Paulo: Revista dos Tribunais, 2020, p. 462-464). Nesse sentido, cf. BARROS, Lucas Buril de Macêdo. *Os precedentes judiciais no ordenamento jurídico brasileiro*. 2014. 361 f. Dissertação (Mestrado em Direito) – Universidade Federal de Pernambuco, Recife, 2014, p. 344).

[498] MARINONI, Luiz Guilherme. *O STJ enquanto corte de precedentes*: recompreensão do sistema processual da Corte Suprema. São Paulo: Revista dos Tribunais, 2013a, p. 111.

importante para a solução do caso concreto para que ocorra o do incidente".[499] Outrossim, "essa divergência deve ser comprovada pela mera confrontação de mais de uma tese jurídica acerca da mesma questão no mesmo tribunal, sendo fardo processual do autor levar a prova da divergência aos autos".[500]

Produzida a divergência, que incide sobre o direito e nunca sobre os fatos do caso concreto, a proposta é submetida à votação pelo órgão fracionário que cessará o julgamento do caso. Tendo sido votada a proposta pelo órgão fracionário, caso o resultado seja negativo, o julgamento do processo é retomado doravante o ponto interrompido. Na hipótese de o resultado ser positivo, ou seja, se a divergência for comprovada, uma tese é formulada, isto é, o acórdão irrecorrível é lavrado, e, ouvido o Ministério Público, os autos são encaminhados para o presidente do tribunal para estabelecimento da sessão de julgamento, "quando a decisão da questão se dará pelo Plenário ou órgão especial do tribunal".[501]

3.14 Superação de entendimento firmado pelos tribunais

O CPC de 2015 trata, em seu ar. 927, §3º, da possibilidade de ampliação do emprego da técnica de modulação dos efeitos, estendendo-o para além das fronteiras do Supremo Tribunal Federal, consentindo na sua utilização por outras Cortes superiores, quando se faz mister a modificação da jurisprudência dominante ou quando estabelecida em julgamento de casos repetitivos em benefício do interesse da sociedade e da segurança jurídica.[502]

---

[499] DIDIER JÚNIOR, Fredie; CUNHA, Leonardo da. *Curso de direito processual civil*. 14. ed. Salvador: Jus Podivm, 2017, p. 614.

[500] VIGLIAR, José Marcelo Menezes. *Interesses individuais homogêneos e seus aspectos polêmicos*: causa de pedir e pedido, ação civil pública ou coletiva, eficácia do procedimento previsto no CDC. Imprenta. São Paulo: Saraiva, 2003, p. 181.

[501] TUCCI, Rogério Lauria. *Direito e garantias individuais no processo penal brasileiro*. São Paulo: Saraiva, 2004, p. 357.

[502] "Art. 927 [...] §3º Na hipótese de alteração de jurisprudência dominante do Supremo Tribunal Federal e dos tribunais superiores ou daquela oriunda de julgamento de casos repetitivos, pode haver modulação dos efeitos da alteração no interesse social e no da segurança jurídica". Na acepção de Didier Júnior, Braga e Oliveira, há que se conferir interpretação constitucional e sistemática a essa regra, lastreando-se na segurança jurídica e boa-fé, para "admitir que esse poder de modular a eficácia da decisão de *overruling* seja exercido quando estiver em jogo a alteração de qualquer precedente, jurisprudência ou enunciado de súmula, de qualquer tribunal, desde que tenha eficácia normativa" (DIDIER Fredie; BRAGA, Paula Sarno; OLIVEIRA, Rafael Alexandria de. *Curso de direito processual*

Caso a modificação jurisprudencial, portanto, possa lesionar a estabilidade das relações formadas consoante o parecer anterior, o tribunal tem a possibilidade de acolher, para o caso concreto assim como para os pendentes, "a apreciação já arraigada, estabelecendo a alteração apenas para situações futuras".[503]

Expostas a boa-fé das partes e a confiança naqueles antigos julgados, somente poderá haver aplicação da jurisprudência nova nos casos posteriores à publicação desta. "Para que isso seja possível, os tribunais devem medir as consequências do acolhimento de um novo parecer, investigando uma solução que não leve prejuízo aos jurisdicionados".[504] Tem-se, assim, que os tribunais, por exemplo, "podem decretar que a modificação apenas seja eficaz para casos futuros ou após certo momento firmado no tempo".[505]

Resta constatado que a divergência jurisprudencial é danosa a todos. O destaque é para o voto do ministro Gilmar Mendes, que realizou amplo exame da declaração de inconstitucionalidade em controle difuso e da possibilidade de limitação da eficácia temporal, lastreando-se na Lei 9.868/1999.[506]

A jurisprudência tem o poder de influenciar a forma de agir dos jurisdicionados e, destarte, tudo isso desembocará no exame de um conteúdo ético da democracia e do *due process of law*, que aduz, consoante acepção do mestre Cândido Rangel Dinamarco e quando comentada

---

civil: teoria da prova, direito probatório, ações probatórias, decisão, precedentes, coisa julgada e antecipação dos efeitos da tutela. 11. ed. Salvador: Ed. Jus Podivm, , 2016, p. 503). Além disso, Scarpinella Bueno realça que a expressão "tribunais superiores" está grafada com iniciais minúsculas na redação do referido artigo e, por esse motivo, esse doutrinador defende que a possibilidade de modulação dos efeitos se estende também aos Tribunais de Justiça e Tribunais Regionais Federais (BUENO, Cássio Scarpinella. Novo código de processo civil anotado. São Paulo: Saraiva, 2015, p. 573).

[503] DIDIER JÚNIOR; BRAGA; OLIVEIRA. *Op. cit.*, p. 503.

[504] SILVA, Ovídio A. Baptista. *Curso de processo civil*. 15. ed. rev. e atual. São Paulo: Revista dos Tribunais, 2013, p. 521.

[505] AMARAL, Guilherme Rizzo. Verdade, justiça e dignidade da legislação: breve ensaio sobre efetividade do processo, inspirado no pensamento de John Rawls e de Jeremy Waldron. *In*: KNIJNIK, Danilo (coord). *Prova Judiciária*: estudos sobre o novo direito probatório. Porto Alegre: Livraria do Advogado, 2007.p. 949).

[506] Faço isso, com efeito *ex nunc*, nos termos do art. 27 da Lei 9.868, de 1999, que entendo aplicável à espécie. Ressalto que esse efeito *ex nunc* deve ser entendido como aplicável às condenações que envolvam situações ainda suscetíveis de serem submetidas ao regime de progressão (BRASIL. Supremo Tribunal Federal. HC 82959, Tribunal Pleno. Relator: Ministro Marco Aurélio. Brasília, DF, 23 de fevereiro de 2006, DJ 01-09-2006. Voto-vista do Ministro Gilmar Mendes. p. 80. Disponível em: http://www.stf.jus.br/portal/jurisprudencia/ pesquisarJurisprudencia.asp. Acesso em: 11 fev. 2020).

uma irretroatividade de uma provável alteração jurisprudencial, "um sistema de limitações ao exercício e imposição de poder pelos agentes estatais, em nome de um valor mais elevado, que é a liberdade das pessoas associada ao dever ético de respeitá-lo, superiormente imposto pela Constituição".[507]

Não obstante a tese vitoriosa no caso acima mencionado, faz-se importante elucubrar que a técnica de modulação dos efeitos advém pontualmente de princípios constitucionais, como segurança jurídica e proteção da confiança e, em razão disso, dispensa qualquer previsão legal expressa. Além disso, "quando elege a técnica, o tribunal não geraria por incumbência própria direito novo, senão certificando-se apenas das consequências jurídicas originadas daquele postulado, de forma que outorgar limitação temporal da eficácia da decisão não implica legislar".[508]

3.15 Precedentes à brasileira

Visto que o sistema precedentalista prestigia os direitos fundamentais à igualdade, à razoável duração do processo e à segurança jurídica, não seria um sistema engessado, eis que poderia ser superado, total ou parcialmente (*overruling* ou *overriding*, respectivamente). A prática brasileira destoa um pouco da essência com os procedentes que são utlizados nos Estados Unidos, Itália e Inglaterra, por exemplo, eis que, nesses países, predomina um sistema de costumes, e, aqui, ao que tudo indica, de imposição.

Estar-se-á falando de um sistema que, na sua essência, roga pela previsibilidade e estabilidade jurídica, mas à moda brasileira, na

---

[507] DINAMARCO, Cândido Rangel. *Vocabulário do processo civil*. São Paulo: Malheiros, 2009, p. 101.

[508] FREITAS, Leonardo e Silva de Almendra. Desmistificando a modulação dos efeitos temporais das viradas jurisprudenciais (*prospective overruling*) no direito tributário: experiência jurisprudencial, aspectos processuais e um caso ideal para sua utilização ([i]legitimidade do contribuinte "de fato"). *Revista Dialética de Direito Tributário*, São Paulo, v. 189, jun. 2011, p. 85. Corroborando o acima mencionado, tira-se da obra de Tercio Ferraz Júnior importante lição sobre tal questão. Consoante o autor, o emprego de modulação dos efeitos pelo STJ é a "invocação de um princípio ínsito ao exercício de uma competência judicativa: a razoabilidade, cuja repercussão no plano dos fatos, por se tratar de um pronunciamento de última instância, pode trazer grave ameaça ao interesse público" (FERRAZ JÚNIOR, Tercio Sampaio. Irretroatividade e jurisprudência judicial. *In*: CARRAZZA, Roque Antonio; NERI JÚNIOR, Nelson. *Efeito ex nunc e as decisões do STJ*. 2. ed. São Paulo: Manole, 2009, p. 24).

verdade, veio também com a função de gerir processos, isso porque, diferentemente do que ocorreu no *common law*, aqui no Brasil esse sistema foi imposto pela lei no NCPC, mesmo já tendo sido apresentado na reforma de 2008, havendo, ainda, a resistência de muitos juízes.

O sistema de precedentes no *civil law*, em apertada síntese, leva em consideração um aspecto subjetivista, importando que decidiu determinada matéria, ganhando quase que automaticamente força vinculante aos casos futuros. Essa é uma dura crítica, mas, em se tratando de um sistema em que a lei obriga, ao que parece, a *ratio decidendi*, que teria a função de conferir força gravitacional para a formação do precedente, que só funcionaria em um sistema de precedentes em que não fosse impositivo, mas com respeito às decisões, em uma cultura bastante distante da brasileira.

O sistema brasileiro de precedentes é, portanto, calcado na norma jurídica, destoando do precedente original que se baseia no fato. Por esse motivo, no Brasil, o art. 927 do CPC abre sua redação elencando que juízes e tribunais não são obrigados a aplicar o precedente e sim, a observá-lo. Conclui-se, que os precedentes à moda brasileira não são obrigatórios em sua aplicação, mas em sua observação.

Nessa análise, pode-se inferir que é possível que o STF fixe um precedente e que o magistrado ou desembargador no tribunal local entendam que não seja caso de aplicação do precedente. Realizem, portanto, o juízo de *dintinguishing* como método e concluam no *distinguishing* como resultado pela inaplicação do precedente por haver distinção de casos.

Por este motivo o precedente no *civil law* é tido como elemento de estabilização sistêmica que busca dar uniformidade, integridade e coerência. Es que se tal decisão não tenha o juízo de distinção, é caso de decisão nula.

Para buscar estabilidade no sistema, a base do art. 926, é a de que os tribunais devem uniformizar sua jurisprudência, fazendo com que esta seja solidificada para se transformar em um precedente. Tal é a sistemática brasileira, não a *common law*. Pode-se inferir, portanto, que o Brasil realmente possui um sistema de precedentes próprio, conforme aduz Rennan Thamay:

> Em verdade, não se tem no Brasil um sistema puro de precedentes, mas, sim, um sistema brasileiro de precedentes que, de fato, estrutura-se para a uniformização de posições jurisprudenciais. Têm-se, assim, duas saídas: uma, a de afastar o sistema brasileiro de precedentes, pelo fato de realmente não se adequar teórica e tecnicamente ao que, de fato,

é um precedente, e outra, a de aproveitar aquilo que o CPC trouxe, visivelmente pretendendo reduzir o elevado número de processos e o caos "judiciário" que vivemos em dias hodiernos.[509]

Nessa tônica trazida pelo doutrinador de reduzir o elevado número de processos e o caos judiciário, lançamos da matéria quando o art. 927, do CPC, tratando da matéria dos precedentes, traz o eufemismo "Juízes e Tribunais observação" quanto às decisões do Supremo Tribunal Federal em controle concentrado de constitucionalidade, aos enunciados de súmula vinculante, aos acórdãos em incidente de assunção de competência ou de resolução de demandas repetitivas e em julgamento de recursos extraordinário e especial repetitivos, só para se elencar alguns dos precedentes que hoje estão mais para gerir o trato processual nos Tribunais Superiores do que formar a tese a ser seguida.

Assim, essa gestão de processos toma corpo quando dá a entender que realmente um dos propósitos está na gestão racional, eficiente e célere dos processos brasileiros. Prova disso é o tratamento dado aos precedentes qualificados com o aprimoramento do IRDR e do IAC, em que a suspensão de todos os processos assim entendidos de demandas repetitivas, por exemplo, é sobrestada até a formação e confirmação do precedente, como se observa no RE 1.293.453 RG, da relatoria do ministro Luiz Fux, de março de 2021:

> Ementa: RECURSO EXTRAORDINÁRIO. INCIDENTE DE RESOLUÇÃO DE DEMANDAS REPETITIVAS (IRDR). TRIBUTÁRIO. REPARTIÇÃO DE RECEITAS. TITULARIDADE DO IMPOSTO DE RENDA INCIDENTE NA FONTE SOBRE RENDIMENTOS PAGOS, A QUALQUER TÍTULO, PELOS MUNICÍPIOS, A PESSOAS FÍSICAS OU JURÍDICAS CONTRATADAS PARA PRESTAÇÃO DE BENS OU SERVIÇOS. ARTIGO 158, INCISO I, DA CONSTITUIÇÃO FEDERAL. PETIÇÃO 7.001, REAUTUADA COMO SUSPENSÃO NACIONAL DO INCIDENTE DE RESOLUÇÃO DE DEMANDAS REPETITIVAS (SIRDR 1). REAFIRMAÇÃO DO EFEITO SUSPENSIVO A TODOS OS PROCESSOS, INDIVIDUAIS OU COLETIVOS, EM TODO O TERRITÓRIO NACIONAL, QUE VERSEM SOBRE O TEMA. RELEVÂNCIA DA QUESTÃO CONSTITUCIONAL. MANIFESTAÇÃO PELA EXISTÊNCIA DE REPERCUSSÃO GERAL. (RE 1.293.453 RG, rel. min. Luiz Fux, j. 18-3-2021, P, DJE de 26-3-2021.).[510]

---

[509] THAMAY, Krueger, R. *Manual de Direito Processual* Civil. 3. ed. Editora Saraiva, 2020. São Paulo, p. 499.

[510] BRASIL. Supremo Tribunal Federal. *Precedentes qualificados*: bibliografia, legislação e jurisprudência temática. Brasília, DF: STF; Secretaria de Altos Estudos, Pesquisas e Gestão

Para corroborar essa síntese dos precedentes à moda brasileira sob o ótica da gestão dos processos no judiciário, importante se tomar nota de que, quando se estudam números advindos dessa gestão Brasil, como aponta o relatório do Conselho Nacional de Justiça, denominado de Justiça em Números, de setembro do ano de 2021, tomando como ano base o ano de 2020, o que se verifica, a partir de um estudo de jurimetria, é a diminuição de processos nas Cortes Superiores, STF e STJ, principalmente no tocante à recorribilidade interna.

> Em 2020, foi a primeira vez, considerando a série histórica de 11 anos, que a recorribilidade interna (13,6%) superou a recorribilidade externa (9,3%), confirmando a tendência de reversão iniciada em 2019. Além de ser uma ocorrência inédita, ainda superou em 4,3 pontos percentuais. O índice de recorribilidade externa teve seu valor mínimo histórico em 2020.[511]

Nota-se, principalmente a partir do relatório do CNJ em números de setembro de 2021, que gerir os processos judiciários brasileiros é um compromisso firmado e ratificado pelo próprio Supremo Tribunal Federal, que, também em setembro do mesmo ano, lança a obra "Precedentes qualificados", cujo principal desafio está na "gestão racional, eficiente e célere dos precedentes, com a adoção de avanços tecnológicos na estruturação e análise de dados estatísticos".[512]

Tomando-se por base um dos pilares do sistema de precedentes, tanto pelo sistema *common law* como o que deve ser no *civil law*, que é o acesso dos cidadãos à Justiça, pode-se dizer que o sistema à moda brasileira, visando a uma gestão de processos, em muito contribuiu para a defesa dos direitos humanos e do Estado democrático de direito, buscando propiciar a institucionalização da Agenda 2030, da Organização das Nações Unidas.

---

da Informação, 2021, p. 42. Disponível em: http://www.stf.jus.br/arquivo/cms/. Acesso em: 3 out. 2021.

[511] Conselho Nacional de Justiça em números 2021 / Conselho Nacional de Justiça. – Brasília: CNJ, 2021. Anual. 340 p: il. color. ISBN: 978-65-5972-493-2 1. Poder Judiciário – Estatística 2. Administração pública – Estatística 3. Administração da Justiça, Brasil I. Título II. Série, p. 135. Disponível em: https://www.cnj.jus.br/pesquisas-judiciarias/justica-em-numeros/. Acesso em 02/10/2021.

[512] BRASIL. Supremo Tribunal Federal. *Precedentes qualificados*: bibliografia, legislação e jurisprudência temática. Brasília, DF: STF; Secretaria de Altos Estudos, Pesquisas e Gestão da Informação, 2021, p. 06. Disponível em: http://www.stf.jus.br/arquivo/cms/. Acesso em: 3 out. 2021.

A par dessa necessidade, o Conselho Nacional de Justiça levantou dados relativos aos 17 objetivos de desenvolvimento sustentável (ODS), firmando o compromisso brasileiro para com a Agenda 2030 para o desenvolvimento sustentável, o que, no viés já proclamado pelo STF, ao que tudo indica a prática à brasileira dos precedentes, mostra sua razão de assim ser denominada.

Segundo a plataforma Agenda 2030, os 17 ODS são assim denominados:

a) ODS1: acabar com a pobreza em todas as suas formas, em todos os lugares;

b) ODS2: acabar com a fome, alcançar a segurança alimentar e melhoria da nutrição e promover a agricultura sustentável;

c) ODS3: assegurar uma vida saudável e promover o bem-estar para todos, em todas as idades;

d) ODS4: assegurar a educação inclusiva, equitativa e de qualidade e promover oportunidades de aprendizagem, ao longo da vida, para todos;

e) ODS5: alcançar a igualdade de gênero e empoderar todas as mulheres e me- ninas;

f) ODS6: assegurar a disponibilidade e gestão sustentável da água e saneamento para todos;

g) ODS7: assegurar o acesso confiável, sustentável, moderno e a preço acessível à energia para todos;

h) ODS8: promover o crescimento econômico sustentado, inclusivo e sustentável, emprego pleno e produtivo e trabalho decente para todos;

i) ODS9: construir infraestruturas resilientes, promover a industrialização inclusiva e sustentável e fomentar a inova-ção;j) ODS10: reduzir a desigualdade dentro dos países e entre eles;

k) ODS11: tornar as cidades e os assentamentos humanos inclusivos, seguros, re- silientes e sustentáveis;

l) ODS12: assegurar padrões de produção e de consumo sustentáveis;

m) ODS13: tomar medidas urgentes para combater a mudança climática e seus impactos;

n) ODS14: conservar e fazer uso sustentável dos oceanos, dos mares e dos recursos marinhos para o desenvolvimento sustentável;

o) ODS15: proteger, recuperar e promover o uso sustentável dos ecossistemas ter- restres, gerir, de forma sustentável, as florestas, combater a desertificação, deter e reverter a degradação da terra e a perda de biodiversidade;

p) ODS16: promover sociedades pacíficas e inclusivas para o desenvolvimento sustentável, proporcionar o acesso à Justiça para todos e construir instituições eficazes, responsáveis e inclusivas em todos os níveis;

q) ODS17: fortalecer os meios de implementação e revitalizar a parceria global para o desenvolvimento sustentável.[513]

Segundo o relatório do CNJ de 2021, "afora o ODS16, os mais demandados são o ODS 11 (Tornar as cidades e os assentamentos humanos inclusivos, seguros, resilientes e sustentáveis), ODS 8 (Promover o crescimento econômico sustentado, inclusivo e sustentável, emprego pleno e produtivo e trabalho decente para todos) e ODS 10 (Reduzir a desigualdade dentro dos países e entre eles)".[514]

Para ilustrar, o referido relatório apresenta, ainda, o número de casos novos por ODS, tomando como referência o ano de 2020.

---

[513] Plataforma Agenda 2030. Disponível em: http://www.agenda2030.org.br/os_ods/. Acesso em: 1 out. 2021.

[514] Conselho Nacional de Justiça em números 2021 / Conselho Nacional de Justiça. – Brasília: CNJ, 2021. Anual. 340 p: il. color. ISBN: 978-65-5972-493-2 1. Poder Judiciário – Estatística 2. Administração pública – Estatística 3. Administração da Justiça, Brasil I. Título II. Série, p. 289-290. Disponível em: https://www.cnj.jus.br/pesquisas-judiciarias/justica-em-numeros/. Acesso em 02/10/2021.

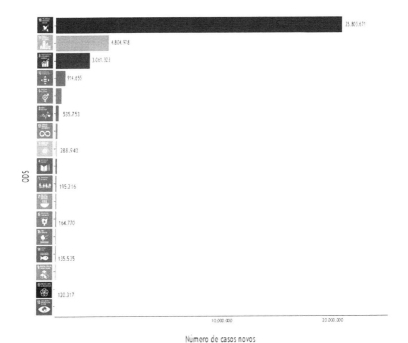

Figura 1 – Número de casos novos por ODS[515]

Fonte: Conselho Nacional de Justiça em números 2021 / Conselho Nacional de Justiça. – Brasília: CNJ, 2021.

---

[515] Conselho Nacional de Justiça em números 2021 / Conselho Nacional de Justiça. – Brasília: CNJ, 2021. Anual. 340 p: il. color. ISBN: 978-65-5972-493-2 1. Poder Judiciário – Estatística 2. Administração pública – Estatística 3. Administração da Justiça, Brasil I. Título II. Série, p. 292. Disponível em: https://www.cnj.jus.br/pesquisas-judiciarias/justica-em-numeros/. Acesso em 02/10/2021.

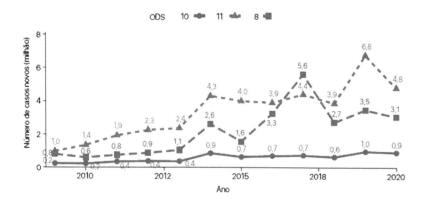

Figura 2 – Número de casos novos por ODS 8, 10 e 11[516]

Fonte: Conselho Nacional de Justiça em números 2021 / Conselho Nacional de Justiça. – Brasília: CNJ, 2021.

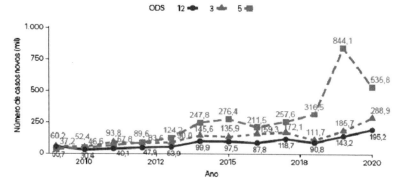

Figura 3 – Número de casos novos por ODS 12, 3 e 5[517]

Fonte: Conselho Nacional de Justiça em números 2021 / Conselho Nacional de Justiça. – Brasília: CNJ, 2021.

---

[516] Conselho Nacional de Justiça em números 2021 / Conselho Nacional de Justiça. – Brasília: CNJ, 2021. Anual. 340 p: il. color. ISBN: 978-65-5972-493-2 1. Poder Judiciário – Estatística 2. Administração pública – Estatística 3. Administração da Justiça, Brasil I. Título II. Série, p. 292. Disponível em: https://www.cnj.jus.br/pesquisas-judiciarias/justica-em-numeros/. Acesso em 02/10/2021.

[517] *Idem*, p. 293.

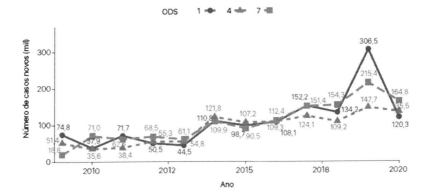

Figura 4 – Número de casos novos por ODS 1, 4 e 7[518]

Fonte: Conselho Nacional de Justiça em números 2021 / Conselho Nacional de Justiça. – Brasília: CNJ, 2021.

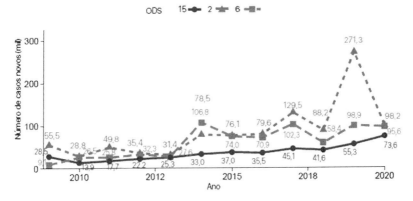

Figura 5 – Número de casos novos por ODS 2, 6 e 15[519]

Fonte: Conselho Nacional de Justiça em números 2021 / Conselho Nacional de Justiça. – Brasília: CNJ, 2021.

---

[518] *Idem, ibidem.*
[519] Conselho Nacional de Justiça em números 2021 / Conselho Nacional de Justiça. – Brasília: CNJ, 2021. Anual. 340 p: il. color. ISBN: 978-65-5972-493-2 1. Poder Judiciário – Estatística 2. Administração pública – Estatística 3. Administração da Justiça, Brasil I. Título II. Série, p. 295. Disponível em: https://www.cnj.jus.br/pesquisas-judiciarias/justica-em-numeros/. Acesso em 02/10/2021.

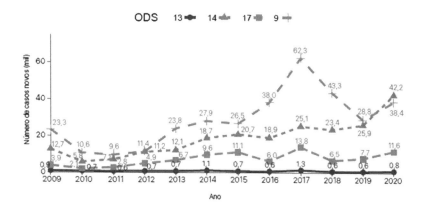

Figura 6 – Número de casos novos por ODS 9, 13, 14 e 17[520]

Fonte: Conselho Nacional de Justiça em números 2021 / Conselho Nacional de Justiça. – Brasília: CNJ, 2021.

Observa-se, com o relatório, que houve diminuição dos ODS, exceto os ODS 3, 9, 12, 13, 14, 15, 17 enaltecendo o compromisso de promoção do bem-estar de todos, em todas as idades, o fomento à inovação e a instresturas resilientes, a exemplo de um juízo 100% digital, como é o caso no Judiciário brasileiro. Isso mostra a preocupação na gestão deste e "traz o precedente, o advento do Código de Processo Civil (CPC) de 2015, especial destaque em todo o sistema processual, transparência, previsibilidade e razoável duração aos processos, ao mesmo tempo em que confere mais racionalidade e isonomia ao sistema processual, com a inibição de decisões múltiplas sobre a mesma temática".[521]

3.16 Prevenção contra uma explosão de reclamações

Trata-se a reclamação como uma ação que visa à preservação da competência dos tribunais e ao asseguramento do poder das suas

---

[520] Idem, p. 294.
[521] Conselho Nacional de Justiça em números 2021 / Conselho Nacional de Justiça. – Brasília: CNJ, 2021. Anual. 340 p: il. color. ISBN: 978-65-5972-493-2 1. Poder Judiciário – Estatística 2. Administração pública – Estatística 3. Administração da Justiça, Brasil I. Título II. Série, p. 296. Disponível em: https://www.cnj.jus.br/pesquisas-judiciarias/justica-em-numeros/. Acesso em 02/10/2021.

decisões. Sua proposição ocorre face ao desrespeito ao precedente da Corte e prossegue não obstante circunstancial recurso interposto contra a decisão reclamada e possibilita a pronta cassação desta.[522]

Em razão disso, afirma-se que as reclamações permitem o acesso *per saltum* às Cortes vinculantes.

Não é cabível, entretanto, reclamação contra decisão transitada em julgado (CPC/2015, art. 988, §5º, I). Com isso, é mister se recorrer da decisão que viola o precedente normativo, para que seja impedido o trânsito em julgado. Conjuntamente, porém, é possível haver ajuizamento da reclamação diretamente no tribunal vinculante.

A reclamação se mostra vantajosa vez que, distintamente do que acontece no sistema recursal, em que se faz necessário o acesso às diferentes instâncias até que a causa chegue ao STF, o descumprimento do precedente normativo será analisado diretamente pelo Supremo, trazendo celeridade à decisão pelo tribunal que tem a palavra final sobre o assunto.

Nesse contexto, o STF necessitará procurar mecanismos a fim de que esse instrumento seja empregado racionalmente. Cita-se, entre tais mecanismos, cautela reiterada da Corte ao formular a tese que vinculará os casos futuros.

A exemplo desse instrumento, alguns julgados merecem ser verificados, tais como:

> Agravo regimental na reclamação. Negativa de seguimento do recurso extraordinário pelo tribunal de origem com fundamento na sistemática da repercussão geral. Teratologia nas razões de decidir proferidas pela autoridade reclamada. RE nº 632.853/CE-RG. Substituição da banca examinadora pelo Poder Judiciário. Impossibilidade. Precedentes. Agravo regimental não provido. 1. Não subsiste o agravo regimental quando inexiste ataque específico aos fundamentos do pronunciamento monocrático tido por merecedor de reforma, como consagrado no art. 317, §1º, RISTF. 2. Preenchido o requisito do art. 988, §5º, II, do Código

---

[522] "As decisões definitivas de mérito, proferidas pelo Supremo Tribunal Federal, nas ações diretas de inconstitucionalidade e nas ações declaratórias de constitucionalidade produzirão eficácia contra todos e efeito vinculante, relativamente aos demais órgãos do Poder Judiciário e à administração pública direta e indireta, nas esferas federal, estadual e municipal"; art. 103-A: "O Supremo Tribunal Federal poderá, de ofício ou por provocação, mediante decisão de dois terços dos seus membros, após reiteradas decisões sobre matéria constitucional, aprovar súmula que, a partir de sua publicação na imprensa oficial, terá efeito vinculante em relação aos demais órgãos do Poder Judiciário e à administração pública direta e indireta, nas esferas federal, estadual e municipal, bem como proceder à sua revisão ou cancelamento, na forma estabelecida em lei" (CF, art. 102, §2º) (Constituição da República Federativa do BRASIL de 1988).

de Processo Civil, a Suprema Corte, excepcionalmente, pode admitir a reclamação constitucional com paradigma na repercussão geral, quando presente teratologia na aplicação do precedente obrigatório do STF, a saber, RE nº 632.853/CE-RG. 3. No paradigma de repercussão geral, o STF excetuou a possibilidade de o Poder Judiciário proceder i) ao juízo de compatibilidade do conteúdo de questões de concurso com o conteúdo programático previsto no edital do certame e ii) ao juízo de teratologia, ou seja, erro grosseiro, no gabarito apresentado em face do conteúdo exigido na prova. 4. É defeso ao Poder Judiciário alterar a nota atribuída ao candidato, substituindo-se à banca examinadora na avaliação da maior ou menor adequação da resposta do candidato ao conteúdo da matéria cobrada de acordo com o edital. 5. Agravo regimental não provido. (Rcl 26.928 AgR, rel. min. Dias Toffoli, j. 17-8-2018, 29 T, DJE de 17-9-2018.)[523]

E ainda:

RECLAMAÇÃO. APOSENTADORIA ESPONTÂNEA. ACUMULAÇÃO DE PROVENTOS DE APOSENTADORIA COM VENCIMENTOS. ADI 1.770. AUSÊNCIA DE PERTINÊNCIA TEMÁTICA ESTRITA. TRANSCENDÊNCIA DOS MOTIVOS DETERMINANTES. I – É improcedente a reclamação que trate de situação que não guarda relação de estrita pertinência com o parâmetro de controle. II – A jurisprudência do Supremo Tribunal Federal se consolidou no sentido de ser incabível reclamação fundada na teoria da transcendência dos motivos determinantes de acórdão com efeito vinculante. III – O acórdão prolatado na ADI 1.770 não decidiu sobre a possibilidade de empresa pública despedir, ou não, empregado público após sua aposentadoria, nem, caso despedisse, se a consequência seria reintegrar o empregado, ou garantir-lhe as verbas rescisórias. IV – Reclamação julgada improcedente. (Rcl 8.168, rel. min. Ellen Gracie, red. do ac. min. Edson Fachin, j. 19-11-2015, P, DJE de 29-2-2016.).[524]

A decisão sobre o nível de generalidade deve levar em conta não somente o entendimento jurídico que lastreou a decisão, mas também os efeitos que acarretarão na efetividade e viabilidade da própria jurisdição da Corte. Em face à incerteza, tem-se que uma tese mais restritiva impede reclamações em demasia; nada obsta que, constatado

---

[523] BRASIL. Supremo Tribunal Federal. *Precedentes qualificados*: bibliografia, legislação e jurisprudência temática. Brasília, DF: STF; Secretaria de Altos Estudos, Pesquisas e Gestão da Informação, 2021, p. 57. Disponível em: http://www.stf.jus.br/arquivo/cms/. Acesso em: 3 out. 2021.

[524] *Idem*, p. 57-58.

o efeito inicial do precedente, amplie-se gradualmente seu escopo pelo julgamento de novos casos, um *modus operandi* que é o âmago do *judge made law.*

CAPÍTULO 4

PRECEDENTES: UMA PROPOSTA À PADRONIZAÇÃO DECISÓRIA E NÃO RESTRITIVA DO ART. 311, INCISO II, DO CPC

4.1 As hipóteses não taxativas a serem interpretadas no art. 311, inciso II, do CPC

O art. 311 traz expressamente que a tutela da evidência não depende "da demonstração de perigo de dano ou de risco ao resultado útil do processo".[525]

É observável que esta espécie de técnica de tutela dos direitos é fruto do reconhecimento de que "i) o autor não pode arcar com o tempo do processo, como se ele fosse o culpado pela lentidão relativa à investigação dos fatos; ii) assim, o tempo do processo deve ser encarado como um ônus; iii) há necessidade da distribuição do tempo entre os litigantes em razão da necessidade de o processo tratá-los isonomicamente".[526]

A melhor distribuição do tempo da Justiça é favorecida pelo impedimento, "por parte dos procedimentos da discussão de certas questões – cognição parcial –, que limitam o emprego das provas (mandado de segurança; cognição exauriente *secundum eventum probationis*) ou até que são de cognição plena e exauriente, mas dotados de tutela antecipatória".[527]

É notória a relevância da distribuição do ônus do tempo no procedimento comum visando à democratização do processo civil,

---

[525] MARINONI, Luiz Guilherme. *Precedentes obrigatórios*. 6. ed. 2ª tiragem, rev. atual. e ampl. São Paulo: Revista dos Tribunais, 2020, p. 276.

[526] *Idem*, p. 276-277.

[527] *Idem*, p. 277.

pois isso impede o tratamento diferenciado do tempo somente em face dos procedimentos especiais, que têm como foco situações especiais, olvidando-se que a questão da distribuição do tempo é fundamental mediante *toda e qualquer situação litigiosa concreta.*

Na busca da igualdade no processo, é mister que o tempo tenha uma distribuição isonômica entre os litigantes, "devendo ser repartido no procedimento consoante o índice de probabilidade de que o autor tenha direito ao bem disputado".[528]

Tal possibilidade vincula-se à evidência do direito do autor e à vulnerabilidade da defesa do réu. Sendo evidente o direito do autor e que a defesa do réu necessita de seriedade, tem-se a tutela da evidência como técnica de distribuição do ônus do tempo do processo, "vez que, em cenário contrário, uma *defesa abusiva* postergará a tutela jurisdicional do direito".[529]

A fim de que não reste prejuízo ao autor em razão da lentidão do processo, deve haver, no interior do procedimento de cognição plena e exauriente, uma técnica que possibilite o adiantamento da execução.

Inexiste qualquer motivação relevante que obste um provimento sumário de constituir título executivo, "pois abrir a via executiva a um direito não é uma consequência da sua existência, mas uma simples opção pela sua realização prática".[530]

A tutela da evidência tem similar no direito comparado no *référé provision* do Direito francês. É possível a antecipação mediante a *provision* na hipótese em que "a obrigação não é seriamente contestável" (*"l'obligation n'est pas sérieusement contestable"*).[531]

No entendimento de Roger Perrot, a *provision* não demanda o requisito da urgência e o magistrado não pode pleitear uma incontestabilidade absoluta, sob o risco de limitar, de forma abusiva, o domínio do *référé provision*. O *référé provision*, portanto, se constitui em uma forma de tutela dos direitos evidentes.[532]

Caso haja admissibilidade da tutela da evidência, quando houver prova documental do direito e a defesa for improcedente, há também razoabilidade em admiti-la em face da demonstração, pelo autor, do

---

[528] *Idem*, p. 278.

[529] MARINONI, Luiz Guilherme. *Precedentes obrigatórios*. 6. ed. 2ª tiragem, rev. atual. e ampl. São Paulo: Revista dos Tribunais, 2020, p. 279.

[530] *Idem*, p. 281.

[531] Artigos 809, II, e 849, II, do Código de Processo Civil francês.

[532] PERROT, Roger. *Les incidents de provision*: la Gazette du Palais, 1980. Tome 1, Doctrine, p. 314-322.

fato constitutivo do seu direito mediante prova pericial ou testemunhal emprestada e a defesa – indireta ou direta – restar infundada. Melhor dizendo, caso o autor tenha possibilidade de demonstrar o fato constitutivo mediante prova emprestada e injustificabilidade da defesa, "inexiste razão para a não admissão da tutela da evidência".[533]

O fato de o art. 373, do Código de Processo Civil, instituir que, concernente ao fato constitutivo, o ônus da prova é do autor e, em relação ao fato impeditivo, modificativo ou extintivo, "esse ônus passa a ser do réu, possibilita que se estabeleça facilmente qual a parte que necessita da instrução da causa e, por consequência lógica, do tempo do processo".[534]

Marinoni leciona que, "Lastreada na técnica da reserva da cognição da defesa de mérito indireta infundada, a tutela de evidência atende exatamente ao princípio pelo qual o tempo do processo deve se voltar contra a parte que carece da instrução da causa para apontar a sua alegação".[535]

Aquele que evidencia um direito deve ter disponíveis, no procedimento comum ou monitório, técnicas que condizem com essa situação, isto é, técnicas (antecipatórias) que possibilitem que a realização do direito evidenciado seja célere. "A ausência de predisposição dessas técnicas com certeza acentua o dano marginal exigido do autor que tem razão e contradita o princípio de que o autor que evidencia o seu direito não pode ser lesado pelo tempo demandado à instrução de uma defesa abusiva".[536]

Porém, caso todos anuam que o autor não tenha possibilidade de pagar pelo tempo que serve ao réu, não há como se conceber que somente certas situações específicas podem pleitear técnica que possibilite que o ônus do tempo processual seja distribuído, o que não configura situação particular, mas algo que é bastante comum a toda e qualquer situação de direito substancial, razão pela qual o procedimento comum deve de ser dotado de técnica processual apta a possibilitar a distribuição do tempo.

Nesse diapasão, tal tratamento diferenciado configura inequívoco privilégio discriminador, impondo que se veja que a tutela da

---

[533] MARINONI. *Op. cit.*, p. 319.

[534] *Idem*, p. 321.

[535] MARINONI, Luiz Guilherme. *Precedentes obrigatórios*. 6. ed. 2ª tiragem, rev. atual. e ampl. São Paulo: Revista dos Tribunais, 2020, p. 322-323.

[536] *Idem*, p. 324.

evidência lastreada na reserva da cognição da defesa de mérito indireta infundada é fundamental para que o processo civil se democratize.

Resta ao réu o ônus de pretextar para provar que o direito evidenciado desmerece pronta tutela, tal como ocorre no caso de tutela da evidência lastreada na técnica da reserva da cognição da defesa de mérito infundada. A dessemelhança é a de que, no caso de defesa indireta, a argumentação é levada a provar um fato alegado na própria defesa, enquanto que, na defesa direta, a argumentação opõe-se ao fato articulado na petição inicial.

Portanto, existe óbvia diferenciação entre argumentar para apontar algo que "deve ser provado" e argumentar para invalidar "o que está sentenciado".[537]

Reside aí o motivo para se falar de *"defesa necessariamente fundada"* e de inversão do *"ônus da argumentação"* em virtude da *"força argumentativa implícita na prova do autor"*.[538]

O tempo levado pelo Judiciário para tutelar os direitos não pode constituir ônus para o autor, como se a responsabilidade pela lentidão do processo fosse deste. Assim, deve haver igualitária distribuição do tempo do processo entre as partes. A propósito, a melhor doutrina italiana lembra que as reformas legislativas têm privilegiado as formas de tutela de cognição sumária precisamente pela intolerância cada vez maior concernente à lentidão e à disfunção do processo civil; tal intolerância escolta a tomada de consciência de que a tempestividade da tutela jurisdicional é elemento fundamental para a atuação concreta e efetiva garantia constitucional da ação e de que a ausência de efetividade dos instrumentos processuais pode acarretar a intensificação das desigualdades entre os litigantes.

Constata-se a imprescindibilidade da distribuição do tempo do processo efetuada no momento em que o réu necessita da instrução da causa a partir de defesa indireta infundada e quando obsta os fatos constitutivos sem argumentação séria, a fim de se impedir o exercício de defesas abusivas, "atribuindo-se às partes igual responsabilidade perante o processo e para que os ônus processuais sejam isonomicamente distribuídos sobre ambas as partes".[539]

---

[537] *Idem, ibidem.*

[538] *Idem*, p. 330.

[539] MARINONI, Luiz Guilherme. *Precedentes obrigatórios*. 6. ed. 2ª tiragem, rev. atual. e ampl. São Paulo: Revista dos Tribunais, 2020, p. 322.

A ideia de súmula vinculante e de decisão tomada em "casos repetitivos" configura simples exemplos do entendimento das Cortes Supremas, que, "mais do que em qualquer outro lugar, está em seus precedentes".[540]

Caso o demandado alegue a falsidade do documento que sustenta o fato constitutivo, tornando evidente a necessidade da produção de prova, passa a inexistir evidência hábil a justificar a tutela da evidência. "A alegação de falsidade não institui a evidência concernente à prova documental".[541]

4.2 Extensão da modulação à superação de entendimento firmado pelos tribunais

Existem, hoje, no Brasil, alguns casos que interpretam consoante o exposto nesta dissertação, como o Enunciado 48 do Conselho de Justiça Federal, da I Jornada de Direito Processual Civil de 2017, o qual prevê que "é admissível tutela provisória da evidência, prevista no art. 311, II, do CPC, também em casos de tese firmada em repercussão geral ou em súmulas dos tribunais superiores".[542]

A exemplo podemos citar os Enunciados da Escola Nacional de Formação e Aperfeiçoamento de Magistrados (ENFAM), na direção de que a concessão da tutela de evidência ocorrerá "quando a pretensão autoral estiver de acordo com orientação firmada pelo Supremo Tribunal Federal em sede de controle abstrato de constitucionalidade ou com tese prevista em súmula dos tribunais, independentemente de caráter vinculante" e "independe do trânsito em julgado da decisão paradigma".[543]

É possível se deparar com um exemplo dessa aplicação a partir do Enunciado 30 do ENFAM, conforme segue:

---

[540] *Idem*, p. 334-335.

[541] *Idem*, p. 336.

[542] Enunciado 48 do Conselho de Justiça Federal, da I Jornada de Direito Processual Civil de 2017. Disponível em: https://www.cjf.jus.br/cjf/corregedoria-da-justica-federal/centro-de-estudos-judiciarios-1/publicacoes-1/i-jor nada-de-direito-processual-civil. Acesso em: 27 abr. 2021.

[543] Enunciados 30 e 31, Escola Nacional de Formação e Aperfeiçoamento de Magistrados, 2016 (ENFAM). Disponível em: https://www.tjdft.jus.br/consultas/jurisprudencia/ jurisprudencia-em-temas/novo-codigo-de-proce sso-civil/tutela-provisoria-da-evidencia. Acesso em: 27 abr. 2021.

> AGRAVO DE INSTRUMENTO – AÇÃO DE OBRIGAÇÃO DE FAZER C/C PEDIDO DE TUTELA DA EVIDÊNCIA – TUTELA CONCEDIDA LIMINARMENTE – INTELIGÊNCIA DO ART. 311, II, DO CPC – ALEGAÇÃO DE AUSÊNCIA DE DIALETICIDADE EM PRELIMINAR DE CONTRARRAZÕES – AFASTAMENTO – ARGUMENTOS DO RECURSO CAPAZES DE CONTRAPOR OS FUNDAMENTOS DA DECISÃO E AFASTAR SEU ENTENDIMENTO, MUITO EMBORA NÃO DEBATAM AS MESMAS RAZÕES DA LIMINAR – RECURSO CONHECIDO – TUTELA DA EVIDÊNCIA – REQUISITOS PARA CONCESSÃO, NA HIPÓTESE DO INC. II DO ART. 311, DO CPC: EXISTÊNCIA DE DOCUMENTO COMPROVANDO A ALEGAÇÃO DO AUTOR E EXISTÊNCIA DE ENTENDIMENTO FIRMADO POR TRIBUNAL SUPERIOR COM RELAÇÃO À QUESTÃO (INTER-PRETAÇÃO AMPLIADA PELO ENUNCIADO 30, DA ENFAM) – HIPÓTESE DOS AUTOS – AUTOR QUE TEM DECLARAÇÃO DE QUITAÇÃO, ELABORADA PELA PRÓPRIA AGRAVANTE, EM CONJUNTO COM O CONTRATO, QUE PREVIA NA CLÁUSULA 13ª, PAR. ÚNICO, QUE EM 90 DIAS APÓS A QUITAÇÃO, A VENDEDORA LIBERARIA O IMÓVEL DOS ÔNUS E GRAVAMES INCIDENTES SOBRE ELE, E SÚMULA 308 DO STJ, QUE AFASTA A EFICÁCIA DA HIPOTECA FIRMADA ENTRE CONSTRUTORA E AGENTE FINANCEIRO SOBRE O ADQUIRENTE DO IMÓVEL – MÁ-FÉ DO ADQUIRENTE QUE DEVE SER DEMONSTRADA – NECESSIDADE DE DILAÇÃO PROBATÓRIA E DE COGNIÇÃO EXAURIENTE PARA TANTO – REQUISITOS DA TUTELA DE EVIDÊNCIA ATENDIDOS. RECURSO CONHECIDO E DESPROVIDO.[544]

Além disso, a 1ª Turma do STJ, quando da decisão acerca de matéria tributária em sede de agravo interno em recurso especial, compreendeu ser a tese suficiente, para que a tutela de evidência seja concedida, segundo o que se defende neste estudo, a partir de uma análise extintiva do art. 311, II, corroborando o art. 927, pelo deferimento, vez que a tese firmada presente no bojo do recurso apoia-se no STF em repercussão geral.

Igualmente, seguindo a linha da interpretação extensiva, a 36ª Câmara de Direito Privado do Tribunal de Justiça de São Paulo (TJSP), no julgamento de agravo de instrumento, legitimou a concessão de tutela de evidência fundamentada na comprovação documental dos fatos narrados pelos autores e em súmula não vinculante do STJ.

---

[544] Enunciados 30 e 31, Escola Nacional de Formação e Aperfeiçoamento de Magistrados, 2016 (ENFAM). Disponível em: https://www.tjdft.jus.br/consultas/jurisprudencia/jurisprudencia-em-temas/novo-codigo-de-proce sso-civil/tutela-provisoria-da-evidencia. Acesso em: 27 abr. 2021.

Nos termos do acórdão, "ainda que não se trate de tese firmada em julgamento de casos repetitivos ou em súmula vinculante, leciona a melhor doutrina que a segunda parte do artigo 311, inciso II, do Código de Processo Civil, deve ser interpretada de maneira ampla".[545]

Essa interpretação, ampliada e defendida por esta tese e já empregada, conforme demonstrado, tem o objetivo de desencorajar a propositura de ações infundadas, face à ausência de observância dos precedentes, em que cada julgador decide consoante a própria consciência, o que obriga a parte vencida ao ônus a recorrer, protelando a solução definitiva da causa. Para além disso, há o princípio da isonomia como norte fundamental ao sistema de precedentes.

No inciso II, do art. 311, do CPC, encontra-se a possibilidade de que a tutela de evidência seja concedida quando houver comprovação das alegações de fato somente de forma documental e existir tese firmada em julgamento de casos repetitivos ou em súmula vinculante. Assim, em razão de ser parte de um contexto, esse inciso deve ser estudado simultaneamente com a teoria dos precedentes obrigatórios, motivo pelo qual serão examinados, mesmo que de forma superficial, os precedentes judiciais.

> A criação de uma teoria dos precedentes obrigatórios se deu a partir de uma percepção de que a norma é o resultado da interpretação (em outras palavras, a tomada de consciência de que o discurso do legislador não é suficiente para guiar o comportamento humano, tendo em conta a sua dupla indeterminação) abrindo espaço para que se pensasse na decisão judicial, não só como um meio de solução de determinado caso concreto, mas também como um meio para promoção da unidade do direito. Mais precisamente, chegou-se à conclusão de que em determinadas situações, as razões adotadas na justificação das decisões servem como elementos capazes de reduzir a indeterminação do discurso jurídico, podendo servir como concretizações reconstrutivas de mandamentos normativos.[546]

O reconhecimento do papel normativo da atividade jurisdicional por meio dos precedentes obrigatórios integra uma transformação do processo civil, como a constatação da força normativa da Consti-

---

[545] Acórdão 1257074, 07246729820198070000, Relator: Sandra Reves. 2ª Turma Cível, data de julgamento: 17/6/2020, publicado no DJE: 1/7/2020.

[546] MITIDIERO, Daniel. Breves comentários ao novo código de processo civil. *In*: WAMBIER, Teresa Arruda Alvim et al. (coord.). *Breves comentários ao novo Código de Processo Civil*. São Paulo: Revista dos Tribunais, 2015a. p. 333-334.

tuição e o desenvolvimento da teoria dos princípios. Esse período de transformações é denominado de neoprocessualismo.

Constata-se, igualmente, o reconhecimento do papel fundamental da hermenêutica, vez que pode haver afastamento ou ponderação da lei quando esta é confrontada com os princípios. Dessa forma, "a obrigação do jurista não se encontra mais na revelação das palavras da lei, mas na projeção de uma imagem, corrigindo-a e adaptando-a aos princípios de justiça e aos direitos fundamentais".[547]

Nesse contexto, o direito não se trata de um processo acabado. Criado pela atividade legislativa, o estudo do direito não pode se restringir somente aos estudos das leis, mas também deve focar na decisão judicial, pois esta não configura aplicação da lei pelo método de subsunção, mas uma atividade criativa do Judiciário.

Houve variação do peso da jurisprudência no ordenamento jurídico brasileiro no tempo. A Constituição de 1891, no art. 59, previa que, nos casos em que houvesse aplicação de leis estaduais, a Justiça Federal consultaria a jurisprudência dos tribunais locais e vice-versa. Por seu turno, Moreira defende que a jurisprudência não se destituiu completamente do valor de guia para os julgamentos, pois, "embora tenha sido repelida teoricamente a vinculação dos juízes aos precedentes, estes continuaram, na prática, a funcionar como pontos de referências, especialmente quando oriundos dos mais altos órgãos da Justiça".[548]

Dessa forma, é inaceitável um sistema jurídico em que ocorra desconsideração de um precedente judicial para a fundamentação de uma decisão judicial. Ainda onde não haja qualquer regra de direito positivo ao precedente, deve existir a prática social de acolher precedentes ou, pelo menos, considerá-los argumento poderoso.

Acerca do assunto, há uma teoria dos precedentes obrigatórios que possibilita maior segurança jurídica e isonomia, vez que obsta que pessoas em situações idênticas se deparem com decisões distintas, impedindo que o jurisdicionado promova demanda temerária, haja vista que, quando há decisões diferentes para a mesma situação, não é possível se prever o resultado. Torna-se, assim, difícil reivindicar

---

[547] MARINONI, Luiz Guilherme. Incidente de resolução de demandas repetitivas e recursos repetitivos: entre precedente, coisa julgada sobre questão, direito subjetivo ao recurso especial e direito fundamental de participar. *Revista dos Tribunais*, São Paulo, v. 104, n. 962, p. 131-151, dez. 2015, p. 45.

[548] MOREIRA, José Carlos Barbosa. *Súmula, jurisprudência, precedente*: uma escalada e seus riscos. São Paulo: Saraiva, 2007 (Temas de Direito Processual Civil, 9ª série), p. 300.

um comportamento do cidadão quando o Judiciário decide de forma adversa.

Para além disso, uma teoria dos precedentes pode aligeirar os julgamentos das demandas vez que reproduzir um entendimento é mais atingível que, a cada demanda, conceber toda uma argumentação. Assim, o ordenamento jurídico constitucional-processual brasileiro, face a reformas recentes, tem adotado mecanismos que aderem ao emprego da jurisprudência como técnica de agilização processual.[549]

Na área constitucional, criaram-se a Ação Declaratória de Constitucionalidade (ADC) e a Arguição de Descumprimento de Preceito Fundamental (ADPF) avultando-se, de forma substancial, as hipóteses de controle concentrado de constitucionalidade das leis. A despeito disso, confere-se efeito formalmente vinculante para a Administração Pública e todos os órgãos do Poder Judiciário, para qualquer decisão prolatada nessas ações constitucionais ou nas já existentes Ações Diretas de Inconstitucionalidade (ADI). De forma semelhante, com a Emenda Constitucional nº 45, criou-se a súmula vinculante do Supremo Tribunal Federal (STF), cuja observância pode ser controlada por meio de Reclamação Constitucional ajuizada diante do próprio STF. No contexto do processo civil ordinário, foi instituída a denominada "súmula impeditiva de recurso" por meio do art. 518, §1º, do CPC/1973.

Esta, em concordância com o debate jurídico atual, apresenta como um dos objetivos a criação de um sistema de precedentes judiciais, a fim de que a jurisprudência seja uniformizada e estabilizada.

"Embora o CPC não trate detalhadamente da teoria dos precedentes, seus artigos 926, 927 e 928 se mostram suficientes, quando somados ao princípio da segurança jurídica, no que tange ao dever de seguir os precedentes judiciais",[550] o legislador, além de relacionar como deveres dos tribunais a manutenção da uniformidade da sua jurisprudência (art. 926) e a indicação dos elementos que devem ser utilizados como parâmetro para o julgamento de novos casos (art. 927), designando a necessária observação da *ratio decidendi* de julgamentos do passado, quando da apreciação de casos fundamentalmente semelhantes, criou uma ferramenta para controle da vinculação dos juízes a tais precedentes por meio da Reclamação (art. 988) e trouxe a previsão,

---

[549] MOREIRA, José Carlos Barbosa. *Súmula, jurisprudência, precedente*: uma escalada e seus riscos. São Paulo: Saraiva, 2007 (Temas de Direito Processual Civil, 9ª série), p. 300.

[550] BUSTAMANTE, Thomas da Rosa de. *Teoria do precedente judicial*: a justificação e a aplicação das regras jurisprudenciais. São Paulo: Noeses, 2012, p. 145.

em diversos institutos, do emprego de precedentes como forma de contemplar seus pressupostos, por exemplo, no caso do julgamento liminar de improcedência (art. 332), remessa de ofício (art. 496, §4o), atuação monocrática do relator em sede recursal (art. 932, incisos IV e V) e também na hipótese da tutela da evidência.

Constata-se, dessa forma, um *stare decisis brasiliensis*, um sistema peculiar de precedentes judiciais que foi esboçado pelo legislador de 2015 e cuja estrutura está aos poucos sendo edificada pelos operadores do direito processual brasileiro. No âmbito desse sistema, está a regra do inciso II, do art. 311, do atual CPC. Nesse contexto, quando a demanda discorre acerca de questão pacificada por precedente judicial obrigatório, ocorre a facilitação de provimento outorgando a tutela de evidência. Dessa forma, a fixação de determinada *ratio decidendi* por Tribunal Superior limita as possibilidades argumentativas e, como consequência, faz com que o sucesso da parte que litigue em sentido contrário seja menos exequível, ressalvada a possibilidade de se realizar uma diferenciação.

Por seu turno, a parte que litiga levantando *ratio decidendi* consagrada no STF ou nos Tribunais Superiores, face à semelhança dos fatos substanciais levantados, se encontra em situação favorável para que a tutela de evidência seja concedida. De igual forma, quando a defesa do réu se propõe somente a limitar argumentos já denegados no precedente obrigatório e nos casos subsequentes, fica óbvia uma situação em que a evidência da tratativa jurídica respalda a relevância da técnica da antecipação da tutela.[551] Portanto, o inciso II, do art. 311, visa refrear a lentidão da tutela jurisdicional em favor da parte amparada em tese jurídica já consolidada pelos precedentes obrigatórios dos tribunais.

Mesmo sendo reconhecido como relevante ferramenta, o inciso II, do art. 311, restringe o emprego da tutela de evidência para as teses firmadas em julgamento de casos repetitivos e de súmula vinculante, uma limitação visivelmente imprópria. Uma tese que tem origem em um IAC (art. 947, do CPC) apresenta idêntica força vinculante de uma tese produzida no julgamento de um IRDR, porém somente este último instrumento se enquadra como espécie de julgamento de causas repetitivas em razão de o IAC atuar em situações prévias à propositura de múltiplas causas. Assim questiona-se: como se justifica a exclusão do IAC do alcance das letras do inciso II, do art. 311, do CPC? Embora

---

[551] BUSTAMANTE, Thomas da Rosa de. *Teoria do precedente judicial*: a justificação e a aplicação das regras jurisprudenciais. São Paulo: Noeses, 2012, p. 157.

esse questionamento não tenha resposta fácil, reconhece-se que tal limitação é inadequada.

É possível se arrolar outras expressões institucionais aptas ao reconhecimento de direitos, conferindo-lhes praticamente certeza – as hipóteses contidas no art. 927 do CPC: as decisões do STF em controle concentrado de constitucionalidade; os acórdãos em incidente de assunção de competência; os enunciados das súmulas do STF em matéria constitucional e do Superior Tribunal de Justiça (STJ) em matéria infraconstitucional; a orientação do Plenário ou do órgão especial com os quais tenham vínculos.[552]

Destarte, destaca-se não se tratar de qualquer precedente, mas de precedentes obrigatórios de "tese firmada em julgamento de casos repetitivos ou em súmula vinculante".[553]

No ordenamento jurídico brasileiro, a aplicação dos precedentes judiciais se iniciou, em expressiva quantidade, com a Emenda Constitucional nº 45/2004, responsável por trazer os enunciados de súmula vinculante e da repercussão geral nas questões sujeitas a recurso extraordinário.

Sem embargo, predominou o poder decisório vinculante apenas posterior à Lei 11.417/2006 (regulamentadora da Súmula Vinculante), à Lei 11.418/2006 (que tratou da repercussão geral das questões constitucionais) e à Lei 11.672/2008 (disciplinadora dos recursos repetitivos).

Não obstante, cita-se a Emenda Constitucional 03/1993 como a linda normativa do emprego dos precedentes judiciais no Brasil; essa Emenda concedeu efeito vinculante à decisão proferida pelo Supremo Tribunal Federal em Ação Declaratória de Constitucionalidade. Anterior a isso, dentre outros, no Código de Processo Civil de 1973 já havia menção à Uniformização da Jurisprudência visando à padronização dos julgamentos no mesmo órgão jurisdicional. Essas menções comprovam que, há anos, o direito brasileiro demonstra interesse pelo sistema de precedentes, com o escopo de uniformizar a jurisprudência.

A criação de súmulas guarda semelhança aos precedentes norte-americanos (*stare decisis*), que se refugia no seguinte princípio: "mantenha aquilo que já foi decidido e não altere aquilo que já foi estabelecido".[554]

---

[552] STRECK, Lênio Luiz; CUNHA, Leonardo Carneiro da; NUNES, Dierle. *Comentários ao Código de Processo Civil*. 2. ed. São Paulo: Saraiva, 2017.

[553] BUSTAMANTE, Thomas da Rosa de. *Teoria do precedente judicial*: a justificação e a aplicação das regras jurisprudenciais. São Paulo: Noeses, 2012, p. 294.

[554] SABINO, Marco Antonio da Costa. O Precedente Judicial Vinculante e sua Força no Brasil. *Revista Dialética de Direito Processual*. São Paulo, n. 85, p. 51-72, abril 2010.

Dessa forma, foram inauguradas as bases para o desenvolvimento da ideia do precedente vinculante (*rectius: stare decisis*) que denota, via de regra, a possibilidade jurídica de que o juízo futuro demonstre estar vinculado à decisão antepositiva, em face da identidade de casos. Assim, *standing by a decision* (firmar em uma decisão) configura a atividade de decidir tal qual uma questão de direito em casos materialmente congêneres. "A proposta clássica conclui a ideia *stare decisis et non quieta movere* (deixe-se a decisão firmada e não se modifiquem as coisas que foram assim dispostas, ou, ainda, ficar com o que foi decidido e não mover o que está em repouso)".[555]

Denota-se que o efeito vinculante do sistema jurídico brasileiro guarda semelhança com a teoria do *stare decisis*, inspirado no modelo europeu de controle concentrado de constitucionalidade, que foi instituído com o objetivo de impedir inconformidades dos demais poderes ante as decisões dos Tribunais Constitucionais, a exemplo da Espanha e Alemanha. Na acepção de outros juristas, o efeito vinculante inspirou-se no *Bindungswirkung*, do Direito alemão, que visava ao aumento dos limites subjetivos e objetivos da coisa julgada.

Não obstante, a teoria do *stare decisis* configura instrumento de garantia de segurança jurídica, uniformização e harmonia da jurisprudência, ao submeter os julgadores às decisões das Cortes superiores. A implantação de precedente vai além do limite de uma só decisão, provocada pelo julgamento de um caso concreto; o efeito vinculante implica uma série de julgamentos congêneres para conflitos similares ou análogos.

Com a implantação do Novo Código de Processo Civil, o Brasil começou a identificar tendência de aproximação entre os sistemas do *common law* e *do civil law*, observados em outros países.

A principal distinção do ordenamento jurídico brasileiro para o anglo-saxão reside na constatação de que os Tribunais Superiores não se mostram obrigados a limitar-se a decisões anteriores. Portanto, no Brasil, é empregado o *stare decisis*, independente do mandamento de que o juiz apenas pode declarar o direito firmado em precedente.

Nesse campo, o Código de Processo Civil exaltou os precedentes ao conferir efeitos obrigatórios e gerais aos julgados proferidos pelo STF e pelo STJ, em recursos extraordinário e especial repetitivos, aos

---

[555] PORTO, Sérgio Gilberto. Sobre a *common law, civil law* e o precedente judicial. *In*: MARINONI, Luiz Guilherme (Coord.). *Estudos de Direito Processual Civil*: homenagem ao Professor Egas Dirceu Moniz de Aragão. São Paulo: Revista dos Tribunais, 2006, p. 778.

acórdãos realizados pelos demais tribunais, em incidente de resolução de demandas repetitivas (IRDR), nos termos dos artigos 928, 976 a 978, 947 e 992.

Assinale-se a relevância do caso julgado nos efeitos vinculantes das decisões tomadas na jurisdição constitucional bem como o atributo de equivalência com a *common law*, motivada pelo peso outorgado às decisões judiciais nesse campo.

Não há possibilidade de aplicação dos precedentes vinculantes às decisões judiciais sem ligação e justificativa, haja vista ser compulsório analisar se o caso paradigma guarda semelhança com aquele a ser examinado.[556] Tal analogia, na teoria dos precedentes, denomina-se *distinguishing*.

Consoante esse raciocínio, ainda que nos casos de precedente vinculante, o julgador poderá fazer o *distinguishing* do caso que lhe é submetido e, com isso, atribuirá prioridade à individualização da análise do caso concreto, "contanto que haja motivação da decisão, apoiado no ordenamento jurídico brasileiro no art. 489, §1º, do Código de Processo Civil".[557]

Em síntese, na aplicação dos provimentos do art. 927, deverá haver interpretação pelas instâncias inferiores perante a especificidade de cada caso concreto com o intuito de se preferir a solução constitucionalmente adequada para o caso concreto bem como assegurar a integridade e coerência do sistema. Trata-se, pois, de se levar a sério a advertência de Dworkin: juízes decidem por princípio e não por políticas (e muito menos de acordo com a sua consciência ou vontade pessoal). Direito se aplica a partir do respeito à coerência e à integridade. "Há sempre um DNA do(s) caso(s) e/ou dos enunciados, que vem a ser um elemento que proporciona um elo de ligação na cadeia discursiva".[558]

Quanto ao *overruling*, este ocorre na revogação ou superação do precedente pela alteração dos valores sociais, dos conceitos jurídicos, da tecnologia ou em razão de erro gerador de instabilidade em sua aplicação, o que demanda que o órgão julgador atualize a hermenêutica jurídica tendo em vista o novo contexto.

---

[556] STRECK, Lenio; ABBOUD, Georges. O NCPC e os precedentes – afinal, do que estamos falando? *In*: DIDIER JÚNIOR, Freddie et al. (org.). *Coleção Grandes Temas do Novo CPC*: Precedentes. Salvador: Juspodivum, 2015, p. 177.

[557] TUCCI, Rogério Lauria. *Direito e garantias individuais no processo penal brasileiro*. São Paulo: Saraiva, 2004, p. 174.

[558] STRECK, Lenio; ABBOUD, Georges. O NCPC e os precedentes – afinal, do que estamos falando? *In*: DIDIER JÚNIOR, Freddie et al. (org.). *Coleção Grandes Temas do Novo CPC*: Precedentes. Salvador: Juspodivum, 2015. p. 180.

Como demonstrado, a aplicação de precedentes com efeito vinculante no ordenamento jurídico brasileiro originou-se da obrigatoriedade de unificação da jurisprudência e da busca para que o processo fosse célere e a prestação jurisdicional, eficiente, resguardando-se na igualdade de decisões e na segurança jurídica.

Constata-se que o sistema brasileiro não se apresenta mais tão enraizado no da *civil law* em razão de, paulatinamente, mostrar-se aberto à adoção do precedente também como fundamento de decisões judiciais.

Em face à quantidade significativa de demandas e visando-se à celeridade processual, implantaram-se remédios paliativos – súmulas vinculantes, uniformização de jurisprudência, adoção pelos tribunais de jurisprudência defensiva, sentenças-padrão que se mostram óbvias na prática a casos distintos, julgamentos por amostragem, entre outros.

> A Meta 2, estabelecida pelo Conselho Nacional de Justiça, não constitui imposição ao magistrado de prolação de sentença, mas mera recomendação, sob pena de incorrer em inúmeras inconstitucionalidades formais e materiais.2. Decerto, a denominada Meta 2 do CNJ, à luz da garantia de duração razoável do processo (art. 5º, LXXVIII, CRFB), preza a celeridade na tramitação dos feitos judiciais, não a extinção dos processos a qualquer custo.3. É inaceitável que tal ato sirva como subterfúgio para a prolação de sentenças padronizadas, destinadas apenas a diminuir o acervo do Judiciário, melhorando suas estatísticas, sem que se tenha verdadeira, adequada e eficiente prestação jurisdicional. 4. Inobservância da norma do §1º. do art. 267 do CPC. [...] Nesse passo, não resta alternativa senão anular a sentença para determinar o prosseguimento do feito. Dou provimento ao recurso, na forma do art. 557, §1º-A do CPC – 8629.[559]

Nessa perspectiva, a efetividade não se configura mais como um meio, mas como o fim, indo além do desvirtuamento do conceito de efetividade ao epitomar-se à necessidade de decisões judiciais caracterizadas pela celeridade, inconsequência e arbitrariedade. A predisposição à padronização de decisões, consoante o Superior Tribunal de Justiça no julgamento do HC 87.574/SP – 83, não leva em conta a singularidade de cada caso.

A crítica à imposição da aplicação dos precedentes encontra fundamento no risco de se despojar o Judiciário da liberdade do julgamento

---

[559] TJ-RJ - APL: 00086218611978190001, Relator: Des (a). Marcelo Lima Buhatem, Data de julgamento: 07/10/2011, Quarta Câmara Cível.

imparcial. No entendimento de certos doutrinadores, a padronização leva os julgadores do direito a analisarem a lide com independência e consoante suas convicções jurídicas.

Além desse, outro entrave reside na possibilidade das decisões dos julgadores, de natureza acima de tudo política, particularmente quando a maioria dos que integram o corpo julgador é nomeada pelo presidente da República, como é o caso do STF, no cenário brasileiro. Nesse contexto, havendo precedente, o julgador é isento de maior esforço na fundamentação e, assim, a padronização das decisões propende a imobilizar o Poder Judiciário no seu papel de dizer o direito no caso concreto.[560]

> Nessa seara, cabe registrar interessante crítica do Professor Lenio Streck: "o que resta do direito? Qual é o papel da doutrina? os julgamentos se tornaram monocráticos...! Milhares de processos são "resolvidos" no atacado...! Não mais discutimos causas, pois passamos a discutir "teses" jurídicas...! Como que a repetir a lenda do "leito de Procusto", as causas são julgadas de acordo com conceitos previamente elaborados (súmulas, repercussão geral, etc.). E as ações são julgadas por "pilhas". Por isso, a repergunta: as duas décadas de fortalecimento do protagonismo judicial redundaram em quê? o que ocorreu é que voltamos a um lugar de onde nunca saímos: o velho positivismo. Isso porque apostamos em uma "autônoma razão teórica" e quando ela não é "suficiente", delegamos tudo para a razão prática...! E o que é a "razão prática"? Na verdade, nem precisamos buscar auxílio na hermenêutica para falar sobre ela. Basta ver o que diz Habermas, na abertura de seu Fakticitat und Geltung: substituo a razão prática (eivada de solipsismo) pela razão comunicativa...! Claro que não concordo com a solução dada por Habermas, por razões já explicitadas em Verdade e Consenso. Mas é inegável que ele tem razão quando ataca de forma contundente o solipsismo.[561]

A garantia processual de fundamentação das decisões judiciais apresenta-se como parâmetro fundamental e, nessa acepção, é axiomático que deve haver análise individual para cada caso em particular, não sendo admissível omissão com a justiça no caso concreto, para se promover a busca pela celeridade e eficiência a qualquer preço.

---

[560] BRASIL. Tribunal de Justiça do Estado do Rio de Janeiro, Processo nº 0007984-07.2003.8.19.0202 – Recurso de Apelação; DES. Marcelo Lima Buhatem – Julgamento: 02/08/2011 – Quarta Câmara Cível; Processual Civil – Apelação Cível – Ação ordinária.

[561] STRECK, Lênio Luiz. O que é isto: decido conforme minha consciência? Porto Alegre: Livraria do Advogado, 2010, p. 98.

Quiçá essa vertente seja consequência da inexistência de uma teoria de precedente dirigida às particularidades da cultura brasileira. Apenas haverá atendimento do processo justo quando as decisões judiciais tiverem levado em conta todas as especificidades da causa, demonstrando se fundamentar no cumprimento das garantias mínimas que são partes dele, como é possível se inferir nas seguintes considerações transcritas a seguir:

> A justiça está para lá da igualdade. Não se alcança através da uniformização desvirtuosa mas antes pela tolerância, compreensão e respeito pela diferença que nos é ingênita. Nessa medida, estaremos num melhor caminho se trabalharmos com as ideias de humanidade, de justiça e de equidade, em detrimento do mais facilmente manipulável e equívoco conceito de igualdade. Isto sem prejuízo de nos reconhecermos a todos como *personae*, sujeitos de direito e de obrigações, participes de uma natureza e de um destino comum. Até porque, e nisso temos de prestar atributo a esta noção, estamos todos igualmente sujeitos a infortúnio, e podemos todos ter necessidade de ver atendido o nosso eu e a nossa circunstância no dia de amanhã.[562]

4.3 Evidência de que o art. 927 deve ser uniformizado com o inciso II, do art. 311, ambos do CPC de 2015

A doutrina aponta a necessidade e suficiência dos precedentes para que uma questão devidamente precisada do ponto de vista fático jurídico seja solucionada, por meio de generalizações, e esses precedentes exercidos a partir do julgamento de casos pela unanimidade ou pela maioria de um colegiado que integra uma Corte Superior.

Como já mencionado nesta tese, a Emenda Constitucional nº 03/1993 se constituiu na lide normativa da aplicação desses procedentes no Brasil, atribuindo efeito vinculante à decisão proferida pelo Supremo Tribunal Federal em Ação Declaratória de Constitucionalidade, e que, apenas depois da Lei 11.417/2006, da Lei 11.418/2006, da Lei 11.672/2008 e da Emenda Constitucional nº 45/2004, os precedentes começaram a amplamente ser aplicados

No entendimento de Daniel Mitidiero, em relação às súmulas:

> Ainda no período de sua vigência, o Código de 1973 assistiu à instituição de *súmulas vinculantes* pela Emenda Constitucional 45, de 2004 (art. 103-A, CF). Com isso, as súmulas – que inicialmente tinham por

---

[562] *Idem*, p. 106.

função *facilitar a tarefa de controle* então exercida pelo Supremo Tribunal Federal e posteriormente *evitar a admissão de recursos* – passaram a ter uma função de *determinação do conteúdo das decisões judiciais*. As súmulas deixaram de conter orientações apenas para os Ministros do próprio Supremo Tribunal Federal e *passaram a veicular normas para todo o Poder Judiciário e para toda a Administração Pública*. Em outras palavras, assim como ocorreu com a jurisprudência, também as súmulas adquiriram uma feição preventiva – evitar julgamentos desconformes à jurisprudência assentada.[563]

No CPC de 1973 já havia menção à uniformização da jurisprudência com o objetivo, dentre outros, de padronizar os julgamentos no mesmo órgão jurisdicional. Ao ser sumulada, tal uniformização de jurisprudência dará sezão à técnica decisória por meio da qual a identidade de um julgado configura-se como razão de decidir, originando o precedente.

Dessa forma, o objetivo do precedente é servir de diretiva para decisões referentes a casos semelhantes que se reprisam com regularidade, "e a técnica de formação e aplicação de precedentes funciona como uma ferramenta de gestão de processos repetitivos".[564]

O art. 926, *caput*, do CPC, de 2015, determina a uniformização da jurisprudência pelos tribunais, e o grande revés para isso é a sua coerência interna.

No que concerne à reforma pela qual passou o Código de Processo Civil, no anteprojeto do mesmo, incluiu-se o tema dos precedentes no processo legislativo, a partir do Substitutivo da Câmara dos Deputados 8.046/2010, vez que, no PLS 166/2010, não havia sido feita qualquer previsão acerca dos precedentes judiciais.

Na proposta original, apresentada no Senado Federal, a atenção voltou-se para a regulamentação do dever dos tribunais de uniformizar a jurisprudência, almejando que esta fosse estável, porém sem expressa adoção de um sistema de precedentes. A tramitação do projeto uma vez mais pelo Senado modificou a localização dos dispositivos concernentes aos precedentes.

Anterior à aprovação pelo Senado, as disposições se focavam no regramento do processo de conhecimento, com indicação específica

---

[563] MITIDIERO, Daniel. *Precedentes*: da persuasão à vinculação. Imprenta. São Paulo: Revista do Tribunais, 2018, p. 26.

[564] DIDIER JÚNIOR, Fredie; CUNHA, Leonardo da. *Curso de direito processual civil*. 14. ed. Salvador: Jus Podivm, 2017. v. 3, p. 672.

"Do precedente judicial", no Capítulo XV, do Título II, do Livro I, na Parte Especial. Na versão final da lei, contudo, o referido capítulo foi excluído, havendo deslocamento dos dispositivos, então sem a expressa referência ao título de precedente judicial, para o Capítulo I, do Título I, do Livro III, que aborda os processos nos tribunais e o sistema recursal.

De forma discreta, esse foi o caminho percorrido para a adoção do sistema dos precedentes obrigatórios, trazido pela legislação de 2015, com o fim de uniformização das decisões tornando o Judiciário mais seguro juridicamente e mais crível.[565]

No que toca ao precedente, a análise da tutela de evidência, como trazida no CPC de 2015, surgiu com o objetivo de atribuir maior seguridade à decisão do juiz, vez que, ao se lastrear neste, a parte que a pleiteia deve indicar quais os pontos em que seu caso se aparentela ao paradigma e justificar a semelhança para evidência.

Isso advém do fato de que tal segurança traz ideia de estabilidade (continuidade, permanência, durabilidade). Finalmente, a partir da análise do precedente para o caso concreto, existe ainda "uma questão de confiança, capaz de reagir contra supressas injustas e proteger a firme expectativa naquilo que é conhecido e naquilo que se concretamente planejou".[566] Tal segurança jurídica tem como premissa maior a garantia de isonomia nos julgamentos, vez que, no Brasil, as decisões judiciais tendem a formar uma "corrente jurisprudencial", obstando a uniformidade.

Precedentes da jurisprudência se distinguem da jurisprudência (embora quando esta apresente forma vinculante) – "é o fato de encerrarem a última palavra da administração judiciária a respeito da questão sobre a qual versam".[567] Esse é o motivo pelo qual configura um erro tratar as razões advindas dos julgamentos das Cortes de Justiça como se fossem precedentes.

Para Daniel Mitidiero, tem-se que, "Tendencialmente, é possível sistematizar a experiência jurídica brasileira a respeito do tema em

---

[565] MEDEIROS NETO, Elias Marques de; GERMINAR, Jefferson Patrik. O princípio da dignidade da pessoa humana nas relações jurídicas regidas pela lei 13.105/2015. *Revista da EMERJ*, Rio de Janeiro, v. 21, n. 2, p. 62-98, 2020. Disponível em: https://www.e-publicaco es.uerj.br/index.php/redp. Acesso em: 3 jun. 2020.

[566] MITIDIERO, Daniel. *Precedentes*: da persuasão à vinculação. Imprenta. São Paulo: Revista do Tribunais, 2018, p. 26.

[567] ZANETI JÚNIOR, Hermes. *O valor vinculante dos precedentes*: o modelo garantista (MG) e a redução da discricionariedade judicial: uma teoria dos precedentes normativos formalmente vinculantes. Imprenta. Salvador: JusPODIVM, 2015, p. 310-311.

três grandes momentos: i) o da busca pela *uniformidade do direito* mediante técnicas *repressivas*; ii) o da busca pela *uniformidade do direito* mediante *técnicas repressivas e preventivas*; e iii) o da busca pela *unidade do direito* mediante *técnicas preventivas e repressivas*. Cada um desses momentos teve a sua base uma diferente concepção a respeito da interpretação do direito: i) a uma, uma teoria cognitivista que visava à *declaração da norma preexistente correta* para a solução do caso concreto; ii) a duas, uma teoria cognitivista que visava à *extração da norma preexistente justa* para a solução do caso concreto, e iii) a três, uma teoria adscritivista que visa à outorga de sentido a textos e a elementos não textuais da ordem jurídica para prolação de uma decisão justa e para a promoção da unidade do direito".[568]

Em termos técnicos, a fim de que uma decisão judicial seja vista como precedente, é mister que a vinculação tenha origem na regra de direito inscrita no julgado, denominada *ratio decidendi* ou *holding,* pois, na interpretação da súmula, é de responsabilidade do intérprete partir dos precedentes que lhe deram sezão não lhe sendo possível, assim, desvincular-se desse elemento histórico.[569]

A partir disso, tem origem o precedente, quando da invocação do antecedente; em outras palavras, a súmula originada pela jurisprudência dominante, como razão de decidir (*ratio decidendi).* Por conseguinte, o efeito vinculante advém do dispositivo, enquanto o efeito obrigatório do precedente se origina da *ratio decidendi.*

Para José Rogério Cruz e Tucci, na obra "Parâmetros de Eficácia e Critérios de Interpretação do Precedente Judicial", tem-se:

> O conceito de precedente é um conceito qualitativo, porque depende da qualidade das razões invocadas para justificar a questão decidida – apenas as razões jurídicas, necessárias e suficientes podem ser qualificadas como precedentes. O precedente encarna uma norma devidamente compreendida à luz dos fatos, mas jamais é sobre um fato.[570]

---

[568] MITIDIERO, Daniel. *Precedentes*: da persuasão à vinculação. Imprenta. São Paulo: Revista do Tribunais, 2018, p. 75.

[569] O efeito obrigatório do precedente deriva da denominada *ratio decidendi*, que são as razões que o originaram.

[570] CRUZ E TUCCI, José Rogério. Parâmetros de eficácia e critérios da interpretação do precedente judicial. *In:* ARRUDA, Alvim Wambier Teresa (coord.). *Direito jurisprudencial.* São Paulo: Revista dos Tribunais, 2012, p. 123.

A *ratio* constitui, ainda, "uma razão necessária e suficiente para a solução de dada questão: necessária é a razão imprescindível, ao passo que suficiente é aquela que basta".[571] Mesmo em face de entendimentos contrários à *ratio decidendi*, em razão de não se limitar às decisões anteriores, de alguns juízes, adversando, dessa forma, o *stare decisis*, o Código de Processo Civil de 2015, no seu art. 926, deu ênfase à relevância da estabilidade, integridade e coerência da jurisprudência.

A regra do *stare decisis* configura a referência da segurança jurídica, motivo pelo qual as Cortes Supremas devem conferir unidade e estabilidade à ordem jurídica, estando os seus magistrados obrigados a observarem os próprios precedentes (*stare decisis* horizontal) e todas as Cortes de Justiça e todos os juízes de primeiro grau obrigados a "aplicar – os precedentes da Cortes Supremas à jurisprudência vinculante das próprias Cortes a que se encontram vinculados (*stare decisis* vertical)".[572]

Tais deveres estruturantes têm, como consequência natural, a minimização dos riscos quando a tutela de evidência é apreciada, pois, em um ambiente de decisões estáveis, restará muito mais fácil a previsão das chances de acolhimento da pretensão pelo Poder Judiciário. Portanto, teses jurídicas pacificadas possibilitam que a evidência seja deferida com menor risco de reversão. O enfrentamento de todos os principais argumentos relativos à questão de direito presentes no caso concreto faz com que a decisão judicial seja um precedente, independentemente de ter havido análise, pela primeira vez, do tema discutido.

O julgador do caso posterior realiza a formação do precedente, vez que é aquele quem dirá, comparando as situações fáticas do caso anterior e as do caso a ser julgado, se há possibilidade de aplicação da *ratio decidendi* daquele a este como base suficiente para a solução aguardada. Isso comprova que "o precedente fornece uma regra universalizável, ou seja, que possa ser extraída daquela decisão que serviu para a resolução de um caso específico e utilizada em outros que tenham semelhanças suficientes".[573]

Em verdade, o núcleo-duro do tema do precedente judicial não poderia ser pensado como propriamente do processo civil. Não resta

---

[571] MARINONI, Luiz Guilherme. *Precedentes obrigatórios*. 6. ed. 2ª tiragem, rev. atual. e ampl. São Paulo: Revista dos Tribunais, 2020, p. 241.

[572] MITIDIERO. *Op. cit.*, p. 88.

[573] TARUFFO, Michele. *Precedente e Jurisprudência*. RePro 199/140. São Paulo: Revista dos Tribunais, 2011, p. 141.

CAPÍTULO 4
PRECEDENTES: UMA PROPOSTA À PADRONIZAÇÃO DECISÓRIA E NÃO RESTRITIVA DO ART. 311, INCISO II, DO CPC | 227

dúvida de que as técnicas de reconhecimento do precedente e de seu manejo configuram temas de direito processual civil, mas ter claro se "um precedente constitui *fonte primária do Direito* e se, portanto, tem *eficácia obrigatória*, é uma questão de teoria do direito – especificamente, de teoria da interpretação".[574]

Em outras palavras, onde a *ratio decidendi* daquele é possível de ser aplicada a este como base suficiente para a solução aguardada, o resultado será uma regra universalizável, até que o precedente seja superado por meio do *overruling*.[575]

No Brasil, impõe-se que o juiz se sujeite às decisões das Cortes superiores ou ao denominado *stare decisis*.[576] Em face dessa coerência e estabilidade, infere-se que não é admissível um sistema de precedentes sem que o Judiciário se mostre comprometido em assegurar idêntico entendimento jurídico a qualquer cidadão.

Destarte, em razão da eficácia vinculante peculiar dos precedentes, os órgãos judiciais devem observá-los, mesmo que não concordem com aqueles, imperando a maior eficiência do sistema jurídico, exceto se reconhecer o dever de argumentar apropriadamente que o precedente não se enquadra em caso em julgamento (*distinguishing*) ou em caso de *overruling*, que ocorrerá na revogação ou na superação do precedente por causa da modificação dos valores sociais, dos conceitos jurídicos, da tecnologia ou de equívoco de instabilidade em sua aplicação, o que demanda do órgão julgador que a hermenêutica jurídica seja atualizada face ao novo contexto.

Há previsão da possibilidade de revogação, revisão ou superação e substituição do precedente no art. 925, §§2º, 3º e 4º, do NCPC, por meio de técnicas do *overruling* (na substituição de um precedente por outro) e do *overriding* (reforma parcial do precedente).

---

[574] MARINONI, Luiz Guilherme; ARENHART, Sérgio Cruz, MITIDIERO, Daniel. *Curso de Processo Civil*: teoria do processo civil. São Paulo: Revista dos Tribunais, 2019, p. 176-177.

[575] A possibilidade de revogação, revisão ou superação e substituição do precedente também é prevista no art. 925, §§2º, 3º e 4º, do NCPC, por meio de técnicas do *overruling* (quando o precedente é substituído por outro) e do *overriding* (quando se dá a reforma parcial do precedente). A partir daí, verifica-se que há uma modulação no uso dos precedentes, os quais, desde que motivados pelo julgador, em consonância com o paradigma, não estão engessados.

[576] Segundo Hermes Zaneti Júnior, *stare decisis* – "regra que no *common law*, anteriormente – nada comparado com as dimensões que a nova legislação processual apresenta agora". "O Direito brasileiro adotou, com a edição do novo Código de Processo Civil, um modelo normativo de precedentes formalmente vinculantes que passarão a construir fonte primaria do nosso ordenamento jurídico" (CABRAL, Antonio do Passo; CRAMER, Ronaldo (coord.). *Comentários ao novo Código de Processo Civil*. Rio de Janeiro: Forense, 2015, p. 1035).

Desse momento em diante, observa-se uma modulação no emprego dos precedentes, os quais, contanto que motivados pelo julgador, em conformidade com o paradigma, não se encontram engessados. Daniel Penteado de Castro, nessa temática, ensina que,

> No *overruling* (técnica de superação do precedente), o precedente pode ser substituído por outro emanado de corte superior, diante daquele ser considerado ultrapassado ou equivocado, podendo a substituição guardar, inclusive, efeitos retrospectivos, porém destinada a impedir que a decisão anterior venha a ser invocada como paradigma para casos pretéritos ainda não julgados (*retrospectiva overruling*), assim como a substituição pode guardar efeitos prospectivos, com eficácia *ex nunc* (*prospective overruling*) e, por fim, a *antecipatory overruling* permite a revogação preventiva do precedente, sob a premissa de não mais consistir em boa fonte, bastando, para tanto, que a jurisprudência da corte superior tenha repudiado o precedente deixa de ser aplicada não porque os fatos do caso sejam materialmente diversos, mas, diferentemente, por conta de ser entendido que a norma jurídica passa a ser interpretada de forma diversa.[577]

Teses jurídicas pacificadas possibilitam que a evidência seja deferida com menor risco de reversão. Os precedentes têm sido considerados um "meio hábil a conferir integridade ao sistema processual e promover mais igualdade e segurança jurídica".[578]

Estabelecida a base normativa do sistema de precedentes no novo Código de Processo Civil, é mister a análise do art. 925 a fim de se entender como a hierarquia dos precedentes foi estruturada e como o papel dos Tribunais Superiores nessa organização foi determinado.

O art. 925, I, do CPC, aponta a necessidade do cumprimento, por todos os magistrados e tribunais, dos precedentes do STF no controle concentrado de constitucionalidade. No inciso III, é apontada a obrigatoriedade de acatamento aos precedentes formados nos julgamentos de incidentes de assunção de competência ou de resolução de demandas repetitivas assim como nos julgamentos dos recursos extraordinário e especial, a fim de que os Tribunais Superiores sejam vistos como Cortes de vértice.

---

[577] PENTEADO DE CASTRO, Daniel. *Antecipação de tutela sem o requisito da urgência*: panorama geral e perspectivas no novo Código de Processo Civil. Salvador: JusPodivm, 2017, p. 175.

[578] CAMBI, Eduardo; HELLMAN, Renê Francisco. *Jurisprudência*: A independência do juiz frente aos precedentes judiciais como obstáculo à igualdade e à segurança jurídicas. *RePro* 231/349 e ss. São Paulo: Revista dos Tribunais, 2014, p. 232.

Nos incisos II e IV, o legislador faz menção às súmulas, vinculantes e persuasivas, respectivamente, apontando no IV as do STJ, para a observação destas em matéria infraconstitucional.

Precedentes enumerados no art. 927, inciso V, remetem a um raciocínio jurídico-lógico que não pode ficar à margem da valoração do Judiciário ou excluído da aplicação da tutela de evidência.

Daniel Mitidiero, na obra *Antecipação da tutela: da tutela cautelar à técnica antecipatória*, em relação ao disposto no art. 927, acertadamente informa que:

> O art. 927, CPC, refere que juízes e tribunais "observarão" os precedentes e a jurisprudência uniformizadora. O significado do termo "observará" é triplo: dever de considerar, dever de interpretar e, em sendo o caso, dever de aplicar o precedente ou a jurisprudência uniforme ao caso. O dever de interpretar, portanto, está dentro do dever de observar. Isso quer dizer que existe no direito brasileiro um forte efeito vinculante dos precedentes. Vale dizer: os juízes têm o dever de mencionar e analisar os precedentes existentes sobre o caso (isto é, dever de considerar, arts. 10 e 489, parag. 1º, V e VI, CPC), têm o dever de interpretá-los.[579]

Diante do contextualizado, é possível visar que a tese, para fins da dinâmica do inciso II, do art. 311, se conforme aos precedentes do Superior Tribunal de Justiça ou do Supremo Tribunal Federal ou jurisprudência uniformizadora dos Tribunais de Justiça ou dos Tribunais Regionais Federais. Tais precedentes podem ou não ter origem em recursos repetitivos, e, de igual forma, a jurisprudência uniformizadora pode ou não advir de incidente de resolução de demandas repetitivas – nada impede, por exemplo, que seja resultante de incidente de assunção de competência. Face ao fato de que é possível o deferimento da tutela de evidência, quando houver tese firmada de súmula vinculante, infere-se que o enunciado desta pode se originar de um precedente.

Vale trazer à cena que "as súmulas se caracterizam pela concentração em breves textos (enunciados) que têm normalmente um conteúdo mais específico do que o texto da norma da qual constituem uma interpretação",[580] sendo impedida a edição de enunciado de

---

[579] MITIDIERO, Daniel. *Antecipação da tutela*: da tutela cautelar à técnica antecipatória. 3. ed. rev. atual. e ampl. São Paulo: Revista dos Tribunais, 2017, p. 110.

[580] TARUFFO, Michele. *Precedente e Jurisprudência*. RePro 199/140. São Paulo: Revista dos Tribunais, 2011. p. 141.

súmula que não se restrinja às circunstâncias fáticas dos precedentes que deram ensejo à sua criação. Tomando-se esses dois casos, é mister se dar ênfase ainda a uma distinção que aparece com o lapso temporal, vez que a elaboração da súmula visa à solução de qualquer caso futuro.

Julgados que deram origem ao entendimento jurisprudencial não se mostram tão importantes quanto o entendimento de quais julgamentos constituíram o precedente, vez que a jurisprudência demonstra eficácia somente persuasiva ao passo que os precedentes vinculam os órgãos judiciais. Não é possível se confundir precedentes com súmulas pois estas se relacionam diretamente ao conceito de jurisprudência e não ao de precedentes. Ainda que reste claro que o enunciado da súmula possa se originar a partir de um precedente, ela não será vista como este.

Infere-se, assim, que a interpretação sistêmica do Código possibilita a ampliação do cabimento da tutela da evidência para se cindir, especificamente, as decisões que configuram precedentes obrigatórios.

Estes se tratam, ainda, de razões jurídicas necessárias e suficientes que advêm da justificação das decisões prolatadas pelas Cortes Supremas com o fito de "solucionar casos concretos e que servem para vincular o comportamento de todas as instâncias administrativas e judiciais do Estado constitucional e orientar juridicamente a conduta dos indivíduos e da sociedade civil".[581]

Daniel Penteado de Castro assim ensina:

> O paradigma dos fundamentos da súmula vinculante pode guardar justificativas suficientes a autorizar a antecipação de tutela desprovida do requisito da urgência. Vale dizer, por qual razão o jurisdicionado, para usufruir do bem da vida, deve exaustivamente aguardar autorização de execução provisória ou trânsito em julgado de uma questão cujo exame e pronunciamento do STF já restou pacificado, a ponto de cristalizar-se em súmula vinculante, súmula essa que, no texto da própria Constituição Federal, impõe sua observância pelos órgãos do Poder Judiciário e da Administração Pública.[582]

No art. 926, do CPC, demonstra-se que o direito brasileiro tem preferência em uniformizar a jurisprudência por meio dos precedentes,

---

[581] MITIDIERO, *Daniel. Precedentes*: da persuasão à vinculação. Imprenta. São Paulo: Revista dos Tribunais, 2018, p. 98-99.

[582] PENTEADO DE CASTRO, Daniel. *Antecipação de tutela sem o requisito da urgência*: panorama geral e perspectivas no novo Código de Processo Civil. Salvador: JusPodivm, 2017, p. 60-61.

o que obriga aos tribunais o dever de uniformização da sua jurisprudência, a fim de manter sua estabilidade, integridade e coerência.

Nos parágrafos desse dispositivo, encontra-se um regramento concernente aos enunciados de súmulas, com o §2º distinguindo conceitualmente os institutos do precedente e da súmula, ao proibir a edição de enunciado de súmula que não se limite às circunstâncias fáticas dos precedentes que deram ensejo à sua criação.

Trata-se de concepção antiga de que cada processo e cada um dos autos é um mundo, permitindo-se, com frequência, pessoal do magistrado para idênticas situações jurídicas; o precedente visa dar uma aplicação da norma geral a um caso concreto, e a decisão propende a servir como diretriz para decisões relativas a casos semelhantes que se reproduzem frequentemente.

Com isso, a intenção é impedir solução diferente para casos similares e munir os jurisdicionados de segurança e isonomia, ademais, arroja-se afirmar ainda que a "técnica de formação e aplicação de precedentes funciona como uma ferramenta de gestão de processos repetitivos".[583]

A legislação processual intenta assegurar, de toda forma, a estabilidade de seu sistema, a fim de oferecer maior segurança ao sistema dos precedentes e valorizá-lo, impondo ao julgador a análise do contexto do precedente que dá origem à súmula assim como a vinculação deste, sob pena de decisões vistas como equivocadas[584] ou omissas, nos termos do art. 1.022, parágrafo único, II, do CPC.

Luiz Guilherme Marinoni, na obra *Tutela de urgência e tutela de evidência*, em capítulo que trata da tutela de evidência, quando da sentença, assim ensina:

> Não é racional que a sentença, quando baseada em precedente de Corte Suprema, não outorgue imediata tutela ao direito, "pois isto seria um único estímulo para o réu 'licitamente' negar a sentença e os precedentes das Cortes Supremas em prejuízo daquele que tem razão e em desprestígio do Direito e do Poder Judiciário. Inexiste qualquer razão para imaginar que o autor tenha que, também numa hipótese como esta, carregar o ônus do tempo do processamento da apelação. Significa que, quando a contestação não nega a aplicação do precedente

---

[583] DIDIER JÚNIOR, Fredie; CUNHA, Leonardo da. *Curso de direito processual civil.* 14. ed. Salvador: Jus Podivm, 2017. v. 3, p. 672.

[584] Nesse caso a não aplicação do precedente, quando era o caso de aplicá-lo, provocará um julgamento com *error in judicando* ou *error in procedendo*.

ou é destituída de fundamento sério para justificar a sua inaplicação ao caso, a tutela da evidência deve ser concedida na sentença, nos termos do art. 1.012, §1º, V, do Código de Processo Civil. Frise-se, no entanto, que se a contestação seriamente argumenta de modo a demonstrar a distinção do caso e, assim, a inaplicabilidade do precedente, ou mesmo o desgaste do precedente, não há que se pensar em tutela da evidência.[585]

Os objetivos dessa análise são otimizar a qualidade da prestação jurisdicional e garantir a existência de um Poder Judiciário mais crível, seguro e isonômico a partir da própria legislação de 2015 que surgiu com vista a proporcionar maior efetividade e abreviação procedimental, em conjunto com a necessidade de promoção da tempestividade da tutela jurisdicional.

Há possibilidade de esses precedentes se originarem ou não de recursos repetitivos, da mesma forma como a jurisprudência uniformizadora pode ou não advir de incidente de resolução de demandas repetitivas – nada impede, por exemplo, que tenham origem em incidente de assunção de competência.

A fim de corroborar a segurança do sistema, observa-se que decisões proferidas em controle concentrado e as súmulas vinculantes são incontestáveis por reclamação.

A antecipação de tutela lastreada em precedentes guarda respaldo no fato de estar baseada, nesse caso, em razões processuais e não em situações específicas (típicas) do direito material.[586] Dessa forma, obrigar, ao autor com direito evidente, fundamentado em tese reiterada nos Tribunais Superiores, a inexequibilidade de obter a tutela de evidência, apenas em razão de não se enquadrar literalmente nos incisos do art. 311, configura um paradoxo na relação da segurança jurídica e da função do direito, consoante o ver de Humberto Ávila, ao passo que a função fulcral do direito é garantir segurança.[587]

---

[585] MARINONI, Luiz Guilherme. *Coisa julgada sobre questão*. São Paulo: Revista dos Tribunais, 2018a, p. 353.

[586] Tome-se como exemplo situações típicas do direito material com a previsão de tutela da evidência fora das hipóteses do art. 311 do Código de Processo Civil, como o que ocorre nas liminares possessórias (CPC, art. 562), nos embargos de terceiros (CPC, art. 678), na locação (Lei 8.245/91, art. 59, §1º e art. 68, II) e na antecipação de uso e fruição de bem na partilha (CPC, art. 647, § único), dentre outras.

[587] Para ele, "a segurança jurídica é um valor constitutivo do direito, diante das exigências de certeza, eficácia e afastamento da arbitrariedade em todo e qualquer sistema jurídico. Afirma então que a expressão revela um pleonasmo, eis que o direito, em sua essência, garante a segurança" (ÁVILA, Humberto. *Teoria da segurança jurídica*. 4. ed. rev. atual. e ampl. São Paulo: Malheiros, 2016, p. 145).

CAPÍTULO 4

Marinoni, Arenhart e Mitidiero, no Curso de Processo Civil, assim escrevem:

> O direito ao *processo justo* visa a assegurar a obtenção de uma *decisão justa* para as partes e a *unidade do Direito* para a sociedade civil. Ele é o meio pelo qual se exerce *pretensão à justiça* (*Justizanspruch*) e *pretensão à tutela jurídica* (*Rechtsschutzanspruch*). Esse é o seu objetivo central dentro do Estado Constitucional.[588]

Pode-se comprovar tal eficácia do sistema de precedentes a partir da projeção realizada de um sistema decisório íntegro, em que pode haver maior previsibilidade nas decisões para se desencorajar a propositura de ações infundadas e promover a insegurança jurídica. Por meio dessa solução é possível se impedir o fenômeno da jurisprudência lotérica, ou seja, face à ausência de observância dos precedentes, como todo julgador decidindo consoante sua consciência,[589] restando à parte vencida o ônus de recorrer, protelando a solução definitiva da causa.

Há, também, o princípio da isonomia como diretriz relevante ao sistema de precedentes. "A vida em uma sociedade democrática exige a participação em formas de atividades conjuntas, o que impede que cada pessoa se guie pelo seu próprio código de valores".[590]

Para haver controle público dos juízos de valor de uma pessoa, esse controle deve contemplar os critérios da racionalidade, ou seja, os juízos de valor devem estar lastreados em uma justificação o mais racional possível.

Defendeu-se extensivamente que, na hipótese de a pretensão da parte ser concernente ao entendimento e àquilo que é aceito como precedente por qualquer Corte superior, essa fundamentação se destinará a assegurar, à sociedade, segurança jurídica e isonomia nas razões que motivam a interpretação e a aplicação.

Roborado que, em razão da clareza dos artigos 927 e 332, não há possibilidade de leitura restrita do art. 311, inciso II, imperando a eficácia vinculante dos precedentes judiciais, o resultado será, indubitavelmente, garantir o cumprimento do art. 5º, LXXVIII, da CF/1988

---

[588] MARINONI, Luiz Guilherme; ARENHART, Sérgio Cruz; MITIDIERO, Daniel. *Curso de Processo Civil*: teoria do processo civil. São Paulo: Revista dos Tribunais, 2019., p. 523.

[589] CAMBI, Eduardo. *Curso de direito probatório*. Curitiba: Juruá, 2014, p. 108.

[590] *Idem*, p. 268.

- "maior eficiência da atividade jurisdicional, com o julgamento de um número mais significativo de casos em menor tempo".[591]

Constatam-se, atualmente, no Brasil, alguns casos que comprovam o discutido, a exemplo do Enunciado 48, do Conselho de Justiça Federal, da I Jornada de Direito Processual Civil de 2017, que prevê que "é admissível tutela provisória da evidência, prevista no art. 311, II, do CPC, também em casos de tese firmada em repercussão geral ou em súmulas dos tribunais superiores".[592]

Outrossim, a 1ª Turma do STJ, quando em decisão acerca de matéria tributária em sede de agravo interno em agravo em recurso especial, concluiu ser suficiente, para que a tutela de evidência seja concedida, a partir de um amplo exame art. 311, II, ratificando o art. 927, pelo deferimento, vez que a tese firmada arrolada no bojo do recurso é acatada no STF em repercussão geral.[593]

Igualmente, consoante a linha da interpretação extensiva, a 36ª Câmara de Direito Privado do Tribunal de Justiça de São Paulo (TJSP), no julgamento de agravo de instrumento, esteou a concessão de tutela de evidência baseada no fato de haver comprovação documental dos fatos trazidos pelos autores e em súmula não vinculante do STJ.

Nos termos do acórdão, "ainda que não se trate de tese firmada em julgamento de casos repetitivos ou em súmula vinculante, leciona a melhor doutrina que a segunda parte do art. 311, inciso II, do Código de Processo Civil, deve ser interpretada de maneira ampla".[594]

Essa interpretação, já empregada, como demonstrado, visa prestigiar o princípio da isonomia como diretriz necessária ao sistema de precedentes.[595]

---

[591] CHIARLONI, Sergio. Funzione nomofilattica e valore del precedente. *In:* ARRUDA, Alvim Wambier Teresa (coord.). *Direito jurisprudencial.* São Paulo: Revista dos Tribunais, 2012, p. 228.

[592] Enunciado 48 do Conselho de Justiça Federal, da I Jornada de Direito Processual Civil De 2017. Disponível em: https://www.cjf.jus.br/cjf/corregedoria-da-justica-federal/centro-de-estudos-judiciarios-1/publicacoes-1/i-jornada-de-direito-processual-civil. Acesso em: 22 abr. 2021.

[593] BRASIL. Superior Tribunal de Justiça (1ª Turma). Agravo Interno em Agravo em Recurso Especial nº 300743/SP. Ministro Relator Napoleão Nunes Maia Filho. J. em 25/03/2019.

[594] BRASIL. Tribunal de Justiça de São Paulo (36ª Câmara de Direito Privado). Agravo de Instrumento nº 2279480-48.2019.8.26.0000. Desembargador Relator Milton Carvalho. J. em 16/03/2020.

[595] CAMBI, Eduardo. *Curso de direito probatório.* Curitiba: Juruá, 2014, p. 108.

4.4 Livre convencimento motivado, amparado pelo art. 332 com base na totalidade dos precedentes do art. 927, ambos do CPC de 2015

Para roborar o proposto, alude-se ao art. 332, do CPC, que se trata do instituto do julgamento liminar de improcedência do pedido da petição inicial, o que, na legislação revogada, se origina no art. 285-A,[596] do CPC, de 1973.

Esse dispositivo da norma revogada incluiu, no ordenamento jurídico brasileiro, o instituto do julgamento de improcedência liminar do pedido, sendo mantido no CPC de 2015, mas de forma ajustada, estando atualmente vinculado à jurisprudência pacificada nos órgãos superiores; análise extensiva dos precedentes, a propósito.

Atualmente, no art. 332, está expressa a permissão para que a aplicação da técnica de celeridade de julgamento ocorra mesmo em face de matéria de fato, conquanto seja adequadamente demonstrada junto com a petição inicial.

Será dispensada a fase instrutória na hipótese de o pleito se opor à jurisprudência formalizada em enunciado de Súmula do STF ou do STJ, acórdão proferido em recurso extraordinário ou recurso especial repetitivo; caso seja adverso ao entendimento firmado em incidente de resolução de demandas repetitivas ou incidente de assunção de competência; e quando o pedido for antagônico à súmula do Tribunal de Justiça acerca do direito local.

Segundo Daniel Mitidiero, o art. 332 "constitui forma de abreviação procedimental ligada à necessidade de promoção da tempestividade da tutela jurídica e fundada na percepção de que é inútil se prosseguir com o processo, dada a imediata percepção judicial de ausência de razão pelo autor".[597]

Fundamentalmente, o art. 332, do CPC, estabelece, no direito processual civil brasileiro, a possibilidade do julgamento do feito no início do processo, prescindindo, mesmo, a citação do réu como

---

[596] A lei nº 11.277/06, que inseriu no ordenamento jurídico brasileiro o instituto do julgamento de improcedência liminar do pedido em demandas repetitivas, art. 285-A, do CPC de 1973. Representou a implementação de medida de aceleração de julgamento como meio de agilizar a prestação jurisdicional e desafogar o Judiciário. O referido dispositivo foi alvo de críticas de processualistas e teve sua constitucionalidade questionada (ADI 3.695/DF).

[597] MITIDIERO, Daniel. *Precedentes*: da persuasão à vinculação. Imprenta. São Paulo: Revista do Tribunais, 2018., p. 107.

condição para que a sentença seja proferida. De outro lado, "esse artigo ampliou a possibilidade de prolação de sentenças de mérito logo no início do processo, antes mesmo da citação do réu".[598]

Como ocorre com o art. 332, o rol do art. 932, IV, conjuga bastante com os pronunciamentos vinculantes arrolados no art. 927, V. E: "A falta de referência expressa aos acórdãos do STF proferidos em sede de ações de controle concentrado não pode levar à conclusão de que esses não sejam parâmetros jurisprudenciais suficientes para atuação monocrática do relator, muito pelo contrário, pois são decisões com o maior grau de autoridade possível do sistema".[599]

Existe a defesa, por alguns, de que é mister ampla interpretação do referido dispositivo de lei, e a asserção seria a autorização do julgamento de improcedência liminar do pedido do autor nas hipóteses em que, inexistindo necessidade de fase instrutória, o pleito se opuser aos precedentes do Supremo Tribunal Federal e do Superior Tribunal de Justiça, expressos ou não em súmulas, com origem ou não em julgamento de casos repetitivos, e do enunciado de Súmula de Tribunal de Justiça acerca do direito local.

Para Fábio Victor da Fonte Monnerat, no tratamento do referido artigo, tem-se que:

> O rol do art. 332 do CPC em grande medida coincide com o rol de pronunciamentos vinculante do art. 927, ainda que este não repute vinculantes as súmulas de tribunal locais e aquele não faça referência expressa aos pronunciamentos do STF em ações de controle concentrado. De toda forma, por interpretação sistemática, caso a petição inicial esteja fundamentada em lei ou ato normativo considerado inconstitucional pelo STF, ou fundado em aplicação ou interpretação da lei ou controle de constitucionalidade concentrado a sistemática do art. 332 indubitavelmente se impõe. Por outro lado, o fato de as súmulas do tribunal local não estarem expressamente previstas no art. 927 do CPC como pronunciamentos vinculantes, isso não lhe retira a funcionalidade de permitir a improcedência liminar do pedido, tal como previsto no art. 332 do Código.[600]

Fundamentada no art. 932, IV e V, é possível a abreviação procedimental para o relator quando: 1. a tese recorrida for contrária à

---

[598] MONNERAT, Fábio Victor da Fonte. *Súmulas e precedentes qualificados*: técnicas de formação e aplicação. São Paulo: Saraiva Educação, 2019, p. 431.

[599] *Idem*, p. 437-438.

[600] *Idem*, p. 427.

súmula do Supremo Tribunal Federal, do Superior Tribunal de Justiça ou do próprio tribunal; 2. em acórdão proferido pelo Supremo Tribunal Federal ou pelo Superior Tribunal de Justiça em julgamento de recursos repetitivos; 3. em entendimento alicerçado em incidente de resolução de demandas repetitivas ou de assunção de competência.

O autor Fábio Victor da Fonte Monnerat traz uma importante lição quando o recurso advindo da sentença do art. 332 chega ao relator, e este, "prestigiando os princípios da eficiência e da celeridade processual, atua monocraticamente no julgamento, por meio dos casos arrolados no art. 932, IV e V, do Código".[601]

Em contrapartida, há admissibilidade e recomendação dos acréscimos das "súmulas de tribunais locais" como base para atuação monocrática.

Em acréscimo, observavam-se, no rol do art. 932, IV, os precedentes qualificados, proferidos em julgamento de recursos repetitivos e incidente de assunção de competência, aos quais, por analogia, "devem ser acrescidos os entendimentos consagrados em incidente e arguição de inconstitucionalidade, previsto no art. 948 do Código".[602]

Todo o discutido se encontra aliado à explicação dos motivos que corroboraram a decisão, por parte do relator, quando da decisão monocrática, consoante o art. 932, IV e V, por meio de precedente qualificado ou súmula aplicável.

O autor Daniel Penteado de Castro, na obra que trata da "Antecipação de tutela sem o requisito da urgência", no tocante ao tratamento do art. 932 em consonância com o art. 332, elenca que

> O julgamento monocrático, em brevíssima síntese, também encurta o procedimento tradicional de processamento dos recursos nos tribunais, permite a dispensa da colegialidade, com fundamento na existência de súmula do STF, STJ ou do próprio tribunal, acórdão proferido pelo STF ou STJ em julgamento de recursos repetitivos e entendimento firmado em incidente de resolução de demandas repetitivas ou assunção de competência, seja para exercer juízo de admissibilidade ou juízo de mérito ao recurso. O emprego dessa técnica convida à reflexão se as características que compõem o julgamento monocrático, mormente na hipótese de 'dar ou negar provimento' por força de exame de mérito de dado recurso e suficiente para adquirir o atributo de definitividade

---

[601] MONNERAT, Fábio Victor da Fonte. *Súmulas e precedentes qualificados*: técnicas de formação e aplicação. São Paulo: Saraiva Educação, 2019, p. 436.

[602] *Idem*, p. 438.

mediante substituição de decisão anterior (art. 1.008 do NCPC – art. 512 do CPC/73), não poderiam ser úteis às margens da aplicação da antecipação de tutela.[603]

E ainda conclui o referido autor que:

> Tais técnicas, apontadas nos últimos parágrafos, não há dúvida, além de primarem pelo valor celeridade, convergem à tendência de valorização de precedentes, cada uma informada em dada medida por "súmulas de tribunais superiores e tribunais locais", "entendimento firmando em julgamento de recurso especial ou extraordinário repetitivo, assunção de competência e incidente de resolução de demandas repetitivas.[604]

Tendo como parâmetro o inciso II, do art. 311, a partir da análise posta no art. 332 (de improcedência liminar do pedido quando a tese for contrária a precedentes), configura um retrocesso a admissão da taxatividade no rol que possibilita esse deferimento.

A manutenção dessa taxatividade no Brasil configura oposição às próprias raízes históricas do instituto. Eduardo da Fonseca Costa[605] afirma que, na hipótese de isso ocorrer, "terá o legislador contribuído para a frustração da magnânima ideia que o inspirou".

Assim, o entendimento de que deve haver tratamento paritário e isonômico na aplicação da tutela de evidência sem foco no casuísmo. Tal entendimento se lastreia no movimento de uniformização da jurisprudência, ante a comissão de juristas instituída para a elaboração do anteprojeto que taxativamente declarou que, no rol dos objetivos da reforma do CPC, se encontra o de "imprimir maior grau de organicidade ao sistema, dando-lhe, assim, maior coesão".[606]

Na hipótese de haver entendimento de que o rol do art. 311 fazia menção somente a situações tipificadas e já anteriormente esboçadas pelo legislador, "haveria um tratamento privilegiado a alguns, em

---

[603] PENTEADO DE CASTRO, Daniel. *Antecipação de tutela sem o requisito da urgência*: panorama geral e perspectivas no novo Código de Processo Civil. Salvador: JusPodivm, 2017, p. 73.

[604] *Idem, ibidem.*

[605] COSTA, Eduardo José Fonseca. Art. 300. *In*: STRECK, Lenio Luiz; NUNES, Dierle; CUNHA, Leonardo (org.). *Comentários ao Código de Processo Civil*. São Paulo: Saraiva, 2016, p. 180.

[606] MEDEIROS NETO, Elias Marques de; CONCI, Luiz Guilherme Arcaro. A valorização dos precedentes judiciais e a tutela provisória de evidência no Código de Processo Civil. *In*: BUENO, Cassio Scarpinella *et al*. *Tutela Provisória no CPC*: dos 20 anos de vigência do art.; 273 do CPC/1973 ao CPC/2015. 2. ed. São Paulo: Saraiva, 2018, p. 315.

detrimento de inúmeras outras situações que ficariam ao desamparo da norma".[607]

Nessa seara, defende-se que o magistrado tem o dever de assumir, com responsabilidade, riscos, em detrimento do juízo de certeza plena, vez que "a certeza só se terá, em tese, quando, na sentença em processo de cognição plena, o Estado prejudica o cidadão diante da má prestação do serviço tendente à tutela jurisdicional".[608]

Tem-se que o convencimento judicial não é livre e não acarreta valorações de cunho sobremaneira subjetivas, imunes de critérios e controles: "Não pode o magistrado desconsiderar o diálogo processual, devendo buscar pautas ou diretrizes de caráter objetivo para ter uma valoração lógica e racional (modelos de constatação ou *standards* judiciais)".[609]

Também o órgão julgador não deve evitar facear todos os pontos ou questões, objeto de argumentação das partes, que, ao serem considerados, teriam a capacidade de modificar a decisão proferida. Interpretação diferente motivaria violação à garantia fundamental do devido processo legal.

Nesse contexto, na hipótese de o autor, lastreado em precedentes arrolados no art. 332, do CPC/15, redigir pleito de tutela de evidência, não existe razão para se acolher ampla leitura do art. 311, II, do CPC/15. Caso, nesse mesmo exemplo, o réu redigisse pedido em doesto a um precedente previsto no art. 332, do CPC/15, veria sua ação, de forma liminar, ser julgada como improcedente; dessa forma, nada pode obstar o autor de, em idêntica hipótese do art. 332 do CPC/15, formular pleito de tutela provisória de evidência, nos termos do art. 311, II, do CPC/15. Pelo fato de o CPC/15 possibilitar o mais grave (julgamento de liminar improcedência, nos termos do art. 332 do CPC/15), não existe motivo para não outorgar a concessão de tutela de evidência esteada nos precedentes arrolados no art. 332 do CPC/15, embora não compatibilizem literalmente com as hipóteses do a. 311, II, do CPC/15.

---

[607] MARTINS-COSTA, Judith. *A boa-fé no direito privado*: critérios para a sua aplicação. 2. ed. São Paulo: Saraiva Educação, 2018, p. 159.

[608] HOFFMAN, Paulo. *Razoável duração do processo*. São Paulo: Quartier Latin, 2006, p. 222.

[609] CAMBI, Eduardo. *Curso de direito probatório*. Curitiba: Juruá, 2014, p. 337.

4.5 Inexistência do dever de análise pormenorizada para a concessão da tutela de evidência com base na totalidade de precedentes

Quando do estudo da ordenação acerca do tratamento da tutela provisória no CPC de 2015, há muito tempo já havia discussão acerca da possibilidade da concessão de tutela lastreada na evidência e em seus reveses. Com a reforma processual de 1994, no Brasil, teve início o deferimento da tutela independentemente do risco de dano, quando tipificados o abuso do direito de defesa ou o manifesto propósito protelatório do réu. Isso em razão do entendimento de que o propósito principal de antecipação ao autor do direito evidente pleiteado é assegurar a razoável duração do processo e o tratamento igualitário para casos fundamentados em teses idênticas.

Para o doutrinador Artur Cesar de Souza, citando José Carlos Barbosa Moreira, "não são raras as hipóteses em que a inevitável demora da prestação jurisdicional é capaz simplesmente de inviabilizar, pelo menos do ponto de vista prático, a proteção do direito postulado, por mais certo que se afigure".[610]

Na leitura de Souza, a aplicação do art. 311, II, do CPC, fundamentado em precedentes e súmulas, assegura razoabilidade na duração do processo a fim de que o ônus do tempo no processo não seja apenas da prova, pelo autor, de sua razão de ser. A ciência processual passou de apenas um conjunto de princípios e regras técnicas, para arrogar caráter claramente instrumental, com a preocupação focada nos fins a serem contemplados pelo processo.[611]

Consoante a leitura da doutrina, acerca dessa razoabilidade, tem-se que "o processo, para ser justo, deve tratar de forma diferenciada os direitos evidentes, não permitindo que o autor espere mais do que o necessário para a realização do seu direito".[612]

Na doutrina de Luiz Guilherme Marinoni e Daniel Mitidiero, os autores afirmam que o processo não pode ser fonte de prejuízo ao autor que tem razão:

---

[610] SOUZA, Artur César de. *Tutela provisória*: tutela de urgência e tutela de evidência. 2. ed. rev. e ampl. São Paulo: Almedina, 2017, p. 105.

[611] BEDAQUE, José Roberto dos Santos. *Tutela cautelar e tutela antecipada*: tutelas sumárias e de urgência. 3. ed. São Paulo: Malheiros, 2003, p. 28.

[612] MARINONI, Luiz Guilherme. *Precedentes obrigatórios*. 6. ed. 2ª tiragem, rev. atual. e ampl. São Paulo: Revista dos Tribunais, 2020, p. 165-166.

Ora, como o autor tem direito à tutela jurisdicional tempestiva, e o réu direito à defesa, somente é processo justo aquele que está preocupado com ambas as partes, repartindo o ônus do tempo do processo, que antes era jogado inteiramente nas costas do autor. Vale aqui a lembrança do princípio chiovendiano de que a *durata del processo non deve andare a danno dell'attore que ha ragione*.[613]

Ratificando a tese, o art. 5º, LXXVIII, da Constituição Federal de 1988, leciona que, "a todos, no âmbito judicial e administrativo, são assegurados a razoável duração do processo e os meios que garantam a celeridade de sua tramitação".[614]

Caso o propósito seja conceder razoabilidade ao processo, por meio de uma cognição sumária no procedimento, não impondo ao autor o ônus do tempo no processo, ao se examinar aleatório deferimento da tutela de evidência lastreada em ampla totalidade de precedentes, do que se infere da própria legislação, o que se almeja é a segurança jurídica, não sendo plausível limitar o rol de precedentes, conduzindo a uma curta interpretação do próprio código.

Uma leitura limitada do inciso II do art. 311 seria não dispor ao autor toda a "paleta de cores" idealizada pelo código para a dinâmica de precedentes, em desacordo com a imposição de se manter a visada segurança jurídica.

Para o autor Daniel Mitidiero, na obra "Precedentes: da persuasão à vinculação":

> A segurança jurídica pode ser decomposta analiticamente em cognos-cibilidade, estabilidade, confiabilidade e efetividade da ordem jurídica. Nenhuma ordem jurídica pode ser considerada segura se inexiste *cognoscibilidade* a respeito do que deve reger determinada situação da vida. É necessário que o sistema jurídico viabilize *certeza* a respeito de como as pessoas devem se comportar, sem o que não se pode saber exatamente o que é seguro ou não. Sem cognoscibilidade, não há como existir *segurança de orientação* (*"Orientierungssicherheit"*), isto é, segurança a respeito daquilo que nos é exigido pela ordem jurídica diante de dada situação concreta. A segurança jurídica depende igualmente da ideia de *estabilidade* (continuidade, permanência, durabilidade), porque uma ordem jurídica sujeita a *variações abruptas* não provê condições mínimas para que as pessoas *possam se organizar e planejar* suas vidas. Uma ordem jurídica segura constitui ainda uma ordem *confiável*, isto é, que é capaz de

---

[613] MARINONI, Luiz Guilherme; MITIDIERO, Daniel. *Código de processo civil comentado artigo por artigo*. São Paulo: Revista dos Tribunais, 2008, p. 270.

[614] Art. 5º, LXXVIII, da Constituição Federal de 1988.

reagir contra *surpresas injustas* e proteger a *firme expectativa* naquilo que é conhecido e naquilo com que se concretamente planejou. A segurança jurídica depende, por fim, da capacidade de *efetividade* normativa. Vale dizer: de *segurança de realização* (*"Realisierungssucherheit"*). Isto porque só é seguro aquilo que tem a capacidade de se impor acaso ameaçado ou efetivamente violado. Isso explica a razão pela qual a ideia de segurança jurídica também é normalmente associada à noção de *inviolabilidade normativa*.[615]

Dessa forma, "a segurança jurídica (em termos de cognoscibilidade e calculabilidade) não reside exclusivamente no texto normativo, mas na aplicação deste".[616] Quanto mais extenso o caráter dialógico da interpretação judicial, mais amplo será seu acatamento, precisamente por sobrepujar o antigo modelo de um resultado cognitivo preexistente na norma.[617]

A interpretação da norma não deve ser estática, sendo mister uma controlada recomposição do conteúdo daquela ao ser aplicada, situação comum na aplicação do direito. No entanto, no caso em comento, se advoga pela não polissignificação do inciso II do art. 311, do CPC, vez que "abre-se margem a diversas interpretações, devendo este ser tratado como um enunciado elástico (vago, aberto, poroso, dúctil ou cláusulas gerais em sentido amplo), com tessitura semanticamente aberta".[618]

---

[615] MITIDIERO, Daniel. *Precedentes*: da persuasão à vinculação. Imprenta. São Paulo: Revista dos Tribunais, 2018, p. 26.

[616] ÁVILA, Humberto. *Teoria da segurança jurídica*. 4. ed. rev. atual. e ampl. São Paulo: Malheiros, 2016, p. 620-621.

[617] "De fato, é necessário libertar-se, no signo de um sentido construtivo da história, do falso mito de que a decisão baseada na racionalidade subsuntiva tem maior certeza do que aquela enraizada na razoabilidade, ou seja, na conformidade com valores partilhados, como se você soubesse que é mais fácil encontrar consenso na frieza abstrata (e nunca unívoca) das palavras, o que não acontece na realidade. Observou-se acertadamente que, quanto mais a interpretação judicial assume um caráter dialógico, mais ela se mostra crível, superando o antigo modelo segundo o qual é concebida como cognitiva de um resultado pré-existente e, portanto, necessariamente desprovida de qualquer escopo deliberativo" (tradução nossa). *"Bisogna infatti liberarsi, nel segno di un costruttivo senso della storia, del falso mito che la decisione basata sulla razionalità sussuntiva abbia maggiori certezze di quella radicata nella ragionevolezza, ossia nella conformità a valori condivisi, quasi che sai più facile trovare consenso nella astratta (e mai univoca) freddezza delle parole, che non nella realtà dei fatti. È stato giustamente osservato che, quanto più l'interpretazione giudiziale assume un carattere dialógico, tanto più essa appare credibile, vincendo il vecchio modello secondo il quale viene concepita come cognitiva di un risultato preexistente e quindi necessariamente priva di qualsiasi portata deliberativa"* (LIPARI, Nicolò. Il diritto civile dalle fonti ai principi. *Rivista Trimestrale di Diritto e Procedura Civile*, Milano: Giuffrè, ano 72, n. 1, p. 33-34, mar. 2018).

[618] COSTA, Judith Martins. *A boa-fé no direito privado*: critérios para a sua aplicação. 2. ed. São Paulo: Saraiva Educação, 2018, p. 145.

Oportunamente, leciona Barbosa Moreira que "nem sempre convém, e às vezes é impossível, que a lei delimite com traço de absoluta nitidez o campo de incidência de uma regra jurídica".[619]

Na obra que foi fruto da tese defendida no ano de 2019, na Universidade Federal do Paraná, Rogéria Fagundes Dotti assim elencou:

> A segurança jurídica reside muito mais na controlabilidade da interpretação e da aplicação dos textos normativos do que nas amarras de uma tipicidade estrita. Esta não dá poder suficiente ao magistrado, não permite que ele trate os casos iguais de forma igual e os desiguais de forma desigual. Admitir a utilização de conceitos jurídicos indeterminados, de modo a abranger uma aplicação justa e ampla da norma, parece ser muito mais relevante do que imaginar (equivocadamente) que o casuísmo rígido não apresenta riscos. Afinal, toda a aplicação do direito pelo magistrado estará sujeita ao controle pela fundamentação.[620]

No entendimento de Marinoni, o estudo das técnicas que visa à tutela de evidência indica a necessidade de adequação da norma, vez que as cláusulas gerais lastreiam-se na "premissa de que a lei pode ser apenas elemento que colabora para a construção judicial do direito".[621]

Esse contexto se mostra muito positivo em um sistema que visa a garantir uma adequação da tutela jurisdicional às necessidades do caso concreto. Não é em vão que as cláusulas gerais são criadas como maneiras de se oferecer mobilidade ao sistema.[622]

A fim de se compreender a relevância do instituto da tutela de evidência e o avanço que esta concedeu para o ordenamento, é mister uma comparação entre esta e a tutela de urgência disposta no art. 300, do CPC.

---

[619] MOREIRA, José Carlos Barbosa. *Regras de experiência e conceitos jurídicos indeterminados*. São Paulo: Saraiva, 1980, p. 64.

[620] DOTTI, Rogéria Fagundes. *Tutela da evidência*: prova do direito, fragilidade da defesa e o dever de antecipar a tempo. 2019. 359 f. Tese (Doutorado em Direito) – Universidade Federal do Paraná, Curitiba, 2019, p. 264.

[621] MARINONI, Luiz Guilherme. *Precedentes obrigatórios*. 6. ed. 2. tiragem, rev. atual. e ampl. São Paulo: Revista dos Tribunais, 2020, p. 125.

[622] É o que esclarece Ruy Rosado de Aguiar Júnior: "A cláusula geral, portanto, exige do juiz uma atuação especial, e através dela é que se atribui uma mobilidade ao sistema, mobilidade que será externa, na medida em que se utiliza de conceitos além do sistema, e interna, quando desloca regramentos criados especificamente para um caso e os traslada para outras situações" (AGUIAR JÚNIOR, Ruy Rosado de. O Poder Judiciário e a concretização das cláusulas gerais: limites e responsabilidade. *Revista da Faculdade de Direito da UFRGS*, Porto Alegre, v. 18, 2000, p. 226).

Na tutela de urgência, com o *periculum in mora*, o poder jurisdicional é autorizado a abraçar uma postura de efetividade imediata, por meio de decisões céleres.

Essa tutela de urgência arroga a atribuição, por via assecuratória (tutela cautelar) ou via antecipatória (tutela antecipada ou tutela satisfativa), de impedir qualquer dano advindo da prestação jurisdicional imediata, enfatizando-se que esse pedido se lastreia nos danos possíveis advindos do perigo da demora.

Quanto à tutela da evidência, disciplinada no art. 311, ela torna maiores as possibilidades ainda tímidas com previsão na legislação processual de 1973, art. 273, II, e modificações trazidas pela Lei 8.952, de 13 de dezembro de 1994. No atual código, há possibilidade de deferimento dessa modalidade de tutela em virtude da evidência do direito pleiteado e consoante a orientação da legislação.[623]

Resume-se o conceito de tutela da evidência como vinculado "[...] àquelas pretensões deduzidas em juízo nas quais o direito da parte revela-se evidente, tal como o direito documentado do exequente".[624]

Configuram-se em axiomáticos: o direito demonstrável *prima facie* por meio de prova documental que o consubstancie líquido e certo; o direito fundamentado em fatos incontestes, manifestos; o direito a tolher um suposto agir do *adversus* fundamentado em "manifesta ilegalidade"; o direito baseado em questão rigorosamente jurídica; o direito calcado em fatos confessados em outro processo ou reiterados por meio de prova emprestada, lograda sob contraditório, provas produzidas antecipadamente; e o direito estabelecido como danoso à questão a ser resolvida e já decidido, como força de coisa julgada em outro processo, máxime em razão de influência absoluta à decisão prejudicial, afetando "presunção *jure et de jure* de existência e em direitos decorrentes da ocorrência de decadência ou prescrição".[625]

Isso porque, conforme as lições de José Roberto dos Santos Bedaque,

---

[623] Art. 311 CPC/2015.

[624] PENTEADO DE CASTRO, Daniel. *Antecipação de tutela sem o requisito da urgência*: panorama geral e perspectivas no novo Código de Processo Civil. Salvador: JusPodivm, 2017, p. 130.

[625] LOPES, João Batista. Contraditório e abuso do direito de defesa na execução. FUX, Luiz; NERY JÚNIOR, Nélson; WAMBIER, Teresa Arruda Alvim (Coords.). *Processo e constituição*. Estudos em homenagem ao Professor José Carlos Barbosa Moreira. São Paulo: Revista dos Tribunais, 2006. p. 305.

Ordenamento que não assegura a atuação das regras que estabelece, mediante sistema eficaz de tutela, destinado a garantir o interesse de quem se encontra em situação de vantagem e não obteve o reconhecimento voluntário de seu direito subjetivo, não pode ser considerado jurídico.[626]

Apontadas as diferenças, é mister se mostrar a semelhança entre as duas tutelas, ou seja, ambas pleiteiam a prova da probabilidade do direito arguido pela parte, *fumus boni iuris*. Resta presente essa probabilidade do direito, para a tutela de evidência, nos incisos I a IV, do art. 311, do CPC: a) abuso do direito de defesa ou propósito procrastinador da parte; b) prova documental das alegações de fato e ocorrência de tese escorada em julgamento de casos repetitivos ou súmulas vinculantes; c) pedido reipersecutório esteado em prova documental próprio ao contrato de depósito; d) instrução de petição inicial com prova documental suficiente à evidência do direito do autor, sem refutação de defesa do réu com prova capaz de levar à dúvida razoável. Nos incisos II e III o juiz decidirá liminarmente pela tutela.

Constata-se haver situações representativas do direito material com a previsão de tutela da evidência fora das hipóteses do art. 311, do Código de Processo Civil, congênere, entre outros, às liminares possessórias (CPC, art. 562), aos embargos de terceiros (CPC, art. 678), à locação (Lei 8.245/91, art. 59, §1º e art. 68, II) e à antecipação de uso e fruição de bem na partilha (CPC, art. 647, § único). Nesses contextos, a motivação para a tutela da evidência concerne às peculiaridades da situação de direito material.

Assim, propõe-se uma interpretação do inciso II, do art. 311, para além do precedente firmado em julgado de casos repetitivos ou em súmula vinculante, isso em razão de o conceito de devido processo legal e garantias advindas deste se coligarem à concepção de processo justo, ou seja, é justo o processo que garante a plena efetivação de tais garantias "[...] acolhidas em todos os países que instituem a dignidade da pessoa humana como um dos pilares do Estado Democrático de Direito".[627]

No que concerne ao inciso II, a proposta é que se conceda tratamento isonômico aos casos com idêntica identidade, por meio de teses

---

[626] BEDAQUE, José Roberto dos Santos. *Tutela cautelar e tutela antecipada*: tutelas sumárias e de urgência. 3. ed. São Paulo: Malheiros, 2003, p. 28.

[627] CASTRO, Daniel Penteado de. *Antecipação de tutela sem o requisito da urgência*: panorama geral e perspectivas no novo Código de Processo Civil. Salvador: JusPodivm, 2017, p. 139.

estabelecidas pelos Tribunais Superiores, atingindo casos com mesma identidade, por meio de teses firmadas por esses tribunais. Ao se recorrer ao antecedente originado de decisões estabelecidas por Tribunais Superiores e observadas por todos os outros, perdura o entendimento firmado pelo precedente até a superação de sua interpretação.

A segurança jurídica advinda dessa ampla interpretação, originada no sistema anglo-saxão, acarreta, para o sistema *civil law*, tratamento isonômico aos casos com idêntica identidade. Baseia-se no rol do art. 311, do CPC, a orientação do legislador em promover a garantia constitucional da razoável duração do processo, direito constitucional previsto, e propiciar a efetividade do direito material e segurança jurídica necessária para que o próprio Poder Judiciário seja crível e respeitado, mas essa orientação não pode ter interpretação taxativa.

Para se reiterar o proposto e trazer inovação ao ordenamento jurídico, cita-se o caso da decretação do divórcio por tutela de evidência, ocorrida no TJSP.[628] No caso, houve o pedido, da esposa, requerendo ao juízo da 2ª Vara Cível da Comarca de Itaquaquecetuba que, em ação de divórcio litigioso, fosse decretado, de forma liminar, em tutela de evidência, o divórcio em relação ao seu cônjuge ao qual eram imputados vários crimes – inclusive de abuso sexual –, estando esse sujeito foragido em lugar desconhecido, provavelmente no Estado de Pernambuco.

Em seu voto, o julgador expôs que, ainda que não houvesse tese firmada sob o rito dos recursos repetitivos e súmula vinculante, a norma autorizadora se demonstrava ainda mais evidente, pois se tratava da própria Constituição Federal (art. 226, §6º, CF).[629]

Corroborando essa acepção, várias Câmaras de Direito Privado do Tribunal de Justiça do Estado de São Paulo têm admitido o caráter potestativo do divórcio, ao decretá-lo de forma liminar, por meio de tutela da evidência.[630] Determinados tribunais já inferem essa

---

[628] Agravo de Instrumento nº 2168110-30.2020.8.26.0000 relatado pelo desembargador Piva Rodrigues à 9ª Câmara de Direito Privado do Tribunal de Justiça de São Paulo, em 23/07/2020.

[629] CHUSYD, Hugo. Divórcio impositivo: O divórcio do amanhã. *Migalhas*, 2 out. 2020. Disponível em: http:// https://www.migalhas.com.br/depeso/334246/divorcio-impositivo--o-divorcio-do-amanhã. Acesso em: 23 mar. 2021.

[630] Agravo de Instrumento 2116972-24.2020.8.26.0000; relator (a): Piva Rodrigues; Órgão Julgador: 9ª Câmara de Direito Privado; Foro de Diadema – 1ª Vara de Família e Sucessões; Data do Julgamento: 24/6/2020. AGRAVO DE INSTRUMENTO – DIVÓRCIO LITIGIOSO – Inconformismo contra decisão que indeferiu o pedido liminar de decretação de divórcio direto – Possibilidade de decretação de divórcio em sede liminar – Direito potestativo – Tutela de urgência versus tutela de evidência – Decisão reformada – Recurso provido. Agravo de Instrumento 2112975-33.2020.8.26.0000; Relator (a): José Carlos Ferreira Alves;

padronização, e, em razão disso, esta é defendida veementemente nesta tese. De outro modo, observa-se:

> ACÓRDÃO AGRAVO DE INSTRUMENTO PROCESSO CIVIL TUTELA DE EVIDÊNCIA LIMINAR AUSÊNCIA DE INTEGRAÇÃO DOS RÉUS À LIDE REQUISITOS DO ARTIGO 311, INCISO II, DO CPC NÃO PREENCHIDOS RECURSO CONHECIDO E IMPROVIDO. 1. A análise dos pressupostos para a concessão da decisão liminar de tutela de evidência com base no artigo 300 do CPC, que trata da tutela de urgência, não acarreta, por si só, na concessão do efeito requerido, pois o artigo 311, do CPC, em seus incisos, impõe os requisitos para a concessão da tutela da evidência. 2. As únicas hipóteses em que a tutela provisória da evidência pode ser concedida antes da intervenção do réu nos autos, como ocorre no caso sub judice, por força do parágrafo único do art. 311 do CPC, são aquelas previstas nos incisos II e III do mesmo dispositivo, sendo que a previsão do inciso III somente é cabível em ações fundadas em contrato de depósito. 3. Portanto, nos autos em análise, a concessão de tutela de evidência *in limine litis* somente é possível na hipótese do inciso II. 4. Ocorre que, o inciso II traz dois pressupostos cumulativos para a concessão da tutela pretendida: a prova das alegações de fato e a probabilidade de acolhimento da pretensão processual. A probabilidade de acolhimento da pretensão recursal deve ser elucidada trazendo a lume tese jurídica firmada em precedente obrigatório, a saber, súmula vinculante ou julgado sob a sistemática de recursos repetitivos. 5. Ainda que se adote uma interpretação extensiva do inciso, a fim de entender como precedentes obrigatórios os constantes do artigo 927 do CPC, não há qualquer precedente obrigatório relativo ao caso dos autos, qual seja, sobre a obrigatoriedade de outorga da escritura pública definitiva. Desse modo, a agravante não se desincumbiu do ônus de comprovar a probabilidade de acolhimento da pretensão recursal, requisito indispensável para a concessão da tutela da evidência. 6. Recurso conhecido e improvido.[631]

Tal julgado acolhe o parecer de que, existindo precedente para o caso sub judice, haveria possibilidade de ser deferido o almejado fundando em uma ampla interpretação do art. 927. Esses dois exemplos corroboram o fato de que o operador do direito vem vislumbrando

---

Órgão Julgador: 2ª Câmara de Direito Privado; Foro de Diadema – 2ª Vara de Família e Sucessões; Data do Julgamento: 23/6/20; Data de Registro: 23/6/20. Agravo de Instrumento 2208152-58.2019.8.26.0000; Relator (a): Rodolfo Pellizari; Órgão Julgador: 6ª Câmara de Direito Privado; Foro Regional II – Santo Amaro – 4ª Vara da Família e Sucessões; Data do Julgamento: 22/10/19; Data de Registro: 22/10/19.

[631] TJ-ES – AI: 00033489520178080013, Relator: Fernando Estevam Bravin Ruy, Data de Julgamento: 10/07/2018, Segunda Câmara Cível, Data de Publicação: 18/07/2018.

tal proposta para a concessão da tutela de evidência para além de amparo em prova documental e de tese firmada em julgamento de casos repetitivos ou em súmula vinculante.

O Código de Processo Civil de 2015, na temática da tutela provisória de evidência, como era de se esperar, inovou em muito o ordenamento jurídico brasileiro.

Como previsível, a tutela de evidência, consoante posta no CPC de 2015, configurou um grande avanço na busca pela efetividade da tutela jurisdicional, visando diminuir os efeitos do tempo e demonstrando ser um meio real de se garantir um processo mais célere, justo e cooperativo, assentando-se como um método para se vetar as defesas abusivas, não sérias e opostas a precedentes, lastreado e comprovado por tese firmada em julgado de casos repetitivos ou súmula vinculante.

É mister uma releitura do art. 311, II, com a totalidade dos precedentes enumerados no art. 927 e com esteio também no art. 332, e essa releitura já vem sendo ratificada pela doutrina e pela jurisprudência. Isso torna o Poder Judiciário crível e exalta os princípios da isonomia e da segurança jurídica, amplamente advogados no Código de Processo Civil de 2015.

Na hipótese da análise para que a tutela de evidência seja deferida, o requisito do perigo da demora é prescindido, restando suficiente a comprovação da presença dos requisitos estipulados no art. 311, o qual aumenta notadamente as possibilidades até então previstas, em uma analogia com o art. 273 do CPC de 1973.

A fim de que tal tutela seja concedida, são necessários determinados requisitos, consoante o art. 311, do CPC, de 2015: a) abuso de defesa ou manifesto propósito protelatório da parte; b) prova documental apropriada do contrato de depósito e consecutiva ordem de entrega do objeto custodiado; c) petição inicial instruída com prova documental suficiente do direito do autor; e d) o direito pleiteado para que a tutela de evidência seja deferida e comprovada somente de forma documental e esteada em tese firmada em julgado de casos repetitivos ou súmula vinculante.

Não obstante, a legislação, ao possibilitar o deferimento de tal tutela mediante prova documental e tese firmada em julgados de casos repetitivos ou súmula vinculante, progride, porém não consoante uma leitura sistemática do código. Isso em razão de não aceitar precedentes previstos no art. 927 e no art. 332, não confundidos com súmula vinculante e julgamento de casos repetitivos.

A imposição de uma leitura sistemática dos artigos 332, 927 e 311, II, configura o asseguramento da ordem democrática do direito no Brasil e o aproveitamento justo no processo, atendendo-se à segurança jurídica e aos precedentes de nossas Cortes. Tal orientação se justifica, vez que o art. 927 preconiza que os juízes e tribunais, por exemplo, deverão acatar os enunciados de súmulas, isto é, os tribunais se encontram vinculados, o que configura um dever.

Igualmente, o art. 927 atribui idêntica autoridade para súmulas do STJ em matéria infraconstitucional, súmulas vinculantes, acórdãos proferidos em resolução de demandas repetitivas e em julgamento de recursos extraordinários e especiais repetitivos.

Arrola-se, também, o art. 332, cujo objetivo é a racionalização do julgamento dos processos com a validação de sentença de improcedência liminar quando a petição inicial se opuser a pronunciamentos tipificados em súmulas e precedentes qualificados, prescindindo-se de instrução probatória em razão do reconhecimento de consagração de tese contrária, com base nos art. 332 e 927, do CPC.

Se o art. 311, II, traz inovação no que concerne à sumarização do procedimento e torna célere o processo, comprovando a necessidade de a aplicação dos precedentes se lastrear em casos repetitivos ou súmula vinculante, a orientação do mencionado artigo é a de que tal inovação também esteja encampada nas hipóteses dos artigos 927 e 332, recorrendo-se com frequência ao antecedente, com razão de se decidir, e arrolando-se as decisões que devem ser observadas por juízes e tribunais.

CONCLUSÃO

No que concerne à temática da tutela provisória de evidência, o Código de Processo Civil de 2015, como esperado, inovou significativamente o ordenamento jurídico brasileiro, acompanhando o que há de mais célere e inovador. O objetivo do dispositivo do art. 311 é, especialmente, dispor a tutela provisória de mais celeridade e eficiência, o que, nas origens do CPC de 1973, já era cultuado e empregado, porém com muita insegurança jurídica.

Atualmente, o que se apregoa, na tutela provisória, especialmente na tutela de evidência, é que esta seja aplicada com reflexão e orientação na aplicação da lei, levando os operadores do direito a caminhos até então inimaginados ou não explorados. O momento, então, é de se pôr em prática as ideias de efetividade, celeridade e isonomia processual, com o máximo de segurança jurídica.

Nesse sentido, não é possível se contestar que o direito evidente – aquele em que a tese jurídica defendida se encontra em conformidade com a orientação pacificada dos Tribunais Superiores – deva atender a um processo em cognição plena a fim de se assegurar um direito que já resta pacificado. Nesse intervalo, reitera-se que o rol do art. 311, do CPC, é meramente exemplificativo.

A hipótese prevista no inciso II, do art. 311, do CPC, trata do deferimento da tutela de evidência no momento em que ocorrem a comprovação somente documental do direito e a existência de tese firmada em julgamento de casos repetitivos ou em súmula vinculante. Nesse contexto, infere-se que, havendo precedente vinculante, torna--se irrelevante qualquer prova. Em cenário oposto, qual seria a força vinculante dos precedentes?

Há o entendimento de que, para além dos precedentes do Superior Tribunal de Justiça e do Supremo Tribunal Federal, existe jurisprudência uniformizadora dos Tribunais de Justiça ou dos Tribunais Regionais Federais.

Isso em razão de que, na interpretação restritiva do inciso II, do art. 311, ocorre a discussão acerca da possibilidade ou não de os precedentes firmados por tais tribunais advirem de recursos repetitivos, da mesma forma como a jurisprudência uniformizadora pode ou não ter origem em incidente de resolução de demandas repetitivas – nada impede, por exemplo, que derive de incidente de assunção de competência.

Por meio de uma interpretação mais ampla, propõe-se, com vista ao fomento do princípio da motivação do juiz, quando da análise e deferimento, que, no pedido, encontre-se referência ao caso paradigma, consoante o disposto no art. 927.

Os critérios legais das origens do sistema de precedentes, em razão de não serem comandos legais, esquivam-se das práticas jurisdicionais marcadas por pseudofundamentações, as quais denotam o arbítrio estatal e o juiz cuja bússola se norteia sob o império da *civil law*. Constatou-se que tal sistema, mesmo que visto como um modo de gestão do judiciário enaltece o compromisso de promoção do bem-estar de todos, em todas as idades, o fomento à inovação e estruturas resilientes, a exemplo de um juízo 100% digital, como é o caso no Judiciário brasileiro.

Defende-se que o sistema de precedentes, como um todo, conforme elenca o art. 927 do CPC para uma análise extensiva de sua interpretação no inciso II do art. 311, o direito da parte vai além de uma preocupação na gestão processual, sendo que a interpretação no *civil law*, destaque em transparência, previsibilidade e razoável duração aos processos, ao mesmo tempo em que confere mais racionalidade e isonomia ao sistema processual, com a inibição de decisões múltiplas sobre a mesma temática.

Assim, a técnica de uniformização de entendimentos materializados por meio dos precedentes judiciais é mais uma ferramenta que o Judiciário possui em mãos, para que oferte ao jurisdicionado uma tutela efetiva e coerente.

Para corroborar a premissa constitucional do Estado democrático de direito, a intenção da ampla análise do art. 311, com relação ao emprego de todos os precedentes, é propalar a ideia de segurança jurídica e inibir que a lei seja interpretada de diversas maneiras e o óbvio: disponibilizando-se soluções idênticas para casos idênticos e decisões semelhantes para demandas com idêntico fundamento jurídico, impedindo-se, assim, o emprego em demasia de recursos e a ampliação da quantidade de demandas.

Considerando que os padrões decisórios não são imutáveis, o código previu os casos de superação e distinção dos precedentes, para que acompanhe o desenvolvimento social, como forma de afastar quaisquer arbitrariedades, entretanto consignou que as mudanças ocorram com o mesmo cuidado de quando foram originalmente formados.

Não se constata qualquer plausibilidade na imposição, àquele sujeito processual que tem prova documental suficiente e tese a seu favor adotada em precedente obrigatório, o fardo de suportar o tempo do processo sem gozar da tutela de seu direito, enquanto a parte adversa é tutelada pela manutenção do *statu quo ante*, embora face à imensa possibilidade de encontrar-se em situação de ilicitude. Por esses motivos, a interpretação do art. 311 deve favorecer a compreensão do NCPC em sua inteireza.

A pesquisa demonstrou que a releitura para o art. 311, II, dos precedentes elencados no art. 927 e das situações previstas no art. 332; com definição e diferenciação com as medidas de urgência, hipóteses, com especial destaque para o inciso II do art. 311 e análise do art. 332, com paralelo em relação ao art. 285-a, do CPC de 1973, com definição e explicação da hipótese de precedentes com enquadramento do art. 927, firmado pela demonstração da força vinculante dos seus incisos, é prova de que em virtude da clareza dos artigos 927 e 332, não há como o art. 311, II, ser lido restritivamente.

As contribuições do sistema de precedentes encontra sintonia com a tutela de evidência, consoante o CPC de 2015, isso porque essa tutela significou um grande avanço na busca pela efetividade da tutela jurisdicional, visando à minimização dos efeitos do tempo e revelando-se um meio real de se assegurar um processo mais célere, justo e cooperativo, destinando-se a ser um método de coibição das defesas abusivas, não sérias e opostas a precedentes, amparado e comprovado por tese firmada em julgado de casos repetitivos ou súmula vinculante. Por isso é necessária uma releitura do art. 311, II, com a totalidade dos precedentes enumerados no art. 927, assim como a aplicação destes à tutela de evidência, com esteio também no art. 332 (tese requerida em evidência não lastreada em precedente deve ser liminarmente improcedente).

Isso cimenta a própria credibilidade do Poder Judiciário, senão foi a prestação rápida e justa das decisões judiciais o papel da reforma legislativa que justificou o Código de Processo Civil de 2015. Por todo o exposto, verifica-se que há plausibilidade e argumentação jurídica debatida nesta tese para uma alteração na legislação processual civil brasileira, para a seguinte construção textual: "a tutela da evidência será concedida, independentemente da demonstração de perigo da demora da prestação da tutela jurisdicional, quando as alegações de fato puderem ser comprovadas apenas documentalmente e houver tese firmada em precedente obrigatório, nos moldes do art. 332 e 927 do CPC/2015", como proposta para uma nova redação do art. 311, II, do CPC/2015.

REFERÊNCIAS

ABBOUD, Georges. *Comentários ao Código de Processo Civil*. São Paulo: Saraiva, 2016.

ABDO, Helena. *O abuso do processo*. São Paulo: Revista dos Tribunais, 2007.

ABREU, Pedro Manoel. *Processo e democracia*: o processo jurisdicional como um *locus* da democracia participativa e da cidadania inclusiva no Estado democrático de direito. São Paulo: Conceito Editorial, 2011.

ACÓRDÃO 1257074, 07246729820198070000, Relator: SANDRA REVES, 2ª Turma Cível, data de julgamento: 17/6/2020, publicado no DJE: 1/7/2020.

AGUIAR JÚNIOR, Ruy Rosado de. O Poder Judiciário e a concretização das cláusulas gerais: limites e responsabilidade. *Revista da Faculdade de Direito da UFRGS*, Porto Alegre, v. 18, p. 226-247, 2000.

ALEXY, Robert. *Teoria dos direitos fundamentais*. Tradução de Virgílio Afonso da Silva. 2. ed. São Paulo: Malheiros, 2011.

ALVIM, José Eduardo Carreira. *Elementos de teoria geral do processo*. 7. ed. Rio de Janeiro: Forense, 1999.

ALVIM, José Manuel Arruda. *Manual de Direito Processual Civil*. 11. ed. São Paulo: Revista dos Tribunais, 2007.

AMARAL, Guilherme Rizzo. Verdade, justiça e dignidade da legislação: breve ensaio sobre efetividade do processo, inspirado no pensamento de John Rawls e de Jeremy Waldron. *In*: KNIJNIK, Danilo (coord). *Prova Judiciária*: estudos sobre o novo direito probatório. Porto Alegre: Livraria do Advogado, 2007.

ARENHART, Sérgio Cruz. As medidas regulatórias do art. 888 do CPC. *In*: ARMELIN, Donaldo (coordenador). *Tutelas de urgência e cautelares*: estudos em homenagem a Ovídio Baptista da Silva. São Paulo: Saraiva, 2010. p. 1015-1028.

ARMELIN, Donaldo. Tutela jurisdicional diferenciada. *Revista de Processo*, São Paulo: Revista dos Tribunais, n. 65, p. 45-55, 1992.

ASSIS, Araken de. *Doutrina e prática do processo civil contemporâneo*. São Paulo: Revista dos Tribunais, 2001.

ATAÍDE JÚNIOR, Jaldemiro Rodrigues de. *Precedentes vinculantes e irretroatividade do direito no sistema processual brasileiro*: os precedentes dos tribunais superiores e sua eficácia temporal. Imprenta. Curitiba: Juruá, 2012.

ÁVILA, Humberto. *Teoria dos princípios*: da definição à aplicação dos princípios jurídicos. 6. ed. São Paulo: Malheiros, 2006.

ÁVILA, Humberto. *Teoria da segurança jurídica*. 4. ed. rev. atual. e ampl. São Paulo: Malheiros, 2016.

BADARÓ, Gustavo Henrique. *Processo Penal*. 4. ed. São Paulo: Thomson Reuters Revista dos Tribunais, 2016.

BANKOWSKI, Zenon; MacCORMICK, Neil; MARSHALL, Geoffrey. Precedent in the United Kingdom. *In*: MacCORMICK, Neil; SUMMERS, Roberts (org.). *Interpreting Precedents*: a Comparative Study. Vermont: Ashgate Publishing Company, 1997. p. 338-402.

BAPTISTA DA SILVA, Ovídio A. O contraditório nas ações sumárias. *In*: BAPTISTA DA SILVA, Ovídio A. *Da sentença liminar à nulidade da sentença*. Rio de Janeiro: Forense, 2001.

BAPTISTA DA SILVA, Ovídio A. *Processo e ideologia*: o paradigma racionalista. Imprenta. Rio de Janeiro: Forense, 2004.

BARBOSA MOREIRA, José Carlos. *Temas de direito processual*: quinta série. São Paulo: Saraiva, 1994.

BARRAL, Weber. A arbitragem e seus mitos (resposta ao juiz Silva Salvador). *Revista da Escola Paulista da Magistratura*, São Paulo, ano 2, n. 5, p. 143-155, jul./dez. 1988.

BARROS, Lucas Buril de Macêdo. *Os precedentes judiciais no ordenamento jurídico brasileiro*. 2014. 361 f. Dissertação (Mestrado em Direito) – Universidade Federal de Pernambuco, Recife, 2014.

BARROS, Romeu Pires de Campos. Do processo cautelar no Código de Processo Civil de 1973. *Revista de Processo*, São Paulo, v. 1, p. 137-144, jan./mar. 1976.

BARROSO, Luis Roberto. *Constituição da República Federativa do Brasil Anotada*. São Paulo: Saraiva, 1998.

BASTOS, Antonio Adonias Aguiar. Situações jurídicas homogêneas: um conceito necessário para o processamento das demandas de massa. *Revista de Processo*, São Paulo, ano 35, n.186, p. 95-111, ago. 2010.

BASTOS, Celso Ribeiro. *Curso de Direito Constitucional*. São Paulo: Celso Bastos Editor, 2002.

BASTOS, Celso Ribeiro; MARTINS, Ives Gandra. *Comentários à Constituição do Brasil*. São Paulo: Saraiva, 1989. v. 2.

BAUERMANN, Desirê. Medidas antecipadas, medidas cautelares e fungibilidade. *Revista de Processo*, São Paulo, v. 177, p. 54-72, nov. 2009.

BAUM, Lawrence. *A Suprema Corte Americana*: uma análise da mais notória e respeitada instituição judiciária do mundo contemporâneo. Rio de Janeiro: Forense, 1987.

BAUR, Fritz. *Tutela jurídica mediante medidas cautelares*. Tradução de Armindo Edgard Laux. Porto Alegre: Sérgio Antonio Fabris Editor, 1985

BEDAQUE, José Roberto dos Santos. *Tutela cautelar e tutela antecipada*: tutelas sumárias e de urgência. 3. ed. São Paulo: Malheiros, 2003.

REFERÊNCIAS | 257

BEDAQUE, José Roberto dos Santos. *Efetividade do processo e técnica processual*. 2. ed. São Paulo: Malheiros, 2007.

BENETI, Sidnei Agostinho. Assunção de competência e fast-track recursal. *Revista de Processo*, São Paulo, v. 34, n. 171, p. 9-23, maio 2009.

BOBBIO, Norberto. *Teoria da norma jurídica*. Tradução de Fernando Pavan Baptista e Ariani Bueno Sudatti. 2. ed. rev. São Paulo: Edipro, 2003.

BODART, Bruno da Rós. *Tutela de evidência: teoria da cognição, análise econômica do direito processual e comentários sobre o novo CPC*. 2. ed. rev. atual. e ampl. São Paulo: Revista dos Tribunais, 2015.

BONATO, Giovanni. *Tutela anticipatoria di urgenza e sua stabilizzazione nel nuovo c.p.c. brasiliano*: comparazione con il sistema francese e con quello italiano, 2015. Disponível em: https://www.academia.edu/26925789/G._Bonato_tutela_de_urgencia _no_novo_c.p.c.. pdf. Acesso em: 19 jun. 2021.

BONATO, Giovanni; QUEIROZ, Pedro Gomes de. Os *référés* no ordenamento francês. *Revista de Processo*, São Paulo, v. 255, p. 527-566, maio, 2016.

BONAVIDES, Paulo. *Curso de direito constitucional*. 13. ed. São Paulo: Malheiros, 2003.

BONFIM, Edilson Mougenout. *Curso de Processo Penal*. 4. ed. São Paulo: Saraiva, 2009.

BOURDIEU, Pierre. *Sobre o Estado*. São Paulo: Companhia das Letras, 2014.

BRASIL. Constituição de 1891. Disponível em: https://www2.camara.leg.br/legin/fed/consti/1824-1899/constituicao-35081-24-fevereiro-1891-532699-publicacaooriginal-15017-pl.html. Acesso em: 27 set. 2020.

BRASIL. Lei nº 5.869, de 11 de janeiro de 1973. Disponível em: http://www.planalto.gov.br/ ccivil_03/leis/l5869.htm. Acesso em 10 de nov. 2020.

BRASIL. *Constituição da República Federativa do Brasil*. Brasília, DF: Senado Federal, 2016. 496 p. Disponível em: https://www2.senado.leg.br/bdsf/bitstream/ handle/id/518231/ CF88_Livro_EC91_2016.pdf. Acesso em: 9 nov. 2020.

BRASIL. Supremo Tribunal Federal. HC 82959, Tribunal Pleno. Relator: Ministro Marco Aurélio. Brasília, DF, 23 de fevereiro de 2006, DJ 01-09-2006. Voto-vista do Ministro Gilmar Mendes. p. 80. Disponível em: http://www.stf.jus.br/portal/jurisprudencia/ pesquisarJurisprude ncia.asp/. Acesso em: 11 fev. 2020.

BRASIL. Congresso Nacional. Senado Federal. *Comissão de Juristas Responsável pela Elaboração de Anteprojeto de Código de Processo Civil*. Código de Processo Civil: anteprojeto. Brasília, DF: Senado Federal, Presidência, 2010.

BRASIL. Lei nº 13.105, de 16 de março de 2015. *Código de Processo Civil*. Brasília, DF: Diário Oficial da União, 17 mar. 2015. Disponível em: http://www.planalto.gov.br/ccivil_03/ _ato2015-2018/2015/lei/l13105.htm. Acesso em: 27 set. 2020.

BRASIL. Supremo Tribunal Federal. RE 651.703 ED, Tribunal Pleno. Relator: Ministro Luiz Fux, DF, j. 28-2-2019, P, DJE de 7-5-2019. Disponível em: http://www.stf.jus.br/portal/ jurisprudencia/pesquisarJurisprude ncia.asp/. Acesso em: 11 fev. 2021.

BRASIL. Tribunal de Justiça do Estado do Rio de Janeiro, Processo nº 0007984-07.2003.8.19.0202 – Recurso de Apelação; DES. Marcelo Lima Buhatem – Julgamento: 02/08/2011 – Quarta Câmara Cível; Processual Civil – Apelação Cível – Ação ordinária.

BRASIL. Superior Tribunal de Justiça (1ª Turma). Agravo Interno em Agravo em Recurso Especial n° 300743/SP. Ministro Relator Napoleão Nunes Maia Filho. J. em 25/03/2019.

BRASIL. Tribunal de Justiça de São Paulo (36ª Câmara de Direito Privado). Agravo de Instrumento nº 2279480-48.2019.8.26.0000. Desembargador Relator Milton Carvalho. J. em 16/03/2020.

BRASIL. Supremo Tribunal Federal. *Precedentes qualificados*: bibliografia, legislação e jurisprudência temática. Brasília, DF: STF; Secretaria de Altos Estudos, Pesquisas e Gestão da Informação, 2021. Disponível em: http://www.stf.jus.br/arquivo/cms/. Acesso em: 3 out. 2021.

BUENO, Cássio Scarpinella. *Manual de direito processual civil*. São Paulo: Saraiva, 2014.

BUENO, Cássio Scarpinella. *Novo código de processo civil anotado*. São Paulo: Saraiva, 2015.

BUENO, Cássio Scarpinella. *Curso sistematizado de direito processual civil*: teoria geral do direito processual civil: parte geral do código de processo civil. 9. ed. São Paulo: Saraiva Educação, 2018.

BUSTAMANTE, Thomas da Rosa de. *Teoria do precedente judicial*: a justificação e a aplicação das regras jurisprudenciais. São Paulo: Noeses, 2012.

CABRAL, Antonio do Passo. *Coisa julgada e preclusões dinâmicas*: entre continuidade, mudança e transição de posições processuais estáveis. Salvador: Jus Podivm, 2013a.

CABRAL, Antonio do Passo. A técnica do julgamento – alerta na mudança da jurisprudência consolidada. *Revista de Processo*, São Paulo, ano 38, v. 221, p. 25-750, jul. 2013b.

CABRAL, Antonio do Passo; CRAMER, Ronaldo (coord.). *Comentários ao novo Código de Processo civil*. Rio de Janeiro: Forense, 2015.

CADIET, Loïc. *Perspectivas sobre o sistema da justiça civil francesa*: seis lições brasileiras. Loïc; tradutores Daniel Mitidiero [et al.]. Imprenta. São Paulo: Revista dos Tribunais, 2017.

CALAMANDREI, Piero. *Introduzione allo studio sistematico dei provvedimenti cautelari*. Imprenta. Padova: Cedam, 1936.

CALAMANDREI, Piero. *Verità e verosimiglianza nel processo civile*. Rivista di Diritto Processuale, Padova: Cedam, 1955.

CALAMANDREI, Piero. *Proceso y Democracia*. Buenos Aires: Ediciones Jurídicas EuropaAmerica, 1960

CALAMANDREI, Piero. *Introduccion al estudio sistematico de las providencias cautelares*. Tradución de Marino Ayerra Merín. Buenos Aires: Libreria El Foro, 1996.

CALAMANDREI, Piero. *Introdução ao estudo sistemático dos procedimentos cautelares*. Campinas: Servanda, 2000.

CALMON DE PASSOS, José Joaquim. *Comentários ao Código de Processo Civil*. São Paulo: Revista dos Tribunais, 1984. v. 10, Tomo 1.

CALMON DE PASSOS, José Joaquim. A formação do convencimento do magistrado e a garantia constitucional da fundamentação das decisões. *In*: CALMON DE PASSOS, José Joaquim. *Ensaios e artigos*. Salvador: Juspodivm, 2016. v. 2.

CAMARGO, Luiz Henrique Volpe. A força dos precedentes no moderno processo civil brasileiro. *In*: WAMBIER, Teresa Arruda Alvim (coord.). *Direito jurisprudencial*. São Paulo: Revista dos Tribunais, 2012.

CAMBI, Eduardo. *Neoconstitucionalismo e neoprocessualismo*. São Paulo: Revista dos Tribunais, 2006.

CAMBI, Eduardo. *Curso de direito probatório*. Curitiba: Juruá, 2014a.

CAMBI, Eduardo; HELLMAN, Renê Francisco. *Jurisprudência*: A independência do juiz frente aos precedentes judiciais como obstáculo à igualdade e à segurança jurídicas. RePro 231/349 e ss. São Paulo: Revista dos Tribunais, 2014b.

CAMBI, Eduardo; HELLMAN, Renê Francisco. Precedentes e dever de motivação das decisões judiciais no novo Código de Processo Civil. *Revista de Processo*, São Paulo, v. 40, n. 241, p. 413-438, mar. 2015.

CANOTILHO, José Joaquim Gomes. *Direito Constitucional*. Imprenta. Coimbra: Almedina, 1995.

CANOTILHO, José Joaquim Gomes. *Direito Constitucional e Teoria da Constituição*. 7. ed. 9. reimp. Coimbra: Almedina, 2003.

CAPPELLETTI, Mauro. *Processo e Ideologie*. Bologna: Il Molino, 1969.

CAPPELLETTI, Mauro. O acesso à justiça e a função do jurista em nossa época. *Revista de Processo*, n. 61, p. 144-160, 1991.

CAPPELLETTI, Mauro. *Juízes legisladores?* Tradução de Carlos Álvaro de Oliveira. Imprenta. Porto Alegre: S.A. Fabris, 1999.

CAPPELLETTI, Mauro. *Processo, ideologias e sociedade*. Tradução e niotas elicio de Cresci Sobrinho. Porto Alegre: Sergio Antonio Fabris Editor, 2008.

CAPPELLETTI, Mauro; GARTH, Bryant. *Acesso à Justiça*. Porto Alegre: Sergio Antônio Fabris, 1988.

CARNEIRO, Athos Gusmão. Tutelas de urgência. Medidas antecipatórias e cautelares: esboço de reformulação legislativa. Revista de Processo, Rio de Janeiro, n. 140, p.72-85, out. 2006.

CARNELUTTI, Francesco. *Sistema di diritto processuale civile*. Padova: Cedam, 1936.

CARNELUTTI, Francesco. *Instituições do processo civil*. Campinas: Servanda, 1999.

CARNELUTTI, Francesco. *Sistema de direito processual civil*. Imprenta. Tradução de Hiltomar Martins Oliveira. São Paulo: Classic Book, 2000.

CARPI, Federico. *La provvisoria esecutorietà della sentenza*. Milano: Dott. A. Giuffrè Editore, 1979.

CASTRO, Daniel Penteado de. *Antecipação de tutela sem o requisito da urgência*: panorama geral e perspectivas no novo Código de Processo Civil. Salvador: JusPodivm, 2017.

CHAINAIS, Cécile. *La protection juridictionnelle provisoire dans le procès civil en droits français et italien*. Paris: Dalloz, 2007.

CHIARLONI, Sergio. Funzione nomofilattica e valore del precedente. *In*: ARRUDA, Alvim Wambier Teresa (coord.). *Direito jurisprudencial*. São Paulo: Revista dos Tribunais, 2012. p. 228-372.

CHIOVENDA, Giuseppe. *Instituciones de derecho procesal civil*; traduccion del italiano y notas de derecho espanol por E. Gomez Orbaneja. Imprenta. Madrid: Revista de Derecho Privado, 1940.

CHIOVENDA, Giuseppe. *Istituzioni di diritto processuale civile*. Napoli: Casa Editrice Dott. Eugenio Jovene, 1957.

CHIOVENDA, Giuseppe. *Instituições de Direito Processual Civil*. Tradução da 2. ed. italiana por J. Guimarães Menegale; acompanhada de notas por Enrico Tullio Liebman; com uma introdução do prof. Alfredo Buzaid. Imprenta. São Paulo: Saraiva, 1965.

CHUSYD, Hugo. Divórcio impositivo: O divórcio do amanhã. *Migalhas*, 2 out. 2020. Disponível em: http:// https://www.migalhas.com.br/depeso/334246/divorcio-impositivo-
-o-divorcio-do-amanhã. Acesso em: 23 mar. 2021.

CINTRA, Antonio Carlos de Araujo. *Comentários ao código de processo civil*: v. 4: arts. 332 a 475. Imprenta. Rio de Janeiro: Forense, 2001.

CINTRA, Antônio Carlos de Araújo; GRINOVER, Ada Pellegrini; DINAMARCO, Cândido Rangel. *Teoria geral do processo*. 30. ed. São Paulo: Malheiros, 2014.

CNJ. Conselho Nacional de Justiça. *Justiça em números 2021* / Conselho Nacional de Justiça. – Brasília: CNJ, 2021. Anual. 340 p: il. color. ISBN: 978-65-5972-493-2 1. Poder Judiciário – Estatística 2. Administração pública – Estatística 3. Administração da Justiça, Brasil I. Título II. Série, p. 289-290. Disponível em: https://www.cnj.jus.br/pesquisas-judiciarias/
justica-em-numeros/. Acesso em 02/10/2021.

COELHO NUNES, Dierle José. *Processo jurisdicional democrático*: uma análise crítica das reformas processuais. Curitiba: Juruá, 2012.

COLE, Charles D. Precedente judicial: a experiência americana. *Revista de Processo*, São Paulo, n. 92, p. 71-86, out. 1998.

COMOGLIO, Luigi Paolo. I provvedimenti anticipatori. *In*: TARUFFO, Michelle. *A cura di*: Le riforme della giustizia civile. Torino: Utet, 1993.

CONTE, Francesco. Sobre a motivação da sentença no processo civil: estado constitucional democrático de direito, discurso justificativo e legitimação do exercício da jurisdição. Rio de Janeiro: Gramma, 2016.

COSTA, Eduardo José Fonseca. Art. 300. *In*: STRECK, Lênio Luiz; NUNES, Dierle; CUNHA, Leonardo (org.). *Comentários ao Código de Processo Civil*. São Paulo: Saraiva, 2016.

REFERÊNCIAS | 261

COSTA, Judith Martins. *A boa-fé no direito privado*: critérios para a sua aplicação. 2. ed. São Paulo: Saraiva Educação, 2018.

COSTA, Marília Siqueira da. *Convenções processuais sobre intervenção de terceiros*. Salvador: JusPodivm, 2013.

CRETELLA JÚNIOR, José. *Elementos de Direito Constitucional*. 4. ed. São Paulo: Revista dos Tribunais, 2000. Enciclopédia Saraiva do Direito, v. 6.

CROSS, Rupert; HARRIS, J. W. *Precedent in English Law*. 4. ed. Oxford: Clarendon Press, 2004.

CUNHA, Alcides Alberto Munhoz da. *Comentários ao código de processo civil*: do processo cautelar, arts. 796 a 812. São Paulo: Revista dos Tribunais, 2016.

DELFINO, Lúcio. Breves reflexões sobre a fungibilidade das tutelas de urgência e seu alcance de incidência. *Revista de Processo*, São Paulo: Revista dos Tribunais, 2005.

DIDIER JÚNIOR, Fredie; BRAGA, Paula Sarno; OLIVEIRA, Rafael Alexandria de. *Curso de Direito Processual Civil*. 8. ed. rev., ampl. e atual. Salvador: Jus Podivm, 2013. v. 2.

DIDIER JÚNIOR, Fredie; BRAGA, Paula Sarno; OLIVEIRA, Rafael Alexandria de. *Curso de direito processual civil*: teoria da prova, direito probatório, ações probatórias, decisão, precedentes, coisa julgada e antecipação dos efeitos da tutela. 11. ed. Salvador: Ed. Jus Podivm, 2016.

DIDIER JÚNIOR, Fredie; CUNHA, Leonardo da. *Curso de direito processual civil*. 14. ed. Salvador: Jus Podivm, 2017. v. 3.

DINAMARCO, Cândido Rangel. *A reforma do código de processo civil*. 3. ed. rev. ampl. e atual. São Paulo: Malheiros Editores, 1996.

DINAMARCO, Cândido Rangel. *Nova era do processo civil*. 2. ed. São Paulo: Malheiros, 2007.

DINAMARCO, Cândido Rangel. *Vocabulário do processo civil*. São Paulo: Malheiros, 2009.

DOTTI, Rogéria Fagundes. *Tutela da evidência*: prova do direito, fragilidade da defesa e o dever de antecipar a tempo. 2019. 359 f. Tese (Doutorado em Direito) – Universidade Federal do Paraná, Curitiba, 2019.

DUXBURY, Neil. The nature and authority of precedent. Cambridge: Cambridge University Press, 2008.EISENBERG, Melvin Aron. *The nature of the Common Law*. London: Harvard University Press, 1991.

ENUNCIADO 48 do Conselho de Justiça Federal, da I Jornada de Direito Processual Civil de 2017. Disponível em: https://www.cjf.jus.br/cjf/corregedoria-da-justica-federal/centro-de-estudos-judiciarios-1/publicacoes-1/i-jornada-de-direito-processual-civil. Acesso em: 22 abr. 2021.

ENUNCIADOS 30 e 31, Escola Nacional de Formação e Aperfeiçoamento de Magistrados – 2016 – ENFAM – Disponível em: https://www.tjdft.jus.br/consultas/jurisprudencia/jurisprude ncia-em-temas/novo-codigo-de-processo-civil/tutela-provisoria-da-evidencia.

FERRAZ JÚNIOR, Tercio Sampaio. Irretroatividade e jurisprudência judicial. *In*: CARRAZZA, Roque Antonio; NERI JÚNIOR, Nelson. *Efeito ex nunc e as decisões do STJ*. 2. ed. São Paulo: Manole, 2009.

FERREIRA FILHO, Manoel Gonçalves. *O poder constituinte*. 3. ed. rev. e ampl. São Paulo: Saraiva, 1999.

FICANHA, Gresiéle Taíse. Apontamentos sobre a estabilização da tutela antecipada no novo Código de Processo Civil. *In*: ZUFELATO, Camila; BONATO, Giovanni; SICA, Heitor Vitor Mendonça; CINTRA, Lia Carolina Batista. *I Colóquio Brasil-Itália de direito processual*. Salvador: Juspodivm, 2015.

FRANCO, Marcelo Veiga. A teoria dos precedentes judiciais no novo Código de Processo Civil. *In*: DIDIER JÚNIOR, Fredie et al. (Coord.). *Precedentes*. Salvador: Juspodivm, 2015.

FREITAS JÚNIOR, Horival Marques de. Breve análise sobre as recentes propostas de estabilização das medidas de urgência. *Revista de Processo*, São Paulo: Ed RT, v. 225, p. 179-219, nov. 2013.

FREITAS, Leonardo e Silva de Almendra. Desmistificando a modulação dos efeitos temporais das viradas jurisprudenciais (*prospective overruling*) no direito tributário: experiência jurisprudencial, aspectos processuais e um caso ideal para sua utilização ([i]legitimidade do contribuinte "de fato"). *Revista Dialética de Direito Tributário*, São Paulo, v. 189, p. 77-94, jun. 2011.

FURTADO, Paulo. Processo cautelar. *Ciência Jurídica*, Salvador, ano 1, v. 9, p. 132-145, set. 1987.

FUX, Luiz; NERY JÚNIOR, Nélson; WAMBIER,Teresa Arruda Alvim (Coords.). *Contraditório e abuso do direito de defesa na execução*. Processo e constituição. Estudos em homenagem ao Professor José Carlos Barbosa Moreira. São Paulo: Revista dos Tribunais, 2006.

GABBAY, Daniela Monteiro; CUNHA, Luciana Gross (org.). *Litigiosidade, morosidade e litigância repetitiva no Judiciário*: uma análise empírica, São Paulo: Saraiva, 2012.

GAJARDONI, Fernando da Fonseca. *Técnicas de aceleração do processo*: de acordo com as Leis nº 10.352/2001, 10.358/2001, 10.444/2002. Imprenta. São Paulo: Lemos & Cruz, 2003.

GONÇALVES, Denise Willhelm. Tutela antecipada e tutela cautelar. *Revista de Processo*, São Paulo, vol. 117, p. 161-175, set./out. 2004.

GOODHART, Arthur L. *Interpreting Precedents*: a Comparative Study. D Neil Maccormick, 1997.

GRECO, Leonardo. O acesso ao Direito e à Justiça. *In*: GRECO, Leonardo. *Estudos de Direito Processual*. Campos dos Goytacazes: Ed. da Faculdade de Direito de Campos, 2005.

GRINOVER, Ada Pellegrini. O princípio do juiz natural e sua dupla garantia. *Revista de Processo*, São Paulo: Revista dos Tribunais, n. 29, p. 11-33, jan./mar. 1983.

GRINOVER, Ada Pellegrini. Proposta de alteração do Código de Processo Civil: justi-ficativa. *Revista de Processo*, São Paulo, v. 86, p. 191-195, abr./jun. 1997.

REFERÊNCIAS | 263

GROTTI, Dinorá Adelaide Museetti. *Cadernos de Direito Constitucional e Ciência Política*, n.22, 1992.

GUASTINI, Riccardo. *Teoria e dogmatica delle fonti*. Milano: Giuffré Editore, 1998.

HAPNER, Carlos Eduardo Manfredini. Ação cautelar e seu uso contra atos do juiz. *Revista de Processo*, São Paulo, v. 70, p. 85-109, abr./jun. 1993.

HOFFMAN, Paulo. *Razoável duração do processo*. São Paulo: Quartier Latin, 2006.

JOBIM, Nelson. A Constituinte vista por dentro: vicissitudes, superação e efetividade de uma história real. *In*: SAMPAIO, José Adércio (Coord.). 15 anos de Constituição: história e vicissitudes. Belo Horizonte: Del Rey, 2004.

KOATZ, Rafael Lorenzo-Fernandez. A proibição do *non liquet* e o princípio da inafastabilidade do controle jurisdicional. *Revista de direito administrativo*: RDA, n. 270, p. 171-205, 2015.

LACERDA, Galeno. *Comentários ao Código de Processo Civil*. São Paulo: Revista dos Tribunais, 1961. v. 8, Tomo 1.

LACERDA, Galeno. Processo cautelar. *Revista de Processo*, São Paulo, v. 44, p. 186-194, out./dez. 1986.

LAMY, Eduardo de Avelar. *Flexibilização da tutela de urgência*. Imprenta. Curitiba: Juruá, 2007.

LANFRANCHI, Lucio. Profili sistematici dei procedimenti decisori sommari. *Rivista Trimestrale di Diritto e Procedura Civile*, Milano: Giuffrè, marzo 1987.

LEMOS, Vinícius Silva. O incidente de assunção de competência e sua modernização no novo Código de Processo Civil. *Revista Dialética de Direito Processual*, São Paulo, v. 152, p. 106-116, nov. 2015.

LIEBMAN, Enrico Tullio. *Eficácia e autoridade da sentença e outros escritos sobre a coisa julgada*. 2. ed. Rio de Janeiro: Forense, 1981.

LIMA, Tiago Asfor Rocha. *Precedentes judiciais civis no Brasil*. São Paulo: Saraiva, 2013.

LIPARI, Nicolò. Il diritto civile dalle fonti ai principi. *Rivista Trimestrale di Diritto e Procedura Civile*, Milano: Giuffrè, ano 72, n. 1, p. 33-34, mar. 2018.

LOPES, João Batista. *Tutela antecipada no processo civil brasileiro*. 2. ed. São Paulo: Saraiva, 2004.

LOPES, João Batista. Contraditório e abuso do direito de defesa na execução. *In*: FUX, Luiz; NERY JÚNIOR, Nélson; WAMBIER, Teresa Arruda Alvim (Coords.). *Contraditório e abuso do direito de defesa na execução*. Processo e constituição. Estudos em homenagem ao Professor José Carlos Barbosa Moreira. São Paulo: Revista dos Tribunais, 2006. p. 305.

LUGO, Andrea. *Manuale di diritto processuale civile*. Publicado por A. Giuffre, Milão, 1999.

MACEDO, Elaine Harzheim. Prestação jurisdicional em sede de tutela antecedente: procedimento, estabilização da decisão e decurso do prazo de 2 (dois) anos: um novo caso de perempção. *Revista de Processo*, São Paulo, v. 250, p. 350-285, dez. 2015.

MACHADO, Antônio Cláudio da Costa. *Tutela antecipada*. 2. ed. São Paulo: Oliveira Mendes, 1998.

MACHADO, Antônio Cláudio da Costa. *Código de Processo Civil Interpretado*. 5. ed. São Paulo: Manole, 2013.

MANCUSO, Rodolfo de Camargo. *Divergência jurisprudencial e súmula vinculante*. 4. ed. rev. atual. e ampl. São Paulo: Revista dos Tribunais, 2010.

MANZANO, Luís Fernando de Moraes. *Curso de processo penal*. Imprenta. São Paulo: Atlas, 2012.

MARINONI, Luiz Guilherme. *Efetividade do processo e tutela de urgência*. Porto Alegre: Sérgio Antonio Fabris Editor, 1994a.

MARINONI, Luiz Guilherme. *Tutela cautelar e tutela antecipatória*. São Paulo: Revista dos Tribunais, 1994b.

MARINONI, Luiz Guilherme. *Tutela antecipatória, julgamento antecipado e execução imediata da sentença*. São Paulo: Revista dos Tribunais, 1997.

MARINONI, Luiz Guilherme. *Tutela antecipatória, julgamento antecipado e execução imediata de sentença*. 4. ed. São Paulo: Revista dos Tribunais, 2000.

MARINONI, Luiz Guilherme. *Técnica processual e tutela dos direitos*. 2. ed. rev. e atual. São Paulo: Revista dos Tribunais, 2008.

MARINONI, Luiz Guilherme. *Teoria Geral do Processo*. 4 ed. Rev. e atual. 2010b.

MARINONI, Luiz Guilherme. *Precedentes obrigatórios*. 2. ed. rev. e atual. São Paulo: Revista dos Tribunais, 2011.

MARINONI, Luiz Guilherme. *O STJ enquanto corte de precedentes*: recompreensão do sistema processual da Corte Suprema. São Paulo: Revista dos Tribunais, 2013a.

MARINONI, Luiz Guilherme. *Teoria geral do processo*. Imprenta. São Paulo: Revista dos Tribunais, 2013b.

MARINONI, Luiz Guilherme. Incidente de resolução de demandas repetitivas e recursos repetitivos: entre precedente, coisa julgada sobre questão, direito subjetivo ao recurso especial e direito fundamental de participar. *Revista dos Tribunais*, São Paulo, v. 104, n. 962, p. 131-151, dez. 2015.

MARINONI, Luiz Guilherme. *Coisa julgada sobre questão*. São Paulo: Revista dos Tribunais, 2018a.

MARINONI, Luiz Guilherme. *Tutela de urgência e tutela de evidência*. 2. ed. rev. atual. e ampl. São Paulo: Revista dos Tribunais, 2018b.

MARINONI, Luiz Guilherme. *Precedentes obrigatórios*. 6. ed. 2. tiragem, rev. atual. e ampl. São Paulo: Revista dos Tribunais, 2020.

MARINONI, Luiz Guilherme; ARENHART, Sérgio Cruz; MITIDIERO, Daniel. *Novo Código de Processo Civil*. São Paulo: Revista dos Tribunais, 2015.

MARINONI, Luiz Guilherme, ARENHART, Sérgio Cruz, MITIDIERO, Daniel. *Novo Código de processo civil comentado*. Imprenta. São Paulo: Revista dos Tribunais, 2016.

MARINONI, Luiz Guilherme; ARENHART, Sérgio Cruz, MITIDIERO, Daniel. *Curso de Processo Civil*: teoria do processo civil. São Paulo: Revista dos Tribunais, 2019.

MARINONI, Luiz Guilherme; MITIDIERO, Daniel. *Código de processo civil comentado artigo por artigo*. São Paulo: Revista dos Tribunais, 2008.

MARINONI, Luiz Guilherme; MITIDIERO, Daniel. *O projeto do CPC*: críticas e propostas. São Paulo: Revista dos Tribunais, 2010.

MARTINS-COSTA, Judith. *A boa-fé no direito privado*: critérios para a sua aplicação. 2. ed. São Paulo: Saraiva Educação, 2018.

MEDEIROS NETO, Elias Marques de; CONCI, Luiz Guilherme Arcaro. A valorização dos precedentes judiciais e a tutela provisória de evidência no Código de Processo Civil. *In*: BUENO, Cassio Scarpinella et al. *Tutela Provisória no CPC*: dos 20 anos de vigência do art.; 273 do CPC/1973 ao CPC/2015. 2. ed. São Paulo: Saraiva, 2018.

MEDEIROS NETO, Elias Marques de; GERMINAR, Jefferson Patrik. O princípio da dignidade da pessoa humana nas relações jurídicas regidas pela lei 13.105/2015. *Revista da EMERJ*, Rio de Janeiro, v. 21, n. 2, p. 62-98, 2020. Disponível em: https://www.e-publicaco es.uerj.br/index.php/redp. Acesso em: 3 jun. 2020.

MEDINA, José Miguel Garcia. *Novo Código de Processo Civil* comentado. São Paulo: Revista dos Tribunais, 2015.

MEDINA, José Miguel Garcia. *Curso de direito processual civil moderno*. 4. ed. São Paulo: Revista dos Tribunais, 2018.

MEIRELLES, Hely Lopes. *Direito Administrativo brasileiro*. 31. ed. São Paulo: Malheiros, 2005.

MELLO, Patrícia Perrone Campos. *Precedentes*: O desenvolvimento judicial do direito no constitucionalismo contemporâneo. Rio de Janeiro: Renovar, 2008.

MENDES, Bruno Cavalcanti Angelin. *Precedentes judiciais vinculantes*: a eficácia dos motivos determinantes da decisão na cultura jurídica. Curitiba: Juruá, 2014.

MENDES, Gilmar Ferreira. *Curso de Direito Constitucional*. 4. ed. São Paulo: Saraiva, 2009.

MENDES, Gilmar; COELHO, Inocêncio Mártires; BRANCO, Paulo Gustavo Gonet Branco. *Curso de direito constitucional*. 4 ed. São Paulo: Saraiva, 2008.

MIGLIAVACCA, Luciano de Araújo. *O direito fundamental à razoável duração do processo e a sua concretização pela proatividade judicial em busca da efetividade da prestação jurisdicional*. 2012. 212 f. Dissertação (Mestrado em Direito) – Universidade de Santa Cruz do Sul, Santa Cruz do Sul, 2012.

MIRANDA, Pedro de Oliveira (Coord.). *Impactos do novo CPC na advocacia*. Florianópolis: Conceito Editorial, 2015.

MITIDIERO, Daniel. Tutela antecipatória e defesa inconsistente: *In*: ARMELIM, Donaldo (coord.). *Tutelas de urgência e cautelares*. São Paulo: Saraiva, 2010.

MITIDIERO, Daniel. *Antecipação da tutela*: da tutela cautelar à técnica antecipatória. Ed. rev. atual. e ampl. São Paulo: Revista dos Tribunais, 2013.

MITIDIERO, Daniel. Da tutela provisória. *In*: WAMBIER, Teresa Arruda Alvim et al. (coord.). *Breves comentários ao novo código de processo civil*. São Paulo: Revista dos Tribunais, 2015a.

MITIDIERO, Daniel. *Colaboração no processo civil*: pressupostos sociais, lógicos e éticos. 3. ed. rev., atual. e ampl. de acordo com o novo código de processo civil. São Paulo: Revista dos Tribunais, 2015b.

MITIDIERO, Daniel. *Antecipação da tutela*: da tutela cautelar à técnica antecipatória. 3. ed. rev. atual. e ampl. São Paulo: Revista dos Tribunais, 2017.

MITIDIERO, Daniel. *Precedentes*: da persuasão à vinculação. Imprenta. São Paulo: Revista dos Tribunais, 2018.

MONNERAT, Fábio Victor da Fonte. Primeiras aplicações do artigo 285-A do CPC. Publicado na REPRO 157/227. *Revista de Processo*, São Paulo, v. 157, p. 227-238, mar. 2008. Disponível em: http://www.revistasrtonline.com.br/portalrt/template.htm?view=main. Acesso em: 16 jun. 2021.

MONNERAT, Fábio Victor da Fonte. *Súmulas e precedentes qualificados*: técnicas de formação e aplicação. São Paulo: Saraiva Educação, 2019.

MONTENEGRO FILHO, Misael. *Manual da advocacia cível*: com notas relativas ao novo CPC. Imprenta. São Paulo: Atlas, 2015.

MORAES, Alexandre de. *Direito Constitucional*. 13. ed. São Paulo: Atlas, 2003.

MORAES, Alexandre de. *Direito constitucional*. 24. ed. São Paulo: Atlas, 2009.

MOREIRA, José Carlos Barbosa. *Regras de experiência e conceitos jurídicos indeterminados*. São Paulo: Saraiva, 1980.

MOREIRA, José Carlos Barbosa. Breve notícia sobre a reforma do processo civil alemão. *Revista de Processo*, São Paulo, n. 111, 2003a.

MOREIRA, José Carlos Barbosa. Tutela de urgência e efetividade do direito. *Revista do Tribunal Regional do Trabalho da 15ª Região*, Campinas, n. 23, 2003b.

MOREIRA, José Carlos Barbosa. *Súmula, jurisprudência, precedente*: uma escalada e seus riscos. São Paulo: Saraiva, 2007 (Temas de Direito Processual Civil, 9ª série).

NERY JÚNIOR, Nelson. *Princípios do processo civil na Constituição Federal*. 4. ed. São Paulo: Revista dos Tribunais, 1997.

NERY JÚNIOR, Nelson. *Princípios do Processo Civil na Constituição Federal*. 7. ed. São Paulo: Revista dos Tribunais, 2002.

NERY JÚNIOR, Nelson. Contratos no Código Civil. *In*: FRANCIULLI NETTO, Domingos *et al.* (Coord.). *Estudos em homenagem ao Professor Miguel Reale*. São Paulo: LTR, 2003. p. 398-444.

NERY JÚNIOR, Nelson. *Princípios do Processo Civil na Constituição Federal*. 8. ed. São Paulo: Revista dos Tribunais, 2004.

NERY JÚNIOR, Nelson; NERY, Rosa Maria de Andrade. *Comentários ao código de processo civil*. São Paulo: Revista dos Tribunais, 2015.

NOGUEIRA, Gustavo Santana. *Stare Decisis et Non Quieta Movere*: a vinculação aos Precedentes no Direito Comparado e Brasileiro. Rio de Janeiro: Lumen Juris, 2011.

NORMAND, Jacques. Le traitement de l'urgence en droit processuel français: exception ou principe? *Studi di diritto processuale civile in onore di Giuseppe Tarzia*, Milão: Milano – Dott. A. Giuffré Editore, 2005. Tomo 2.

NUNES, Dierle; BAHIA, Alexandre. Jurisprudência instável e seus riscos: a aposta nos precedentes *vs.* uma compreensão constitucionalmente adequada do seu uso no Brasil. *In*: MENDES, Aluisio Gonçalves de Castro; MARINONI, Luiz Guilherme; WAMBIER, Teresa Arruda Alvim. *Direito Jurisprudencial*. São Paulo: Revista dos Tribunais, 2014. v. 2, p. 433-471.

OLIVEIRA, Bruno Silveira de. *Teoria e prática da tutela jurisdicional*. Rio de Janeiro: Forense, 2013.

OLIVEIRA, Carlos Alberto Álvaro de. A tutela cautelar antecipatória e os alimentos "*initio litis*". *Revista Forense*, São Paulo, v. 84, n. 303, p. 81-95, jul./set. 1988.

OLIVEIRA, Carlos Alberto Álvaro de. *Do Formalismo no Processo Civil*. São Paulo: Saraiva, 2009.

OLIVEIRA, Carlos Alberto Álvaro de; LACERDA, Galeno. *Comentários ao Código de Processo Civil*: lei nº 5.869, de 11 de janeiro de 1973, vol. VIII, tomo II, arts. 813 a 889. 2. ed. Rio de Janeiro: Forense, 1991.

OLIVEIRA, Pedro Miranda de. *Prerrogativas e Honorários Advocatícios*. São Paulo: Tirant Brasil, 2016.

ONODERA, Marcus Vinicius Kiyoshi. *Gerenciamento do processo e acesso à justiça*. Belo Horizonte: Del Rey, 2017.

ÖRÜCÜ, A Esin. *Methodology of comparative law*, 2006, ELECD 192; in Smits, M. Jan (ed), "Elgar Encyclopedia of Comparative Law" (Edward Elgar Publishing, 2006, p. 443).

OTEIZA, Eduardo. Abuso de los derechos procesales en America Latina. *In*: MOREIRA, José Carlos Barbosa; MÉDEZ, Francisco Ramos et al. *Abuso dos direitos processuais*. Rio de Janeiro: Forense, 2000.

PAIM, Gustavo Bohrer. *Estabilização da tutela antecipada*. Porto Alegre: Livraria do Advogado, 2012.

PAROSKI, Mauro Vasni. *Direitos fundamentais e acesso à justiça na Constituição*. São Paulo: LTr, 2008.

PECZENIK, Aleksander. *On Law and Reason*. Springer, 2009.

PENTEADO DE CASTRO, Daniel. *Antecipação de tutela sem o requisito da urgência*: panorama geral e perspectivas no novo Código de Processo Civil. Salvador: JusPodivm, 2017.

PERROT, Roger. *Les incidents de provision*: la Gazette du Palais, 1980. Tome 1, Doctrine, p. 314-322.

PICARDI, Nicola. *Jurisdição e processo*. Imprenta. Rio de Janeiro: Forense, 2008.

PISANI, Andrea Proto. Sulla tutela giurisdizionale differenziata. *Rivista di Diritto Processuale*, Padova: Cedam, n. 4, p. 568-577, Ottobre-Dicembre, 1979.

PISANI, Andrea Proto. Ancora sull'emergenza della giustizia civile. *Foro Italiano*, v. 5, c. 184, 1987a.

PISANI, Andrea Proto. Appunti sulla tutela cautelare nel processo civile. *Rivista di Diritto Civile*, Padova: Cedam, 1987b.

PISANI, Andrea Proto. Usi e abusi dela procedura camerale 'ex' art. 737 ss. C.P.C. (Appunti sulla tutela giurisdizionale dei diritti e sulla gestione di interessi devoluta al giudice). *Rivista di Diritto Civile*, I, p. 393-458, 1990.

PISANI, Andrea Proto. La tutela sommaria in generale e il procedimento per ingiunzione nell'ordinamento italiano. *Revista de Processo*, São Paulo, v. 90, p. 22-35, abr./jun. 1998.

PISANI, Andrea Proto. *Le tutele giurisdizionali dei diritti. Studi cit.* Napoli: Jovene Editore, 2000.

PISANI, Andrea Proto. *Revista da Escola da Magistratura do Rio de Janeiro*, Rio de Janeiro, n. 16, 2001.

PISANI, Andrea Proto. *Lezioni di diritto processuale civile*. Quinta edizione. Napoli: Jovene Editore, 2006.

PORTANOVA, Rui. *Motivações ideológicas da sentença*. 5. ed. Porto Alegre: Livraria do Advogado, 2003.

PORTANOVA, Rui. *Princípios do processo civil*. 6. ed. Porto Alegre: Livraria do Advogado, 2005.

PORTO, Sérgio Gilberto. Sobre a *Common Law, Civil Law* e o Precedente Judicial. *In*: MARINONI, Luiz Guilherme (Coord.). *Estudos de Direito Processual Civil*: homenagem ao Professor Egas Dirceu Moniz de Aragão. São Paulo: Revista dos Tribunais, 2006.

REALE, Miguel. *Lições preliminares de Direito*. 25. ed. São Paulo: Saraiva, 2000.

REDONDO, Bruno Garcia. Estabilização, modificação e a negociação da tutela de urgência antecipada antecedentes: principais controvérsias. *Revista de Processo*, São Paulo, v. 244, p. 167-192, jun. 2015.

RICCI, Edoardo F. Per una efficace tutela provvisoria ingiunzionale dei diritti di obbligazione nell'ordinario processo civile. *Rivista di Diritto Processuale*, Padova: Cedam, p. 1027-1049, ottobre-dicembre 1990.

RICCI, Edoardo. Verso un nuovo processo civile? *Rivista di Diritto Processuale*, Padova: CEDAM, p. 214-215, gennaio-marzo 2003.

ROBERT, Cinthia; SÉGUN, Elida. *Direitos humanos e acesso à justiça*: um olhar da defensoria pública. Imprenta. Rio de Janeiro: Forense, 2000.

ROSITO, Francisco. A prova e os modelos de constatação na formação do juízo de fato. *Revista de Processo*, São Paulo, v. 157, p. 51-71, mar. 2008.

ROSITO, Francisco. *Teoria dos precedentes judiciais*: racionalidade da tutela jurisdicional. Curitiba: Juruá, 2012.

SÁ, Djanira Maria Radamés de. *Súmula vinculante*: análise crítica de sua adoção. Imprenta. Belo Horizonte: Del Rey, 1996.

SABINO, Marco Antonio da Costa. O Precedente Judicial Vinculante e sua Força no Brasil. *Revista Dialética de Direito Processual*. São Paulo, n. 85, p. 51-72, abril 2010.

SALLES, Carlos Alberto de. Mecanismos alternativos de solução de controvérsias e acesso à justiça: a inafastabilidade da tutela jurisdicional recolocada. *In:* FUX, Luiz; NERY JÚNIOR, Nélson; WAMBIER, Teresa Arruda Alvim (Coords.). *Contraditório e abuso do direito de defesa na execução.* Processo e constituição. Estudos em homenagem ao Professor José Carlos Barbosa Moreira. São Paulo: Revista dos Tribunais, 2006.

SANTOS, Boaventura de Souza. *Para uma revolução democrática da justiça.* São Paulo: Cortez, 2007.

SATTA, Salvatore. *Diritto processuale civile.* Imprenta. Padova: Cedam, 1981.

SCARSELLI, Giuliano. *La condanna con riserva.* Milano: Dott. A. Giuffrè Editore, 1989.

SCHAUER. Frederick Schauer. The Constitution as Text and Rule, 29 Wm. & Mary L. Rev. 41, 1987. Disponível em: https://scholarship.law.wm.edu/wmlr/vol29/iss1/6. Acesso em: 10 jun. 2021.

SESMA, Victoria Iturralde. *El precedente en el common law.* Madrid: Editorial Civitas S.A., 1995.

SICA, Heitor Vitor de Mendonça. Doze problemas e onze soluções quanto à chamada "estabilização da tutela antecipada". *In:* DIDIER JÚNIOR, Fredie; MACÊDO, Lucas Buril; PEIXOTO, Ravi; FREIRE, Alexandre (org.). *Novo CPC doutrina selecionada*: procedimentos especiais, tutela provisória e direito transitório. Salvador: Juspodivm, 2015. v. 4, p. 161-255.

SILVA, Celso de Albuquerque. *Súmula Vinculante*: teoria e prática da decisão judicial com base em precedentes. Rio de Janeiro: Lumen Juris, 2011.

SILVA, Eduardo Bello Leal Lopes da. Princípios implícitos e explícitos do direito penal na Constituição Federal. *Jus.com.br*, fev. 2017. Disponível em: https://jus.com.br/artigos/55700/ principios-implicitos-e-explicito s-do-direito-penal-na-constituicao-federal. Acesso em: 22 abr. 2021.

SILVA, Ovídio Baptista da. Teoria da Ação Cautelar. *Revista de Processo*, São Paulo, v. 59, p. 187-200, jul./set. 1990.

SILVA, Ovídio A. Da sentença liminar à nulidade da sentença. Rio de Janeiro: Forense, 2001.

SILVA, Ovídio Araújo Baptista da. Racionalismo e tutela preventiva em processo civil. *Revista dos Tribunais*, São Paulo, ano 91, v. 801, p. 40-61, jul. 2002.

SILVA, Ovídio Araújo Baptista da. O contraditório nas ações sumárias. *In*: BAPTISTA DA SILVA, Ovídio Araújo Baptista da. *Processo e Ideologia*: o paradigma racionalista. 4. ed. Rio de Janeiro: Forense, 2004.

SILVA, Ovídio Araújo Baptista da. *Do processo cautelar*. Imprenta. Rio de Janeiro: Gen, Forense, 2009.

SILVA, Ovídio A. Baptista. *Curso de processo civil*. 15. ed. rev. e atual. São Paulo: Revista dos Tribunais, 2013.

SLABI FILHO, Nagib. *Direito Constitucional*. Rio de Janeiro: Forense, 2004.

SOARES, Carlos Henrique; DIAS, Ronaldo Brêtas de Carvalho. *Manual elementar de processo civil*. 2. ed. Belo Horizonte: Del Rey, 2012.

SOUZA, André Pagani de. *Vedação das decisões-surpresa no processo civil*. São Paulo: Saraiva, 2014.

SOUZA, Artur César de. *Tutela provisória*: tutela de urgência e tutela de evidência. 2. ed. rev. e ampl. São Paulo: Almedina, 2017.

SOUZA, Marcelo Alves Dias de. *Do Precedente Judicial à Súmula Vinculante*. Curitiba: Juruá, 2011.

SOUZA, Wilson Alves de. *Acesso à justiça*. Salvador: Dois de Julho, 2011.

STRECK, Lênio Luiz. *O que é isto*: decido conforme a minha consciência? Porto Alegre: Livraria do Advogado, 2010.

STRECK, Lênio Luiz. *Lições de crítica hermenêutica do direito*. Porto Alegre: Livraria do Advogado, 2014.

STRECK, Lênio; ABBOUD, Georges. O NCPC e os precedentes – afinal, do que estamos falando? *In*: DIDIER JÚNIOR, Freddie et al. (org.). *Coleção Grandes Temas do Novo CPC*: Precedentes. Salvador: Juspodivum, 2015.

STRECK, Lênio Luiz; CUNHA, Leonardo Carneiro da; NUNES, Dierle. *Comentários ao Código De Processo Civil*. 2. ed. São Paulo: Saraiva, 2017.

TALAMINI, Eduardo. *Tutela relativa aos deveres de fazer e de não fazer*. 2. ed. São Paulo: Revista dos Tribunais, 2003.

TALAMINI, Eduardo. *Direito processual concretizado*. São Paulo: Fórum, 2008.

THAMAY, Krueger, R. *Manual de Direito Processual Civil*. 3. ed. Editora Saraiva, 2020. São Paulo;

TAMER, Maurício Antonio. *O princípio da inafastabilidade da jurisdição no direito processual civil brasileiro*. Rio de Janeiro, GZ, 2017.

TARANTO, Caio Márcio Gutterres. *Precedente judicial*: autoridade e aplicação na jurisdição constitucional. Rio de Janeiro: Forense, 2010.

TARELLO, Giovanni. *L'interpretazione dela legge*. Milani: Dott. A. Giufrè Editore, 1980.

REFERÊNCIAS | 271

TARUFFO, Michele. *Precedente e Jurisprudência*. RePro 199/140. São Paulo: Revista dos Tribunais, 2011.

TÁVORA, Nestor; ALENCAR, Rosmar Rodrigues. *Curso de direito processual penal*. Imprenta. Salvador: JusPodivm, 2015.

TEIXEIRA, Sálvio de Figueiredo. *O aprimoramento do Processo Civil como pressuposto de uma Justiça melhor*. Belo Horizonte: Del Rey, 2010.

TEMER, Sofia. O microssistema de julgamento de casos repetitivos e os impactos para a advocacia. *In*: MIRANDA, Pedro de Oliveira (Coord.). *Impactos do novo CPC na advocacia*. Florianópolis: Conceito Editorial, 2015.

TESHEINER, José Maria Rosa. *Elementos para uma teoria geral do processo*. São Paulo: Saraiva, 1993.

TESSER, André Luiz Bäuml. *Tutela cautelar e antecipação de tutela*: perigo de dano e perigo de demora. Imprenta. São Paulo: Revista dos Tribunais, 2014.

THEODORO JÚNIOR, Humberto; ANDRADE, Érico. A autonomização e a estabilização da tutela de urgência no projeto de CPC. *RePro*, São Paulo, v. 206, abr. 2012.

THEODORO JÚNIOR, Humberto; NUNES, Dierle José Coelho. Uma dimensão que urge reconhecer ao contraditório no direito brasileiro: sua aplicação como garantia de influência, de não surpresa e de aproveitamento da atividade processual. *Revista de Processo*, São Paulo, n. 168, p. 107-141, fev. 2009.

TJ-RJ - APL: 00086218611978190001, Relator: Des (a). MARCELO LIMA BUHATEM, Data de julgamento: 07/10/2011, QUARTA CÂMARA CÍVEL.

TUCCI, José Rogério Cruz e. *Precedente judicial como fonte do direito*. São Paulo: Revista dos Tribunais, 2004.

TUCCI, José Rogério Cruz e. *Limites subjetivos da eficácia da sentença e da coisa julgada civil*. São Paulo: Ed. Revista dos Tribunais, 2006.

TUCCI, José Rogério Cruz e. *Parâmetros de eficácia e critérios de interpretação do precedente judicial*: Direito Jurisprudencial. São Paulo: Revista dos Tribunais, 2012.

TUCCI, Rogério Lauria. *Direito e garantias individuais no processo penal brasileiro*. São Paulo: Saraiva, 2004.

TUCCI, Rogério Lauria; TUCCI, José Rogério Cruz e. *Constituição de 1988 e Processo*: Regramentos e garantias constitucionais do processo. São Paulo: Saraiva, 1989.

UZELAC, Alan; VAN RHEE, Remco (Eds.). *Public and Private Justice*. Dispute Resolution in Modern Societies. Antwerp: Intersentia, 2007.

VASCONCELOS, Rita de Cássia Corrêa de. *A fungibilidade na tutela de urgência*: uma reflexão sobre o art. 273, § 7.º, do CPC. Imprenta. São Paulo: Revista dos Tribunais, 1976.

VAZ, Paulo Afonso Brum. Tutelas de urgência e o princípio da fungibilidade. §7º do art. 273 do CPC. *Revista de Processo*, São Paulo, v. 32, n. 144, fev. 2007.

VIGLIAR, José Marcelo Menezes. *Interesses individuais homogêneos e seus aspectos polêmicos*: causa de pedir e pedido, ação civil pública ou coletiva, eficácia do procedimento previsto no CDC. Imprenta. São Paulo: Saraiva, 2003.

WAMBAUGH, Eugene. *The study of cases*. 2. ed. Boston: Little, Brown and Company, 1894.

WAMBIER, Luiz Rodrigues; TALAMINI, Eduardo. *Curso avançado de processo civil*: cognição jurisdicional (processo comum de conhecimento e tutela provisória). 16. ed. reformulada e ampliada de acordo com o novo CPC. São Paulo: Revista dos Tribunais, 2016. v. 2.

WAMBIER, Teresa Arruda Alvim. *Nulidades do processo e da sentença*: de acordo com a Reforma Processual 2006/2007. 6. ed. rev. ampl. e atual. São Paulo: Revista dos Tribunais, 2007.

WAMBIER, Teresa Arruda Alvim. Estabilidade e adaptabilidade como objetivos do direito: *civil law* e *common law*. *Revista de Processo*, São Paulo, v. 172, p. 120-135, jun. 2009.

WAMBIER, Teresa Arruda Alvim; CONCEIÇÃO, Maria Lúcia Lins; RIBEIRO, Leonardo Ferres da Silva; MELLO, Rogerio Licastro Torres de. *Primeiros comentários ao novo código de processo civil*: artigo por artigo. São Paulo: Revista dos Tribunais, 2015.

WAMBIER, Teresa Arruda Alvim; DIDIER JÚNIOR, Fredie; DANTAS, Bruno; TALAMINI, Eduardo (coord.). *Breves comentários ao novo Código de Processo Civil*. São Paulo: Revista dos Tribunais, 2015.

WAMBIER, Teresa Arruda Alvim; MEDINA, José Miguel Garcia. *O dogma da coisa julgada*: hipóteses de relativização. São Paulo: Revista dos Tribunais, 2003.

WATANABE, Kazuo. Tutela antecipada e tutela específica das obrigações de fazer e não fazer. *In*: TEIXEIRA, Sálvio de Figueiredo. *Reforma do Código de Processo Civil*. São Paulo: Saraiva, 1996.

WATANABE, Kazuo. Acesso à justiça e sociedade moderna. *In*: GRINOVER, Ada Pellegrini; DINAMARCO, Cândido Rangel; WATANABE, Kazuo (Coords.). *Participação e processo*. São Paulo: Revista dos Tribunais, 1998.

WATANABE, Kazuo. *Da cognição no processo civil*. 3. ed. São Paulo: DJP, 2005.

WATANABE, Kazuo. *Cognição no processo civil*. 4. ed. São Paulo: Saraiva, 2012.

WOLKART, Erik Navarro. *Análise econômica do processo civil*: como a economia, o direito e a psicologia podem vencer a tragédia da justiça. São Paulo: Revista dos Tribunais, 2019.

ZANETI JÚNIOR, Hermes. *O valor vinculante dos precedentes*: o modelo garantista (MG) e a redução da discricionariedade judicial: uma teoria dos precedentes normativos formalmente vinculantes. Imprenta. Salvador: JusPodivm, 2015.

ZAVASCKI, Teori Albino. *Antecipação da tutela*. Imprenta. São Paulo: Saraiva, 2009.

Esta obra foi composta em fonte Palatino Linotype, corpo 10
e impressa em papel Offset 75g (miolo) e Supremo 250g (capa)
pela Gráfica Formato, em Belo Horizonte/MG.